그 사랑을 보았는가

성경의 사랑을 따라
하루 15분, 31일 여정

김 준 철

Edia

들어가는 말

가장 좋은 길, 사랑의 길

'아가페' 사랑의 길은 우주를 통달하는 "가장 좋은 길"입니다(고전 12:31). 그 길은 하나님이 세상을 극진히 사랑하셔서 예수 믿고 구원받아 영생을 얻게 하신 '하나님의 사랑'의 길입니다(요 3:16-17). 그 길은 '그리스도의 사차원의 사랑'의 길입니다. 그 사랑의 너비는 우주 공간을 덮고, 길이는 과거 현재 미래를 넘어 영원하고, 높이는 하나님 나라에 이르며, 깊이는 지옥에 미칩니다(엡 3:18-19, 벧전 3:19).

또한 그 길은 소망 중에 성령으로 우리 마음에 부어 주시는 사랑의 길입니다. 우리의 마음을 실망시키지 않고 희망을 줍니다(롬 5:5). 그 길은 하나님이 축복하신 은혜의 길이며, 그리스도인들이 복음을 증언하기 위해 생명을 투자할 만한 사명의 길이며(행 20:24), 그리스도의 몸인 교회와 성도가 유기체로서 사랑과 존경이 융합된 행복한 길입니다(엡 5:22-33). 그 사랑은 바로 필자를 불신의 죄에서 구원하신 사랑이요(요 3:16), 그리도 아름다운 세상에 가족의 선물로 주신 사랑이며, '급성 폐렴'의 사지에서 치유하신 사랑이기에, 내가 '사랑의 전인성,' 영성을 다해 "은혜의 복음"(행 20:24),

사랑의 복음을 전합니다.

　신학자 폴 틸리히는 "사랑이란 삶을 움직여 나가는 힘"이라고 선언했습니다. 사랑은 사람의 "전인 건강"을 움직여 나가는 힘입니다. 사랑은 전인성의 힘이요, 수단이며, 의미이고, 목적입니다(하워드 클라인벨). 온전한 사랑은 하나님을 사랑하고, 이웃을 사랑하고, 자기 자신을 사랑하고, 서로 사랑하고, 형제를 사랑하고, 원수를 사랑하는 것 등을 포함합니다.

　당신이 만약 인생의 여정 가운데서 성서적 사랑의 여정에 들어서있다면, 그 사랑의 여정은 당신에게 '사랑의 전인성' 속에서 건강한 사랑(아가페)의 삶을 육성하게 될 것입니다. "걸어갈 때 길이 되고 살아갈 때 삶이 되는 것"처럼 사랑의 길을 걸어가면 사랑의 삶이 됩니다. 수행하는 사람은 심신을 단련하기 위해 생각하면서 걷습니다. 사랑의 수행 길을 걷는 그리스도인들은 사랑(아가페)을 생각하면서 하나님의 영감어린 "가장 좋은 길," 즉 사랑의 본체이신 하나님의 말씀, "하나님의 사랑의 편지"인 성경 속의 사랑의 길을 걸어가게 되면 넘치는 하나님의 사랑의 물줄기로 덮쳐오는 사랑의 물결을 경험하게 됩니다.

　구약에서부터 신약에 흐르는 사랑의 물줄기는 부딪히는 강도에 따라 두려운 폭포같이, 잔잔한 시냇물같이, 고요한 호수 같은 은혜의 물결을 깨닫게 됩니다. 내 죄가 크면 클수록 사랑의 물줄기는 마치 큰 바위에 물결이 부딪치면 큰 폭포를 이루듯이 두려운 마음속에서 통회 자복하는 회개의 깨우침을 갖게 됩니다. 마음속에 움츠려있는 숨겨진 작은 죄책이 있을 때는 잔잔한 시냇물 같이 후회하는 실수를 깨닫게 됩니다. 때로는 알게 모르게 습관적으로 짓게 되는 죄라도 고요한 호수처럼 내면의 깊음 속에서 뜨거운 눈물이 솟구치게 됩니다. 이러한 성경 속의 사랑 수행(修行) 길의 순례 경험을 갖게 된 후에 비로소 가장 좋은 선물을 받게 될 것인데, 그것은 성결(성화)의 은혜입니다. 성결은 성령으로 충만케 되는 사랑의 선물입니다. 성결은 행복한 사랑입니다. 하나님은 성령을 통하여 성경 속의 성결한 사랑의 길을 인도하십니다.

"그 사랑을 보았는가"는 신약성경 속의 사랑의 길을 걷습니다. 신약성경 27권 속의 "사랑"(아가페)을 중심으로 설교한 '사랑 메시지'입니다. 이 책은 사랑의 은사를 경험한 구세군 사관으로서, 은퇴 후에 구세군관악영문(교회)에서 성도들에게 강해 설교한 사랑에 관한 성서적 메시지입니다.

필자는 현장 목회 사역을 할 때 몇 편의 성서적 사랑에 관한 논문을 썼습니다. "바울 사상에 있어서 사랑의 개념 이해 –그의 서신들에서 활용된 '아가페' 개념의 고찰을 중심으로"(1984). "공관복음서에 나타난 큰 계명 사랑에 관한 해석학적 연구"(1988). 그리고 "성서적 사랑 훈련"(1994) 교재를 만들어 가르쳤습니다. 그러나 이 책은 믿지 않는 분들을 위한 사랑에 관한 논문이 아닙니다. 다만 사랑의 실천을 하지 못하고 있는 그리스도인들을 위하여, 특히 신앙생활을 하면서 성경 말씀을 읽고 설교를 들으면서도 사랑의 실천을 예사로 보아 넘기는 성도들을 위하여, 신약성경 속의 '아가페' 사랑에 관한 영감어린 하나님의 말씀으로 사랑 중심의 수련을 통하여 전인적 건강한 신앙생활 향상과 삶의 행복을 증진시키기 위한 신약성경 속의 사랑 메시지입니다. 성도는 사랑이 없다면 건강한 신앙생활이나 삶의 행복은 결코 있을 수 없습니다. 성서적 사랑은 바로 성도의 전인 건강과 건강한 신앙생활과 행복한 삶을 이끄는 핵심 원동력입니다.

성도는 육체적 질병보다 마음의 질병을 더욱 두려워해야 합니다. "사람의 심령은 그의 병을 능히 이기려니와 심령이 상하면 그것을 누가 일으키겠느냐"(잠 18:14). 하나님께서 성령을 통하여 부어주시는 사랑의 실천을 깨닫지 못하여 나태, 편애, 아집 등에 사로잡혀 있거나 내적인 불안, 우울함, 두려움으로 실족해 있거나, 마음속에 분노, 불화, 울분, 미움, 증오 등으로 활화산 같은 심적 상태에 있는 성도들이 성령에 의한 사랑의 힘으로 변화의 경험을 갖게 됨으로 활기를 찾고, 용기와 기쁨과 평화와 행복한 신앙생활로 가정생활, 교회생활, 사회생활 등을 살면서 하나님께 영광을 돌리고자 하는 것입니다. 사랑이 '심장'(heart)을 표시하는 이유가 있습니다. 심장이 멈추면 생명이 끝이듯이 사랑이 멈추면 끝입니다. 사랑이 있는 성도 속에 미래가 있습니다. 십자가의 사랑이 있는 사람이 진국입니다. 거짓이 없는 사랑의 사람입니다.

필자는 일평생 사랑의 빚진 자로서 갚을 길 없는 후회막급한 사람이기에 늙음의 뒤안길에서 회개하는 심정으로 "그 사랑을 보았는가 신약성경 속의 사랑의 길을 걷다"라는 사랑에 관한 강해설교 메시지를 전하므로 "사랑의 빚"을 진 하나님과 이웃에게, 특히 구세군, 사관, 하사관, 친구, 가족, 형제들과 후원자들에게 사랑의 빚을 갚으려는 것입니다.

이 책은 31장으로 기획되어서, 한 달 동안에 하루 한 장씩 고요한 시간 15분을 할애하여 읽고, 명상(기도)하며 자기 고백을 글로 쓰게 되면 자신의 생각과 마음, 특히 지성과 감성과 영성과 체력과 심성에 참신한 변화를 경험하는 삶의 예술을 간직하게 될 것입니다. 15분이 인생을 바꿉니다. 이것이 이 책 출판의 목적이기도 합니다. 읽는 자는 내면을 살피며 내 문제를 깨닫는 순간 "나는 사랑이 필요하였다!"는 것을 알게 될 것입니다. 사랑훈련은 마음속 깊이에서 솟구치는 영성 수련입니다.

김형석 교수는 저서 "백년을 살아보니"를 마치는 끝자락에서 말합니다. "모든 남녀는 인생의 끝이 찾아오기 전에 후회 없는 삶을 찾아야 합니다. 그것은 사랑이 있는 고생입니다. 사랑이 없는 고생은 고통의 짐이지만 사랑이 있는 고생은 행복을 안겨주는 것이 인생입니다." "제가 사랑이 있는 고생이 행복이었다는 사실을 깨닫는데 90이 넘는 세월이 걸렸습니다. 그렇게 많은 사랑을 받아오면서도 그 사실을 외면하고 살았습니다. 저와 같은 후회를 남기지 않도록 새 출발을 해주시기 바랍니다."라는 말씀에 공감하면서, 필자는 내 삶이 녹아있는 글로 사랑의 복음을 전하고자 합니다. 말은 "광야의 소리"로 바람결에 흩날려 갈 것이지만 글은 세상에 삶의 예술로 남게 될 것이기에 성서적 사랑의 기쁜 소식 복음을 글로 전해주고 싶을 뿐입니다.

이 책이 나오기까지 기도해 준 아내 이수영 사관, 격려해 준 영성 사관, 영일 부교, 영선 교수 삼형제와 읽고 조언해 준 막내며느리 황미숙 목사, 그리고 후원해 준 장신호 권사, 김미성 박사, 출판해 준 에디아 박희정 대표, 특히 말씀으로 함께 사랑의 은혜를 나누었던 구세군관악영문의 사관, 하사관, 청년 군우들에게 감사하며, 하나님께 영광을 돌립니다. 할렐루야!

2025년 6월
김준철 사관

차례
CONTENTS

들어가는 말 | 가장 좋은 길, 사랑의 길 • 3

01 하나님을 사랑하라 (마태복음 22:34-40) • 10
02 원수를 사랑하라 (마태복음 5:43-45) • 21
03 네 자신을 사랑하라 (마가복음 12:31) • 32
04 이웃을 사랑하라 (누가복음 10:36-37) • 43
05 아버지의 사랑 (누가복음 15:20-22) • 57
06 하나님의 사랑 (요한복음 3:16-17) • 68
07 서로 사랑하라 (요한복음 13:34-35) • 79
08 나의 사랑 안에 거하라 (요한복음 15:9-10) • 90
09 네가 나를 사랑하느냐 (요한복음 21:15-19) • 99
10 사도행전의 사랑 (사도행전 2:42-47) • 110
11 하나님의 사랑을 부어주심 (로마서 5:5-6) • 122
12 사랑의 삶을 실천하라 (로마서 12:9-11) • 132
13 사랑이 없으면 (고린도전서 13:1-3) • 145
14 사랑의 분광 (고린도전서 13:4-7) • 155
15 용서, 치유하는 사랑 (고린도후서 2:5-8) • 171
16 다섯 가지 사랑의 언어 (갈라디아서 5:13-15) • 184

17 그리스도의 사차원의 사랑 (에베소서 3:14-19) • **197**
18 사랑의 힘으로 삶을 세우라 (에베소서 4:15-16) • **208**
19 아내와 남편의 사랑 (에베소서 5:31-33) • **217**
20 그리스도 예수의 마음 사랑 (빌립보서 2:5-8) • **226**
21 온전하게 매는 띠 사랑 (골로새서 3:12-14) • **234**
22 믿음과 사랑의 호심경을 붙이자 (데살로니가전서 5:8) • **243**
23 교훈의 목적은 사랑 (디모데전서 1:5) • **254**
24 노년의 온전한 사랑 (디도서 2:1-5) • **266**
25 사랑은 형제가 되는 것 (빌레몬서 1:16) • **278**
26 돈을 사랑하지 말라 (히브리서 13:5) • **290**
27 이웃 사랑은 최고의 법 (야고보서 2:8-9) • **303**
28 사랑은 허다한 죄를 덮는다 (베드로전서 4:7-8) • **315**
29 계명대로 서로 사랑하라 (요한1서 3:23-24) • **325**
30 하나님의 사랑 안에서 자신을 지키라 (유다서 1:20-21) • **338**
31 처음 사랑을 회복하라 (요한계시록 2:4-5) • **349**

책을 읽고서 | 사랑으로 엮은 삶, 삶으로 써 내려간 사랑 • **363**

01
하나님을 사랑하라

마태복음 22장 34-40절

"예수께서 사두개인들로 대답할 수 없게 하셨다 함을 바리새인들이 듣고 모였는데 그 중의 한 율법사가 예수를 시험하여 묻되 선생님 율법 중에서 어느 계명이 크니이까 예수께서 이르시되 네 마음을 다하고 목숨을 다하고 뜻을 다하여 주 너의 하나님을 사랑하라 하셨으니 이것이 크고 첫째 되는 계명이요 둘째도 그와 같으니 네 이웃을 네 자신 같이 사랑하라 하셨으니 이 두 계명이 온 율법과 선지자의 강령이니라."

영국격언에 "I am the Third."란 말이 있습니다. "나는 세 번째이다"란 말인데, 첫 번째는 하나님이고, 두 번째는 이웃이고, 세 번째는 나입니다. 이 격언이 주는 교훈이 큽니다. 인간은 첫 번째가 하나님을 사랑하고, 두 번째가 이웃을 사랑하고, 세 번째가 나를 사랑하라는 의미를 담고 있습니다.

여러분은 오른손을 들어 엄지를 위로, 검지를 옆으로, 장지를 내 안으로 향하도록 해보십시오. 위쪽은 하나님을 가리키고, 옆쪽은 이웃을 가리키고, 안쪽은 나를 가리킵니다. 이것은 위로 하나님을 사랑하고, 옆으로 이웃을 사랑하고, 안으로 나를 사랑하라는 방향표지입니다. "플레밍의 오른손 법칙"이 있듯이, 이것을 나는 "사랑의 오른손 법칙"이라고 말합니다.

사두개인들과 바리새인들이 모였습니다. 그 중의 한 율법사가 예수님을 시험하기 위해 묻습니다. "선생님 율법 중에서 어느 계명이 크니이까?"(마 22:34-36). 이 질문은 "율법 중에서 가장 큰 계명, 또는 가장 중요한 계명이 어느 것입니까?"라고 묻는 것입니다. 마가복음 12:28절에는 서기관이 "모든 계명 중에 첫째가 무엇입니까?"물었고, 누가복음 10:25절에는 율법사가 예수를 시험하여 "선생님 내가 무엇을 하여야 영생을 얻겠습니까?"라고 물었습니다. 질문하는 율법사나 서기관은 율법을 해석하고 가르치는 율법전문가입니다. 공관복음서에서, 율법사는 계명의 위대성(마태복음), 제일성(마가복음), 영원성(누가복음)을 강조하므로, 계명이 제일이고, 영원하고, 가장 위대하다고 말합니다. 특히 이 율법사가 예수님을 시험하기 위해 질문한 것을 보면 그는 율법전문가라는 자기교만에서 예수님을 율법의 문외한으로 본 것 같습니다. 그러나 예수님은 하나님의 지혜와 사랑을 갖고 있기 때문에 율법사의 전문지식을 뛰어넘는 대답을 하십니다.

> 마태복음 22:37-40절, "예수께서 이르시되 네 마음을 다하고 목숨을 다하고 뜻을 다하여 주 너의 하나님을 사랑하라 하셨으니 이것이 크고 첫째 되는 계명이요 둘째도 그와 같으니 네 이웃을 네 자신 같이 사랑하라 하셨으니 이 두 계명이 온 율법과 선지자의 강령이니라."(막 12:29-31, 눅 10:25-27).

예수님의 가르치심은 이 '사랑의 계명'에 초점을 모으고 있습니다. 율법사는 구약에 있는 율법의 '조문'을 가지고 율법을 지켜 준수할 것을 말하는 반면, 예수님은 똑같은 구약의 율법을 '사랑'으로 재해석하여 사랑을 행동으로 실천하는 것이 율법을 지키는 것이라고 말씀하십니다. 이것은 율법사와 예수님의 사랑에 관한 본질적 차이입니다.

구약에는 하나님 사랑과 이웃 사랑이 둘로 나누어져 있습니다. 신명기 6:5절에, "너는 마음을 다하고 뜻을 다하고 힘을 다하여 네 하나님 여호와를 사랑하라"고 말씀하였습니다. 그리고 레위기 19:18절에, "원수를 갚지 말며 동포를 원망하지 말며 네 이웃 사랑하기를 네 자신과 같이 사랑하라 나는 여호와이니라"고 말씀하였습니다.

율법사는 이 두 계명을 각각 둘로 보고 "율법 중에서 어느 계명이 크고 첫째입니까?" 하고 물었던 것입니다. 그러나 예수님은 구약의 두 계명을 분리하지 않고 사랑 안에서 하나로 보고 "하나님을 사랑하라"는 계명이 크고 첫째 되는 계명이고, 이와 같이 "이웃을 사랑하라"는 계명도 그와 똑같다고 말씀하셨습니다. 이 두 계명은 사랑 안에서 하나가 되었습니다.

여기서 우리는 하나님 사랑, 이웃 사랑, 나 사랑(자기사랑自己愛)이란 "삼중사랑"을 보게 됩니다. 이 삼중사랑은 실천대상에 있어서는 셋이지만 이 셋은 사랑 안에서 하나인 것을 깨닫습니다. 더욱이 우리가 알아야 할 것은 "사랑하라"고 쓰인 말씀은 율법이고 계명입니다. 계명은 명령이고 지시입니다. 법은 준수해야합니다. 그러나 사랑의 계명은 행동으로 실천하면 그것은 은혜요 복음이 됩니다. 그 사랑이 생명력이 있습니다. 사랑의 계명은 실천하지 않으면 율법의 조문으로만 남습니다. 그래서 사랑을 실천하는 사람은 열정이 넘치고 활력이 있지만 사랑의 계명을 실천하지 않는 사람은 율법의 조문만 유지하고 있기 때문에 살아있는 생명력이 없습니다. 말로만 지시합니다. 이론은 강하나 실행이 없습니다. 그러기에 사랑은 이론이나 말로나 설교로 하는 것이 아니라 행동으로, 몸으로 보이는 것입니다.

누가복음 10:28절에서 예수님은 "네 대답이 옳도다 이를 행하라 그리하면 살리라"고 말씀하십니다. 요한2서 6절에는 "또 사랑은 이것이니 우리가 그 계명을 따라 행하는 것이요 계명은 이것이니 너희가 처음부터 들은바와 같이 그 가운데서(즉 사랑 안에서) 행하라 하심이라"고 말씀하였습니다.

오늘은 "하나님을 사랑하라"는 말씀으로 은혜를 나누고자 합니다.

1. 예수님은 "너의 하나님을 사랑하라"고 명령하십니다.

> 마태복음 22:37-38절, "예수께서 이르시되 네 마음을 다하고 목숨을 다하고 뜻을 다하여 주 너의 하나님을 사랑하라 하셨으니 이것이 크고 첫째 되는 계명이요"(막 12:30, 눅 10:27).

▓ "하나님을 사랑하라"는 말씀이 명령형인데, 원문에는 미래형으로 되어있습니다.

그것은 헬라어에서 미래직설법 2인칭(아가페세이스)은 가끔 강력한 요청을 할 때 '명령법적 미래'(the imperative future)라고 해서 명령법으로 사용하여 '너의 하나님이신 주님을 반듯이 사랑해야 한다.'는 당위성을 강조하는 것입니다.

이것을 보면 "하나님을 사랑하라"는 명령에는 단호하게도 다른 것을 쳐다볼 수 없게 합니다. 오직 하나님만 향하게 합니다. 나의 전인격을 다해 하나님을 사랑하게 합니다. 하나님은 이사야 43:1절에서 야곱을 향하여 "너는 내 것이라"고 하실 만큼 우리는 하나님의 것이기 때문입니다. 우리는 하나님의 것이기에 하나님만 사랑합니다.

▓ 우리가 하나님을 사랑하는 것은 의지(意志)의 문제입니다. 의지가 없는 자는 사랑에 패배한 자입니다. 한자어의 "意志"(의지)는 "마음의 소리를 듣고 마음이 가는 대로 간다"는 뜻입니다. 우리가 마음의 소리를 듣고 마음이 가는 대로 하나님의 뜻을 행하려고 노력한다면 우리는 "주 너의 하나님을 사랑하라"(마22:37-38)는 계명에 순종하고 있는 것입니다. 하나님이

원하신다면 사랑의 감정을 주실 것입니다. 그러나 우리 스스로 감정을 만들어 낼 수는 없습니다. 또한 우리에게 이런 감정을 달라고 요구할 권리도 없습니다. 우리가 잊지 말아야 할 중요한 사실은 우리의 마음과 목숨과 뜻과 힘이 없어지면 그만이지만 우리를 향한 하나님의 사랑은 절대 없어지지 않습니다.

하나님의 사랑은 우리의 죄나 무관심에 지치는 법이 없습니다. 하나님의 사랑은 우리에게 어떤 대가를 치르게 하는 한이 있더라도, 또 하나님께 어떤 대가를 치르게 하는 한이 있더라도, 우리 죄를 치료하겠다는 결심을 완수할 때까지 단 한 걸음도 뒤로 물러서지 않고 우리 인간을 사랑하십니다.

▧ 예수님은 "하나님을 사랑하라"는 계명이 "크고 첫째 되는 계명"이라고 말씀하십니다. 원문에서 보면 이 말씀은 가장 진지하고 깊은 의미를 담고 있습니다. 다시 말하면 율법 안에는 행동에 대한 명령, 지시를 뜻하는 수많은 "계명"(엔톨레)이 있는데, 그 계명들 중에서 "하나님을 사랑하라"는 이 계명이 모든 계명들 중에서 가장 위대하고(greatest) 가장 중요한(the most important) 계명이라는 뜻입니다.

2. 원래 "하나님을 사랑하라"는 신명기 6:5절에 있는 계명을 이해하려면 구약에서 이스라엘백성의 수난의 역사를 이해해야 그 계명을 느낄 수 있습니다.

▧ 출애굽기에 보면 이스라엘백성이 애굽에서 430년 동안 노예생활을 하다가 하나님은 모세를 택하여 지도자로 삼으시고 이스라엘백성 60만을 해방시켜 출애굽을 합니다(출 12:40-41). 출애굽 한 이스라엘백성은 남

자장정만 60만인데 부녀자와 아이들을 합하면 약 2백만이 되는 대군이 시내광야에 이릅니다. 삭막한 광야에서 모세는 시내산(호렙산)에 올라가서 하나님이 지시하시는 율법 "십계명"을 받습니다(출 20:1-17). 그 계명을 중심으로 이스라엘 백성은 광야에서 강한 군대로 결집하여 40년을 살게 되었습니다.

▩ 출애굽기 20:1-17절에서, 모세가 받은 10계명은 1계명에서 4계명은 하나님에 관한 계명이고, 5계명에서 10계명은 인간에 관한 계명입니다. 특히 첫째계명이 "너는 나 외에는 다른 신들을 네게 두지 말라"는 것입니다. 여기서 광야생활의 고통 속에서 방황하는 이스라엘백성들에게 유일신 하나님 절대주의 신앙이 심어진 것입니다. 그리고 하나님은 "나를 사랑하고 내 계명을 지키는 자에게는 천대까지 은혜를 베푸느니라"(출 20:6)고 약속하셨습니다. 광야는 오늘의 세상입니다. 십계명은 삶의 기본준칙입니다.

▩ 신명기 6:1-3절에서 첫째 계명은 재해석되어 명령과 규례와 법도를 강화시키고, "이스라엘아 듣고 삼가 그것을 행하라 그리하면 네가 복을 받고 네 조상들의 하나님 여호와께서 네게 허락하심 같이 젖과 꿀이 흐르는 땅에서 네가 크게 번성하리라"는 축복과 야망을 주셨습니다.

신명기 6:4-9절에는 "이스라엘아 들으라 우리 하나님 여호와는 오직 유일한 여호와시니 너는 마음을 다하고 뜻을 다하고 힘을 다하여 네 하나님 여호와를 사랑하라 오늘 내가 네게 명하는 이 말씀을 너는 마음에 새기고 네 자녀에게 부지런히 가르치며 집에 앉았을 때에든지 누워 있을 때에든지 일어날 때에든지 이 말씀을 강론할 것이며 너는 또 그것을 네 손목에 매어 기호를 삼으며 네 미간에 붙여 표로 삼고 또 네 집 문설주와 바깥 문에 기록할지니라."고 말씀하십니다.

황막한 광야에서 고통으로 방황하는 이스라엘백성을 하나로 결집하는 방법은 하나님의 명령인 율법과 계명을 통해서 결집시킬 수 있었습니다. 고통과 절망 속에서 방황하는 이스라엘백성에게 그 율법은 곧 축복이고 삶의 표준이었습니다(신 6:3). 이것을 보면 '하나님의 말씀'은 바로 우리에게 주신 축복이고 "그리스도인의 신앙과 실천의 표준임을 믿습니다"(구세군교리신조 1조).

▨ 복음서에서 하나님은 "지극히 높은 이"(눅 6:35), "왕"(마 5:35), "주"(눅 10:21), "아버지"(마 42회, 막 4회, 눅 15회, 109회)로 불리고 있습니다. "하나님"이란 이름을 직접 부르지도 않고, 부를 수도 없는 것이 동양의 예법입니다. 어른의 이름을 부르지 않습니다. 그래서 하나님이란 정확한 호칭을 잃어버렸습니다. 이스라엘백성들은 하나님을 "여호와"(존재자)라고 부르지 못합니다. 그래서 여호와에 대한 정확한 발음을 잃어버렸습니다. 다른 호칭으로 "엘로힘"(능력자), "아도나이"(주님)이라고 부릅니다.

출애굽기 20:7절에 "너는 네 하나님 여호와의 이름을 망령되게 부르지 말라 여호와는 그의 이름을 망령되게 부르는 자를 죄 없다 하지 아니하니라."고 말씀하였습니다.

우리나라는 원래 "하나님"이 아니고 하늘을 의인화 시킨 "하느님"입니다. 기독교가 들어와서 처음에 성경을 한국어로 번역할 때 "하나님"이라고 했습니다. 그 뜻은 고어에 "하나"는 '유일하다'는 뜻이고 "한"은 '크다'는 뜻에서 "유일하시고 위대하신 하나님"을 의미합니다.

3. 하나님은 사랑이십니다. 하나님의 본성은 '아가페' 사랑입니다. 요한1서 4:8절에서 "하나님은 사랑이시다"라고 말씀합니다(4:16).

▨ 이 "하나님은 사랑이시다"라는 말씀은 "하나님 = 사랑이다"는 말도

아니고, 우리가 잘못 생각하여 "사랑이 하나님이다"라고 바꿔서도 안 됩니다. 이 말씀의 원문의 뜻은 "하나님은 사랑을 존재의 특징으로 한다." 혹은 "하나님의 본질은 사랑이다"란 의미입니다. 이 말씀은 하나님의 본질을 우리에게 드러내 주는 말씀입니다. 사랑은 하나님의 본성입니다.

하나님은 인식의 대상이 아니라 믿음의 대상입니다. 우리인간은 지식으로 하나님을 알 수 없고 다만 믿음으로만 하나님을 깨달을 수 있습니다. "성령으로, 사랑으로써 역사하는 믿음"이 하나님의 속성을 인식하게 합니다(갈 5:5-6).

▓ 문제는 우리가 어떻게 하나님을 사랑해야 합니까?

요한복음 4:23-24절에, "아버지께 참되게 예배하는 자들은 영과 진리로 예배할 때가 오나니 곧 이 때라 아버지께서는 자기에게 이렇게 예배하는 자들을 찾으시니라 하나님은 영이시니 예배하는 자가 영과 진리로 예배할지니라"고 말씀합니다.

우리는 "하나님의 영으로 인도함을 받는 사람 곧 하나님의 아들입니다"(롬 8:14, 요 1:12). "성령이 친히 우리의 영과 더불어 우리가 하나님의 자녀인 것을 증언합니다"(롬 8:16). 그러므로 "확신하노니 사망이나 생명이나 천사들이나 권세자들이나 현재 일이나 장래일이나 능력이나 높음이나 깊음이나 다른 어떤 피조물이라도 우리를 우리 주 그리스도 예수 안에 있는 하나님의 사랑에서 끊을 수 없다"고 말씀합니다(롬 8:38-39). 이렇듯 하나님의 자녀들은 "하나님은 영이시니 예배하는 자가 영과 진리로 예배"하듯이(요 4:24) 하나님을 사랑하는 것도 "마음을 다하고 목숨을 다하고 뜻을 다하고 힘을 다하여 주 하나님을 사랑하여야 합니다"(마 22:37, 눅 10:27).

▓ 그리스도인들이 하나님을 사랑하기 위한 실천행위는 네 가지 증거가 필요합니다.

첫째, 하나님을 사랑하는 것은 배타적인(exclusive) 사랑입니다.

하나님을 사랑하는 것은 하나님만 사랑해야 한다는 배타적이고 독점적인 하나의 충성을 위해 유일한 여지가 있을 뿐입니다. 결코 무엇과 겸하여 섬기거나 사랑할 수 없습니다(출 20:3, 마 6:24, 눅 16:13).

둘째, 하나님을 사랑하는 것은 감사에 기초를 둔(founded on gratitude) 사랑입니다. 하나님의 사랑의 선물은 우리 마음의 온전한 사랑을 감사돌리라고 요구합니다(딤후 3:17, 요일 4:12, 17, 엡 5:20, 살전 2:13).

셋째, 하나님을 사랑하는 것은 순종하는(obedient) 사랑입니다.

우리가 하나님을 사랑하는 것을 증거 할 수 있는 유일한 길은 조금도 의심 없는 순종을 드리는 것입니다(요 14:15, 21, 23, 24, 13:35, 15:10, 요일 2:5, 5:2,3, 요이 6).

넷째, 하나님을 사랑하는 것은 밖을 향해 나가는(outgoing) 사랑입니다.

우리가 하나님을 사랑하는 사실은 이웃을 사랑하고 도와주는 것에 의해 증명됩니다(요일 4:12, 20, 3:14, 요일 2:10). 사람들을 돕지 않는다는 것은 하나님께 대한 사랑이 진실치 못한 증거입니다(요일 3:17)(윌리엄 바클레이).

▣ 예수님은 말씀하십니다. "네 마음을 다하고 목숨을 다하고 뜻을 다하여 주 너의 하나님을 사랑하라"(신 6:5). 마가복음 12:30절과 누가복음 10:27절에는 "힘을 다하여"가 첨가되었습니다. "마음"은 인간중심인 심장을 말합니다. "목숨"은 생명, 영혼을 말합니다. "뜻"은 의도와 목적을 인식하는 생각을 말합니다. "힘"은 효과적으로 행동하는 내적인 능력을 말합니다. 그러기에 우리 그리스도인들은 나의 심장을 다하고, 생명을 다하고, 생각을 다하고, 능력을 다하여 하나님을 사랑하라는 명령입니다. 한 마디로 말하면 감정으로나 형식적으로나 의례적으로 하나님을 사랑하지 말고 나의 "전 인격"을 드려 하나님을 사랑하라는 말씀입니다. 이것은 "사랑의

전인성"(the wholeness of love)입니다(토마스 머튼). 사랑을 '심장'(heart)으로 표시하는 이유이기도 합니다. 심장이 멈추면 죽음에 이르듯이 우리 삶에서 사랑이 멈추면 불행을 초래합니다.

우리는 "사랑하라!"는 예수님의 명령을 청종하고 순종해야 합니다. 이 명령은 결단코 억압이 아닙니다. 예수님이 조건으로 말씀한 마음, 목숨, 뜻, 힘은 모두가 인간 가치의 최고의 도덕성, 존엄성, 순결성이란 것을 새롭게 깨달아야 합니다. 그 순간 우리가 가지고 있는 것 중에 가장 소중하고 최고치이고 가장 순결한 것을 다 바쳐 하나님을 사랑한다는 것이 얼마나 쉽고 가볍고 부담 없고 즐거운지 감사가 저절로 솟구칩니다.

우리가 사랑의 멍에를 순종하는 마음으로 메면 멜수록 행복해 집니다. 그래서 예수님은 이 멍에를 메라고 하십니다. 예수님은 이 멍에를 통하여 우리에게 행복하게 하시는 복을 주십니다. 이 멍에를 메면 행복합니다(마 11:28-30).

사랑은 나의 "힘으로 되지 아니하며 능력으로 되지 아니하고 오직 하나님의 영으로 됩니다"(슥 4:6). 성령은 사랑의 영이시고(롬 5:5), 성령의 열매는 사랑입니다(갈 5:22). 성령이 바로 우리가 하나님의 사랑을 알게 하는 영이시고, 성령은 우리가 사랑하도록 "더욱 큰 은사"를 주십니다(고전 12:31).

"구세군은 성서에 기초하며 말씀을 선포하며 하나님을 향한 사랑실천"을 선언하므로(구세군선교선언문), "마음은 하나님께, 손길은 이웃에게!"(Heart to God, Hand to man)라는 표어로써 "복합선교" 즉 구령사역과 사회복지사역을 실행하고 있습니다.

마치는 말씀입니다.

구세군창립자 윌리엄 부스 대장이 죽기 수개월 전 한 사람이 방문하여 이런 질문을 했습니다. "그토록 긴 세월동안 주님의 종으로서 변함없이 일할 수 있었던 비결이 무엇입니까?" 부스 대장은 조용하게 말합니다. "비결 같은 것은 없습니다. 나는 날마다 하나님께 '나의 모든 것은 주님의 것입니다. 마음대로 써 주십시오.'하고 기도했습니다." 후에 그는 아들 브람웰 부스에게 "사랑은 모든 것이다"(Love is all.)란 말을 남겼습니다. 이것이 바로 헌신입니다. 나의 시간, 재물, 건강, 재주 등 나의 모든 것을 하나님의 것으로 믿는 것입니다(대상 29:14). 헌신적인 믿음이 곧 하나님을 사랑하는 증거입니다. 하나님을 사랑하는 것은 헌신에서 출발합니다.

"우리가 알거니와 하나님을 사랑하는 자 곧 그의 뜻대로 부르심을 입은 자들에게는 모든 것이 합력하여 선을 이루느니라"(롬 8:28)는 말씀으로 축복합니다.

02
원수를 사랑하라

마태복음 5장 43-45절

"또 네 이웃을 사랑하고 네 원수를 미워하라 하였다는 것을 너희가 들었으나 나는 너희에게 이르노니 너희 원수를 사랑하며 너희를 박해하는 자를 위하여 기도하라 이같이 한즉 하늘에 계신 너희 아버지의 아들이 되리니 이는 하나님이 그 해를 악인과 선인에게 비추시며 비를 의로운 자와 불의한 자에게 내려주심이라"

    제가 지역봉사 하려고 신창행 전철을 탔습니다. 옆자리에 앉은 노인에게서 전화벨 소리가 "웬수야, 웬수야!"하고 크게 울립니다. 전화 마친 뒤에 저는 웃으면서 물었습니다. "어르신의 웬수지간은 누구세요?" "그 웬수가 집사람인데 내가 사랑하지 않는다고 며느리한데 '웬수야!'하고 전화벨을 넣은 거유!"하면서 멋쩍어 했습니다. 다시 물었습니다. "예로부터 '웬수는 집안 식구'라는 말이 있긴 한데요, 실례지만 어르신의 춘추가 어떻게 되세요?" "나 내일모래면 아흔인데 집사람은 나보다 저 밑에 나이야...!"하고는 혼자 웃습니다.

    어찌 보면 그 나이 정도 어르신들은 욕이 말인 줄 알고 살은 시대가 있습니다. 저도 그런 시대에 컸기 때문에 욕이 보통 말이었습니다. 7세 때 예수 믿고 욕이 나쁜 것 알고 그쳤습니다. 옛날엔 특히 할머니들이 친한 친구를 만나면 "이 웬수야 왜이제와 좀 빨리 오지!"하며 반겼는데 그것은 욕이 아니라 기쁘다는 표현입니다. 특히 술친구 남자들은 "허허 저것 웬수

같은 녀석 또 만났네. 오늘 한잔해야 직성이 풀리겠는걸!"하고는 끌고 술집에 들어갑니다. 이것이 우리가 가난했던 시절의 생활문화이기도 했습니다. 그때는 한도 많고 설움도 탓도 많던 시대여서 사는 것 자체가 불평불만불화였습니다. 이런 옛적생활습성에서 자연히 배반감이 들고 불신감이 생겨서 원한이 원수가 되어버렸습니다. 그래서 그런 습관이 중독이 되어 "웬수야!"불러도 당연하고, 오히려 가장 친한 말로 다가오게 된 것이고, 친구끼리 만나면 욕은 다반사이고 치고 때리기도 했습니다. 이런 비도덕적인 언어와 행동으로 앙갚음을 하고 그리움의 회포를 푸는 것입니다. 그래서 우리는 "원수"란 말이 도착증에 걸려있어서 원수 짖고 사는 것이 다반사였습니다. 이런 못된 풍습이 교회 안에 들어와서 신앙공동체 안에서도 성도끼리 원수로 지내면서도 태연자약한 것입니다. 그래서 "원수를 사랑하라"는 설교를 하지 않습니다.

우리가 마태복음 5장-7장에 있는 예수님의 "산상수훈"("평지설교," 눅 6:20-49)을 읽으면, 마치 배를 타고 갈릴리 바다(호수)를 항해하는 것 같습니다. 처음 출발할 때는 고요한 바다물결로 출발하지만 중간에 이르면 북쪽 헬몬 산에서 몰아치는 광풍으로 파도가 충돌하여 공포를 느끼게 하다가 그곳을 지나치면 다시 고요를 찾아 즐거운 여행을 할 수 있습니다. 이렇듯 마태복음 5:1-16절에는 예수님의 말씀이 잔잔한 호수같이 "복"으로 시작하여 "소금"과 "빛"으로 즐겁게 진행해 갑니다. 그리고 5:17-48절에서는 광풍이 몰아치듯 말씀의 충돌이 일어나서 마치 갈릴리 바다에 폭풍이 일어나 파도가 출렁이는 공포감을 느낍니다. 그런 후에 6장, 7장에서는 예수님의 자상한 격려의 말씀으로 잔잔한 여행으로 산상수훈을 마칩니다.

예수님은 제자들을 부르시고 세상에 천국복음을 전할 수 있는 "사도"로 훈련시키기 위해서, 지금까지의 어부생활의 고정관념에서 복음전도자의 의식변화를 일으키기 위하여 충돌적인 어법을 사용합니다. 이것을 "반제"(反題)라고 하는데, 서로 다른 반대개념을 대립시켜서 진정한 진리를 찾아내는 말씀을 하십니다.

마태복음 5장에는 6번의 '반제'가 나옵니다.

첫째, 율법에 대한 반제로, 마태복음 5:17절에 말씀합니다. "내가 율법이나 선지자를 폐하러 온 줄로 생각하지 말라 폐하러 온 것이 아니요 완전하게 하려 함이라."

둘째, 살인에 대한 반제로, 마태복음 5:21-22절에 말씀합니다. "누구든지 살인하면 심판을 받게 되리라 하였다는 것을 너희가 들었으나 나는 너희에게 이르노니 형제에게 노하는 자마다 심판을 받게 되고."

셋째, 간음에 대한 반제로, 마태복음 5:27-28절에 말씀합니다. "또 간음하지 말라 하였다는 것을 너희가 들었으나 나는 너희에게 이르노니 음욕을 품고 여자를 보는 자마다 마음에 이미 간음하였느니라."

넷째, 맹세에 대한 반제로, 마태복음 5:33-34절에 말씀합니다. "또 옛 사람에게 말한바 헛맹세를 하지 말고 네 맹세한 것을 주께 지키라 하였다는 것을 너희가 들었으나 나는 너희에게 이르노니 도무지 맹세하지 말지니."

다섯째, 대적에 대한 반제로, 마태복음 5:38-39절에 말씀합니다. "또 눈은 눈으로, 이는 이로 갚으라 하였다는 것을 너희가 들었으나 나는 너희에게 이르노니 악한 자를 대적하지 말라."

여섯째, 원수에 대한 반제로, 마태복음 5:43-44절에 말씀합니다. "또 네 이웃을 사랑하고 네 원수를 미워하라 하였다는 것을 너희가 들었으나 나는 너희에게 이르노니 너희 원수를 사랑하며 너희를 박해하는 자를 위하여 기도하라."

이 같은 예수님의 "반제"말씀은 결코 구약의 율법을 배제하거나 **율법의**

폐지를 주장하거나 나아가서는 신약의 새로운 율법을 세우려는 의도가 아닙니다. 예수님은 구약의 율법을 완성하기 위해 오셨습니다(마 5:17). 우리가 마태복음 5:17-20절에 있는 첫 번째 '반제'를 보면, 예수님은 율법을 보다 철저히 계명에 따라 살 것을 요구하시고, 다만 율법을 형식적으로 지킬 것이 아니라 율법의 근본적 의도인 공의와 자비와 절제를 구체적으로 실행할 것을 강조한 것입니다. 그러나 예수님은 모세의 율법과 당시 서기관들의 "유전"(막 7:1) 사이는 구분하셨습니다.

오늘은 "원수를 사랑하라"는 말씀으로 은혜를 나누고자합니다.

1. 누가 원수입니까?

"원수"(에크스트로스)는 증오하여 자기에게 해를 끼친 사람이나 자기에게 해를 끼치어 원한이 맺히게 한 대상을 일컫는 말입니다. 원수는 나에게 해를 끼치고 마음에 상처를 준 사람입니다. 성서에서 원수는 서기관과 바리새인입니까?(마 5:20). 박해자입니까?(마 5:20).

마태복음 10:35-36절에서 예수님은 말씀합니다. "내가 온 것은 사람이 그 아버지와, 딸이 어머니와, 며느리가 시어머니와 불화하게 하려 함이니 사람의 원수가 자기 집안 식구리라."

미가 7:6절에는 "아들이 아버지를 멸시하며 딸이 어머니를 대적하며 며느리가 시어머니를 대적하리니 사람의 원수가 곧 자기의 집안사람이로다."라고 말씀하였습니다.

"사람의 원수가 자기 집안사람이라"는 말은 집안에 원수가 있다는 말입니다. 원수는 가장 가까운 사람으로서 집안에서 서로간의 원수가 될 수 있습니다.

　동양적인 사고에서 보면 "집"은 단순히 가정 집만 집이 아니라 우주가 집입니다. 그래서 한문의 우주(宇宙)는 집 우(宇), 하늘 주(宙)자를 써서 하늘의 집을 뜻합니다. 이런 면에서 보면 "집"은 포괄적 의미에서 넓은 구조적인 공간입니다. 그 공간은 작게는 가정, 학교, 회사, 교회가 될 수 있고, 크게는 지역, 국가, 세계가 될 수 있습니다. 이 같은 "집"이란 공간에 두 사람 이상이 모이면 그것은 "사회"(社會)가 형성되고, 사람과 사람이 만나 모여 사는 사회 속에는 반듯이 "인간관계"가 시작됩니다. 그 "인간관계"는 주로 말과 행동을 통해서 관계가 이루어지는데, 서로간의 언어와 행동이 이해보다 오해, 친절보다 분노, 사랑보다 미움, 신용보다 불신, 용서보다 복수, 평화보다 다툼, 주는 것 보다 소유욕 등이 앞선다면 순간적으로 마음과 생각과 몸에 크고 작은 상처를 주게 됩니다. 바로 이 상처를 입히는 갈등구조가 악화되면 여기서 서로는 "원수지간"이 되고 맙니다. 이때 호의적인 인간관계는 단절되고 "원수"라는 불행의 씨앗이 시작됩니다. 인간관계(human relationship)는 현대의 '사랑' 용어입니다.

　▨ 소위 집안 식구끼리도 원한이 맺히게 됩니다.

　성서에서 말하는 "집안 식구"(오이키아코이)는 자녀나 노예에 상관없이 한 집안에 있는 가정의 구성원인 식솔, 가족, 가정을 말합니다. "식구"는 남편과 아내, 아들과 아버지, 딸과 어머니, 며느리와 시어머니가 있고, 또한 주인과 노예 등으로 확대될 수 있습니다. 그 식구들이 의견, 생각 등이 둘로 나뉘어 가족 간의 불화(디카조)가 일어나면 이것이 화근이 되어 충돌하므로 적대관계가 되면 집안 식구가 원수가 됩니다.

　▨ 특히 "가족"이란 말이 영어로 "family"인데 그 말은 "Father and mother, I love you." "아버지와 어머니, 나는 당신들을 사랑합니다,"는 의

미를 담고 있어서, 그 중심에는 '사랑'이 가정 구성원인 식구들을 연결하는 고리이고 가정을 결속시키는 띠입니다. 그래서 사랑이 있어야 집안의 식구가 화목하고 행복한 것입니다.

예수님이 "내가 온 것은 사람이... 불화하게 하려 함이라"(마 10:35)고 한 말씀은 서로간의 자기 유익수단관계에서 비롯된 불화가 아니라 믿음에 의한 가정의 신앙변혁에서 일어나는 갈등구조를 말하는 것입니다. 불신 가정 속에 복음이 들어가면 이런 신앙충돌이 일어납니다. 우리가 불교 유교의 전통 종교풍속의 가문에 살면서 신앙 있는 며느리는 시어머니와 예수 믿는 아들이 아버지와 종교적 충돌을 갖습니다.

조상을 모셔야 하는 집안의 장손인 제가 예수를 믿음으로 처음 주일학교에 다닐 때 돼지우리 헛간에 묶여 있었습니다. 이때 저는 부모와 가문의 조상을 배반하는 원수가 된 것입니다. 그러나 신앙의 승리로 오늘의 저의 가문은 예수 믿는 신앙가족이 되었고, 구세군사관이 되어 복음의 진리 안에서 자유롭게(요 8:32) 하나님의 사랑을 감사하며 영광을 돌립니다.

2. 왜 원수가 생깁니까?

창세기 3:15절에 보면 최초의 "원수"에 관한 이야기가 나옵니다.

> "내가 너로 여자와 원수가 되게 하고 네 후손도 여자의 후손과 원수가 되게 하리니 여자의 후손은 네 머리를 상하게 할 것이요 너는 그의 발꿈치를 상하게 할 것이니라"

▒ 처음 사람 아담과 하와는 에덴동산에서 "뱀" 곧 "마귀, 사탄"(계 12:9,

20:2)의 유혹으로 '욕심'이 생겨 하나님의 명령을 어기고 "생명나무의 열매를 따먹는"(창3:22) 불순종의 죄로 에덴동산에서 쫓겨나게 됨으로(창 3:24) 하나님과 원수가 되었습니다(롬 5:10). 그 후로 "집안의 원수"가 일어나기 시작하였습니다. 아담과 하와가 낳은 형 가인과 동생 아벨이 원수가 되었고(창 4:1-8), 아브라함의 아내 사라와 여종 하갈이 원수가 되었고, 그들이 낳은 이복형제 이삭과 이스마엘이 원수가 되었고(창 21:9-10), 이삭의 자녀 에서와 야곱이 원수가 되었고(창 27:41), 야곱의 자녀 요셉과 형들이 원수가 되었고(창 37:8, 18-20), 사울의 집과 다윗의 집이 원수가 되었고(삼하 3:1), 다윗 왕과 아들 압살롬이 원수가 되었으며(삼하 15:1-14), 욥의 아내는 욥에게 "하나님을 욕하고 죽으라."고 저주하였습니다(욥 2:9).

신약에는 탕자비유에서 형이 "분노"하여 동생을 용납하지 않았고(눅 15:28), 제자 가롯 유다는 스승이신 예수님을 팔아넘겼고(눅 22:3-6), 수제자 베드로는 예수님을 모른다고 세 번이나 부인했습니다(마 26:69-74). 초대교회 시대는 사울이 스데반을 죽이는데 동참하였고(행 7:58) 그리스도인들을 핍박힙니다(행 9:1-2). 고린도교회는 바울 파, 아볼로 파, 게바 파, 그리스도 파 등 4파로 갈라졌습니다.

▩ 우리가 살펴본 원수의 역사를 보면 "원수"는 사탄의 유혹에서 시작됩니다(창 3:1-6). 그리고 욕심, 분노, 시기, 질투, 불신, 배신, 오해와 자기야욕 때문에 원수가 됩니다. 그러나 원수의 근본적 원인은 사랑이 식어진 결과입니다. 사랑 없이 내뱉는 말은 칼이 되어 사람의 마음을 상처내고, 사랑 없이 하는 행동은 독이 되어 사람을 다투게 합니다.

에베소서 4:29절에, "무릇 더러운 말은 너희 입 밖에도 내지 말고 오직 덕을 세우는데 소용되는 대로 선한 말을 하여 듣는 자들에게 은혜를 끼치게 하라"고 말씀합니다.

야고보서 4:1-3절에는, "너희 중에 싸움이 어디로부터, 다툼이 어디로부터 나느냐 너희 지체 중에서 싸우는 정욕으로부터 나는 것이 아니냐 너희는 욕심을 내어도 얻지 못하여 살인하며 시기하여도 능히 취하지 못하므로 다투고 싸우는 도다 너희가 얻지 못함은 구하지 아니하기 때문이요 구하여도 받지 못함은 정욕으로 쓰려고 잘못 구하기 때문이라"고 말씀합니다.

3. 어떻게 원수를 해결할 수 있습니까?

로마서 13:8절, "피차 사랑의 빚 외에는 아무에게든지 아무 빚도 지지 말라 남을 사랑하는 자는 율법을 다 이루었느니라."

▧ 제가 깨닫기는 "원수"는 "사랑의 빚"입니다. 우리는 하나님으로부터 "아가페" 사랑을 받은 자들입니다.

로마서 5:5절에는, "우리에게 주신 성령으로 말미암아 하나님의 사랑이 우리 마음에 부은바 됨이니"라고 말씀합니다. 그리고 우리는 예수님이 말씀하신 "네 이웃을 네 자신같이 사랑하라"는 명령을 받은 자들입니다(마 22:39).

우리에게는 이웃이 따로 없습니다. 사랑하는 자 자신이 바로 이웃이 되는 것입니다. 그러기 때문에 원수도 내가 사랑하므로 그 원수는 더 이상 나의 원수가 아니고 내가 바로 그의 이웃이 됩니다. 그러나 우리는 나의 욕심 때문에, 또한 나의 아집과 편견 때문에 그 고귀한 하나님의 사랑, 하나님이 거저 주신 아름다운 은혜를 내 이웃에게 주지 못한 "사랑의 빚"을 지고 있습니다. 사랑은 나의 소유가 아니라 하나님의 본성이고(요일 4:16) 하나님이 먼저 우리를 사랑하셨기 때문에(요일 4:19), 그리고 우리가 "하나님의 형상"대로 지음 받을 때 분여 받은 것이 사랑이기 때문에(창 1:27), 우리는 거저 받았으니 거저주어야 합니다.

그래서 원수를 사랑하는 것은 우리가 받은 하나님의 사랑의 빚을 갚는 것입니다. 이것은 원수에 대한 복수가 아니라 하나님이 우리에게 주신 은혜요 사랑입니다. 지금 여기서 우리는 원수를 사랑하는 것이 곧 하나님의 사랑의 빚을 갚는 것이라는 그 놀라운 은혜를 깨닫기를 축복합니다.

▒ 우리가 신앙생활에서 수많은 의무를 다한다 해도 "사랑이 없으면 아무것도 아닙니다"(고전 13:1-3). 하나님이 통치하는 하늘나라는 사랑의 천국인데 우리가 이 세상에서 하나님의 사랑으로 예수님의 십자가를 통해서 구원받은 사랑의 은혜를 항상 감사하면서 사랑훈련을 잘해야 천국에서도 사랑하며 살아갈 수 있습니다. 우리가 믿음으로 가는 천국은 "사랑으로 역사하는 믿음"(갈 5:6)으로 가는 나라입니다.

로마서 12:17-21절에서 사도 바울은 원수 사랑의 비법을 말씀합니다. "아무에게도 악을 악으로 갚지 말고 모든 사람 앞에서 선한 일을 도모하라 할 수 있거든 너희로서는 모든 사람과 더불어 화목하라 내 사랑하는 자들아 너희가 친히 원수를 갚지 말고 하나님의 진노하심에 맡기라 기록되었으되 원수 갚는 것이 내게 있으니 내가 갚으리라고 주께서 말씀하시니라 네 원수가 주리거든 먹이고 목마르거든 마시게 하라 그리함으로 네가 숯불을 그 머리에 쌓아놓으리라 악에게 지지 말고 선으로 악을 이기라."

사도 바울은 행하기 전에 생각하라, 누구에게나 악으로 갚지 않도록 최선을 다하라고 말씀합니다. 엄중한 마음을 부드럽게 하여, 하나님께 맡겨라. 하나님의 진노에 맡기는 것이 더 나을 것이다. 즉 하나님의 진노는 원수를 갚아야할 자에게 속한다는 말씀입니다. 이것이 가장 현명한 부분이고, 만일 현재에 열매를 보지 못한다 할지라도 인내하라. 그들 스스로 원수를 갚는 사람들처럼, 온유와 인내로서 적을 이기라고 말씀하는 것입니다.

마치는 말씀입니다.

예수님은 마태복음 5:43-45절에서 말씀하십니다.

> "또 네 이웃을 사랑하고 네 원수를 미워하라 하였다는 것을 너희가 들었으나 나는 너희에게 이르노니 너희 원수를 사랑하며 너희를 박해하는 자를 위하여 기도하라 이같이 한즉 하늘에 계신 너희 아버지의 아들이 되리니 이는 하나님이 그 해를 악인과 선인에게 비추시며 비를 의로운 자와 불의한 자에게 내려주심이라"(눅 23:34).

예수님은 자신을 미워하고 괴롭히며 죽이려드는 자들마저 사랑하시며 용서하셨습니다(눅 23:34). 우리는 분노나 악감정에서 보복하거나 파멸을 원하는 것보다는 원수를 진심으로 용서하며 사랑해야 합니다. 그것은 주님이 주시는 성령을 통해서만 가능할 수 있습니다. 용서하면 악감정과 원한에서 완전히 해방되어 주님과 함께 미래를 향해서 나아갈 수 있습니다 (마 18:34-35).

예수님의 말씀에서 우리가 깨닫는 것은 "원수를 미워하는 것"은 미숙한 육체적인 정욕에 얽매어있는 것이고, "원수를 사랑하는 것"은 성숙한 신앙생활의 극치입니다. 원수를 미워하는 것은 마치 불치병을 앓고 있는 것과 같아서 내 영혼 깊은 곳에는 항상 죄책감이 도사리고 있기 때문에 하나님 앞에서 자녀같이 살지 못하고 죄인같이 살아가게 됩니다. 기쁨과 소망이 없이 의례적이고 의무적인 신앙생활을 하게 됩니다. 그러나 내가 "원수를 사랑하며 나를 박해하고 상처 주는 자를 위하여 기도하면" 나는 하나님의 아들로 인침을 받게 되어 항상 기쁘고 행복한 신앙생활과 사회생활을 할 수 있습니다. 그리고 하나님은 나에게 햇빛 같은 영혼의 밝은 빛으로 나의 삶을 밝게 비추어주십니다. 뿐만 아니라 나에게 비를 내려주시듯 성령의 충만한 은혜의 단비로 영육 간에 축복을 내려주실 것을 믿습니다. 이것은 빚진 자가 빚을 갚은 후에 기쁨, 자유, 해방을 만끽하게 되는 것입니다. 원수를 사랑하고 그를 위하여 기도하는 자에게 항상 해를 비추시고 비를 내리시는 축복이 임하시기를 주님의 이름으로 축복합니다.

03
네 자신을 사랑하라

마가복음 12장 31절

"둘째는 이것이니 네 이웃을 네 자신과 같이 사랑하라 하신 것이라
이보다 더 큰 계명이 없느니라."

"네 자신을 사랑하라!" 자기 자신을 사랑하는 것은 우리 인생의 각 단계마다 몸과 마음과 영성이라고 하는 나 자신이 받은 고유한 선물을 하나님이 주시는 사랑 안에서 가능한 한 충분히 개발함으로서 자기 자신을 사랑하는 것입니다.

데살로니가전서 5:23절에, "평강의 하나님이 친히 너희를 온전히 거룩하게 하시고 또 너희의 온 영과 혼과 몸이 우리 주 예수 그리스도께서 강림하실 때에 흠 없게 보전되기를 원하노라"라고 말씀합니다.

예수님의 주요 계명에서 두 번째 부분은 "네 이웃을 네 자신과 같이 사랑하라"(눅 10:27)는 말씀입니다. 흔히 "네 자신과 같이"란 말을 대강보아 넘기고 이웃 사랑을 요구하는 계명으로 받아들임으로 이웃 사랑의 실행을 많이 제시합니다. 또한 자기 자신을 사랑하지 않고서는 이웃을 사랑할 수 없다고 생각합니다. 그러나 '자기애'(自己愛) 없이 이웃 사랑이 불가능하다거나 자기애를 지나치게 강조하면 자아 도취되어 자신의 주위를 맴도는

삶으로 변질될 수 있습니다. 건강한 이웃 사랑의 삶에는 이 두 극단 사이에 생기는 긴장이 있습니다(안젤름 그륀).

"네 자신을 사랑하라"는 말은 신자들이 '나는 소중한 존재니까' 내가 소중하기 때문에 자기중심에서 나를 사랑하라는 것이 아닙니다. '나는 하나님의 것이니까' 하나님의 사랑 안에서 나를 소중히 여겨서 나를 사랑한다는 개념입니다. 그러기 때문에 자기 자신을 사랑하는 것은 내 인생의 몸과 마음과 영성이라고 하는, 내가 받은 고유한 선물을 가능한 한 충분히 개발함으로서 자기 자신을 사랑하는 것입니다. 자기 사랑이 부족한 사람은 자기 자신에 대하여 엄격한 사람이기에 실수를 참아내지 못합니다. 자기 자신에 대해 폭력을 사용합니다. 자신을 학대하게 됩니다.

오늘은 "네 자신을 사랑하라"는 말씀으로 은혜를 나누고자합니다.

1. "네 자신을 사랑하라"는 말씀은 "나 자신을 사랑하라"는 말입니다
(신 6:5, 레 19:18, 마 22:39, 눅 10:27, 롬 13:9).

▧ 우리는 이미 마태복음 22:37-40절(막 12:28-34, 눅 10:25-28)에서 예수님이 "네 마음을 다하고 목숨을 다하고 뜻을 다하고, 힘을 다하여(막 12:30, 눅 10:27) 주 너의 하나님을 사랑하라"하신 크고 첫째 되는 계명(신 6:5)과 "네 이웃을 네 자신 같이 사랑하라" 하신 둘째 되는 계명(레 19:18)을 살펴보았습니다. 오늘은 특히 예수님이 "네 이웃을 네 자신 같이 사랑하라"고 말씀하신 계명 속에 가리어져있는 "네 자신 같이 사랑하라"는 말씀 속에서 "네 자신을 사랑하라"는 말씀을 드러내어 "네 자신을 사랑하는 법"을 말씀드리려고 합니다.

사도 바울은 로마서 13:9절에서 "네 이웃을 네 자신과 같이 사랑하라 하신 그 말씀가운데 다 들었느니라"고 말씀하였습니다. 일본의 신학자 하천풍언은 "네 자신 같이 사랑하라"는 말씀 속에서 "자기애"(自己愛)라는 책을 저술하였습니다.

▨ 여기서 우리가 '자기사랑'에 관해 심사숙고해야할 두 가지가 있습니다.

첫째는, 나 자신은 "하나님의 형상"대로 지음을 받았다는 것을 알아야 합니다. 우리 인간은 하나님의 영광을 위해 "하나님의 형상"대로 지음을 받았습니다.

창세기 1:27-28절, "하나님이 자기 형상 곧 하나님의 형상대로 사람을 창조하시되 남자와 여자를 창조하시고 하나님이 그들에게 복을 주시며."

문호 톨스토이는 "사람에게는 무엇이 있는가? 사람에게는 사랑이 있다"고 말했는데, 사랑이 있는 사람은 하나님 안에 있고 하나님은 그 사람 안에 있습니다. 하나님은 사랑이기 때문입니다(요일 4:8, 16).

요한1서 4:13절과 16절에, "그의 성령을 우리에게 주시므로 우리가 그 안에 거하고 그가 우리 안에 거하시는 줄을 아느니라." "하나님이 우리를 사랑하시는 사랑을 우리가 알고 믿었노니 하나님은 사랑이시라 사랑 안에 거하는 자는 하나님 안에 거하고 하나님도 그의 안에 거하시느니라."고 말씀했습니다. 그 "사랑"은 '아가페'입니다.

사람이 "하나님의 형상대로 지어졌다"(창 1:27)는 말은 하나님과 사람 사이에 공통점이 있다는 말입니다. 또한 하나님과 사람이 닮았다는 말입니다. 하나님의 형상이 '아가페'이기 때문에 하나님은 사람을 지으실 때 '아가페'를 나누어 주셨습니다. 그러기 때문에 '아가페' 사랑은 사람에게 부과되는 윤리적 의무가 아니라 그것은 사람의 본성이자 인간존재의 특징입니다. 하나님은 이미 우리를 사랑하는 존재로 창조하셨습니다. 그리고 우리 안에 사랑하는 능력을 주셨습니다. 그렇다면, 우리는 나 자신이 하나님을 사랑하고 이웃을 사랑하는 주체가 되는 것을 깨달아야 합니다. 또한 '나침반'처럼 사람은 하나님을 향하여 있는 영적인 존재인 것을 알아야 합니다.

둘째는, "네 자신을 사랑하라"는 말은 "자기를 사랑하라"는 말이 아닌 것을 알아야 합니다. 자기를 사랑한다고 하면 그것은 매우 이기적이고 자기중심적인 사랑입니다. 거기에는 육체적이고 야욕적인 자기만이 존재하기 때문에 자기가 왕좌에 앉아 있는 것이고 하나님은 계시지 않습니다. 이것은 매우 위험스런 독선적인 태도입니다.

디모데후서 3:1-5절에는 19개의 '악덕목록'을 말씀하고 있는데 그중에 첫 번째가 "사람들이 자기를 사랑하며"(3:2)라고 했습니다. 그리고 "이 같은 자들에게서 네가 돌아서라"(3:5)고 말씀하였습니다. 여기서 "자기를 사랑하며"란 말은 '이기적인 사랑'을 뜻하는 것이고, "네가 돌아서라"고 한 말은 이기심의 모양이라도 피하라는 경고입니다.

▓ 특히 원문을 보면, "사람들이 자기를 사랑한다"("필아우토스", 필로스-아우토스)는 말은 '필로스'의 애정을 지니고 있는 자기중점적인 것, 자기 본위의 이기적인(selfish) 것, 자기교만이나 자기중심주의"를 뜻합니다. 그들의 이웃들을 사랑하는 것이 아니라, 오직 "자기를 사랑합니다." 이것은 악의 첫 번째 근원입니다(딤후 3:2).

그러나 오늘 본문말씀 마가복음 12:31절(마 22:39)에서 예수님이 "네 자신을 사랑하라"("아가페세이스 세아우톤," 아가파오-세아우투, 재귀대명사)는 말씀은 '아가페' 사랑을 실행하는 본인 곧 "나 자신"의 입장에서 "네 자신을 사랑하라" 즉 '나 자신을 아가페 사랑으로 사랑하라'는 말입니다. "네 자신을 사랑하라"는 말은 하나님 중심적인 "아가페" 사랑으로 나 자신을 사랑하라는 말이고, "사람들이 자기를 사랑한다"는 말은 나 중심의 이기적인 "필로스" 사랑을 말하는 것이기 때문에 서로 다른 의미를 갖고 있습니다.

2. "나 자신을 사랑하는 법" 세 가지가 있습니다.

▓ 육체적으로 나 자신을 학대하지 말아야 합니다.

"나 자신을 학대하지 말라"는 말은 영적수련과 금식기도와 구도자의 회개와 같은 신앙훈련을 위한 자신의 고통이나 슬픔을 금하라는 것이 아닙니다. 또한 하나님의 선한사업을 위한 열정적이고 희생적인 헌신봉사와 자선사업과 교역사역을 금하라는 것도 아닙니다. 다만 자기 자신의 몸을 스스로 학대하는 자기학대 행동(self torment) 즉 자학행위(自虐行爲)를 하지 말라는 것입니다.

믿지 않는 사람들 중에는 혹독한 짓으로 자기학대를 해서 자기 몸을 치고 때리고, 음주하고 흡연하고, 서로 싸우고 다투고 미워하는 원한을 마음속에 품고, 활화산같이 화와 분노를 자주 폭발시키고, 나아가서는 감정을 조절하지 못하고 죽고 싶은 자살충동까지 느끼는 조절 불가능한 행동을 하지 말라는 것입니다.

믿는 사람들의 자기학대는 주로 시기하고 질투하는 마음, 미워하고 싫어하는 마음, 화목하지 못하고 불화한 마음, 화내고 분노하는 마음, 의무와 책임은 다하지만 사랑은 하지 않는 마음, 편애 편견 오해하는 태도, 용서하지 못하고 속이 막혀있는 고정관념, 불평불만, 고집 아집 자기교만에 빠져있는 상태 등이 있을 수 있습니다. 이런 마음가짐과 태도와 상태들은 자신을 학대하는 행위이고 자신을 스스로 포악하게 '대우'하는 것입니다.

여기서 신자들이 우울하게 되고, 외로움을 갖게 되고, 많은 사람 속에서 항상 홀로 사는 외로운 인생으로 살아가게 되고, 고통스럽고 절망스런 생활 속에서 "속 터지는 병," "절망에 이르는 죽음의 병" 등이 생겨나고, 결국 예수 없이 살게 되고, 기쁨과 은혜 없는 슬픔 속에 억눌려 살게 되어 신앙생활을 할 수 없는 지경에 이를 수 있습니다.

이러한 자학행위가 지속되면 그것이 습관화 되고 결국은 중독되고 맙니다. 그러기 때문에 이런 자학행위를 하지 말고, 나 자신을 관심 갖고, 나 자신을 이해하고, 나 자신을 책임지고, 나 자신을 존경하고, 나 자신의 "영과 혼과 몸이 흠 없게 보전되기 위해"(살전 5:23) 전심전력을 다하여 성결한 삶을 살라는 말입니다.

우리의 자기학대행위는 삶을 불행하게 만드는 주범으로서 무섭고 두렵고 무거운 죄의 짐입니다. 우리는 나도 모르게 습관적으로 일어나는 자학행위를 중지해야 합니다. 이것은 나의 힘으로나 능력으로 되지 않고 오직 하나님의 영으로 됩니다(슥 4:6). 보혜사 성령님이 우리를 도우십니다(요 15:26, 16:7).

요엘 2:28절에서 하나님은 말씀하십니다. "그 후에 내가 내 영을 만민에게 부어 주리니 너희 자녀들이 장래 일을 말할 것이며 너희 늙은이는 꿈을 꾸며 너희 젊은이는 이상을 볼 것이며." 이때 우리가 하나님의 사랑을 받는 소중한 존재라는 사실을 깨닫게 되고 용기와 희망이 일어나게 될 것입니다.

마태복음 11:28-30절에서 예수님은 자기학대의 죄 짐에 눌려있는 인생들에게 말씀하십니다. "수고하고 무거운 짐 진 자들아 다 내게로 오라 내가 너희를 쉬게 하리라 나는 마음이 온유하고 겸손하니 나의 멍에를 메고 내게 배우라 그리하면 너희 마음이 쉼을 얻으리니 이는 내 멍에는 쉽고 내

짐은 가벼움이라."

요한1서 5:4절에는, "무릇 하나님께로부터 난 자마다 세상을 이기느니라 세상을 이기는 승리는 이것이니 우리의 믿음이니라"고 말씀합니다(요일 4:18).

우리는 예수님의 십자가 앞에 나의 무거운 자기학대의 죄 짐을 내려놓고 주님의 주시는 평안을 회복하시기를 축복합니다.

▨ 우리가 영적으로 나 자신의 마음을 깨끗하게 해야 합니다.

'나 자신의 마음을 깨끗하게 하라'는 말은 정결한 마음, 성결한 마음, 즉 사랑하는 마음, 은혜 있는 마음, 자애(慈愛)로운 마음, 가난한 마음 등을 말합니다. 이런 마음을 연민(자비심), 측은지심이라고도 합니다. 이 마음은 천국으로 채워지는 마음이고, 믿음의 눈으로 하나님을 볼 수 있는 마음입니다.

예수님은 제자들에게 마태복음 5:3절에서, "심령이 가난한 자는 복이 있나니 천국이 그들의 것임이요."라고 말씀하십니다(눅 6:20).

마태복음 5:8절에서, "마음이 청결한자는 복이 있나니 그들이 하나님을 볼 것임이요."라고 말씀하셨습니다.

▨ 우리는 나 자신을 비우고, 깨끗해져야 될 이유가 있습니다.

첫째, 우리는 하나님의 것입니다. 우리는 나이면서 내 것이 아니라 하나님께 속해 있는 "하나님의 것"입니다. 이사야 43:1절, "...너는 두려워하지 말라 내가 너를 구속하였고 내가 너를 지명하여 불렀나니 너는 내 것이라."

둘째, 우리는 하나님의 자녀입니다. 요한복음 1:12절, "영접하는 자 그 이름을 믿는 자들에게는 하나님의 자녀가 되는 권세를 주셨으니."

셋째, 우리 안에 사랑이 있는 곳에 하나님도 계십니다. 요한1서 4:16절,

"하나님이 우리를 사랑하시는 사랑을 우리가 알고 믿었노니 하나님은 사랑이시라 사랑 안에 거하는 자는 하나님 안에 거하고 하나님도 그의 안에 거하시느니라."

넷째, 우리는 "하나님의 성전"입니다. 고린도전서 3:16-17절, "너희는 너희가 하나님의 성전인 것과 하나님의 성령이 너희 안에 계시는 것을 알지 못하느냐 누구든지 하나님의 성전을 더럽히면 하나님이 그 사람을 멸하시리라 하나님의 성전은 거룩하니 너희도 그러하니라."

다섯째, 우리는 "성령의 전"입니다. 고린도전서 6:19-20절, "너희 몸은 너희가 하나님께로부터 받은바 너희 가운데계신 성령의 전인 줄을 알지 못하느냐 너희는 너희 자신의 것이 아니라 값으로 산 것이 되었으니 그런즉 너희 몸으로 하나님께 영광을 돌려라."

여섯째, 우리는 "하나님이 귀히 쓰시는 그릇"입니다. 디모데후서 2:20-22절, "큰 집에는 금 그릇과 은그릇뿐 아니라 나무 그릇과 질그릇도 있어 귀하게 쓰는 것도 있고 천하게 쓰는 것도 있나니 그러므로 누구든지 이런 것에서 자기를 깨끗하게 하면 귀히 쓰는 그릇이 되어 거룩하고 주인의 쓰심에 합당하며 모든 선한 일에 준비함이 되리라 또한 너는 청년의 정욕을 피하고 주를 깨끗한 마음으로 부르는 자들과 함께 의와 믿음과 사랑과 화평을 따르라."

일곱째, 하나님은 우리가 "흠 없게 보전되기를 원하십니다." 데살로니가전서 5:23절, "평강의 하나님이 친히 너희를 온전히 거룩하게 하시고 또 너희의 온 영과 혼과 몸이 우리 주 예수 그리스도께서 강림하실 때에 흠 없게 보전되기를 워하노라."

3. 우리는 예수님을 닮아야 합니다.

　요한복음 14:8-9절에서, 제자 빌립은 예수님께 말합니다. "주여 아버지를 우리에게 보여 주옵소서." 예수님은 빌립에게 말씀하십니다. "나를 본 자는 아버지를 보았거늘 어찌하여 아버지를 보이라 하느냐."
　어떤 사람이 우리에게 다가와서 "나에게 예수를 보여 주십시오."라고 말한다면 우리는 "나를 본 자는 예수님을 본 것입니다"라고 말할 수 있겠습니까?
　런던거리 한 복판에서 경찰이 취한을 체포하여 끌고 갈 때 소녀 캐서린 멈포드가 달려가서 취한과 나란히 걸으며 말했습니다. "아저씨와 경찰서까지 만이라도 함께 가드릴게요." 그 말을 들은 취한이 볼에서 눈물을 흘리며 말합니다. "고맙다. 너는 꼭 예수님 같은 사람이구나!" 그 소녀는 후에 캐서린 부스로 "구세군의 어머니"가 되었습니다.
　지금 예수님을 주님으로 믿고 사는 우리는 사람들에게 무엇으로 보이고 있습니까? "사관님은 꼭 예수님 같아요!" "부교님은 꼭 예수님 같아요!"라는 소리를 듣기 바랍니다. 만일 내가 내 자신 안에서 "예수님 같은 사람"으로 보이지 않는다면 그것이 내가 아직도 "예수의 사람" 즉 "작은 예수"가 되지 않은 것을 알아차리고 주님 앞에 엎드려 성결의 은혜를 간구해야 합니다. 겉은 예수 닮은듯하나 속은 예수의 마음, 예수의 향기가 없기 때문입니다(고후 2:15).
　토마스 아켐프스는 일평생 그리스도를 닮기 위해 "그리스도를 본받아"라는 책을 썼습니다. 사도 바울은 그리스도를 닮기 위하여 "내가 그리스도 예수 우리 주 안에서...나는 날마다 죽노라."고 말씀하였습니다(고전 15:31). 예수 닮은 사람은 다름 아닌 "예수님의 마음"으로 변화된 사람입니다.

　빌립보서 2:5-8절에는, "너희 안에 이 마음을 품으라 곧 그리스도 예수의 마음이니 그는 근본 하나님의 본체시나 하나님과 동등 됨을 취할 것으로 여기지 아니하시고 오히려 자기를 비워 종의 형체를 가지사 사람들과 같이 되셨고 사람의 모양으로 나타나사 자기를 낮추시고 죽기까지 복종하셨으니 곧 십자가에 죽으심이라"고 했습니다.

　우리는 나의 이기적이고 자기중심적인 교만과 욕심을 십자가에 못 박고 보혈의 능력으로 거듭나야 합니다. 이것이 바로 "온전히 성결 된" 참 그리스도인의 모습입니다. "온전한 성결"을 다른 말로 표현한다면 "그리스도와 같이 되는 것"(빌 2:1-5, 요일 3:2-3), "온전한 사랑"(고전 13:4-8, 요일 4:12)입니다. 감리교의 창시자 존 웨슬리는 "성결은 행복이다"(Holiness is Happiness.)라고 말하였습니다.

마치는 말씀입니다.

　우리는 하나님의 사랑을 받을만한 "참 소중한 나"로 태어났습니다(안젤름 그륀). 놀라운 것은 "하나님이 만드신 참 좋은 나"는 "하나님의 형상"(Imago Dei)대로 지음을 받았고, 또한 하나님은 사람이 하나님을 향하게 만드셨고, 무엇보다도 하나님의 사랑의 성품도 주셨습니다(댄 스니드). 비록 우리 인간이 타락하기는 했어도 하나님의 사랑의 본성은 우리의 본성에 분여되어있습니다. 우리가 죄에서 깨끗해짐을 받고 성결의 은혜로 하나님의 형상을 회복하게 되면 우리는 성령이 주시는 사랑으로서 사랑의 사람이 될 수 있습니다. 그래서 우리는 주안에서 항상 기쁘고 즐겁고 행복한 삶을 살아갈 수 있습니다.

우리는 성령으로 하나님의 사랑이 충만하게 되어 "사랑의 힘"이 샘솟듯 일어나므로 담대함을 갖고(요일 4:17), 나 자신은 하나님의 영광을 위해 하나님의 형상으로 지음을 받았다는 새로운 자기발견을 통해 하나님 사랑과 이웃 사랑의 주체가 될 수 있습니다. 우리가 마음을 다하고 목숨을 다하고 뜻을 다하고 힘을 다하여 주 나의 하나님을 사랑하고, 우리 이웃을 나 자신같이 사랑하고, 우리 자신을 사랑하시기를 주님의 이름으로 축복합니다.

04
이웃을 사랑하라

누가복음 10장 36-37절

"네 생각에는 이 세 사람 중에 누가 강도만난 자의 이웃이 되겠느냐 이르되 자비를 베푼 자니이다 예수께서 이르시되 가서 너도 이와 같이 하라 하시니라"

우리나라 속담에는 "이웃사촌"이란 말이 있습니다. "이웃하여 살면 서로의 정분의 가깝기가 사촌형제 사이와 같다"는 뜻입니다. 사실 "자식도 멀리 떨어져 있으면 남이고 가까이 있어야 자식"이라고 합니다. 그래서 이웃은 아주 가까이 있는 사람입니다. 이웃 사랑은 "자발적으로 가까이 하는 것"입니다.

이웃은 사랑의 대상인 동시에, 그 이웃은 바로 '나'가 될 때 '이웃 사랑'이 이루어집니다. 나와 또 다른 나 이웃을 하나로 만듭니다. 사랑 안에서 하나 되게 합니다. 거기에 기쁨과 평화가 있습니다. 내가 사랑하는 자는 바로 나를 사랑하는 자가 됩니다. 이웃은 거울 속에 비쳐있는 나의 모습과 같습니다. 내가 웃으면 거울 속의 나도 웃고, 내가 슬퍼하면 거울 속의 나도 슬퍼하고, 내가 화를 내면 거울 속의 나도 화를 내듯이 우리는 이웃이 바로 나라는 존재로 보아야 합니다. 그래서 이웃의 기쁨이 내 기쁨이 되고, 이웃의 슬픔이 내 슬픔이 되고, 이웃의 고통이 내 고통이 됩니다.

우리는 십자가의 보혈로 형제관계를 맺고 있는 하나님의 자녀의 특권을 가진 성도들입니다(요 1:12). 믿지 않은 사람은 "잃어버린 양일뿐", 그 사람들도 하나님이 창조하신 우리의 형제자매입니다. 더 나아가서 '생태계'도 하나님이 창조하신 것이기 때문에 우리는 생태계의 동식물, 자연을 돌보며 사랑해야 합니다.

특히 이웃 사랑은 큰 계명이고, 온 "율법과 선지자의 강령"이고(마 22:38, 40), "새 계명"입니다(요 13:34). 사도 바울은 "이웃 사랑"을 레위기 19:18절, "원수를 갚지 말며 동포를 원망하지 밀며 네 이웃 사랑하기를 네 자신과 같이 사랑하라 나는 여호와이니라"는 말씀에서 인용합니다.

특이한 것은 공관복음에서 예수님은 신명기 6:5절에서 "너의 하나님을 사랑하라"는 계명과 레위기 19:18절에서 "네 이웃을 사랑하라"는 계명을 융합하여 "두 계명이 온 율법과 선지자의 강령"이라고 말씀하십니다(마 22:39, 막 12:31, 눅 10:27). 그리고 요한복음 13:34절에서 예수님은 "하나님," "이웃"이란 말없이 "너희도 서로 사랑하라"는 초월적 계명으로서 "새 계명"을 말씀합니다. 갈라디아서 6:2절에는 "그리스도의 법을 성취하라"고 말씀합니다. "사랑의 계명"을 실천하라는 말입니다. 예수님은 마태복음 22:39절과 마가복음 12:31절에서 "네 이웃을 네 몸과 같이 사랑하라"고 말씀하셨습니다. 문제는 누가복음에서 예수님이 가르쳐주신 진정한 이웃이 누구이고, 어떻게 이웃을 사랑할 것인가? 하는 것입니다(눅 10:25-37).

오늘은 누가복음에서 "이웃을 사랑하라"는 말씀으로 은혜를 나누고자 합니다.

1. 율법사의 시험 질문과 예수님의 분부 말씀(눅 10:25-29)

▨ 어떤 율법사가 일어나서 예수님을 시험하기 위해 질문합니다. "선생님, 내가 무엇을 하여야 영생을 얻으리이까"(눅 10:25).

이것은 사후 내세에 대한 신학적인 질문입니다. 이 질문의 의미는 "내가 무슨 행동을 해야 영생을 얻겠습니까?" 즉 "율법을 가르치는 학자로서 나의 의무와 책임에 대한 행동을 다하면 영생을 얻게 되겠습니까?" "행동은 사람이 하는 일이고 생명은 하나님이 하시는 일인데, 인간의 공로로 영생을 얻을 수 있지 않습니까?"하는 물음입니다.

여기서 율법사는 율법을 행함으로 구원을 얻을 수 있다는 오류를 범하고 있습니다. 우리가 알아야 할 것은 "사랑의 계명"을 실천함으로, 즉 율법을 지키는 행위로 구원을 얻는 것은 아닙니다. 오직 예수 그리스도를 믿음으로만 구원을 얻습니다(엡 2:8-9). 사랑의 계명은 다만 구원에 이르게 하는 은혜의 수단일 뿐입니다. 그러기 때문에 우리가 열정과 희생을 다해 사랑의 계명을 지킨다거나 사랑의 행동을 실천한다고 해서 그 공로로 영생을 얻는 것은 결코 아닙니다.

그럼에도 불구하고 "사랑하라"는 말씀은 성서에 기록되었고(신 6:5, 레 19:18), 예수님이 가르쳐주신 "크고 첫째 되는 계명"이고(마 22:34-40, 막 12:28-31), "새 계명"(요 13:34)이기 때문에 우리가 이 세상에서 구원받은 '하나님의 거룩한 백성'으로 살아가는 동안은 사랑의 계명을 지켜야 하고 실행해야 합니다. 왜냐하면 사랑의 계명은 하나님께 속한 것입니다(요1서 4:7). 예수님은 "율법을 폐하러 온 것이 아니라 완전하게 하려고" 오셨습니다(마 5:17). 그리고 사도 바울도 "사랑은 율법의 완성"이라고 했습니다(롬 13:10).

만일 우리가 하나님의 자녀로서 사랑을 실행하지 않는다면 사랑의 계명은 율법의 조문으로만 남게 되어 생명력이 없어지고, 결국 우리는 사랑의 계명을 어기는 결과가 되기 때문에 신앙생활을 하면서도 항상 계명을 지키지 못한 죄인으로 남게 되고, 죄책으로 남게 됩니다. 그렇게 되면 우리는 항상 하나님의 진노에 사로잡혀 두려움으로 살아가게 될 것입니다. 그러나 우리가 "하나님을 사랑하고 이웃을 사랑하면" 이 사랑의 계명은 생명력을 갖게 됨으로 진노의 율법에서 은혜의 복음으로 변하고, 우리는 예수 그리스도를 믿는 신앙 안에서 하나님이 주시는 사랑을 느끼며 행복한 삶을 살아가게 됩니다. 이것이 바로 "사랑의 힘"입니다(요일 4:18-21). 사랑의 힘은 하나님을 기쁨으로 섬기며 이웃과 평화를 유지하며 행복하게 살아가도록 합니다(히 11:6).

▩ 율법사가 예수님께 "내가 무엇을 하여야 영생을 얻겠습니까?" 하는 질문에 예수님은 되돌려 율법사에게 질문합니다. "율법에 무엇이라고 기록되었으며, 네가 어떻게 읽느냐"(눅 10:26). 그때 율법사는 율법학자답게 신명기 6:5절에 있는 "하나님 사랑"과 레위기 19:18절에 있는 "이웃 사랑"을 인용하여 사랑의 계명에 대하여 정확하게 대답합니다. "네 마음을 다하며 목숨을 다하며 힘을 다하며 뜻을 다하여 주 너의 하나님을 사랑하고 또한 네 이웃을 네 자신 같이 사랑하라 하였나이다"(눅 10:27). 이 대답을 들으신 예수님은 율법사에게 스승다운 분부의 말씀을 하십니다. "네 대답이 옳도다 이를 행하라 그러면 살리라."

이 말씀의 의미는 "네가 대답한 것이 옳다(right). 네가 말한 그대로 실천하라. 그러면 영적인 삶을 살아갈 것이다"라는 것입니다. 이 말씀은 우리가 예수님이 말씀하신 사랑의 계명을 실행하면 이 세상에서 사는 동안에 영적인 삶을 풍성하게 살아갈 것을 말씀하신 것입니다. 내세의 영생이전에 이 세상에서의 영적인 삶 곧 신앙의 삶을 말씀한 것입니다.

헬라어에는 "산다"는 말이 '조에'와 '비오스'라는 두 단어가 있습니다. '조에'는 영적인 생명, 삶(spiritual life)을 뜻하고, '비오스'는 자연적이고, 생물학적 생명, 삶(natural life, biological life)을 뜻합니다. 본문에는 '조에'의 생명을 말하고 있어서, 그리스도인들은 이 세상에 사는 동안 영적인 신앙생활을 추구하면서 살아가야 할 것을 말하고 있습니다.

▓ 예수님이 율법사에게 "이를(사랑을) 행하라 그러면 살리라"는 말씀에 반응하여 율법사는 "자기를 옳게 보이고 싶어서" 즉 자신이 말한 것을 정당화시키고 싶어서 예수님께 현실적인 질문을 합니다. "내 이웃이 누구입니까?"(눅 10:29).

레위기 19:18절에는 분명히 "네 이웃을 네 몸같이 사랑하라"고 했는데, 율법사는 "네 이웃"을 바꾸어 "내 이웃이 누구냐?"고 묻습니다.

율법사가 "내 이웃이 누구입니까?"라고 질문하는 것은 "내 사랑의 객체 즉 내 사랑의 대상이 누구입니까?"라고 묻는 것입니다. 우리가 특별히 이 질문에 주목해야합니다. 왜냐하면 율법사의 질문 안에는 "내"가 중심에 고정되어 있습니다. "내 이웃"은 "나" 중심적인 이웃을 말하기 때문에 이웃이란 대상이 바로 "나의 이웃"이란 대상으로 고정되어 있고 정해져있습니다.

만일 우리의 "이웃"이 "내 이웃", 즉 '나 중심의 이웃'이 된다면 바로 그 이웃은 내가 선택하고, 내가 좋아하고 내가 필요로 하는 이웃이기 때문에 그 '이웃'은 너무 편애적이고, 제한적이고 협의(狹義)적인 이웃이 됩니다. 그래서 "내"가 싫어하는 사람, 미워하는 사람, 믿지 않는 사람, 더욱이 원수 지간이 되면, 그런 사람은 아무리 내 자식이고, 형제자매이고, 동료이고, 같은 교회 직분자이고, 가까이 살고, 일가친척이라도 전혀 "이웃"이 될 수가 없습니다. 왜냐하면 그들은 보기도 싫고 관심도 갖기 싫기 때문에 나하고는 상관이 없다고 관심 밖으로 제쳐놓았기 때문입니다.

실제로 당시 율법사가 지향하는 이웃은 "내 이웃"이기 때문에 이스라엘 민족에 제한되었고, 유대교인과 유대교에 개종한자들이 이웃이었습니다. 그래서 이스라엘의 율법에 따르지 않는 이방인들은 이웃이 될 수 없고 항상 적대관계에 놓여있었습니다. 율법사가 지향하는 이웃 사랑은 너무나 지역적이고 민족주의적이고 유대교적이고 율법주의적이고 제한적이며 편애적인 이웃 사랑입니다. 그러기 때문에 인류의 구세주로 오신 예수님은 "네 이웃을 네 자신과 같이 사랑하라"(마 22:39)고 말씀하심으로 "나 중심의 이웃 사랑"에서 변화되어 "너 중심의 이웃 사랑"을 실행하도록 명령하신 것입니다. "나"를 전부 "너"에게 주는 것, 이것이 "이웃 사랑"의 진수입니다.

2. 누가 진정한 이웃인가?(눅 10:30-37)

▒ 누가복음 10:30-37절에서 예수님은 "자비를 베푼 사마리아 사람"의 비유를 들어 누가 진정한 이웃인가? 진정한 이웃 사랑이 무엇인가? 를 밝히 말씀하고 있습니다.

"어떤 사람이 예루살렘에서 여리고로 내려가다가 강도를 만났습니다(30). 강도들이 그의 옷을 벗기고 때려서 거의 죽게 된 채로 내버려두고 갔습니다." 여리고는 예루살렘 동북쪽으로 28km 떨어져있는데, 옛날부터 예루살렘에 들어오는 관문으로 무역과 상업이 발달한 도시이고, 요단강에 인접해 있는 비옥한 지대로서 과일이 풍부하고, 달의 여신을 숭배하는 곳이기도 합니다.

저는 예루살렘에서 여리고로 내려가는 길을 차를 타고 여행해 보았지만, 적어도 70리길 어간에는 인적이나 나무가 없는 광야길입니다. 이 길은 일반인과 장사꾼들이 많이 왕래하는 거리이고, 여리고에 살고 있는 제사장들이나 레위인들이 예루살렘성전 봉사를 위해 자주 왕래하는 거리이기도 합니다. 예루살렘은 높은 지대에 있고 여리고는 요단강 쪽으로 낮은 지대에 위치해있어서 내려가게 되어있고, 또한 우리가 서울에서 지방으로 내려간다고 하듯이 예루살렘에서 여리고로 "내려간다"고 표현합니다.

여리고로 내려가는 광야 길에는 "약탈자"로 불리는 강도들이 흔했습니다. 특별히 혼자서 여행하는 사람들을 공격하여 옷을 벗겨서 귀중품을 훔치고 심지어는 때려서 죽음에 이르도록 방치해 두었습니다.

▨ 그때 마침 여리고 길로 내려가는 세 사람 중에 제사장, 레위인, 사마리아 사람이 있었습니다(30-34). "제사장"은 성전에서 예배를 관장하는 성직자이고, 종교지도자입니다. "레위인"은 성소에서 봉사하는 자로 제사장들의 제사직무를 도와주고 있고, 성전봉사 직무를 맡은 봉사직분자입니다. "사마리아 사람"은 역사적으로 사마리아지역이 북조이스라엘 왕국일 때 앗수르가 점령하여 그들 주민이 이주함으로 혼혈과 다신숭배를 하게 되었습니다. 그래서 유대인들 사이에서는 사마리아인들을 완전한 이방인도, 완전한 유대인도 아닌 비이스라엘인으로 여겼고, 경멸의 대상이 되었습니다.

이 세 사람은 각기 예루살렘에서 여리고로 내려가다가 길에서 "강도들이 옷을 벗기고 때려 거의 죽은 것을 버리고 도망쳤던" 현장에서 바로 "그 사람을 보았습니다." 누가복음 10:31-33절에 보면, 죽게 된 나그네를 대하는 태도는 2대1로 엇갈렸습니다. 세 사람 중에 두 사람, 제사장과 레위인은 "그를 보고 피하여 지나갔습니다." 아마도 그들은 성전사역을 마치고 집으로 돌아가는 길이었습니다. 그러나 한 사람 사마리아인은 "그를 보고 불쌍히 여겨 가까이 다가갔습니다." 여기서 강도만난 한 사람을 보고 세 사람이 대하는 태도가 두 가지로 극명하게 다른 것은 "선택"의 차이가 아니라 "옳은 것"(right)과 "맞는 것"(proper)에 대한 관점의 차이라고 봅니다.

첫째, 제사장과 레위인은 "그를" 가까이 할 "선택의 자유"가 없었습니다. 율법이 죽은 시체를 만질 수 없게 하였습니다.

레위기 21:1절에 보면 "여호와께서 모세에게 이르시되 아론의 자손 제사장들에게 말하여 이르라 그의 백성 중에서 죽은 자를 만짐으로 말미암아 스스로를 더럽히지 말라"고 율법에 명시되었습니다. 말하자면 이 율법 때문에 제사장이나 레위인은 자유롭게 '이웃'을 도울 수 없었습니다. 만일 그들이 율법이 우선이기 때문에 강도 만나 거의 죽은 사람을 보았을 때 "저 사람이 이웃인가? 아닌가?" 그리고 "율법이 허락하는가? 허락하지 않는가?"를 생각하고 '이웃'을 도왔다고 하더라도 그들의 행위는 이미 사랑을 이탈한 것입니다. 왜냐하면 그 태도는 율법에 복종하는 것이지 단순히 "강도만난 자"를 대상으로 여기고 사랑을 실행한 것이 아니기 때문입니다.

출애굽기 20:6절에는 "나를 사랑하고 내 계명을 지키는 자에게는 천 대까지 은혜를 베푸느니라."고 말씀했습니다.

둘째, 중요한 것은 이들의 행위가 "옳은가?"(Right) "맞는가?"(Proper)라는 관점에서 볼 때 제사장과 레위인의 행동은 율법주의 신앙자로서 옳았습니다. 왜냐면 율법을 지켰기 때문입니다. 그러나 그를 피하여 지나간 것은 그 현장과 상황에 비춰볼 때는 강도만난 자에게는 맞지 않았습니다.

우리가 "옳다"고 하는 율법적인 원칙론으로 살면 의무와 책임성이 강해서 고정화된 사고 속에 살게 됩니다. 그러나 "맞다"고 하는 타당성에서 살면 우리는 진리 안에서 자유 함을 얻게 됩니다(요 8:32).

▓ 놀라운 것은 사마리아 사람은 여리고 길을 가다가 쓰러져 죽어가는 사람을 "보았"을 때 "그를 보고 불쌍히 여겼습니다"(33). 새번역성경에는 "그를 보고 측은한 마음이 들었다"고 했습니다. 이것은 우리말의 '측은지심'(惻隱之心)입니다. "불쌍하고 가엾이 여기는 마음입니다." 자비심(慈悲心)입니다.

제사장과 레위인은 율법적인 신앙 속에서 율법을 따라갔지만, 사마리아 사람은 하나님의 눈으로 이웃을 보고 하나님의 마음으로 그를 불쌍히 여겼기 때문에 강도만난 자에게 가까이 다가갈 수 있었습니다.

▓ 우리가 누가복음 10:34-35절을 보면 사마리아 사람은 5단계의 "측은지심"을 실행하였습니다.

첫째, "그를 보았습니다." 제사장과 레위인도 "그를 보았으나" 관심을 갖지 못했습니다. 사도행전 3:1-8절에 보면 베드로와 요한이 성령 충만하기 전에는 성전에 수 없이 다녔어도 그 앞에서 구걸하는 앉은뱅이가 보이지 않았는데 성령 충만한 후에야 그가 보여 "예수 그리스도의 이름으로" 걷는 기적을 일으켰습니다.

둘째, "불쌍히 여겼습니다." 그러나 제사장과 레위인은 "그곳에 이르러 그를 보고 피하여 지나갔습니다." 그들은 '측은지심'을 발휘할 기회를 갖지 못했습니다.

셋째, "가까이 가서 기름과 포도주를 그 상처에 붓고 싸매어주었습니다." 이것은 누가복음의 저자 "누가"는 직업이 '의사'이기 때문에 치료방법을 정확히 말했습니다. 상처 난 사람에게 올리브기름은 상처를 씻어내고, 포도주는 상처를 소독하는데 사용되는 특효약입니다. 사마리아사람은 상황적으로 치료하는 순간에 강도가 닥쳐올 수도 있고, 또 그 사람이 상처 때문에 죽을 수도 있습니다. 그러나 모든 위험을 불사하고 희생 봉사하였습니다.

넷째, "자기 짐승에 태워 주막으로 데리고 가서 돌보아 주었습니다." "짐승"은 집에서 기르는 운반용 가축으로 '나귀'일 것이며, "주막"은 여리고로 내려가는 길목에서 술이나 밥을 팔았고, 나그네, 대상, 개인 또는 가축까지도 유숙할 수 있는 숙박소, 여관입니다. 사마리아인은 이 여관에 머물면서 그를 간호하며 돌보아 주었습니다. 이것이 예수님의 마음이고(빌2:5) 목회자의 사역입니다.

다섯째, "다음날 그는 두 데나리온을 꺼내어서 주막주인에게 주고 말하기를 이 사람을 돌보아주십시오. 비용이 더 들면 내가 돌아올 때에 갚겠습니다." 라고 했습니다. "데나리온"은 로마의 은 동전 화폐단위이고, 두 데나리온은 노동자의 이틀 품삯입니다. 이것은 당시 헬라 은 동전 "드라코마"(눅 15:8)와 동일한 가치입니다.

사마리아 사람이 떠나가면서 환자를 계속 돌봐주도록 부탁하고, 치료비와 숙식비가 더 들면 그 비용을 돌아올 때 갚아주겠다고 약속한 것은 어쩌면 예수님이 부활 승천하시고 하나님 우편에 계시다가 마지막 때에 다시 세상에 재림하셔서 예수 그리스도의 몸 된 교회에게 상급으로 보상할 것을 말씀한 것으로 풀이할 수 있습니다.

▦ 여기서 중요한 것은 사마리아 사람은 "원수냐? 이웃이냐?" 또는 "율법이 허락하느냐 허락하지 않느냐?"하는 따위는 관심하지 않았습니다. 오직 고통 하는 자의 필요에 그대로 대응함으로서 "너"로서의 "이웃"이 된 것입니다. 이렇게 함으로서 사마리아 사람의 이웃됨은 이웃이 아닌 자 즉 원수의 상반개념으로서의 이웃이 아니라 순수 이웃으로서의 이웃됨이 되었습니다. 이렇게 함으로서 예수님은 율법사가 "내 이웃이 누구입니까?"라는 질문 자체를 수정하였습니다.

예수님에게 "당신이 사랑한 대상은 누구입니까?" 묻는다면, 그는 고통자, 즉 무시당하는 자(마 18:10), 자기에게서 절망한자(막 9:37), 소외 자(눅 14:12-14) 등이라고 대답할 것입니다.

▪ 누가복음 10:36절에서 예수님은 율법사에게 마지막 질문을 합니다. "네 생각에는 이 세 사람 중에 누가 강도만난 자의 이웃이 되겠느냐?"

율법사는 교만하게 예수님을 시험하여 "내 이웃이 누구입니까?"라는 질문을 했는데, 지금 예수님은 그 질문을 수정하여 율법사에게 "누가 강도만나 자의 이웃이 되겠느냐?"고 물으십니다. "누가 나의 이웃이 되게 하겠느냐?"고 하신 것입니다. "이웃"이 "나"중심의 이웃에서 "너"중심의 이웃으로 전환 된 것입니다. 율법사는 새로운 마음가짐으로 대답합니다. "자비를 베푼 자입니다"(눅 10:37).

사마리아 사람은 "사랑하고 불쌍히 여기는 마음"을 가진 자입니다. 원문대로 하면 "그 사람과 친밀한 가운데서 그 사람의 필요에 대해 친절한 행동을 실천하는 자입니다." 이 사람은 바로 예수 그리스도이십니다. 그 대답을 들으신 예수님은 단호한 어조로 말씀하십니다. "가서 너도 이와 같이 하라"(눅 10:37). 이웃 사랑을 실행하라고 명령하신 것입니다.

▪ 본문에서 예수님이 "네 이웃을 네 자신 같이 사랑하라"고 하신 말씀은 레위기 19:18절에 있는 "원수를 갚지 말며 동포를 원망하지 말며 네 이웃 사랑하기를 네 자신과 같이 사랑하라 나는 여호와니라."고 한 말씀 중에서 인용한 것입니다.

여기서 보면 예수님은 "원수사랑"이 없는 것 같으나 이미 마태복음 5:43-44절에서 "또 네 이웃을 사랑하고 네 원수를 미워하라 하였다는 것을 너희가 들었으나 나는 너희에게 이르노니 너희 원수를 사랑하며 너희를 박해하는 자를 위하여 기도하라."고 말씀하셨습니다.

"네 자신같이 사랑하라"는 말은 나와 이웃이 일체감이 있어야 희생적인 자선의 사랑(charity love)이 이루어진다는 말입니다. 이웃 사랑은 이웃 상대방에게 호감을 느끼라든지, 그에게 매력을 찾으라는 뜻이 아닙니다. 다가가서 내가 그 사람의 이웃이 되는 것입니다.

3. 자비를 베푼 사마리아사람에 관한 말씀(눅 10:33-35)**을 '비유적 해석'**(Allegorical interpretation)**으로 교훈을 삼고 오늘의 교회와 목회자를 생각해 봅니다.**

사마리아인은 예수님이고, 여리고는 세상이고, 강도는 사탄이고, 거의 죽은 것은 죄와 질고로 고통 받는 인간이고, 주막은 교회이고, 주막주인은 목회자이고, 데나리온은 생활비이고, 돌보아주는 것은 목회이고, 돌아오는 것은 예수님의 재림이고, 비용을 갚는 것은 보상으로 본다면, 예수님은 세상에 오셔서 수난을 받으시며 죄와 사탄의 세력으로 죽을 수밖에 없는 인간을 치유하셨고, 부활승천 후에는 영혼을 구원하시기 위해 죄로 상처받은 우리 인생들을 교회에 맡겨주셨고, 목회자를 통해 그 인생들을 구원에 이르도록 하나님의 사랑으로 돌보아 주게 하셨습니다. 마지막에 주님 재림하실 때 사랑을 실천한 목회자에게 또는 성도들에게 보상하시는 축복의 은혜를 생각해 봅니다.

프랑스의 유명한 설교가인 오베르랑 씨가 젊었을 때 눈과 얼음이 덮인 아르자스 산에 올랐다가 계곡으로 굴러 떨어지는 일이 있었습니다. 의식을 회복하고 보니 어떤 농부가 자기를 오막살이로 데리고 가서 상처를 치료해주어서 살아나게 되었습니다. 감격한 오베르랑은 "당신의 이름은 무엇입니까? 주소를 알려주시면 반드시 사례하겠습니다." 그러자 농부는 웃으며 이렇게 되물었습니다. "선한 사마리아 사람의 이름과 주소를 아십니까?"

이 말은 "나는 하나님의 뜻을 따른 것뿐이니까 내 이름은 중요하지 않다"라는 뜻입니다. 그 농부는 하나님의 계획을 자기의 생활과 일치시킨 진정한 사랑의 신자였습니다(눅 10:37).

마치면서 말씀합니다.

우리는 율법사가 "내 이웃이 누구인가?"라고 질문한 것처럼 고정되고 제한적인 사랑의 선결조건으로 "내 이웃"을 사랑하기 보다는, 예수님이 "누가 강도만난 자의 이웃이 되겠느냐?"라고 질문한 것처럼 보다 포괄적이고 우주적인 넓은 사랑에서 "나는 누구의 이웃이 되는가?"라는 사랑의 결과가 중요합니다.

우리는 이웃을 내 입장에서 이웃을 찾으니까 엄밀히 내 이웃은 없습니다. 그래서 이웃에 대하여 무관심 내지는 태만에 빠져 나의 의만 주장하게 됩니다. 상대방이 악하면 악하기 때문에 이웃이 되지 못합니다. 예수님이 바로 나의 이웃이지 내가 예수님의 이웃이 되는 것이 아닙니다. 그러기에 예수님은 이웃을 위해 죽을 수도 있고 수난을 받고 십자가를 지셨습니다. 바로 사마리아인이 행인의 이웃이 되고 행인을 구할 수 있었습니다. 제사장이나 레위인은 자기 의를 주장하였기 때문에 행인의 이웃이 되지 못했습니다. 바로 우리가 자기 의로움을 지키려고 하다가 이웃이란 선한 직위를 잃게 됩니다.

가난한 사람이 내 이웃이 아니라 내가 가난한 사람의 입장에서 그의 이웃이 되어야 진정한 이웃 사랑이 이루어집니다. 이것이 "네 이웃을 네 자신같이 사랑하라"는 사랑의 동기가 유발됩니다. 이웃 사랑의 표현은 봉사로 표현할 수 있습니다. 봉사란 말 "디아코니아"는 사회를 치유하는 효력이 있습니다.

베드로전서 4:11절에, "만일 누가 말하려면 하나님의 말씀을 하는 것 같이 하고 누가 봉사하려면 하나님의 공급하시는 힘으로 하는 것 같이 하라"고 말씀했습니다.

야고보서 2:8-9절에는 단호하게 말씀합니다. "너희가 만일 성경에 기록된 대로 네 이웃 사랑하기를 네 몸과 같이 하라하신 최고의 법을 지키면 잘하는 것이거니와 만일 너희가 사람을 차별하여 대하면 죄를 짓는 것이니 율법이 너희를 범법자로 정죄하리라."

"하나님을 사랑하는 삶은 이웃을 사랑하는 생활에서 이루어집니다. 이웃을 사랑하는 삶은 하나님과 일치하는 생활에서만 가능한데, 모든 사람의 심령과 육신을 위해서 섬기며 봉사함으로 영혼을 구원하는 것입니다"(구세군병사군령군율).

우리 모두가 이웃을 사랑하여 최고의 영적 법을 지키므로 하나님의 칭찬받는 성도가 되시기를 축복합니다.

05
아버지의 사랑

누가복음 15장 20-22절

"이에 일어나서 아버지께로 돌아가니라 아직도 거리가 먼데 아버지가 그를 보고 측은히 여겨 달려가 목을 안고 입을 맞추니 아들이 이르되 아버지 내가 하늘과 아버지께 죄를 지었사오니 지금부터는 아버지의 아들이라 일컬음을 감당하지 못하겠나이다 하나 아버지는 종들에게 이르되 제일 좋은 옷을 내어다가 입히고 손에 가락지를 끼우고 발에 신을 신기라."

아버지는 단순히 씨의 가치만은 아닙니다. 아내와 함께 만나 가족이란 또 다른 씨를 배양시킵니다. 생명입니다. 이 생명이 가족의 선물이 되게 합니다. 수천수만의 대를 이어가도, 하늘의 별과 땅의 모래알처럼 온 세상을 덮는다 해도 그 생명력은 자생력이기에 타 생명과 호응하며 공동체로 살아갑니다(창 22:17-18). 나에게 가족은 함께이고 연합이고 공동체입니다. 이것이 사회이고 세상이고, 내가 살아가는 생애 패턴입니다. 나란 아버지는 긍지를 갖고 아버지 됨을 감사합니다. 자식들이 "아버지!"라 부르는 소리가 정답고 장엄합니다. 나는 혼자가 아닌 가족공동체를 이루어 또 하나의 일원이 되어 살아갑니다. 이것이 가정, 사회, 국가, 세계가 되는 것이 아니겠습니까?

한자의 어버이 '親'(친)자는 나무 '목'(木)자 위에 설 '립'(立)자와 그 옆에 볼 '견'(見)자로 형성되어 있어서 그 뜻은 '나무위에 서서 바라보다'는 의미인데, 어쩌면 멀리 떠나있는 자식이 돌아오기를 기다리는 아버지의 애절한 사랑을 표현한 글자입니다.

바울 사도는 에베소교회에게 이런 편지를 썼습니다.

> 에베소서 6:1-4절, "자녀들아 주 안에서 너희 부모에게 순종하라 이것이 옳으니라. 네 아버지와 어머니를 공경하라 이것은 약속이 있는 첫 계명이니 이로써 네가 잘되고 땅에서 장수하리라 또 아비들아 너희 자녀를 노엽게 하지 말고 오직 주의 교훈과 훈계로 양육하라."

성도들은 하나님의 자녀로서 아버지 되신 하나님 아버지를 생각하면서, 육신의 아버지를 기억해야 하겠기에, "아버지의 사랑"을 생각해 보려고 합니다.

우리는 모두 부모들인데 지금에 와서 부모를 생각하게 되는 이유가 무엇일까요? 그것은 단 하나, 나를 낳아주셨다는 그것만으로도 부모님은 나의 존경의 대상, 공경의 대상, 효도의 대상이 됩니다. 자식은 "부모의 선물"이기 때문에 부모는 자식을 위해 온갖 희생을 다합니다. 주고도 모자라고, 먹여도 모자라고, 입혀도 모자라고, 가르쳐도 모자라고,.. 이렇게 부모의 마음은 주고 또 주고 수천 번 수만 번을 잘해주어도 항상 모자라서 채워주고 또 채워주고 싶어 하는 것이 부모의 마음입니다. 그래서 자식이 떠나고, 장가들고 시집가도 걱정하게 되고 보고 싶어 하고 그리워하게 됩니다. 자식의 목소리를 듣기를 원하고 자식의 얼굴을 보기를 원하는 마음이 부모의 사랑입니다.

저는 아버지를 무척 무서워했습니다. 학교 다닐 때 수업료를 어머니를 통해서 받곤 했습니다. 아버지가 나에게 화내고 무섭게 해서가 아닙니다. 그저 무서웠습니다. 너무 도덕주의적이고 봉건주의적이었습니다. "정직하라", "나쁜 짓 하지마라"는 규율 외에는 가르침이 없습니다. "조상을 공경하라, 형제끼리 우애하라, 신용을 지켜라, 정직하라." 사실 이것은 유교적인 아버지의 최상의 가정교훈이었습니다.

어릴 때 예수를 믿기 시작하여 교회에 갔더니 두 가지를 외우라고 강요합니다. 그것은 "십계명"과 "주기도문"입니다. 저는 십계명 외우기를 되게 싫어했습니다. 십계명을 주신 하나님이 너무 무서웠고, 그것은 마치 아버지가 교훈하는 도덕주의, 봉건주의와 똑같아서 외기를 싫어했습니다. 그런데 주기도문은 좋아했습니다. 왜냐하면 십계명은 징벌하는 하나님이라서 무서웠는데, 주기도문은 일용할 양식을 주시고 용서해주시는 예수님이 너무 좋았습니다.

세월이 흘러 제가 사관이 된 후 사관학교 교수사역 7년이 되었을 때 영천영문담임사관으로 임명을 받았습니다. 나는 목회준비를 위해서 '성경정독'을 결심하고 낙성대길을 올라 신림동골짜기의 한 '기도원'을 찾아가서 1주일 금식기도를 하면서 성경을 정독하였습니다. 성서를 정독하면서 '하나님의 사랑의 은사'를 받는 순간 하나님 사랑의 본성은 이중성인 것을 깨달았습니다. 하나님의 사랑은 냉철하고 엄위하신 아버지의 엄친(嚴親) 같은 '공의의 사랑'이 있고, 온화하고 인애하신 어머니의 자친(慈親) 같은 '자비의 사랑'이 있는 것을 알아차리게 되었습니다. 그래서 나를 낳아주신 부모는 이 세상에서 내가 접할 수 있는 하나님의 사랑을 보여주시는 유일한 '롤 모델'이고, 나는 '사랑의 선물'로 이 세상에 나타나게 된 것을 감사하며 부모를 주신 하나님께 눈물로 회개하며 은혜를 받았습니다.

제 나이 50이 되었을 때 "어버이날"을 맞아 우리 내외는 아들 삼형제를 데리고 충청도 보령에 계신 부모님을 찾아뵈었습니다. 70이 넘으신 부모님, 일손을 놓으신 부모님, 아버지는 당뇨로, 어머니는 고혈압으로 몸이 불편하시고, 쇠약해지셨습니다. 부모님은 일평생을 투자하여 8남매를 키우시며, 교육을 시켜주셨고, 시집장가를 보내주셨습니다. 식사 후 오후에 길에 나와 인사를 드리고 떠나가려고 돌아서는데, "애비야!" 부르시는 아버지 목소리에 뒤를 돌아보았더니 주머니에서 돌돌 말은 돈을 손에 쥐고서 교통비를 제 손에 쥐어주시는데 처음으로 '아버지의 사랑'이란 것을 느끼면서 아버지의 사랑에 눈물을 흘렸습니다.

오늘은 "아버지의 사랑"으로 은혜를 나누고자 합니다(눅 15:11-32).

1. "어떤 사람에게 두 아들이 있었습니다."(11)

▒ 한국도 마찬가지이지만 이스라엘은 아들선호사상이 더욱 강합니다. 둘째아들이 아버지께 말합니다. "아버지여 재산 중에서 내게 돌아올 분깃(유산)을 내게 주소서"(12). 이 말의 뉴앙스는 "아버지, 저는 아버지가 죽은 사람이었으면 좋겠습니다."하는 말투입니다. 당시는 아버지가 살아있을 동안에는 유산에 대하여 허용은 하지만 아들은 아버지가 죽어야만 그 재산을 소유할 수 있었습니다. 어쨌든 이 말은 오늘날이나 그때나 아버지에 대한 순종이 강요된 사회에서는 그냥 넘어갈 수 없는 심각한 반역행위입니다(신21:18-21). 신앙적으로 보면, 모든 죄의 뿌리, 즉 하나님을 의지하지 않고 제 마음대로 하고자 하는 욕망입니다.

▒ 그런데 "아버지가 그 살림" 곧 재산을 각각 첫째와 둘째 아들에게 나눠주었습니다(12). 당시 율법에는 장자는 유산의 3분의 2를 받았고, 차자는 3분의 1을 받았는데(신 21:17) 아마도 둘째 아들은 아버지 재산의 3분의1을 받았습니다. 아버지가 그 요청을 들어주었다는 것은 당시 아버지상으로 볼 때는 어리석다고 여겨져서 물러터진 사람이라고 생각했을 것입니

다. 그러나 자식에게 주고 싶어 하는 것이 아버지의 인지상정의 마음입니다. 이것이 아버지의 자식에 대한 사랑하는 마음입니다.

▩ 둘째 아들은 "유산으로 받은 재산을 모아가지고 멀리 떨어진 지역 또는 나라에 갔습니다."(13).

당시 팔레스타인 유대인은 경제적 여건으로 출세의 길을 찾아서 이주하는 경우가 많았는데, 아마도 둘째 아들은 18세 이하의 미혼자로서 출세의 길을 찾으려고 아버지를 떠났습니다. 신앙적으로 보면, 하나님에게서부터 멀리 떠나, 하나님이 그의 모든 생각 속에 있지 않았습니다.

▩ 문제는 "먼 나라에 가 거기서 허랑방탕하여 그 재산을 낭비하였습니다."(13).

아버지가 일평생 자식을 위해 피와 땀과 눈물로 일구어놓은 재산을 둘째 아들은 정욕에 사로잡혀 방탕한 생활을 하다가 모두 날려버렸습니다. 우리가 신앙심이 무너지면 바로 이런 현상은 먼 나라까지 가지 않아도 바로 우리나라의 크고 작은 지역도시에서 격을 수 있는 탕진의 현상입니다. 신앙적으로 보면, 그가 하나님으로부터 받은 모든 은혜를 낭비하였습니다.

이러한 때 설상가상으로 "둘째 아들은 돈을 모두 소비한 후 그 나라에 크게 흉년이 들어 궁핍해졌습니다."(14). "궁핍하다"는 말은 바닥이 났다는 말입니다. 알거지가 되고, 신용불량자가 되고, 모든 사람에게서 돌림 받게 되었습니다. 신앙적으로 보면, 세상적으로 즐거움을 찾으려는 모든 일이 실패하자 그는 자신에게 실제로 좋은 것이 없음을 점점 더 의식하기 시작했습니다.

▩ 이제는 돈을 벌기위한 직장도 직업도 가질 수 없는 가장 밑바닥에 처한 신세에서 그래도 한 사람을 만나게 됩니다. 그가 목숨을 연명할 수 있는 유일한 직업은 "돼지를 치는" 일이었습니다."(15절). 신앙적으로 보면,

마귀나 마귀의 자녀들 중 하나에게 붙어사는 신세가 되어서, 하나님에게서 멀리 떨어진 그 나라의 진정한 백성들 중 한 사람이 그를 죄의 천한 고역에 고용했습니다. 그러나 혹독한 경제 불황 속에서 주인은 그에게 임금을 줄 수도 없었고 먹을 것을 줄 것도 없었습니다.

▤ 그래서 둘째 아들은 살기위해서 돼지가 먹는 "쥐엄 열매"를 먹으면서 배를 채웠습니다(15-16). 신앙적으로 보면, 그는 기꺼이 세상적인 안락으로 만족하고자 했습니다. 이 얼마나 헛되고 보람 없는 수고인가! 한 인간이 돼지에까지 내려간 것은 직업의 차별화가 아니라 둘째 아들의 인격이 실추되고 지위와 신분이 실추된 것을 말합니다. 모세율법에서(레 11:7, 신 14:8) 돼지는 부정한 짐승으로 분류되어서 먹지도 안을 뿐만 아니라, 나쁜 풍습(잠 11:22), 모욕과 모독(마 7:6), 처참한 불결을 나타내었습니다(벧후 2:22).

2. 이러한 밑바닥까지 실추된 굶주림의 극한상황에서 둘째 아들은 "스스로 자기를 돌아볼 수 있는" 기회를 갖습니다(17).

▤ 신앙적으로 보면, 그때까지 그는 제정신이 아니었습니다. 모든 사람이 세상에서 하나님 없이 사는 한 다 그와 같습니다. "스스로 돌이켜"란 말은 원문으로 보면 "자기 자신의 속으로 돌아왔다"는 표현인데, 본래의 목적을 떠나 세상에 빠져있던 상태에서 자각지심(自覺知心) 즉 자기 자신을 의식하는 마음이 생겨난 것입니다. 소위 자기발견이 일어난 것입니다.

▤ 이 때 둘째 아들은 이렇게 고백합니다. "내 아버지에게는 양식이 풍족한 품꾼이 얼마나 많은가 나는 여기서 주려죽는구나. 내가 일어나 아버지께 가서 이르기를 아버지 내가 하늘과 아버지께 죄를 지었사오니 지금부터는 아버지의아들이라 일컬음을 감당하지 못하겠나이다. 나를 품꾼의

하나로 보소서 하리라"(18-19).

　신앙적으로 보면, "내가 일어나 아버지께로 가서"란 말에 참된 회개의 첫 단계가 얼마나 정확하게 지적되어있는 것을 봅니다. 그리고 "하늘과 아버지께 죄를 지었아오니"는 하나님께 죄를 지었다는 고백입니다.

　누구에게나 이런 고백은 중요합니다. 자기를 성찰해볼 수 있는 기회를 통해서 아버지와 하나님의 일체감 속에서 나의 죄가 무엇인가를 깨닫게 되고, 부자지간의 관계 속에서 자식의 지위가 얼마나 귀중한 것을 깨닫게 되고, 무엇보다도 자기와 하나님과의 관계 속에서 자기 자신이 하나님 앞에서 얼마나 신실한가를 깨닫는 기회가 되었기에 중요한 것입니다. 이것이 바로 우리의 기도이고 회개이고 하나님의 축복의 길로 나아가는 은혜의 순간입니다.

　바울 사도가 고린도후서 6:2절에서 "보라 지금은 은혜 받을 만한 때요 보라 지금은 구원의 날이로다."라고 선포한 은혜의 날입니다. 이 사건은 바로 둘째 아들의 '터닝 포인트' 즉 자기인생의 '전환점'의 기회가 되었습니다.

　▓ 고백 후에 둘째 아들은 고통의 현장에서 새로운 용기와 희망이 생겨났습니다. 그는 결심하고 있는 힘을 다해 "일어나서 아버지께로 향하여 돌아갔습니다."(20). 신앙적으로 보면, 그는 결단한 순간 자기의 결심을 실행하기 시작하였습니다. 하나님께로 돌아왔습니다. 이 같은 태도는 아버지가 자기를 품꾼으로 먹여줄 것이라는 '믿음'을 갖고 돌아온 것입니다. 둘째 아들은 아버지께 죄인이기에 종의 위치라도 받아 줄 것을 희망한 것입니다. 교만이 겸손으로, 자기중심에서 아버지중심으로 삶의 패턴이 옮겨진 것입니다. 이것이 곧 믿음의 회복입니다. 신앙생활은 나 중심에서 하나님 중심으로 옮겨진 삶을 살아가는 것입니다.

3. "아직도 거리가 먼데 먼저 아버지가 둘째 아들을 보고 측은히 여겨 달려가 목을 안고 입을 맞추었습니다."(20).

▨ 아버지가 먼저 굶주리고 헐벗은 채 돌아오는 탕자 아들을 보고 달려갑니다. 이것은 기다리시는 아버지의 사랑의 모습입니다. "우리가 하나님을 사랑한 것이 아니요 하나님이 우리를 사랑하십니다."(요일 4:10). 하나님은 "오래 참으시며 회개하기에 이르기를 원하십니다."(벧전 3:9). 허랑방탕하여 3분의1의 재산을 탕진한 아들에게 달려가는 아버지의 모습을 보면 역시 사랑은 체면보다 앞서고, 책망과 분노를 뛰어넘는 위대한 힘이 있습니다. 입을 맞추는 것은 이스라엘의 가족끼리의 미풍양속입니다.

▨ 인사를 나누기가 바쁘게 둘째 아들은 실토합니다. "아버지 내가 하늘 즉 하나님과 아버지께 죄를 지었사오니 지금부터는 아버지의 아들이라 일컬음을 감당하지 못하겠습니다."(21).

자기의 생각과 마음으로만 죄를 졌다고 말로만이 아니라 이제는 실제로 아버지 앞에서 자신이 죄를 지은 행동을 인정하는 순간입니다. 잘못을 인정하는 것은 성숙한 모습입니다. 신앙적으로 보면, 우리는 하나님 앞에서는 항상 변명은 필요 없고 솔직히 죄를 인정하는 것이 필요합니다. 자신의 죄를 인정할 때 우리는 용서의 은혜를 받게 됩니다. 죄를 인정하지 않는 것은 병의 근원을 그대로 몸 안에 갖고 있어서 더 큰 병으로 사망에 이를 수도 있습니다. 죄를 인정하는 것이 회개요, 죄 사함의 순간이며 하나님의 자녀로 회복되는 순간입니다. 이것이 신앙됨의 성숙입니다.

▨ 기적이 일어났습니다. "아버지는 종들에게 말합니다. 제일 좋은 옷을 내어다가 입히고 손에 가락지를 끼우고 발에 신을 신기라. 그리고 살진 송아지를 끌어다가 잡으라 우리가 먹고 즐기자. 이 내 아들은 죽었다가 다

시 살아났으며 내가 잃었다가 다시 얻었노라"(22-24).

"가락지를 끼우는 것"은 유복한 가정의 아들로 복위되었음을 상징합니다. 이 같은 행위들을 아버지가 여러 종들 앞에서 행사한 것은 둘째를 향하여 "이제 나는 너를 종으로 받지 않고 아들로 받겠다"는 뜻을 강력히 선포하는 것입니다(롬 8:14-17). 신앙적으로 보면, 하나님은 용서하시는 사랑을 보여주십니다. 회개한자에 대한 하나님의 크신 기쁨을 의미합니다.

마치면서 말씀합니다.

요한복음 5:17절에서 예수님은 말씀하십니다. "내 아버지께서 이제까지 일하시니 나도 일한다." 아버지 하나님은 일하십니다. 우리 모든 아버지의 모델입니다. 쉼 없이 일하시는 하나님 아버지의 역할이 아버지의 역할입니다.

아버지란 그런 존재입니다. 가치 있는 존재입니다. 위대한 동행자입니다. 삶의 동반자입니다. 협력자입니다. 조력자입니다. 이런 아버지는 '하나님 아버지' 안에서만 강합니다. 하나님이 주시는 사랑의 힘으로만 강합니다.

인생에서 가장 위대한 것은 누군가를 사랑하고 사랑받는 다는 것을 아는 것입니다. 더욱이 우리가 인생을 살아가면서 하나님을 사랑하고 하나님의 사랑을 받고 있다는 것을 느끼면서 살아간다면 그 신앙생활은 성숙된 신앙생활입니다. 하나님의 사랑을 느끼지 못하고 신앙생활을 한다면 얼마나 외롭고 고독하고 두렵고 쓸쓸하겠습니까? 거기에 무슨 기쁨이나 즐거움이나 행복감이 있겠습니까? 오히려 걱정 근심, 불안 불평, 시기 질투, 미움 다툼 등으로 우울한 인생을 살아간다면 너무나 슬프고 불쌍하게 인생을 사는 것입니다.

오늘 잃었던 아들을 찾으시는 "아버지의 사랑"은 바로 믿는 자의 아버지가 되시는 '하나님 아버지의 사랑'을 나타내고 있습니다. 하나님은 우리가 죄에 빠져있을 때라도 돌아오기를 기다리시는 사랑의 아버지이십니다.

베드로후서 3:8-9절에, "사랑하는 자들아 주께는 하루가 천년 같고 천년이 하루 같다는 이 한 가지를 잊지 말라 주의 약속은 어떤 이들이 더디다고 생각하는 것 같이 더딘 것이 아니라 오직 주께서는 너희를 대하여 오래 참으사 아무도 멸망하지 아니하고 다 회개하기에 이르기를 원하시느니라"고 말씀합니다.

요한복음 1:12절에는, "영접하는 자 곧 그 이름을 믿는 자들에게는 하나님의 자녀가 되는 권세를 주셨다"고 말씀합니다.

로마서 8:14-17절에, "무릇 하나님의 영으로 인도함을 받는 사람은 하나님의 아들이라 너희는 다시 무서워하는 종의 영을 받지 아니하고 양자의 영을 받았으므로 우리가 아빠 아버지라고 부르짖느니라 성령이 친히 우리의 영과 더불어 우리가 하나님의 자녀인 것을 증언하시나니 자녀이면 또한 상속자 곧 하나님의 상속자요 그리스도와 함께한 상속자니 우리가 그와 함께 영광을 받기 위하여 고난도 함께 받아야 할 것이니라"고 말씀합니다.

무엇보다도 하나님은 믿는 자들의 사랑의 아버지이십니다. 하나님의 사랑은 무조건적인 사랑입니다. 포용하시는 넓은 사랑입니다. 하나님은 구원의 약속을 하십니다. "너는 두려워하지 말라 내가 너를 구속하였고 내가 너를 지명하여 불렀나니 너는 내 것이라"(사 43:1).

진정 오늘 아버지가 된 나는 자식들에게 누구입니까? 그리고 무엇입니까? 자식들에게 용서를 빌고 미안해하고 다짐하십시다! 좋은 아버지가 되겠다고!

탕자 아들에게 힘을 준 것은 사랑입니다. 아버지의 사랑입니다. 하나님 아버지는 우리에게 힘을 주셔서 일어나게 하십니다. 용서하십니다. 돌아오도록 용기와 희망을 주십니다. 우리 모두가 아버지 하나님이 주시는 그리스도의 사랑으로 충만하여 죄에서 용서받고 삶의 용기를 갖고 하나님 자녀 됨의 행복한 삶을 살기를 축복합니다.

06
하나님의 사랑

요한복음 3장 16-17절

"하나님이 세상을 이처럼 사랑하사 독생자를 주셨으니 이는 그를 믿는 자마다 영생을 얻게 하려 하심이라 하나님이 그 아들을 세상에 보내신 것은 세상을 심판하려 하심이 아니요 그로 말미암아 세상이 구원을 받게 하려 하심이라."

요한복음 3:16절은 창세기로부터 요한계시록에 이르는 "하나님의 구원 역사"(구속사救贖史)를 한 절로 요약 된 "작은 복음"입니다. 이 "복음"은 '하나님이 세상을 지극히 사랑하셔서 죄로 죽을 인간을 구원하기 위해 독생자 예수님을 세상에 보내 주셨고, 누구든지 예수님을 믿는 사람은 멸망하지 않고 영생을 얻게 하려하신다.'는 구원의 기쁜 소식을 전해주고 있습니다. "하나님의 사랑" 때문에 예수님이 오셨습니다.

저는 7살 때 처음으로 요한복음 3:16절의 복음을 듣고 예수 그리스도를 믿음으로 "하나님의 자녀가 되는 권세"(요 1:12)를 받았습니다. 그리고 헌신하여 23세에 아내(이수영 사관)와 결혼하여 32세에 구세군사관이 되었고, 65세 은퇴 후에도 이 말씀으로 87세에 이르렀으니, 앞으로 내 신앙의 "키워드"인 "요한복음 3:16절"로 살다가 주님이 영원한 나라에 부르실 때까지 이 말씀은 나에게 "복음 중의 복음"으로서 "영원한 복음"이고 "신앙생활의 신학"이 됩니다. 그러나 이 구절이 성경에서 제일 중요하다고 해서 아주 어릴 때부터 외었던 구절이지만 일생을 통해서도 잘 알기 어려운 구절입니다. 아마도 '발본색원'(拔本塞源)이 되지 않아서 즉 "내 속에 폐단이 되는 근원"을 뽑아 없애버리지 않아서 알기 힘든 것인데, 내 마음속이 완전히 발본색원되어 걸림이 없을 때 이 구절은 완전히 이해될 수 있을 것입니다.

요한복음에는 하나님의 "사랑"을 나타내는 "아가페"가 34번이고, 우정을 나타내는 사랑 "필리아"가 13번 나오는데, 마태복음, 마가복음, 누가복음(공관복음)을 합한 두 배가 넘습니다.

오늘은 "하나님의 사랑"에 관한 말씀으로 은혜를 나누고자 합니다.
'

1. 하나님의 사랑은 '아가페' 사랑입니다.

'아가페' 사랑은 모든 덕 중의 가장 위대한 것이며, 기독교의 신앙을 나타내는 덕입니다. 기독교의 사랑 '아가페'는 강요하지 않고 구하지 않고 일어나는 감정적인 경험일 뿐만 아니라 '정신'(mind)의 신중한 원리이며 '의지'의 신중한 극복이고 성취이기도 합니다. 그것은 사랑할 수 없는 자를 사랑하고 좋아하지 않는 사람을 사랑하는 힘입니다. 기독교 사랑은 가장 가깝고 사랑하며 친한 사람을 사랑하는 것같이 사랑하라고 요구하지는 않습니다. 그러나 기독교가 요구하는 것은 누구이든 간에 우리들이 모든 사람을 향하여 언제나 가지는 어떤 정신의 태도나 의지의 방향입니다. 그 의미는 헌신적이고 이기심 없고 의도적이며 값없이 베푸는 사랑의 행동입니다. '아가페' 사랑은 감정보다는 의지를 강조하는 편입니다. 거룩하신 하나님이 우리를 사랑하시는 것은 우리가 사랑을 받을만한 거룩한 사람이기 때문이 아니라 우리가 사랑을 받을만한 가치가 없는 죄인임에도 불구하고 무조건적으로 사랑하는 사랑이 하나님의 사랑 '아가페'입니다. 이것을 "하나님의 창조하시는 사랑"이라고 합니다(Anders Nygren). 하나님은 우리 인간을 자기와 닮은 형상으로 만들어서, 즉 우리를 동등한 위치로 만들어서 사랑하십니다. '필리아'는 하나님의 따뜻한 애정을 강조합니다.

2. 신약성경은 사람에 대한 "하나님의 사랑"에 관하여 많이 말씀합니다.

윌리엄 바클레이는 "신약성서 헬라어 정해"에서 10가지로 해설합니다.

▨ 사랑은 하나님의 본성입니다. 하나님은 사랑이십니다(요일 4:7,8, 고후 13:11).

▨ 하나님의 사랑은 '보편적인'(universal) 사랑입니다. 하나님이 사랑하시는 것은 선택한 백성뿐만 아니라 이 세상입니다(요 3:16).

▨ 하나님의 사랑은 희생적인(sacrificial) 사랑입니다. 그의 사랑의 증거는 사람을 위하여 아들을 주신 것입니다(요일 4:9.10, 요 3:16). 예수님의 사랑의 보증은 그가 우리를 사랑하시고 자신의 몸을 우리를 위해 바친 것입니다(갈 2:20, 엡 5:2, 계 1:5).

▨ 하나님의 사랑은 받을 가치가 없는 자에게 주시는(undeserved) 사랑입니다. 하나님이 우리를 사랑하시고 예수님이 우리를 위해 죽으셨던 것은 우리가 죄인이고 원수 된 때문이었습니다(롬 5:8, 요일 3:1, 4:9,10).

▨ 하나님의 사랑은 자비로운(merciful) 사랑입니다(엡 2:4). 그것은 독재적이거나 오만한 지배가 아니라 자비로운 마음의 사랑입니다.

▨ 하나님의 사랑은 구원하며 신성케 하는(saving and sanctifying) 사랑

입니다(살후 2:13). 성결은 사랑입니다.

▧ 하나님의 사랑은 강력한(strengthening) 사랑입니다. 그 안에, 또 그것을 통해 사람은 더욱 더 승리자가 됩니다(롬 8:37). 그것은 사람을 약하고 무기력하게 만드는 부드럽고 지나친 보호의 사랑이 아니라 영웅을 만드는 사랑입니다.

▧ 하나님의 사랑은 분리할 수 없는(inseparable) 사랑입니다(롬 8:39). 일들의 성질에서 인간적 사랑은 적어도 어떤 기간에 한계점에 도달합니다. 그러나 하나님의 사랑은 인생의 모든 기회와 변화와 위협을 넘어서 영속합니다.

▧ 하나님의 사랑은 보상하는(rewarding) 사랑입니다(약 1:12, 2:5). 이 세상에서 그것은 귀중한 것이나 그 약속은 오는 세상에 있어서 더욱 위대한 것입니다.

▧ 하나님의 사랑은 단련하는(chastening) 사랑입니다(히 12:6). 하나님의 사랑은 단련이 사랑의 본질적인 부분임을 아는 사랑입니다.

3. 요한복음 3:16절의 첫마디는 "하나님이 세상을 사랑한다."고 선포합니다.

원문에는 "사랑하다"(에가페센)는 시제가 '부정과거형'이어서 하나님은 과거에도 세상을 사랑하셨고 현재도 계속 반복하여 세상을 사랑하고 계시다는 것을 나타내고 있습니다. 어쩌면 이 선포는 당시 "육은 악하고 영은 선하다"는 희랍철학사상이 만연하여 세상을 악하다고 보는 시대에 떨어진 폭탄선언이고, 동시에 희랍신화에 사로잡힌 정욕적인 '에로스'사랑의 종말을 고하는 것이며, 특히 인간이 죄에서 구원받는 하나님의 위대한 우주적 사랑의 복음을 선포하는 것입니다.

하나님이 세상을 사랑하신 것은 바로 인간을 구원하기 위해 예수를 세상으로 보내신 하나님 사랑의 계획이었습니다.

"하나님이 세상을 사랑"하시므로 세 가지 구원의 은혜를 주셨습니다.

▨ 하나님의 사랑은 "세상"을 창조하셨습니다.

"세상"이란 말 '코스모스'는 "아름다운 장식품"을 뜻하는데, 세상, 세상 사람들을 포함한 '우주'를 말합니다. 창세기 1:1절에, "태초에 하나님이 천지를 창조하시니라"고 말씀합니다. 신학자들은 이것을 "원 창조"라 하고, 창세기 1:2절 이하를 "재창조"라고 말하기도 합니다. 하나님은 '만드신' 세상 '코스모스'를 보시고 "보시기에 좋았다"고 말씀하셨습니다(창 1:10, 12, 18, 21, 25, 31). 모든 피조물을 다 소중히 여기십니다.

오래전에 제작된 미국 무디과학영화에서 알게 된 일입니다. 태양은 지구가 백만 개 들어갈 수 있는 크기이고, 그 큰 태양을 5억 개 넣을 수 있는 거대한 별이 우주에는 얼마든지 많다고 합니다. 별들이 모여 있는 '은하수'는 하나의 작은 우주인데 평균 천억 개의 별이 있다고 현재까지 알려져 있으나 실은 그 수억 배의 성운이 있다고 합니다. 신기한 것은 별들의 수가 지상의 모래알 수처럼 많은데도 그 천체가 하나의 법칙에 따라서 질서 정연하게 운행하고 있습니다. 하나님은 사랑과 지혜로 우주를 통치하십니다(삼포능자).

그리고 다른 천체는 그만 두고라도 지구상에는 여러 가지의 나무와 풀, 여러 종류의 색깔을 가진 꽃, 여러 가지 과일, 낟알, 야채가 있고, 바다나 강에는 갖가지 물고기와 생물이 서식하고 있으며, 지상에는 곤충, 작은 동물, 맹수, 하늘을 나는 새 등등 그 하나하나의 생태계를 지으신 것은 하나님의 사랑의 행동이십니다. "하나님의 사랑"은 세상 우주공간에 충만한 하나님의 '아가페'사랑을 표현하는 것입니다.

이같이 우주를 사랑과 지혜로 통치하시는 하나님은 우리 인간의 좁다란 지식이나 생각으로 알 수 있는 "인식"의 대상이 아니라 경외와 신뢰로 깨달을 수 있는 "믿음"의 대상이십니다. 한 때 우리가 신앙이 없었을 때에는 "하나님이 어디 있어"라고 떠들어 댔던 것을 부끄러워하며 눈물 흘린 때가 있었을 것입니다. 우리가 하나님의 오묘하신 사랑을 생각하면 창조자 하나님 앞에 겸손히 머리 숙여 예배드리지 않을 수 없고, 과연 우리가 정말 진실한 사랑을 단 한 사람에게라도 쏟을 수 없었던 성실치 못한 잘못을 성찰하지 않을 수 없습니다.

"하나님이 세상을 이처럼 사랑하셨습니다." 다시 말해서, 하늘 아래 모든 인간을, 심지어 그의 사랑을 경멸하고, 그것이 원인이 되어 마침내 멸망하게 될 모든 사람을 하나님은 사랑하셨습니다. 그렇지 않다면, 믿지 않는 것이 그들에게 전혀 죄가 되지 않았을 것입니다. 왜 사람들은 믿어야만 합니까? 그들을 위해서 그리스도를 주셨다고 그들이 믿어야 마땅합니까? 그때 그들을 위해서 하나님이 그리스도를 주셨습니다.

▩ 하나님의 사랑은 "하나님이 독생자를 주셨습니다."

진정으로, 진심으로 "하나님이 독생자를 거저 주셨습니다." 또한 진정으로, 진심으로 "하나님의 아들이 (나를 위해) 자신을 거저 주셨습니다." 하나님의 아들이 자기 자신을 버리셨습니다.

갈라디아서 2:20절에서 사도 바울은 말씀합니다. "내가 그리스도와 함께 십자가에 못 박혔나니 그런즉 이제는 내가 사는 것이 아니요 오직 내 안에 그리스도께서 사는 것이라 이제 내가 육체 가운데 사는 것은 나를 사랑하사 나를 위하여 자기 자신을 버리신 하나님의 아들을 믿는 믿음 안에서 사는 것이라."

'독생자를 주신 것'은 '하나님의 선교'(Missio Dei)를 위해 독생자를 세상에 파견자로 보내셨습니다. 하나님은 사랑으로 천지를 지으시고 각종 동물과 식물을 만드시고, 마지막에 사람을 만드셨습니다. 이렇게 측량할 수 없이 광대한 우주 속에 사람이 존재하게 되었습니다.

창세기 1:26절에는 "하나님의 형상"(Imago Dei)대로 사람을 만들었습니다. "하나님이 이르시되 우리의 형상을 따라 우리의 모양대로 우리가 사람을 만들고 그들로 바다의 물고기와 하늘의 새와 가축과 온 땅과 땅에 기는 모든 것을 다스리게 하자 하시고," 27절에는 사람을 남자와 여자 즉 아담과 하와를 만들었습니다(창 3:20). "하나님이 자기 형상 곧 하나님의 형상대로 사람을 창조하시되 남자와 여자를 창조하시고." 28절에는 인간이 정복자가 되었습니다. "하나님이 그들에게 복을 주시며 하나님이 그들에게 이르시되 생육하고 번성하여 땅에 충만하라, 땅을 정복하라, 바다의 물고기와 하늘의 새와 땅에 움직이는 모든 생물을 다스리라." "정복하라"는 말은 생태계를 보살피라, 돌보라, 관리하라는 의미입니다.

사람을 "하나님의 형상"으로 만드신 것은 우리 인간의 영성(靈性)에 대한 말씀입니다. "하나님은 영이십니다"(요 4:24). 하나님은 육체를 갖지 않으셨기 때문에 인간이 하나님의 육체를 닮은 것이 아니라 하나님의 영성을 닮았다는 말입니다. 우리 인간들에게 하나님은 당신을 닮은 영성을 주셨기에, 하나님은 인간의 영성의 원형이십니다. 이런 면에서 하나님은 하나님의 본성인 사랑을 인간에게 주셨습니다. 우리는 "사람답다"는 말을 합니다. 그 말은 "하나님을 닮은 사람"이란 말이고 하나님으로부터 받은 거룩한 성품으로서 겸손과 하나님을 닮은 사랑과 지혜를 가지고 자연과 생태계를 돌보며 관리하는 사명이 주어졌다는 뜻입니다.

요한복음 4:24절에 "하나님은 영이시니 예배하는 자가 영과 진리로 예배할지니라"고 말씀하였습니다.

문제는 창세기 3장에서 보면, 하나님이 만드신 처음 사람 아담과 하와가 에덴동산에서 뱀 곧 사탄의 유혹을 받아 하나님의 명령을 불순종하므로 인간은 죄인으로 타락하였습니다(창 3:1-6).

이 사실을 바울 사도는 로마서 5:12절에서 이렇게 해석합니다. "그러므로 한 사람(아담)으로 말미암아 죄가 세상에 들어오고 죄로 말미암아 사망이 들어왔나니 이와 같이 모든 사람이 죄를 지었으므로 사망이 모든 사람에게 이르렀느니라."

우리는 그 죄로 인해서 하나님의 진노아래 살게 되었습니다. 우리가 죄에서 해방되려면 죄 값을 치러야 합니다. 그런데 그 죄 값은 돈으로도 안 되고 선행으로도 안 됩니다. 누군가가 나대신 죄 값을 대신 치러주어야 합니다. 이것이 속량(贖良)입니다.

하나님은 세상을 좋아하신 것도 아니고 세상을 매력 있게 보신 것도 아닙니다. 다만 하나님은 이런 세상임에도 불구하고 지극히 사랑하셨고, 세상을 위해 최고의 희생을 감수하실 마음이 있었습니다. 그 사랑의 성육신(Incarnation, 요 1:14)이 바로 예수의 삶입니다. 예수님의 모든 행위와 말씀 안에 그 사랑이 있습니다. 예수님은 하나님의 "사랑의 아들"(아가페토스)이며, 그 분의 생활방식의 특징은 '아가페' 사랑입니다. 예수님은 구세주로 세상에 오셔서 우리의 죄를 속량해 주시기 위해서 십자가에 못 박혀 죽으셨습니다. 예수님은 십자가에 죽기까지 우리를 사랑하셔서 구원해주셨습니다. 죽은 지 삼일 만에 살아나셔서 부활의 주님으로 지금 여기서 우리와 함께 계십니다.

마태복음 28:20절에서 주님은 말씀하십니다. "볼지어다. 내가 세상 끝날

까지 너희와 항상 함께 있으리라."

▥ 하나님의 사랑은 "하나님이 독생자 예수님을 믿는 자마다 멸망하지 않고 영생을 얻게 하려하십니다."(요 3:16).

영생을 얻는다는 시제가 현재 시제를 사용한 것은 예수님을 믿는 사람은 현재의 때에 이미 그 생명을 체험하기 시작한다는 의미를 나타냅니다. 우리가 예수님을 개인의 구주로 믿는 순간부터 영생이 시작된다는 말입니다.

흔히 사람은 나이가 들면서 "빨리 예수님을 만나보고 싶다"고 말합니다. 저는 말합니다. "지금 믿는 예수님은 누구시고 죽어서 만나는 예수님은 누구십니까?" 부활승천하신 예수님은 지금 여기서 영으로 우리와 함께 계십니다. 인간에게 주신 하나님의 사랑의 선물 중 가장 위대한 선물은 영생입니다.

처음 인간 아담과 하와가 에덴동산에서 생명과일을 따 먹음으로 그 후로 모든 인간은 죄인으로 태어나게 되었습니다. 하나님의 진노와 심판이 항상 우리 위에 있게 된 것입니다. 이 죄를 용서해주시기 위해서 하나님은 독생자 예수 그리스도를 세상에 보내주심으로 인간의 죄 값을 십자가를 통하여 치르도록 하셨습니다. 죄에서 용서함을 받는 은혜를 주신 것입니다. 이것이 하나님의 구속(救贖)하시는 사랑입니다.

하나님은 예수님을 믿는 자마다 멸망하지 않고 영생을 얻게 하십니다. "믿는다"는 말은 만남(encounter)에서 이루어집니다. 요한복음 1:12절에 "영접하는 자 곧 그 이름(예수)을 믿는 자들에게는 하나님의 자녀가 되는 권세를 주셨으니"라고 말씀합니다. 영어로 "믿는다"는 말 'believe'는 '살게 된다는 말입니다(히11:1). 예수님은 독생자로서 유일무이한 존재이십니다.

"그를 믿는 자마다"는 "믿는 자는 누구든지"라는 보편성입니다. 선택받은 사람이란 말이 아닙니다. 사랑으로 작동하며, 또 자신의 처음 확신을 변함없이 끝까지 견고하게 간직하는 그런 믿음을 가지고 "그(예수)를 믿는 자마다" 영생을 얻게 됩니다.

하나님의 사랑에 대하여 들은 자는 자발적인 믿음으로 그를 받아드릴 수도 있고, 그 믿음을 억제함으로서 생명대신 죽음을 택할 수도 있습니다. 예수님이 세상에 오신 목적은 죽음이 아니라 생명을 주시기 위함입니다. 그러나 생명의 선물은 영접할 수도 있고 거부할 수도 있습니다. 요한복음 3:17절에서, 예수님은 말씀하십니다. "하나님이 그 아들을 세상에 보내신 것은 세상을 심판하려 하심이 아니요 그로 말미암아 세상이 구원을 받게 하려 하심이라." "세상이 구원을 받게 하려고" 시작된 것이 교회입니다. 특히 "구세군"(The Salvation Army, 救世軍)은 성서적이고 교회의 목적을 위해 "세상을 구원하는 군대"라는 이름을 갖고 있습니다.

토리(R.A. Torry) 박사는 구원의 은총을 이렇게 표현합니다. 어떤 교도소에 죽을 수밖에 없는 사형수가 있었습니다. 그에게 어느 날 사면장이 전달되었습니다. 사면장을 받은 사형수는 너무 갑작스런 일이라서 믿어지지 않았습니다. 그때 옆에 있던 죄수가 말합니다. "당신은 사면되었습니까?" "너무 갑자기 받은 것이라서 내가 지금 여기서 사면을 받았는지 안 받았는지 알 수가 없습니다. 그러나 분명한 것은 이 사면장에 내 죄가 사면되었다고 쓰여 있는 것을 보고 내가 사면된 것을 확신합니다."

하나님의 구원하시는 역사는 갑자기 순간적으로 주어지기 때문에 내가 구원을 받았는지 안 받았는지 모를 수가 있습니다. 그러나 우리가 죄에서 용서받은 구원의 사면장은 하나님의 말씀입니다. 요한복음 5:24절에 말씀합니다. "내가 진실로 진실로 너희에게 이르노니 내 말을 듣고 또 나 보내신 이를 믿는 자는 영생을 얻었고 심판에 이르지 아니하나니 사망에서 생명으로 옮겼느니라."

마치면서 말씀합니다.

하나님은 자신의 육신적 욕구보다 하나님을 더 사랑하는 자를 무한히 용서하십니다. 우리를 향한 하나님의 사랑은 결코 시들지 않습니다(마 9:29). 하나님은 주님을 사랑하며 주의 길로 행하는 주님의 자녀를 사랑하시기 때문에 우리가 마귀의 올무에 걸려 조종 받지 않도록 항상 지켜주십니다(딤후 2:24-26). 하나님은 치유하시는 사랑으로 우리가 죽게 될 죄의 병에서 온전하고 강건한 모습으로 회복시켜주십니다(사 6:1).

"세상이 구원을 받게 하려고"(요 3:17) 시작된 교회 구세군은 구원을 목적으로 "마음은 하나님께, 손길은 이웃에게!"라는 사랑의 표어로서 영혼구원과 사회구원에 힘쓰고 있습니다. 캐서린 부스는 "봉사로 이어지지 않는 구원은 진정한 구원이 될 수 없다"고 합니다. 우리에게 구원의 은총이 이루어지는 순간 새로운 삶의 세상이 시작됩니다. 우리는 믿음으로 영원한 하나님의 사랑의 세상이 시작되는 것을 축복합니다.

07
서로 사랑하라

요한복음 13장 34-35절

"새 계명을 너희에게 주노니 서로 사랑하라 내가 너희를 사랑한 것같이 너희도 서로 사랑하라 너희가 서로 사랑하면 이로써 모든 사람이 너희가 내 제자인줄 알리라."

오늘은 "서로 사랑하라"는 말씀으로 은혜를 나누고자 합니다.

사도 요한은 공관복음에서 강조하는 "큰 계명" 대신에 "서로 사랑하라"는 "새 계명을 말씀합니다. 요한복음(제 4복음서)에서 "사랑" 용어를 보면, "공관복음서"중 마태복음에 10번, 마가복음에 5번, 누가복음에 13번으로 도합 28번 나오고, 요한복음에는 51번 나옵니다. 그래서 바울은 믿음의 사도, 베드로는 소망의 사도라면 요한은 사랑의 사도라고 합니다.

공관복음서에는 "하나님을 사랑하라", "이웃을 사랑하라."(마 22:37-40, 막 12:30-31, 눅 10:27), "원수를 사랑하라"(마 5;44, 눅 6:27)고 해서 적대관계의 사랑을 말합니다.

이방인이나 비신자에 대한 사랑을 말합니다. 이것은 당시 교회가 유대인들과 외부인들과 불신자에게 강한 적대감을 갖고 있었다는 것을 볼 수 있습니다. 공관복음서 중 마태복음은 유대인을 위해서, 마가복음은 로마인을 위해서, 누가복음은 헬라인을 위해서 쓰였습니다. 그런데 제4복음인 요한복음은 믿고 있는 신자들 간의 관계에서 "서로 사랑하라"고 말씀하고 있습니다. 요한복음은 교회공동체 안에 있는 성도들 간의 사랑에 관해서 말씀하고 있는 것이 특징입니다. 이것을 보면 당시 교회가 핍박 속에서 흩어지지 말고 사랑으로 결속되어야 할 상황인 것을 알 수 있습니다. 요한복음은 사도 요한이 주후 80-90년경에 헬라문화권 소아시아 교회 신자들을 중심해서 쓰인 것인데, 요한복음은 동양 사람을 위해서 쓰였습니다.

사도 요한은 당시 핍박시대에 성도들이 서로 사랑함으로 믿음을 결속시키기 위하여 "새 계명"을 말해주었습니다 (요 13:34). 사랑의 힘, 사랑의 에너지만이 어려운 교회공동체를 유지하는 동력이 되고, 그것은 다른 사람들 즉 자녀, 이웃, 공동체, 심지어는 우리가 알지 못했던 사람들과의 연결로까지 뻗어나가게 되기 때문입니다.

이런 말이 있습니다. "함께 거하면 가족이 되고, 함께 걸으면 친구가 되고, 함께 믿으면 신자가 된다."고 합니다. "백지장도 맞들면 가볍고," "고통도 나누면 행복하다"는데, 특히 가정에서나 교회에서나 지역사회에서 봉사하는 일은 혼자 하면 힘들고 함께하면 기쁘고 즐겁습니다. 그래서 베드로전서 4:10-11절에는 "각각 은사를 받은 대로 하나님의 여러 가지 은혜를 맡은 선한 청지기 같이 서로 봉사하라...누가 봉사하려면 하나님이 공급하시는 힘으로 하는 것 같이 하라"고 말씀하였습니다.

이같이 서로, 다 같이, 함께하는 행동이 "서로 사랑하는 것"입니다. 서로 사랑하면 기적이 일어납니다. 그것은 마치 각각 떨어져있는 모래알에 세멘이 들어가고 '물'로 융합이 되어 그 모래는 강한 위력 있는 건물이 되듯이 '사랑'은 세상의 걱정 근심 불안의 "두려움을 내쫓고"(요일 4:18) 온전한 가정행복, 교회행복, 직장행복, 삶의 행복을 만들어냅니다.

1. 예수님은 "서로 사랑하라"는 새 계명을 주셨습니다.

요한복음 13:34-35절, "새 계명을 너희에게 주노니 서로 사랑하라 내가 너희를 사랑한 것 같이 너희도 서로 사랑하라 너희가 서로 사랑하면 이로써 모든 사람이 너희가 내 제자인줄 알리라."

▦ "새 계명을 너희에게 주노니"(34절). 구약의 십계명이 옛 계명이고, 신약의 사랑이 새 계명입니다. 율법이 옛 언약 구약에 속한 옛 계명이라면, 사랑은 새 언약 신약에 속한 새 계명이란 말입니다.

예수님은 왜 10계명 율법을 한 계명 사랑으로 단축시켰습니까? 하나님은 구약시대 십계명을 계율로 삼으시고 이스라엘 백성을 치리하셨습니다. 만일 10계명 중에 9계명은 잘 지켰어도 1계명을 범했으면 그 한 계명 때문에 9계명은 무효가 되어 심판을 받았습니다. 이것이 구약의 신정정치 즉 성부 하나님이 통치하시던 시대입니다. 그러나 성자 예수님은 신약시대를 열면서 옛 계명을 한 계명으로 종합하심으로 새 시대의 구원의 언약을 하셨습니다. 그 구원의 언약은 예수님 자신이 십자가에 죽어야 성사되는 하나님의 사랑의 실제적인 표현이었습니다. 그것이 사랑의 계명의 목적입니다. 그래서 예수님의 사랑은 죽어야 산다는 희생적이고 역설적인 사랑입니다.

예수님은 왜 사랑을 '계명'이라고 하셨습니까? 예수님이 사랑을 '계명'으로 한 것은 판단기준을 세우기 위한 것입니다. 예수님은 율법을 폐하지 않고 율법을 완성하셨습니다. 예수님은 사랑으로 율법을 완성하셨습니다(롬 13:10). 그러나 우리가 사랑하지 못할 때는 하나님의 계명을 어기는 것이 됩니다. 결과적으로 사랑하지 않는 것이 죄가 되기 때문에 사랑하지 않는 사람은 죄인이 되는 것입니다. 그런 상황에서 사랑이 부재할 때 행복감보다는 불행을 느끼는 것이고, 기쁨보다는 불화를 느끼고, 즐거움보다는 슬픔을 느끼게 됩니다.

▮ "서로 사랑하라"(34절). "서로 사랑하라"는 말은 '모든 사람'을 뜻하는 것이 아니라, '하나하나가 함께' 결속하라는 말입니다. 성도들끼리 서로 힘을 합해야 한다는 말입니다. 예수님은 요한복음 17장에서 가장 긴 기도를 하셨는데, 11절과 26절에 보면, "거룩하신 아버지여 내게 주신 아버지의 이름으로 그들을 보전하사 우리와 같이 그들도 하나가 되게 하옵소서…이는 나를 사랑하신 사랑이 그들 안에 있고 나도 그들 안에 있게 하려 함이니이다."라고 기도하셨습니다.

어떻게 하면 제자들이 하나가 될 수 있겠습니까?

첫째, 거기에는 '공동규칙'이 필요합니다. 신앙공동체인 교회공동체에는 꼭 지켜야 할 규칙이 있어야 하나의 교회공동체를 이룰 수 있습니다. 이것은 규칙의 조문을 아는 것이 아니라 실천하는 행동이 중요합니다. 실천하지 못한다면 하나가 될 수 없습니다.

여기서 예수님은 "너희에게 새 계명을 주노니 서로 사랑하라"고 한 것입니다.

둘째, "서로 사랑하라고 할 때는 하나의 공통적인 새 계명이 나와야 합니다. 새 계명에는 "이것만은 꼭 지키라"는 그 무엇이 있어야 합니다. 그것이 사랑이라는 공동의 '룰' 곧 새 계명입니다. 그 '규칙'(Rule)을 안 지키면 그 공동체는 하나가 될 수 없습니다. 예수님이 "새 계명을 너희에게 준다"고 한 말씀은 상당히 큰 의미가 있습니다. 계명은 법이고 율법이고 계율이기 때문에 법은 준수해야하고 따라야하고 복종해야 하는 것입니다. 그래서 "서로 사랑하라"는 것이 하나의 계명이라면, 서로 사랑하기 위한 구체적인 실천 '룰'을 가져야 합니다. 그러한 실천 '룰'이 없이는 '서로 사랑하는 것'이 될 수 없습니다.

▨ 예수님은 "내가 너희를 사랑한 것 같이 너희도 서로 사랑하라"고 하십니다(34절). 예수님이 제자들을 사랑 훈련시킨 것같이 제자들도 서로 사랑하라는 말입니다. 예수님은 사랑을 실천하기 위해서 어떤 규칙적인 실천 훈련을 하셨습니다. 미국의 사회심리학자 에릭 프롬은 "사랑의 기술"이란 책에서 "훌륭한 기공사가 되려면 강한 훈련이 필요하듯이 사랑도 훈련을 통해서 배운다."고 합니다.

예수님이 실천한 행동이 우리의 신앙생활 신조 속에 서로 공통되는 무엇인가 있어야하지 그런 것이 없이는 통할 수가 없습니다. 법이 있어야 하는 것처럼 새 계명이 중요한 것입니다. 예수님은 우리를 친구같이 사랑하셨습니다.

요한복음 15:5-14절에는, 예수님과 우리와의 친구 관계를 마치 포도나무와 가지로 비유하셨습니다. "나는 포도나무요 너희는 가지라. 그가 내 안에, 내가 그 안에 거하면 사람이 열매를 많이 맺나니 나를 떠나서는 너희가 아무것도 할 수 없음이라"(5절). "아버지께서 나를 사랑하신 것 같이 나도 너희를 사랑하였으니 나의 사랑 안에 거하라"(9절). "사람이 친구를 위하여 자기 목숨을 버리면 이보다 더 큰 사랑이 없나니 너희는 내가 명하는 대로 행하면 곧 나의 친구라"(13-15절).

사도행전 10:38절에는, "하나님이 나사렛 예수에게 성령과 능력을 기름 붓듯 하셨으매 그가 두루 다니시며 선한 일을 행하시고 마귀에게 눌린 모든 사람을 고치셨으니 이는 하나님이 함께 하셨음이라"고 하였습니다.

▨ 예수님은 "너희가 서로 사랑하면 이로써 모든 사람이 너희가 내 제자인줄 알리라."고 말씀하십니다.

모든 사람들이 우리가 예수님의 제자인 것을 알게 하려면 예수님 같은 실천을 해야 할 것입니다. 예수님과 같은 실천을 하지 않으면서, 마음속으로만 '나도 저 사람을 사랑한다.'고 해서는 예수의 제자가 될 수 없습니다. 그러니까 어떤 법이 있어야지 법이 없으면 알 수 가 없습니다.

요한1서 3:10-11절에는, "이러므로 하나님의 자녀들과 마귀의 자녀들이 드러나나니 무릇 의를 행하지 아니하는 자나 또는 그 형제를 사랑하지 아니하는 자는 하나님께 속하지 아니하니라 우리는 서로 사랑할지니 이는 너희가 처음부터 들은 소식이라."고 말씀합니다.

사도행전 4:32절에, "믿는 무리가 한 마음과 한 뜻이 되어 모든 물건을 서로 통용하고 자기 재물을 조금이라도 자기 것이라 하는 이가 하나도 없더라."고 말씀합니다.

마태복음 16:24절에, "예수께서 제자들에게 이르시되 누구든지 나를 따라 오려거든 자기를 부인하고 자기 십자가를 지고 나를 따를 것이니라."고 말씀합니다.

2. 예수님은 제자들을 사랑하시되 끝까지 사랑하셨습니다.

> 요한복음 13:1절, "유월절 전에 예수께서 자기가 세상을 떠나 아버지께로 돌아가실 때가 이른 줄 아시고 세상에 있는 자기 사람들을 사랑하시되 끝까지 사랑하시니라."

예수님은 당신이 이 세상을 떠나서 아버지께로 가야할 때가 된 것을 아시고 세상에 있는 자기의 사람들 곧 제자들을 끝까지 사랑하셨습니다.

예수님은 사랑의 본을 위하여 제자들의 발을 씻겨주셨습니다(요 13:3-17). 이것은 예수님이 제자들을 위해 본을 보여주신 마지막 사랑 훈련입니다.

예수님은 저녁잡수시던 자리에서 일어나셔서, 겉옷을 벗고, 수건을 가져다가 허리에 두르고, 대야에 물을 담아다가, 제자들의 발을 씻기시고, 그 두른 수건으로 닦아주셨습니다. 예수님은 제자들의 발을 씻겨주신 뒤에 옷을 입으시고 식탁에 다시 앉으셔서 제자들에게 이렇게 말씀하십니다.

요한복음 13:12-17절, "내가 너희에게 행한 것을 너희가 아느냐 내가 주와 또는 선생이 되어 너희 발을 씻었으니 너희도 서로 발을 씻어주는 것이 옳으니라 내가 너희에게 행한 것 같이 너희도 행하게 하려하여 본을 보였노라 내가 진실로 진실로 너희에게 이르노니 종이 주인보다 크지 못하고 보냄을 받은 자가 보낸 자보다 크지 못하나니 너희가 이것을 알고 행하면 복이 있으리라."

예수님은 스승이지만 종의 모습으로 '섬기는 사랑'의 본을 보이신 것입니다. 이것은 오늘날 "세족식"의 유래가 되었습니다.

발은 가장 낮은 곳에 위치해 있고, 가장 더럽고 추하기도 하고, 가장 눈에 띄지도 않아서 사랑받지도, 칭찬받지도 못합니다. 발은 육중한 몸 전체를 싣고 다니는 위대한 일을 합니다. 그런데도 몸은 사치스럽고 호화로운 것을 입지만 발은 추운겨울이라도 양말 한 켤레면 족합니다. 발은 쉼 없이 걷고 뛰고 달리기에 피로한데도 발의 수고는 온데간데없이 위로 한번 제대로 받지 못합니다.

이스라엘 풍습에는 손님이 방문하면 대야에 물을 담아주고 손발을 씻게 하는 것이 예의이지만 오늘 스승이시고 주님이신 예수님이 제자들의 발을 씻기신 것은 특별한 의미를 부여합니다. 스승이나 주님은 인격과 권위의 상징입니다. 그 크신 분이 발을 씻겨주는 일은 없습니다. 그래서 제자 베드로가 "주여 주께서 내 발을 씻으시나이까?"라고 말한 것입니다. "주님이 어떻게 종같이 나의 더러운 발을 씻기실 수 있습니까? 안됩니다."하는 말입니다. 지금 제자들은 아열대기후에 험한 광야지대에서 예수님의 천국복음을 전하기 위해 이스라엘의 전 지역 갈릴리, 유다, 사마리아 땅의 촌락과 광야로 산으로 바다로 다니느라고 얼마나 피곤하고 먼지투성이의 발인지 모릅니다. 이런 제자들의 발을 씻겨주셨습니다.

'서로 사랑하는 것'은 섬기는 것입니다. 낮아지는 것입니다. 겸손한 것입니다. 우리는 스승이시고 주님이신 예수님의 사랑의 빚을 갚는 길은 섬김으로 그 빚을 갚을 수 있습니다.

▨ 예수님은 최후의 만찬을 가지셨습니다(요 13:1-4). 요한복음에는 예수님의 최후의 만찬기록이 없습니다. 다만 "저녁 먹는 중, 저녁 잡수시던 자리, 떡 한 조각"이란 말이 나올 뿐입니다(요 13:3,4,26-27,30), 그러나 중요한 것은 먹고 없어질 물질의 떡이 아니라 예수님 자신이 성만찬이 되어 "생명의 떡"이라고 말씀하십니다.

요한복음 6:32-35절에서, 예수를 찾아온 "무리"가 조상들이 광야에서 만나를 먹은 것을 말할 때 예수님은 진정한 떡의 의미가 무엇인가를 말씀하십니다.

"예수께서 이르시되 내가 진실로 진실로 너희에게 이르노니 모세가 너희에게 하늘로부터 떡을 준 것이 아니라 내 아버지께서 너희에게 하늘로부터 참 떡을 주시나니 하나님의 떡은 하늘에서 내려 세상에 생명을 주는 것이니라 그들이 이르되 주여 이 떡을 항상 우리에게 주소서 예수께서 이르시되 나는 생명의 떡이니 내게 오는 자는 결코 주리지 아니할 터이요 나를 믿는 자는 영원히 목마르지 아니하리라."

그런데 공관복음서에는 마지막 만찬이 자세히 기록되었습니다.

마태복음 26:26-28절에 보면, 예수님은 제자들이 먹고 있을 때에 떡을 들어서 축복하신 다음에 떼어서 제자들에게 주시고 말씀하십니다. "받아서 먹어라 이것은 내 몸이다." 또 잔을 들어서 감사기도를 드리신 다음에 제자들에게 주시고 말씀하십니다. "너희가 다 이것을 마시라 이것은 죄 사함을 얻게 하려고 많은 사람을 위하여 흘리는바 나의 피 곧 언약의 피니라."

누가복음 22:19절에는 "너희가 이를 행하여 나를 기념하라"는 말이 첨가되었습니다(고전 11:24-25). 이 일은 가난한자를 위한 나눔의 사랑입니다. 오늘의 "성만찬예식"의 유래가 되었습니다. 최후 만찬은 유월절 공동식사였고 공동체 친교밥상이었습니다.

사도행전 2:42절에는, "그들이 사도의 가르침을 받아 서로 교제하고 떡을 떼며 오로지 기도하기를 힘쓰니라"했고, 46절에는 "날마다 마음을 같이하여 성전에 모이기를 힘쓰고 집에서 떡을 떼며 기쁨과 순전한 마음으로 음식을 먹고"라고 말씀하였습니다.

구세군은 비예전적 성례전을 행하고 있습니다. 영문(교회)에서 "성만찬의식"은 행하지 않지만 예수님의 만찬의 의미를 살려 우리의 "매일의 식사"를 통하여 '예수님의 살과 피를 기념'하면서 그리스도의 고난에 동참하는 의미를 감사합니다. 더욱이 구세군인들은 '성만찬적 생활'(Sacramental life) 즉 성결한 삶을 살아가도록 강조합니다.

▰ 예수님은 심령이 괴로워하면서 가룟 유다에게 떡 한 조각을 주셨습니다.

요한복음 13:21-30절, "예수께서 이 말씀을 하시고 심령이 괴로워 증언하여 이르시되 내가 진실로 진실로 너희에게 이르노니 너희 중 하나가 나를 팔리라"(21절).

　이 말씀은 유독 가룟 유다에게만 떡 한 조각을 주신 기록입니다. 제자들은 누구를 두고 하시는 말씀인지 몰라서 서로 바라다보며 의심합니다. 그때 예수님은 "내가 떡 한 조각을 적셔다 주는 자가 그니라" 하시면서 가룟 유다에게 떡을 주십니다. 그가 떡 조각을 받자 사탄이 그에게 들어갔습니다. 가룟 유다는 떡 조각을 받고 나서 곧 나갔습니다. 때는 밤이었습니다(22-30절).

　예수님은 제자 중에 자기를 배반할 자가 누구인지 아셨지만, 그가 사탄의 유혹을 받아 나가기까지 마음이 "산란하여" 괴로워하시면서 가룟 유다를 사랑하셨습니다(요 13:21). 제자들 가운데 한 사람이 자신을 배신하게 될 것이라고 제자들에게 들어내 놓고 말해야만 하는 예수님의 사랑의 심정을 가리키는 표현입니다.

　가룟 유다를 이미 영예로운 만찬 자리에 앉힌 예수님은 사랑과 우정이 한층 더 담긴 행동을 하셨는데, 떡 한 조각을 찍어다가 그에게 주신 것입니다. 그리고 그 최후의 행위는 곧바로 결정적인 심판의 순간이 되었습니다(요 3:16-19). 이 최후의 애정표시로 주신 떡 한 조각은 가룟 유다로 하여금 어두움의 권세에 최종적으로 굴복하는 것을 재촉하였고, 빛이 어두움에 비취되 어두움이 빛을 깨닫지도 이기지도 못했습니다. 이것은 배신자를 향한 정신적으로 영적으로 괴로워하는 고뇌의 사랑입니다.

　우리는 나와 가장 가까운 사람, 즉 아내이든, 자식이든, 형제이든, 일가친척이든, 친구이든, 교회신자이든, 그 누가 나를 배신하고, 불신하고, 돈을 사기치고, 명예를 손상시키고, 인격을 모독한 그를 위해 정신적으로, 영적으로, 심신이 괴로워하며 고민하는 사랑을 할 수 있겠습니까? 고뇌의 사랑은 "원수를 사랑하는 것"보다 더 고통스러운 사랑입니다. 이것은 생애 마지막까지 사랑하신 주님이 보여주신 하나님의 사랑입니다.

▪ 여기서 우리가 간과(看過) 즉 예사로 지나치지 말아야 할 것은 예수님이 제자들과 마지막 만찬을 가진 자리에 "사탄"도 거기에 있었다는 사실을 알아야 합니다(요 13:2, 27). 예수님이 공생애를 위해 광야에서 40일 금식기도하실 때 "시험하는 자, 악마"로 나타난 바로 그 "사탄"이 지금 여기서 제자를 유혹한 것입니다(마 4:1,3, 막 1:13, 눅 4:2). 그 사탄은 우리를 하나님의 사랑에서 떠나 불행으로 떨어지도록 유혹합니다.

▪ 제자들을 끝까지 사랑하시는 모습을 보이신 예수님은 가룟 유다가 나간 뒤에 제자들에게 유훈의 말씀을 하십니다.

> 요한복음 13:34-35절, "새 계명을 너희에게 주노니 서로 사랑하라 내가 너희를 사랑한 것 같이 너희도 서로 사랑하라 너희가 서로 사랑하면 이로써 모든 사람이 너희가 내 제자인줄 알리라."

마치면서 말씀합니다.

예수님은 우리의 신앙생활의 표준으로 "서로 사랑하라"는 "새 계명"을 주셨습니다. "예수님이 제자들을 사랑하는 본을 보인 것과 같이 우리도 서로 사랑하라"는 것입니다. 우리가 서로 사랑하면 그 사랑의 실천행위를 보고 느끼는 모든 사람이 우리가 '예수님의 제자'인 것을 알게 됩니다. 우리가 주님 안에 거할 때 주님이 나를 사랑하시는 것같이 우리 모두는 주님 안에서 서로 사랑하시기를 축복합니다.

08
나의 사랑 안에 거하라

요한복음 15장 9-10절

"아버지께서 나를 사랑하신 것같이 나도 너희를 사랑하였으니 나의 사랑 안에 거하라
내가 아버지의 계명을 지켜 그의 사랑 안에 거하는 것 같이
너희도 내 계명을 지키면 내 사랑 안에 거하리라."

우리는 지금 웰빙, 웰다잉 (Well-being, Well-dying) 시대에 살고 있습니다. 우리 인생의 관심은 잘 살고 잘 죽는 것입니다. 잘 사는 것은 건강하며 행복하게 사는 것이고, 잘 죽는 것은 거룩하며 품위 있게 죽는 것입니다. 특히 성도들이 거룩하고 품위 있게 죽으려면 3가지가 필요합니다.

첫째, 물질의 단순화입니다. 욕심을 비우고 소유를 나눠주는 것입니다. 늙을수록 잘 주어야 합니다. 둘째, 성격의 단순화입니다. 거짓된 가면을 벗고 진정한 자아를 찾는 것입니다. 사람다운 사람으로 살아가려면 자기를 알아야 합니다. 셋째, 영성의 단순화입니다. 성결 된 삶으로 하나님의 사랑 안에서 서로 사랑하는 것입니다. 우리는 하나님의 사랑의 세계로 나아가면 영적 성숙이 이루어집니다. 우리가 마지막 세상을 떠나갈 때 하나님의 사랑 안에서 죽는 것보다 더 품위 있는 죽음은 없을 것입니다.

철학자 김형석 교수는 100세에 "백세를 살아보니"란 책을 쓰고 말합니다. "모든 남녀는 인생의 끝이 찾아오기 전에 후회 없는 삶을 찾아야 합니

다. 그것은 사랑이 있는 고생입니다. 사랑이 없는 고생은 고통의 짐이지만 사랑이 있는 고생은 행복을 안겨주는 것이 인생입니다." 사랑의 고생은 짐이 아니라 행복입니다.

이탈리아 제노아사원에는 스바(시바)의 여왕이(왕상 10:1-10, 대하 9:1-12) 솔로몬 왕에게 선사한 에메랄드로 만든 단지가 있다는데, 이런 전설이 있습니다. 솔로몬 왕은 스바 여왕에게서 사람이 죽어갈 때 마시면 얼마동안 더 살아서 유언도 할 수 있다는 묘약을 선물 받았습니다. 솔로몬 왕은 너무 기뻐서 자기생명을 연명하기 위해 그 묘약을 에메랄드 단지에 넣고 단단히 봉했습니다. 그 후 가까운 부하들이 와서 세 번이나 이 약을 나누어 달라는 간곡한 부탁을 받았으나 모두 거절하다가 얼마 뒤에 솔로몬 왕자신이 병들어 눕게 되었습니다. 솔로몬왕은 단지를 가져다가 최초로 봉인을 뜯었습니다. 그런데 단지 속은 비어있었습니다. 묘약은 오랜 시간이 지나는 동안 완전히 말라붙었던 것입니다.

이 전설이 주는 세 가지 교훈이 있습니다. 첫째, '나'는 에메랄드로 만든 스바 여왕의 단지보다 더 귀중한 존재라는 것입니다. 둘째, 내 속에는 솔로몬의 생명을 연명하는 묘약보다 더 값진 사랑의 샘이 있다는 것입니다. 셋째, 사랑은 미루는 것이 아니라 '지금 여기서' 곧바로 실천해야 한다는 것입니다. 더욱 중요한 교훈은 내 안의 '사랑의 샘'은 지금 여기서 퍼내고 퍼내줄수록 맑아지고 그 양도 더 많아집니다만, 그러나 만일 사랑의 샘을 봉인해놓고 이기적인 욕심으로 독점해서 사랑하지 않는다면 그 사랑의 샘은 어느새 말라서 나에게도, 남에게도 아무런 쓸모가 없어진다는 것입니다. 우리는 성령 충만으로 내안의 사랑의 샘을 퍼내어 줄 수 있는 사랑의 생명력이 활성화되기를 축복합니다.

오늘은 예수님이 요한복음에서 말씀하신 "고별사"를 살펴보면서 "나의 사랑 안에 거하라"는 말씀으로 은혜를 나누고자합니다.

요한복음은 51번이나 사랑이란 말이 나오지만, 공관복음 같이 "이웃을 사랑하라"(막12:31), "원수를 사랑하라"(마5:44,눅6:27)는 언급은 없고, 오히려 초점은 "서로 사랑하라" 즉 성도들 간의 사랑을 말하고 있습니다(요 13:34-35, 15:12,17). 그런데 특별하게도 요한복음 13장부터 17장까지 5장에 걸쳐 예수님은 십자가의 죽음을 앞에 놓고 생애 마지막 "고별사"를 하셨는데, 그때 제자들에게 "서로 사랑하라"는 "새 계명"을 말씀하신 것이 특이합니다. 사도 요한은 요한1서에서 이 주제를 받아들여 더 확장시키고 있습니다(요일 3:11-18, 4:7-21, 요이 1:5-6).

1. 요한복음 13장은 "고별의 예고"입니다.

수난주간 목요일 밤에 마가의 다락방이라 추정되는 곳에서 마지막 만찬을 베풀면서, 예수님은 제자들의 발을 씻겨주심으로 사랑과 겸손으로 살아야 한다는 교훈을 주셨습니다. 특히 예수님은 제자들을 끝까지 사랑하시고, 모든 사람이 제자들을 예수님의 제자인 줄을 알게 하시기위해서 "서로 사랑하라"는 "새 계명"을 주셨습니다.

> 요한복음 13:1절, "유월절 전에 예수께서 자기가 세상을 떠나 아버지께로 돌아가실 때가 이른 줄 아시고 세상에 있는 자기 사람들을 사랑하시되 끝까지 사랑하시니라."
> 요한복음 13:34-35절, "새 계명을 너희에게 주노니 서로 사랑하라 내가 너희

를 사랑한 것 같이 너희도 서로 사랑하라 너희가 서로 사랑하면 이로써 모든 사람이 너희가 내 제자인줄 알리라."

2. 요한복음 14장은 다락방에서 주님이 잡히시기 전에 자기에게 다가오는 십자가의 죽음을 의식하면서 열한제자에게 주신 "고별의 말씀"입니다.

예수님은 제자들을 떠나시기 전에 사랑으로 권면하는 위로의 내용으로서, 특히 제자들이 새 계명을 지킴으로 아버지의 사랑을 받게 하시고, 예수님이 아버지를 사랑하는 것을 세상이 알게 하시려는 것입니다. 우리가 예수님을 사랑한다는 것은 바로 예수님이 주신 "서로 사랑하라"는 새 계명을 실천하는 것입니다. 이 새 계명을 실천하는 사람이 하나님의 사랑을 받습니다. 그리고 예수님도 그를 사랑하십니다. 또한 예수 이름으로 보내실 보혜사 성령이 모든 것을 가르치고 모든 것을 생각나게 하십니다(요 14:26).

요한복음 14:15절, "너희가 나를 사랑하면 나의 계명을 지키리라."

요한복음 14:21절, "나의 계명을 지키는 자라야 나를 사랑하는 자니 나를 사랑하는 자는 내 아버지께 사랑을 받을 것이요 나도 그를 사랑하여 그에게 나를 나타내리라."

요한복음 14:23-24절, "예수께서 대답하여 이르시되 사람이 나를 사랑하면 내 말을 지키리니 내 아버지께서 그를 사랑하실 것이요 우리가 그에게 가서 거처를 그와 함께 하리라 나를 사랑하지 아니하는 자는 내 말을 지키지 아니하나니 너희가 듣는 말은 내 말이 아니요 나를 보내신 아버지의 말씀이니라."

요한복음 14:31절, "오직 내가 아버지를 사랑하는 것과 아버지께서 명하신 대로 행하는 것을 세상이 알게 하려 함이로라 일어나라 여기를 떠나자 하시니라."

3. 요한복음 15장은 다락방 "고별사"를 마친 예수님이 기도하기 위해(요17장) 겟세마네 동산으로 가는 도중에 주신 교훈입니다.

특히 예수님은 포도나무의 비유를 통해 제자들에게 그리스도 안에 거한다는 증거로 그리스도와 연합된 자가 맺게 되는 삶의 열매로서 서로 사랑의 새 계명의 실천이 있어야 한다고 말씀하십니다(요 15:1-7). 우리 성도는 "진리를 순종하므로"(벧전 1:22), 그리고 내적인 혹은 외적인 "고난을 통하여"(히 2:10) 정결함과 열매를 맺음으로 서로를 돕습니다. 왜냐하면 이것이 우리를 훨씬 더 거룩하게 하며, 또한 더욱 탁월하게 섬기는데 적합하게 하려고, 하나님이 이전에 순종한 행동들에 대해 수여하시는 가장 고귀한 보상들 가운데 하나이기 때문입니다.

그것은 우리가 예수님의 사랑 안에 거하게 하시므로 친구가 되게 하고, 서로 사랑하게 하려는 것입니다. 오늘 우리는 그리스도 안에서 이러한 서로 사랑의 열매를 힘써 맺고 있는지 돌아보아야 합니다. 보혜사 성령이 오셔서 이 사랑의 진리를 증언하실 것입니다(요 15:26).

이제 모든 거룩함을 일으키는 살아있는 믿음으로 정화된 너희는 "내 안에 거하라"고 합니다. 오직 살아있는 믿음으로만 너희는 "내 안에 거할"수 있다고 합니다(요 15:4). "포도나무와 가지"로서 우리 주님은 살아있는 믿음으로 연합되어있습니다(요 15:5). 우리는 살아있는 믿음으로 "주님 안에 거하지 아니하면" 안 됩니다. 단지 교회 성찬식에 의해서만 "그리스도 안에 거하는" 것이 아닙니다. 우리가 의식과 형식과 교리로서 그리스도 안에 거할 수 있지만, 끝내는 포도나무 가지처럼 '시들어서' 포도원 밖으로, 곧 눈에 보이지 않는 교회 밖으로 "버려져서" 무익하게 됩니다(6-7절). 그러나 주님 안에 거하여 기도하는 자들은 더 많은 열매를 맺습니다(7). 이때 비로소 주님의 제자라고 불릴 자격이 있습니다. 그리스도의 제자가 되는 것이 기독교의 기초일 뿐만 아니라 기독교의 절정입니다(8).

요한복음 15:9-10절에는 "아버지께서 나를 사랑하신 것같이 나도 너희를 사랑하였으니 나의 사랑 안에 거하라 내 아버지의 계명을 지켜 그의 사랑 안에 거하는 것같이 너희도 내 계명을 지키면 내 사랑 안에 거하리라"고 말씀합니다.

주님은 "나의 사랑 안에 거하라" 즉 성도의 자리를 주님의 사랑 안에서 유지하라고 하십니다. 너희는 그 귀중한 복을 박탈당하지 않도록 확실히 지키라는 의미입니다(9). 또한 주님은 "내 계명을 지키면 내 사랑 안에 거하리라." 즉 다른 어떤 것이 아니라, 바로 이러한 조건으로, '너희는 나의 특별한 사랑의 대상으로 남아있을 것'라고 말씀합니다(10). 이때, 주님이 아버지를 사랑하는데 있어서, 그리고 그의 계명을 지키는데 있어서, 주님이 느끼는 것과 똑같은 "기쁨이 우리 안에도" 머물러 있게 됩니다. 우리가 "서로 사랑하면" 우리의 기쁨이 충만하게 됩니다(11-12).

> 요한복음 15:12-14절, "내 계명은 곧 내가 너희를 사랑한 것같이 너희도 서로 사랑하라 하는 이것이니라 사람이 친구를 위하여 자기 목숨을 버리면 이보다 더 큰 사랑이 없나니 너희는 내가 명하는 대로 행하면 곧 나의 친구라."

예수님은 "너희는 내가 명하는 대로 행하면 곧 나의 친구라"고 말씀하십니다. 사랑의 계명을 지키는 조건으로만 "너희가 나의 친구라"고 말씀합니다. 존 웨슬리는 이 말씀에 대하여 말합니다. "우레와 같은 반율법주의(反律法主義)다. 그러면 하나님의 사랑은 인간의 공로에 절대 의존하지 않는다고 누가 감히 주장하겠는가?"

> 요한복음 15:17절, "내가 이것을 너희에게 명함은 너희로 서로 사랑하게 하려 함이라."

4. 요한복음 16장은 예수님이 자신의 죽음 이후에 벌어지게 될 험악한 핍박의 때에 보혜사 성령의 도래를 약속하며 사랑으로 제자들을 주의시키고 위로해 주십니다.

특히 제자들이 예수님을 사랑하고, 예수님이 하나님께로부터 온 것을 믿었으므로 예수님은 이기시는 "승리자"로 세상을 떠나 아버지께로 갈 수 있게 되었습니다. 무엇보다도 보혜사 성령 곧 진리의 성령이 오셔서 예수님을 대신하여 우리를 진리로 인도하여 땅 끝까지 복음을 전파하도록 도와주십니다(요 16:7,13).

> 요한복음 16:27-28절, "이는 너희가 나를 사랑하고 또 내가 하나님께로부터 온 줄 믿었으므로 아버지께서 친히 너희를 사랑하심이라 내가 아버지에게서 나와 세상에 왔고 다시 세상을 떠나 아버지께로 가노라."

5. 요한복음 17장은 "고별의 기도"입니다. 예수님이 제자들 안에 계시고, 아버지가 예수님 안에 계심으로서 제자들이 온전함을 이루어 하나가 되게 하십니다.

특히, 하나님의 사랑이 예수 안에 있는 것같이 그 사랑이 제자들 안에 있고, 예수님도 항상 제자들 안에 있음으로 그들이 사랑 안에서 하나 되게 하려는 가장 긴 기도를 하셨습니다. 하나가 된다는 것은 예수님의 사랑 안에, 그리스도 안에 거하는 것입니다. 이것이 우리가 예수님의 마음속에, 생각 속에, 몸속에 함께 있는 것입니다. 사랑만이 하나가 되게 합니다.

> 요한복음 17:23-24, 26절, "곧 내가 그들 안에 있고 아버지께서 내 안에 계시어 그들로 온전함을 이루어 하나가 되게 하려함은 아버지께서 나를 보내신 것과 또 나를 사랑하심 같이 그들도 사랑하신 것을 세상으로 알게 하려 함이로소이다 아버지여 내게 주신자도 나 있는 곳에 나와 함께 있어 아버지께서 창세전부터 나를 사랑하시므로 내게 주신 나의 영광을 그들로 보게 하시기를 원하옵나이다…내가 아버지의 이름을 그들에게 알게 하였고 또 알게 하리니 이는 나를 사랑하신 사랑이 그들 안에 있고 나도 그들 안에 있게 하려 함이니이다."

마치면서 말씀합니다.

우리는 매일 주님의 사랑을 느끼지 못하면 살 수 없습니다. 우리는 주님의 사랑을 느낄 때마다 주님이 함께 하시므로 더 온전해지고, 항상 주님의 사랑의 계명에 순종함으로 주님을 향한 깊은 사랑을 표현하게 됩니다. 주님을 기쁘시게 하는 방법은 온 마음을 다해 사랑하는 것입니다(요 14:21).

우리가 그리스도인이 된다는 것은 3가지를 의미합니다. 그것은 예수님을 개인의 구주로 믿고(요 1:12), 예수님을 사랑하고(요 8:42, 14:15,21,23, 16:27, 21:15-17), 예수님 안에 거하는 것입니다(요 6:56, 15:4-10).

우리는 예수님이 우리를 지탱해 주고 능력을 주는 영적인 사랑의 관계로 예수 그리스도와 연합됩니다(요 1:12). 우리는 예수님에 의해, 예수님의 주도 아래서(요 15:3,16) 예수님이 명령하신 "서로 사랑하라"는 새 계명을 실천함으로(요 15:10,12,17) 주님과 하나 되는 관계를 유지할 수 있습니다. 이 사랑은 예수님이 제자들의 발을 씻기신 것처럼, 다른 사람들 편에서 겸손하게 섬기는 행위를 의미합니다(요 13:3-15,15:13). 우리가 이러한 사랑을 경험하고 보여주면 우리는 예수 그리스도와 계속적인 관계를 유지하고, 그의 기쁨을 누리며(요 15:11, 17:13), 우리가 구하는 것을 얻게 됩니다(요 15:7, 14:13-14, 15:16, 16:23-24). 그때 우리는 예수님과 하나가 되고, 하나님과 하나가 되며, 우리서로가 하나가 됩니다(요 17:20-23). 이때 하나님의 나라가 우리 안에 임하게 됩니다(눅 17:20-21).

예수님이 가르치신 사랑을 실천하는 것이 바로 하나님의 나라를 만드는 것이고, 이때 비로소 하나님의 나라는 먼 곳에 있는 것이 아니라 바로 우리 안에 존재하는 것이고, 지금 그리고 여기서 우리는 행복한 삶을 살게 됩니다. 우리가 예수님을 사랑하고 하나님의 사랑 안에 거하면서 살다가 죽는 것이 가장 아름다운 웰 빙, 웰 다잉입니다.

100세 시대를 위한 웰 빙, 웰 다잉 "행복열쇠 번호"는 "9988 12345"입니다. 풀이하면, "99(구십구세) 동안, 88(팔팔)하게, 1(일)하다가, 2(이), 3(삼)일 쉬면서, 4(사)랑하는 사람들을 만나보고, 5(오)라고 주님이 부르실 때 천국에 돌아간다(Back to the Heaven)"는 뜻입니다(요 14:1-3). 인생의 열쇠는 하나님이 쥐고 계십니다.

예수님을 사랑하고 그리스도 안에 거하시는 삶을 살아가기를 축복합니다.

09
네가 나를 사랑하느냐
요한복음 21장 15-19절

"그들이 조반 먹은 후에 예수께서 시몬 베드로에게 이르시되 요한의 아들 시몬아
네가 이 사람들보다 나를 더 사랑하느냐 하시니 이르되 주님 그러하나이다
내가 주님을 사랑하는 줄 주님께서 아시나이다 이르시되 내 어린양을 먹이라 하시고
또 두 번째 이르시되 요한의 아들 시몬아 네가 나를 사랑하느냐 하시니
이르되 주님 그러하나이다 내가 주님을 사랑하는 줄 주님께서 아시나이다
이르시되 내 양을 치라하시고 세 번째 이르시되 요한의 아들 시몬아 네가 나를 사랑하느냐
하시니 주께서 세 번째 네가 나를 사랑하느냐 하시므로 베드로가 근심하여 이르되
주님 모든 것을 아시오매 내가 주님을 사랑하는 줄을 주님께서 아시나이다
예수께서 이르시되 내 양을 먹이라 내가 진실로 진실로 네게 이르노니 네가 젊어서는
스스로 띠 띠고 원하는 곳으로 다녔거니와 늙어서는 네 팔을 벌리리니 남이 네게 띠 띠우고
원하지 아니하는 곳으로 데려가리라 이 말씀을 하심은 베드로가 어떠한 죽음으로 하나님께
영광을 돌릴 것을 가리킴이러라 이 말씀을 하시고 베드로에게 이르시되 나를 따르라 하시니."

오늘은 부활의 주님이 "네가 나를 사랑하느냐?"는 말씀으로 은혜를 나누고자 합니다.

1. 제자의 길을 도망친 베드로

▓ 욥기 14:14절에는 "장정이라도 죽으면 어찌 다시 살리이까"라고 해서 인생은 한번 죽으면 다시 돌아올 수 없는 "불귀객"(不歸客)이라고 했는데, 예수님은 사망의 권세를 이기시고 부활하셔서 영원한 생명의 주님이 되셨습니다. 할렐루야!

오늘 요한복음 21:15-19절의 말씀은 부활하신 예수님이 낙담과 좌절 속에서 옛 생업 갈릴리 어부로 낙향한 베드로를 찾아오셔서 영원한 사랑을 다짐하시고 마지막 사명을 주시는 위대한 장면입니다. 이 시간 우리에게 연민과 신뢰를 가지시고 찾아오셔서 격려하시고 사랑하시고 사명을 주시는 부활의 주님을 만나시기를 축복합니다.

▓ 열두제자가운데 베드로는 죽음을 불사하고 예수님을 좇겠다고 약속하며 가장 맹렬하게 헌신을 다짐했던 특출한 인물입니다.

요한복음 13:36-38절에서, 예수님은 베드로가 부인할 것을 예고하십니다. "네가 지금은 따라올 수 없으나 후에는 따라오리라"고 말씀하실 때, 베드로는 예수께 "내가 주를 위하여 내 목숨을 버리겠나이다"라고 호언장담했습니다. 이 말을 들으신 예수님은 베드로에게 말씀하십니다. "네가 나를 위하여 네 목숨을 버리겠느냐 내가 진실로 진실로 네게 이르노니 닭 울기 전에 네가 세 번 나를 부인하리라."

결국 베드로는 세 번이나 주님을 부인하였고, 제자들이 예루살렘에서 도망하여 갈릴리 옛 어부생활로 돌아가게끔 주도한 자도 분명 베드로였습니다(요 21:1).

▓ 우리는 마태복음 26:69-75절에서 베드로가 예수님을 세 번 부인한 현장을 볼 수 있습니다.

예수님이 대제사장 집 뜰로 잡혀갔을 때, 베드로는 안뜰 바깥쪽에 앉아 있었습니다. 먼저, 한 하녀가 베드로에게 다가와서 말합니다. "너도 갈릴리 사람 예수와 함께 있었도다." 그러자 베드로는 여러 사람 앞에서 부인합니다. "나는 네가 무슨 말을 하는지 알지 못하겠노라." 그리고서 베드로가 대문 있는 데로 나갔는데 그 때에, 두 번째로, 다른 하녀가 그를 보고, 거기 있는 사람들에게 "이 사람은 나사렛 예수와 함께 있었도다" 말합니다. 그러자 베드로는 맹세하고 다시 부인하여 말합니다. "나는 그 사람을 알지 못하노라." 세 번째는 조금 뒤에 거기에 서있는 사람들이 베드로에게 다가와서 말합니다. "당신은 틀림없이 그들과 한 패요. 당신의 말씨를 보니, 당신이 누군지 분명히 들어납니다."라고 말합니다. 그 때에 베드로는 저주하며 맹세하여 말합니다. "나는 그 사람을 알지 못하노라."

그러자 곧 닭이 울었습니다. 그 순간 베드로는 "닭이 울기 전에 네가 나를 세 번 부인할 것이다"하신 예수님의 말씀이 생각나서 바깥으로 뛰어나가 몹시 울었습니다. 베드로는 크게 통곡하며 회개한줄 믿습니다. 그러나 한편 예수님을 은 30에 팔아넘긴 가롯 유다는 "스스로 뉘우쳤으나"(메타 멜로마이), 원문대로 보면 그가 "후회했으나" 진정으로 회개할 기회를 갖지 못하고 목매어 죽었습니다 (마 27:3-5).

▨ 우리가 하나님 앞에 잘못된 행위는 반듯이 회개할 수 있는 기회를 가져야합니다. 그대로 간과하면 그 습관이 중독이 되어 후회 막심한 심적 고통을 당하게 됩니다.

베드로는 주님을 부인한 자책감에 휩싸여 부활하신 주님의 기쁜 소식이 여인을 통해서, 천사를 통해서 바람결에 전해왔지만 믿지를 못했습니다 (막 16:11, 눅 24:12). 오히려 그는 "절망"이라는 "죽음에 이르는 병"(요 11:4)으로 좌절하고 있었습니다. 더욱이 주님을 세 번이나 주님을 모른다고 부인한 자기 자신의 비겁함, 나약함, 이중인격성을 스스로 용서할 수 없어서 슬프고 절망스러웠습니다. 그래도 자기만은 "목숨 바쳐 주님을 따르겠다"고 결심하고 단언한 제자였는데, 주님을 "모른다!"고 부인한 순간부터 제자로서의 굳건한 베드로란 이름의 뜻 "반석"은 조약돌만큼도 쓸모없게 되었고, 굳건한 "반석"이 "흔들리는 터전"으로(폴 틸리히) 붕궤되었다고 생각하니 정말 한스럽고 절망적이었을 것입니다. 우리도 교만과 태만과 무관심으로 하나님을 잊어버리고 살아가는 불신 때문에 타락의 늪에 빠져 좌절과 시련을 겪게 되는 경우가 많이 있음을 알아야 합니다. 이러한 절망의 상황에서 "우회로도, 통과로도 없는"(장 폴 싸르트르) 나약해진 베드로에게 한 줄기 용기와 희망의 빛이 찾아왔습니다. 그 빛은 바로 "선한 목자"되신 부활의 주님이십니다(요 10:11-18). 시편 23:1, 4절에서 다윗왕은 "여호와는 나의 목자시니 내게 부족함이 없으리로다...내가 사망의 음침한 골짜기로 다닐지라도 해를 두려워하지 않을 것은 주께서 나와 함께하심이라 주의 지팡이와 막대기가 나를 안위하시나이다."라고 했는데 우리에게도 힘이 되는 말씀입니다.

2. 찾아오신 예수님

부활하신 예수님은 제자들이 지치고 좌절해 있는 갈릴리해변에 찾아오셨습니다.

친히 준비하신 아침식사를 마친 후에 예수님은 시몬 베드로에게 묻습니다. "요한의 아들 시몬아 네가 이 사람들보다 나를 더 사랑하느냐"(요 21:15).

"요한의 아들 시몬아"라고 부르시는 호칭은 마태복음 16:16절에서, 베드로가 그 영광스러운 고백 "주는 그리스도시오 살아계신 하나님의 아들이십니다."라고 말씀 드렸을 때, 그리스도께서 이 호칭 "바요나(요나의 아들) 시몬아"로 그에게 말씀하셨습니다. 그 고백에 대한 기억으로 인해, 베드로는 자신이 그렇게 고백했던 주님에 대하여 세 번씩이나 부인한 것을 더욱 깊이 자각했을 것입니다.

"네가 나를 사랑하느냐?"(아가파스 메)는 예수님의 물으심 속에는 "내가 너를 지극히 사랑하고 있다. 너도 나를 사랑하고 있겠지"라는 긍정적인 확인이 내면에 강하게 작용하고 있는 메시지입니다. 어쩌면 이 순간 베드로는 다정하신 주님의 사랑스런 음성에 자신의 수치와 부끄러움 때문에 머리를 들지 못하고 쥐구멍이라도 있으면 숨고 싶은 충동뿐입니다.

▨ 이 갈릴리해변은 예수님이 처음에 어부 생활하는 '시몬'을 부르시어 제자 베드로로 삼으셨던 바로 그 성스러운 장소입니다. 감회가 남달리 새로운 곳입니다. 지금 예수님은 베드로를 원점에서부터 새롭게 시작해야 하겠기에 "베드로야" 부르지 않고 "요한의 아들 시몬아"라고 불렀습니다. 그것은 예수님이 동일한 갈릴리 해변에서 그를 만났고, 제자로 부르시기 전에 가졌던 본래 이름으로 부르신 것입니다.

"베드로"는 "반석"이란 뜻을 가진 제자 된 후의 공적명칭입니다. 그는 흔들리지 않는 "큰 바위"였습니다. 그러나 지금 예수님 앞에 선 베드로의 존재는 "반석"이 아니라 불안정한 '모랫더미'로 판명되었습니다. 그래서 사적인 옛 이름 "시몬" 즉 "하나님이 들으셨다"는 뜻을 지닌 족보상의 이름을 부르셨습니다. 이것은 결코 베드로를 제자 직분에서 박탈시키는 호칭이 아닙니다.

▨ 예수님이 "시몬"이라고 부르신 이면에는 심오한 의미를 내포하고 있습니다. 그것은 베드로가 제자 되기 이전으로 돌아가서 보다 인간적인 관계를 회복하기 위한 것입니다. "보다 인간적인 것이 보다 영적인 것"이란 말이 있습니다. 인간회복이 있을 때 영적인 회복이 있을 수 있다는 사실을 예수님은 아셨습니다. 이것은 선 회복 후 조치의 법칙입니다. 지금 상태로는 예수님이 베드로를 스승과 제자의 관계로 만날 수 없습니다. 또한 주님과 종의 관계로도 만날 수 없습니다. 나약해진 베드로에게 스승과 제자의 관계, 그리고 주님과 종의 관계로 만난다면 베드로는 가중되는 도의적 압

박 때문에 더 이상 주님을 볼 수 있는 낯이 없습니다. 이 같이 처참해진 제자 베드로의 속을 꿰뚫어 보시는 예수님의 제일 좋은 방법은 그와 친구(필로스)가 되는 것이었습니다. 친구가 될 때만이 친구의 사정, 마음의 경향, 속 내막을 털어놓을 수 있습니다.

요한복음 15:15절에서 예수님은 "이제부터는 너희를 종이라 하지 아니하리니 종은 주인이 하는 것을 알지 못함이라 너희를 친구라 하였노니 내가 내 아버지께 들은 것을 다 너희에게 알게 하였음이라"라고 말씀하셨습니다.

부모와 자식이 친구가 되고, 아내와 남편이 친구가 되고, 사관이 성도와 친구가 된다면 어떤 일이 일어나겠습니까? 무질서하게 되겠습니까? 아닙니다. 그리스도 안에서 친구 같은 사랑은 서로 신뢰하고 소통하기 때문에 불신은 사라지고 포용력이 증대되어 행복한 가정, 행복한 교회가 됩니다. 그래서 오늘본문 말씀 희랍어원문에는 "아가페"사랑과 "필리아"사랑이란 두 단어가 나오지만 요한복음에서는 이 두 사랑을 딱히 구별하여 사용하고 있지 않기 때문에 우리 성도의 사랑도 그리스도 안에서 하나님의 자녀로서 함께 바꿔서 사용하게 됩니다. 그러나 "아가페"는 감정보다 의지를 강조하여 값없이 베푸는 사랑의 행동이고, "필리아"는 따뜻한 애정을 강조합니다.

3. 네가 나를 더 사랑하느냐?

"네가 나를 더 사랑하느냐"는 물으심은 적의 있는 감정이 아니라 예수님의 최상의 치료요법입니다. 예수님은 베드로에게 "네가 나를 사랑하느냐?"는 물으심 속에 보면 "이 사람들보다 나를 더 사랑하느냐"고 물으심니다(요 21:15).

"나를 더 사랑하느냐?"(아가파스 메). 우리 주님은 베드로에게 세 번 물으십니다. 왜냐하면 그가 주님을 세 번 부인했었기 때문입니다. "이 사람들보다 더"는 그의 동료 제자들보다, 또는 어부 직업들보다, 어부로서의 소중한 배, 그물 등 재산보다 "나를 더 사랑하느냐?"(요 21:15)를 회상시키는 물음입니다. 베드로는 한 때 그렇다고 생각했습니다. 마태복음 26:33절에서, "베드로가 대답하여 이르되 모두 주를 버릴지라도 나는 결코 버리지 않겠나이다." 그러나 그는 이제 "이 사람들 보다 더"를 붙이지 않고서, 단지 "내가 주님을 사랑합니다"라고 대답합니다. "내가 주님을 사랑하는 줄 주님께서 아시나이다."라고 한 것 보면, 베드로는 슬픈 경험을 통해 예수께서 그의 마음을 알고 계신다는 것을 이제는 깨달았습니다. "내 어린양을 먹이라"고 하십니다. 양떼 중에서 가장 약하고 가장 미숙한 양을 먹이라고 하십니다. "먹이라"(포스케)(21:15,17절)는 풀을 먹이라는 뜻이고, "치라"(포이마이네)(21:16)는 사육하다, 돌보다, 양육하다, 감독하다, 다스리다는 뜻입니다. 원문은 두 가지로 해석할 수 있습니다. 하나는 "이 사람들보다" 즉 여기 함께 옛날의 어부생활로 되돌아온 동료인 "이 제자들보다 나를 더 사랑하느냐?"는 인간관계를 말하는 것이고, 또 하나는 "이것들 보다"(요 21:15절의 난외주) 즉 "네가 소유하고 있는 배, 그물, 나아가서는 재산, 직업들보다 나를 더 사랑하느냐?"고 대물관계를 물으십니다.

마태복음 4:20, 22절에는 "그들이 곧 그물을 버려두고 예수를 따르니라 그들이 곧 배와 아버지를 버려두고 예수를 따르니라."고 했습니다. 옛 생활과 옛 습관과 옛 욕심과 옛 생각과 옛 마음들을 접고 떠나는 것이 제자의 길이고, 신자의 길이고, 성직자의 길입니다(마 16:24).

4. 예수님은 세 번 물으십니다.

▧ "네가 나를 사랑하느냐"는 세 번 물으심은 적의 있는 감정이 아니라 회복을 위한 예수님의 최상의 치료요법입니다. 이보다 더 진한 임상요법이 어디 있겠습니까?!

예수님은 베드로에게 "시몬아 네가 나를 사랑하느냐?"는 물음을 세 번이나 하십니다(요 21:15-17). 어떻게 보면 이것은 베드로가 세 번 주님을 부인한데대한 세 번의 물으심이라고 생각할 수도 있습니다. 그렇게 되면 이것은 예수님이 베드로에 대한 보복행위라고 여겨지기 때문에 어쩌면 주님을 잔인한 사람으로 만드는 꼴이 됩니다. 죽기까지 낮아지신 예수님은 베드로에게 지난날의 불신이나 과거의 아픈 상처를 세 번씩이나 압박하면서 충성심을 강요하는 매몰찬 예수님일리 없습니다. 아마도 세 번 물으신 것은 우리 모두가 처한 곤경과 아픔을 대변하는 복음의 말씀이라고 이해됩니다. 예수님은 시몬 베드로와 우리가 함께 빠져있는 좌절과 절망을 치유하고 건져낸 후, 새로운 출발을 하도록 용기와 희망을 부어주기 위해서 세 번씩이나 거듭해서 말씀하시는 것이라고 해석할 수 있습니다.

▧ 마치 주님이 그의 말을 믿지 못하셨던 것처럼, 예수님은 베드로에게 세 번째 말씀하십니다. "네가 나를 사랑하느냐?"(필레이스 메)고 물으실 때에 베드로는 예수님께 세 번 동일한 대답을 합니다. "주님 모든 것을 아시오매 내가 주님을 사랑하는 줄을 주님께서 아시나이다"(요 21:15-17).

▧ 베드로는 예수님이 자기를 사랑하고 계신다는 것을 알고 있었습니다. 그래서 다소 근심스런 모습을 보이기는 했지만 세 번에 걸쳐 사랑을 받아들이기로 결심하고 긍정하는 대답 "내가 주님을 사랑하는 줄 주님께서 아시나이다."라고 대답하였습니다. 여기서 예수님은 겸허해진 제자에

게 세 번에 걸쳐 사명을 위임하십니다. "내 어린양을 먹이라." "내 양을 치라." "내 양을 먹이라." 이것은 양떼를 인도하고 보호하며 먹이는 목자의 사명입니다. 양들을 말씀으로 먹이고 지혜와 사랑으로 양들을 잘 관리해야 할 책임과 사명이 목자에게 있습니다. 이런 면에서 교회의 리더십은 선교적인 동시에 목양적입니다. 이 둘을 분리시키는 것은 항상 왜곡된 성직자상을 초래합니다.

요한복음 10:11절에서 예수님은 "나는 선한 목자라 선한 목자는 양들을 위하여 목숨을 버리거니와 삯꾼은 목자가 아니요 양도 제 양이 아니라 이리가 오는 것을 보면 양을 버리고 달아나나니 이리가 양을 물어가고 또 헤치느니라"고 말씀하셨습니다.

우리는 때로 "위임받은 목회자"란 권위로 교회와 성도를 자기의 것으로 알고 자기 교회, 자기 양으로 오해해서는 안 됩니다. 분명히 교회는 주님의 몸이고(엡 1:23) 성도는 주님의 양입니다(요 10:11). 주님의 것입니다. 개인의 것으로 오해해서는 안 됩니다. 주님이 말씀하신 "에클레시아" 교회는 건물이 아니라, '세상 밖으로 불러냄을 받은' 신앙공동체, 하나님의 백성이 교회입니다(마 16:18). 다만 '건물'은 하나님의 백성들이 지역에서 모여 예배드리는 공간입니다. 즉 'Community Center'(지역사회 센터)입니다. 오늘의 교회가 큰 '건물'은 있는데 '하나님의 백성'이 줄어들고 있는 것이 문제입니다.

5. 제자의 사명을 회복하십시오.

요한복음 21:18-19절에서 예수님은 제자 베드로에게 말씀하십니다. "내가 진실로 진실로 네게 이르노니 네가 젊어서는 스스로 띠 띠고 원하는 곳으로 다녔거니와 늙어서는 네팔을 벌리리니 남이 네게 띠 띠우고 원하지 아니하는 곳으로 데려가리라 이 말씀을 하심은 베드로가 어떠한 죽음으로 하나님께 영광을 돌릴 것을 가리킴이러라 이 말씀을 하시고 베드로에게 이르시되 나를 따르라 하시니."

▨ 마지막으로 베드로에게 주시는 주님의 사명은 "나를 따르라"는 말씀입니다.

사도 베드로는 "늙어서"(요 21:18) 이 일 이후 약 36년 동안 살았습니다. "팔을 벌리"듯 십자가 처형을 받았습니다. 십자가 처형을 받는 사람들은 못이 박힐 때까지 십자가에 묶여있었습니다. 베드로가 "원하지 않는 곳," 자연법칙에 따라서 십자가가 세워졌던 곳으로, 주님의 십자가와 함께 "너를 데려가리라"고 하십니다.

▨ 베드로는 순교하심으로 "하나님께 영광"을 돌렸습니다. 성도들은 단지 행동을 취함으로서 뿐만이 아니라, 주로 고난을 받음으로서 하나님을 영화롭게 합니다. 여기에서 마찬가지로 사도 베드로가 어떤 죽음을 보여주시면서 "나를 따르라"라고 말씀하셨습니다. 이 말씀에는 독특한 정신과 다정함이 들어있습니다. 그리스도께서 그를 위하여 십자가에 못 박힐 준비가 되었다는 증표로 그를 따르라고 사도 베드로에게 명령하신 것입니다.

▨ 예수님이 처음 베드로를 제자로 부르실 때 하신 말씀은 "나를 따라오라 내가 너희를 사람을 낚는 어부가 되게 하리라"는 말씀이었습니다(마 4:19). 전에는 베드로가 입으로만 목숨을 버릴 준비가 되어있다고 장담했으나, 이제는 예수님이 "후에는 따라오리라"(요 13:36-37)는 말씀을 이해할 수 있었습니다. 전에는 자기 나름대로의 야욕에 따라 스스로의 힘으로

따라갔으나, 이제는 예수님을 따르는 것이 곧 십자가의 길을 가는 것임을 깨닫게 되었습니다(요 13:18-19).

진정 요한복음 21:19절에 있는 말씀, "이 말씀을 하심은 베드로가 어떠한 죽음으로 하나님께 영광을 돌릴 것을 가리키심이러라."는 말씀을 하시고 베드로에게 이르시되 '나를 따르라'"고 하신 말씀을 깨닫게 된 것입니다.

마치는 말씀입니다.

중요한 것은 "우리가 지금 어디에 있느냐 보다는 어디를 향하고 있느냐"는 것입니다. 방향을 바로 잡는 자는 언젠가 목적지에 도달하게 될 것입니다. 우리는 '필리아'의 강을 건너야 '아가페'로 예수님을 사랑할 수 있습니다. 헌신의 힘을 다하여 사랑할 수 있습니다.

우리는 "네가 나를 사랑하느냐?"는 주님의 사랑에 응답하여 선교와 목회가 헌신과 희생봉사로 이루어지도록 힘쓰시기를 주님의 이름으로 축복합니다.

10
사도행전의 사랑

사도행전 2장 42-47절

"그들이 사도의 가르침을 받아 서로 교제하고 떡을 떼며 오로지 기도하기를 힘쓰니라
사람마다 두려워하는데 사도들로 말미암아 기사와 표적이 많이 나타나니
믿는 사람이 다 함께 있어 모든 물건을 서로 통용하고 또 재산과 소유를 팔아
각 사람의 필요를 따라 나눠주며 날마다 마음을 같이하여 성전에 모이기를 힘쓰고
집에서 떡을 떼며 기쁨과 순전한 마음으로 음식을 먹고 하나님을 찬미하며
또 온 백성에게 칭송을 받으니 주께서 구원받는 사람을 날마다 더하게 하시니라."

사도행전은 "사도들의 행전"이고 "성령의 행전"입니다. 사도행전은 사도들이 사역한 복음증언의 역사이고 성령의 강력한 은혜로 교회를 시작한 초기 1세기의 '기독교 선교역사'입니다. 사도행전에는 선교의 긴박성과 사명이 있습니다.

사도행전 1:8절에서 예수님은 말씀하십니다. "오직 성령이 너희에게 임하시면 너희가 권능을 받고 예루살렘과 온 유대와 사마리아와 땅 끝까지 이르러 내 증인이 되리라."

예수님은 마태복음 16:18절에서 제자 베드로에게 "내 교회 즉 '에클레시아' 교회를 세우리라"고 말씀하십니다. 그러나 예수님은 "내 교회" 즉 자기 교회를 세우지 않았습니다. "오순절 날"에 성령의 역사로 교회가 시작 되었습니다.

사도행전 2:1-4절에 보면, "오순절" 날 마가다락방에서 120명이 성령의 충만을 받습니다. 제자들은 성령의 능력을 받고 예수님을 십자가에 못 박

아 죽게 한 예루살렘 한복판으로 뛰어나갑니다. 당시 예루살렘에는 오순절 절기를 지키기 위해서 16개 나라에서 온 "흩어진 유대인들"(디아스포라)"이 몰려왔습니다(행 2:9-11). 유대 역사가 조세푸스에 의하면 그때 예루살렘에 40만 명이 모였습니다.

사도행전 2:14-36절에는, 성령으로 충만한 베드로가 요엘 2:28절 이하의 말씀을 들어 긴 설교를 외칩니다. "하나님이 말씀하시기를 말세에 내가 내 영을 모든 육체에 부어주리니 너희의 자녀들은 예언할 것이요 너희의 젊은이들은 환상을 보고 너희의 늙은이들은 꿈을 꾸리라"(행 2:17). "이스라엘 온 집은 확실히 알지니 너희가 십자가에 못 박은 이 예수를 하나님이 주와 그리스도가 되게 하셨느니라"(36절).

사도행전 2:37-41절에는, 이스라엘 사람들이 베드로의 설교를 듣고 마음에 찔려 울부짖습니다. "형제들아, 우리가 어찌할꼬." '형제들이여, 우리가 어떻게 하면 좋겠습니까? 우리가 예수님을 십자가에 못 박아 죽게 한 죄를 어떻게 하면 용서를 받을 수 있겠습니까?' 베드로는 단호히 말씀합니다. "너희가 회개하여 각각 예수 그리스도의 이름으로 세례를 받고 죄 사함을 받으라 그리하면 성령의 선물을 받으리니 이 약속은 너희와 너희 자녀와 모든 먼데 사람 곧 주 우리 하나님이 얼마든지 부르시는 자들에게 하신 것이라. 너희가 이 패역한 세대에서 구원을 받으라."

이날 회개하고서 세례를 받은 신도의 수가 3천명입니다. 역사가 조세푸스가 팔레스틴 전역의 '바리새인'을 6천명으로 추정한 것을 생각하면 이 숫자는 엄청난 수였습니다. 예루살렘에서 3천명이 예수운동에 가담한 것은 결코 작은 출발이 아니었습니다. 이것을 볼 때 사도행전 2장의 "오순절"이 교회시작의 생일이라고 말하는 이유입니다.

마태복음, 마가복음, 누가복음에서 예수님은 큰 계명 "하나님을 사랑하라," "이웃을 사랑하라"하셨고(레 19:18, 마 22:37-40, 막 12:30-31, 눅 10;27), 요한복음에서는 새 계명 "서로 사랑하라"고 말씀하셨습니다(요 13:34, 15:12).

이상하게도, 사도행전에는 "사랑"이란 용어가 나오지 않습니다. 그렇지만 기독교 초기 역사를 보여주는 사도행전에는 사랑의 계명을 넘어 '사랑의 실천'이란 구원사적 의미에서 초대교회가 뜨거운 성령의 열기 속에서 열정적인 사랑의 실천적 모범들이 박진감 넘치게 펼쳐지고 있는 예들을 많이 보게 됩니다. 그래서 우리가 사도행전을 읽으면 사랑실천 즉 '구제와 봉사'(행 6:1)의 모범을 보이고 있는 교회의 모델을 생각하게 됩니다. 특히 집과 소유를 공유하고 재산을 팔아 나온 돈을 나눠 쓰며 서로 큰 힘이 되어준 그 사랑을 생각해 봅니다(행 2:43-47, 4:32-37). 그리고 예수를 통하여 하나님과 화목케 된 유대인과 이방인들이 함께 나눈 식탁의 교제를 생각해 봅니다. 사도 바울이 친구들에게 작별을 고하는 장면에서 책장 밖으로 터져 나오는 그 사랑을 생각해 봅니다(행 20:36-38, 21:5 등). 사랑은 천국의 언어입니다. 사랑은 지을 수 없는 도장처럼 천국 시민들의 표지입니다. 사랑은 궁극적 소속을 드러내는 배지입니다. 사랑은 참된 기독교 영성의 정수입니다(폴 스티븐스).

오늘은 사도행전의 모범적 사랑실천의 예들을 3단계로 은혜를 나누고자 합니다.

1. 처음 구원받은 신도들이 '사랑 안에서' 실천한 '신앙생활 모습'을 살펴봅니다.

사도행전 2:42절, "그들이 사도의 가르침을 받아 서로 교제하고 떡을 떼며 오로지 기도하기를 힘쓰니라."

초대교회 신도들은 날마다 교회에서 사랑의 교제를 가지며 4가지를 실천하였습니다.
▨ 처음교회 신도들은 "사도의 가르침(디다케)을 받았습니다". 하나님 말씀중심의 신앙생활을 하였습니다. 사도의 가르침은 '예수'와 '전도'입니다.
사도행전 5:42절에, "그들이 날마다 성전에 있든지 집에 있든지 예수는 그리스도라고 가르치기와 전도하기를 그치지 아니하니라."고 말씀합니다.
▨ 처음교회 신도들은 "서로 교제(코이노니아)하였습니다." 함께 친교를 가졌습니다. 친교는 마음의 상처를 위로하고 치유합니다.
▨ 처음교회 신도들은 "떡(알토스)을 떼었습니다." 일용할 양식 빵을 나누었습니다. 주의 만찬에 참여하였습니다. '성만찬의 생활'(sacramental life)을 실행하였습니다.
▨ 처음교회 신도들은 "오로지 기도(프로슈케)하기를 힘썼습니다." 기도하는 장소를 정해놓고 함께 모여 기도하였습니다. 기도는 하나님과 호흡하는 성도의 영적 생명력입니다.

이 같은 초대교회의 신앙 모습은 단순하지만 그들은 현대교회보다 친밀한 말씀과 예배와 나눔과 성경을 배우는 일에 훨씬 더 몰두했음을 알 수 있습니다. 특히 신앙생활의 윤활유역할을 한 것이 "서로 교제하고," "떡을 떼는" 사랑실천 모습입니다. 신학자 하비콕스는 "서로 교제하는" "코이노니아"를 "사회를 치료하는 힘"이라고 합니다. 친교는 서로 '만남'으로 성도가 서로의 신앙심을 공고하게 결집시키고, 사도의 가르치는 말씀에 공감하여 '대화'로 은혜를 나누고, 성도들이 마음을 같이 하여 '함께' 기도함으로 고통을 이겨내고, 소망과 용기를 갖게 하는 치유의 능력이 있습니다. 성도는 주님의 치유하시는 사랑의 교제를 통하여 하나님께 감사합니다.

"떡을 뗀다"는 것은 "알토스"라는 일용할 양식인 "빵 덩어리"를 떼어 나누어 먹는 것을 말합니다. 빵을 떼는 것은 초대교회신자들이 '성찬'으로 매 식탁에서 빵을 먹고 음료(포도주)를 마시면서 예수 그리스도의 살과 피를 기념하여 그리스도의 고난에 동참하였고, 또한 유월절 '만찬'을 상기시키면서 선조들이 고통을 이겨낸 출애굽 신앙심을 상기시키며, 이 '애찬'을 통하여 성도들이 주님의 나라에 이르는 환희와 평화를 나누면서 초대교회가 사랑공동체로 발전해 갔습니다.

2. 초대교회 신앙공동체의 생활모습인 '사랑실천'을 살펴봅니다.

> 사도행전 2:43-47절, "사람마다 두려워하는데 사도들로 말미암아 기사와 표적이 많이 나타나니 믿는 사람이 다함께 있어 모든 물건을 서로 통용하고 또 재산과 소유를 팔아 각 사람의 필요를 따라 나눠주며 날마다 마음을 같이하여 성전에 모이기를 힘쓰고 집에서 떡을 떼며 기쁨과 순전한 마음으로 음식을 먹고 하나님을 찬미하며 또 온 백성에게 칭송을 받으니 주께서 구원 받는 사람을 날마다 더하게 하시니라."

▪ "사람마다 두려워하였습니다"(포보스)(43).

교회에 참여하지 않는 사람들이 두려워합니다. 박해가 필요할 때까지 그들이 교회를 핍박하는 것이 금지되었습니다. 그러나 한편 신자들은 "숭배"와 "경외"하는 존경의 마음으로, 하나님께 예배를 드렸습니다. 신자들은 예배를 '두려움과 경외'하는 마음으로 예배를 드리고(Worship), 자발적으로 자율적인 섬김의 마음으로 예배를 드립니다(Service).

▓ "사도들로 말미암아 기사와 표적이 많이 나타났습니다."(세메이온)(43).

초대교회는 "기적과 이적"과 같은 초월적인 능력이 사도들이나 그리스도인들을 통하여 많이 나타났습니다. 그 사건은 당대에 끝난 것이 아니라 오늘도 성령의 축복의 역사는 계속되고 있습니다.

▓ "믿는 사람이 다 함께 있어 모든 물건을 서로 통용하였습니다."(코이노스)(44).

신자들이 집단적으로 함께 지내면서, 모든 것은 공동으로 소유(공유)하였습니다.

▓ "재산과 소유를 팔아 각 사람의 필요를 따라 나눠주었습니다."(디에메리존)(45).

재산은 그들의 땅과 집입니다. 소유는 그들의 동산(動産)입니다. 초대교회는 신도들이 재산과 소유물을 팔아서, 모든 사람에게 필요한대로 몫을 "분배하여" 주었습니다. 여기서 '기독교 공산화'라는 사상이 나왔습니다.

예루살렘의 멸망 때까지만 그렇게 하였다는 것은 진실이 아닙니다. 그 뒤에도 오랫동안 그렇게 하였습니다. 그렇게 하라는 강요가 있었던 것이 아닙니다. 그럴 필요도 없었습니다. 왜냐하면 사랑이 그들을 강권했기 때문입니다. 어느 공동체든지 이웃을 자기 자신처럼 사랑하는 사람들이 있는 곳에서 나눔은 자연스러운 열매입니다. 만일 기독교 공동체가 이러한 정신을 지켜나간다면, 이러한 나눔은 다가올 모든 세대에도 계속될 것입니다. 그리스도께서는 재산과 소유를 파는 나눔이 지속되어야 한다고 말씀하지 않으신 점을 분명히 해두어야 합니다. 그리스도는 어느 정도의 분량을 나누어야 하는가에 대해서는 구체적으로 명시하지 않으셨습니다. 여기에 대한 증거는 없습니다(존 웨슬리).

▓ "날마다 마음을 같이하여 성전에 모이기를 힘썼습니다."(프로스카르

테룬테스)(46).

신자들은 신앙의 의무를 수행하기 위하여 마음이 일치된 "한 마음"으로 "성전"에 모이기를 힘썼습니다. 초기교회의 "성전"은 별도로 있는 것이 아니라 예루살렘성전의 "성소"로 '이방인들의 뜰'입니다. 성전은 초기 그리스도인들에게 가장 좋은 만남의 장소였고, 초대교회는 한 때 정기적 예배를 드렸습니다(행 2:46). 여기에는 아침과 저녁제사 때마다 공동기도시간이 있어 참석하였고(행 3:1), 이곳은 사도들의 사역에 핵심 장소였습니다.

▦ "집에서 떡을 떼며 기쁨과 순진한 마음으로 음식을 먹었습니다."(클론테스)(46).

이 말은 많은 교회에서 오랜 시간 동안 계속된 주의 만찬에서, "빵 덩어리에서 조각을 떼어내다"는 뜻으로, 집에서 집으로 즉 그리스도인들의 가정에서 빵을 떼며 기쁨과 진심어린 너그러움과 소박하고 순수한 의도의 마음으로 영양을 공급하기 위해 필요한 음식을 먹었습니다. 그들은 나눔의 삶을 통하여 동일한 기쁨과 거룩한 삶을 경험하였습니다. 한 마음으로 먹고 일하며 그들은 기도했고 주의 만찬에 참여했습니다.

사도행전 4:34-35절에는 "그 중에 가난한 사람이 없으니 이는 밭과 집 있는 자는 팔아 그 판 것의 값을 가져다가 사도들의 발 앞에 두매 그들이 각 사람의 필요를 따라 나누어 줌이라"고 했습니다. 초대교회시대의 "집"은 예배처소인 동시에 "집에 있는 교회"입니다(고전 16:19, 몬 2). 즉 집이 교회입니다.

▦ "하나님을 찬미하였습니다."(하이노스)(47).

초대교회는 하나님께 "찬양하는"찬송이 외부에 울려 퍼져나갔습니다.

시편 150:6절에, "호흡이 있는 자마다 여호와를 찬양할지어다."했고, 고린도전서 14:15절에는 "내가 영으로 찬송하고 또 마음으로 찬송하리라"

고 말씀했습니다.

▧ "온 백성에게 칭송을 받았습니다."(카리스)(47).

초대교회는 온 백성에게 "호의"를 받고, 지역주민들이 칭찬하였습니다. 오늘날 지역사회 속에 위치한 교회가 그 지역에서 칭찬받는 교회가 되어야 발전하는 교회입니다.

▧ "주께서 구원받는 사람을 날마다 '더하게' 하셨습니다."(쏘조메누스)(47).

'주께서 구원받는 사람을 날마다 더하게 하신다'는 말씀은 '그들의 죄로부터 구원받았다. 그리고 죄의 권세와 죄책으로부터 구원받았다'는 의미입니다. 주님은 구원받는 사람들을 제자들에게 "맡기고, 위탁하였습니다." 우리는 주님의 선교를 위탁받았습니다.

사도행전 1:8절에, "성령이 너희에게 임하시면 너희가 권능을 받고 예루살렘과 온 유대와 사마리아와 땅 끝까지 이르러 내 증인이 되리라"고 말씀합니다.

구세군창립자 윌리엄 부스는 "우리가 구원받은 것은 사람을 구원하기 위한 것이다"(Saved to save)라고 합니다. 구세군 군복에 두 개의 "S"자를 부착한 것은 성의(聖衣)로 입는 것이 아니라 전도를 위한 '전도 복', 즉 죄악과 싸우는 구령을 위한 '전투복'으로 입는 것입니다. 두 개의 'S'는 'saved to save'(구원하기 위해 구원받았다)와 'saved to serve'(봉사하기 위해 구원받았다)라는 의미를 담고 있습니다.

이 같은 초기 신앙생활 속에서 첫째, 믿는 사람이 다 함께 있어 모든 물건을 서로 통용하고, 둘째, 재산과 소유를 팔아 각 사람의 필요를 따라 나눠주고, 셋째, 집에서 떡을 떼며 기쁨과 순진한 마음으로 음식을 먹는 것"은 신앙공동체 속에 있는 사랑실천의 예입니다.

이러한 사도행전의 사상은(행 2:44-45) "이상적인 유토피아적 공동체를 묘사한다"고 해서 비난받기도 하지만, 실제로 초대교회의 급진적인 생활양식은 성령을 부어주심의 결과로 보면 됩니다. 초대 그리스도인들이 경제적 나눔에 있어서 철저한 것은 예수님이 바로 자신과 자기의 모든 소유의 주인이 되신다는 것을 인정하는 것입니다.

사도행전 4:32절에, "믿는 무리가 한마음과 한뜻이 되어 모든 물건을 서로 통용하고 자기 재물을 조금이라도 자기 것이라 하는 이가 하나도 없더라."고 했습니다. 이러한 행동은 금욕주의 모습을 반영하는 것이 아닙니다. 다만 사람들을 소유보다 더 가치 있게 여기는 일에 철저했음을 보여주는 것이고, 이런 풍습은 그리스도인들 사이에서 2세기까지 지속되었습니다.

3. 초대교회가 구제와 봉사하는 사랑실천으로 발전해가는 모습을 봅니다(행 6:1-6).

사도행전 6:1-6절에 있는 "구제"(1절), "접대"(2절), "사역"(4절)이란 말이 헬라어 원문에는 모두 "봉사"란 말 "디아코니아"(명사, 디아코네오, 동사)로 표현되었습니다.

■ 사도행전 6:1절, "그 때에 제자가 더 많아졌는데 헬라파 유대인들이 자기의 과부들이 매일의 '구제'에 빠지므로 히브리파 사람을 원망하니."

한 마음과 한 뜻이 되었던 교회에 첫 번째 분열의 위기가 일어났습니다. 어떤 사람들에게는 편파적인 마음이 부지중에 일어났고, 어떤 사람들에게는 불평이 일어났습니다. 그 헬라인들은 팔레스틴 밖에서 태어난 유대인들이었습니다. 그들은 헬라어를 모국어로 사용했기 때문에 헬라인이라고 불리었습니다. 히브리인들의 편파성과 헬라인들의 불평으로 인해 박해의 씨앗이 뿌려졌습니다.

"헬라파 유대인들의 과부들"이 히브리파 유대인들에게 자기네 과부들이 날마다 구호음식을 나누어 받는 일에 무시당하여 소홀이 여김을 받는다고 불공정한 구제활동을 하는 것에 대해 불평하였습니다. 여기서 봉사는 '구제,' 또는 '음식 나눔,' 곧 구호봉사를 말합니다.

■ 사도행전 6:2절, "열두 사도가 모든 제자를 불러 이르되 우리가 하나님의 말씀을 제쳐놓고 접대를 일삼는 것이 마땅하지 아니하니."

여기서 봉사는 '접대' 또는 '음식봉사', '재정출납,' 곧 회계봉사를 말합니다. 초대교회에서는 사도들, 전도자들, 감독들의 주된 사역은 하나님의 말씀을 선포하는 것이었습니다. 부수적 사역은 한 아버지와 같이(교회는 가정과 같았다) 가난한 자들, 나그네들, 과부들에게 먹을 것을 공급하며 돌보는 일이었습니다. 이후에는 남성, 여성들로 구성된 집사들이 부수적인 사역을 담당하였습니다. 그리고 그러한 사역으로부터 여유 시간이 생기면 영적 돌봄의 사역을 하였습니다. 그러나 그들의 주된 직무는 가난한 자들을 돌보는 것입니다. 그들 중 몇은 그 후에 말씀을 전했습니다. 그들은 말씀사역을 집사의 직무 때문이 아니라 전도자의 직무 때문에 감당하였습니다. 아마도 그들은 집사의 직분을 받은 이후에 이 전도자의 직무를 받았을 것입니다. 그러나 전도자로 먼저 직무를 받은 자들이 이후에 집사의 직무에 선택되지는 않았을 것입니다. 그들은 편파적이거나 불의한 사람들이라고 의심할 여지가 없었을 것입니다. 교회의 직무를 실천하는 일은 결코 가볍지 않습니다. 이 일을 잘 감당하기 위해서는 하나님의 넘치는 은혜와 은사 즉 "성령과 지혜"가 필요하였습니다.

사도가 구제와 봉사의 일을 집사들에게 맡기는 결정은 교회의 기쁨이 되었을 것입니다. 오늘의 성직자와 평신도 직무의 사역을 분리시키는 시작입니다. 만일 일반적 직무를 맡은 집사들이 교회의 구성원들과 함께 맡겨진 일을 잘 처리한다면, 특별한 직무 곧 말씀사역을 맡은 사도들은 자신들에게 맡겨진 사역을 더 잘 감당할 수 있을 것입니다.

사도행전 6:3절에는 "형제들아 너희 가운데서 성령과 지혜가 충만하여 칭찬받는 사람 일곱을 택하라 우리가 이일을 그들에게 맡기고"라고 합니다.

교회의 현실적 필요를 채우는 일은 결코 가볍지 않습니다. 이 일을 잘 감당하기 위해서는 하나님의 넘치는 은혜와 은사가 필요합니다. "성령과 지혜가 충만한" '봉사사역자'가 필요합니다. 이들은 "칭찬받는 사람"으로서 인간관계에 있어서 편파적이거나 불의한 사람들이라고 의심할만한 여지가 없는 사람들입니다. 이들이 봉사사역에 열심을 다할 수 있습니다.

▓ 사도행전 6:4절에, "우리는 오로지 기도하는 일과 '말씀 사역'에 힘쓰리라."고 합니다. 여기서 봉사는 말씀사역 또는 설교사역. 말씀직무 곧 말씀봉사를 말합니다.

의심할 여지없이 교회의 "감독"에게는 가장 적당한 사역입니다. 기도 가운데 하나님께 아뢰며, 그리스도의 대사로서 하나님의 말씀을 사람들에게 선포합니다. 이 같은 초대교회의 "봉사"는 하나님께 대한 신앙임무에 관하여 헌신하는 특별한 섬김의 행위였습니다. 초대교회는 이 같은 봉사사역을 위하여 7집사를 세웠습니다. 여기서부터 사도의 사역과 평신도의 사역이 분리되고 차별화되었습니다. 그리고 이때부터 교회가 조직화됨으로 발전하였습니다.

사도행전 6:7절에, "하나님의 말씀이 점점 왕성하여 예루살렘에 있는 제자의 수가 더 심히 많아지고 허다한 제사장의 무리도 이 도(믿음)에 복종하나라"고 말씀하였습니다.

마치면서 말씀합니다.

우리는 사도행전의 사랑실천 예를 보면서, 사랑의 모습을 답습한다는 개념보다는 사랑의 정신을 우리의 신앙생활 속에 적응하여 실천하는 것이 중요합니다. 우리의 가슴 속에 사랑을 품고 사랑을 실천하면 하나님의 사랑이 우리 속에서 삶의 힘이 됩니다.

예수님은 섬김을 받기 위해 오신 것이 아니라 섬기러 오셨습니다(마 20:28). 주님께서 우리를 사랑한 것처럼 서로 사랑하라는 명령을 주신 주님의 영을 지니고 다른 사람들의 행복을 위해 일하는 사랑의 마음을 가진 사람들이 늘어남으로 천국과 같이 될 수 있습니다. 이런 사랑은 자기희생의 사랑이며, 이런 사랑을 보여주신 가장 중요한 모델은 예수 그리스도이십니다. 성도들이 예수님께 전적으로 순종하고 믿으면 이와 동일한 사랑이 예수님의 마음을 통해 그들의 가슴으로 흘러들어갑니다.

창립자 윌리엄 부스는 이 사랑은 "복을 받고, 인내하며, 참고 희망을 가진, 고통을 감수하는 사랑이다." "사랑은 반드시 이긴다. 이 사랑이 미래를 위한 강력한 힘이다. 이 사랑이 이 세상에서 죄와 악과 비참함을 몰아내고 하나님이 창조하신 세상에 통치자로 전능하신 하나님께서 소유하신 것이다"라고 말하였습니다. 우리가 "예배드리면 500의 '엔돌핀'이 나오고 봉사하면 5천배의 '다이놀핀'이 나옵니다"(김찬종 목사). 사랑 실천하는 신앙생활과 '건강한 교회'로 발전하기를 축복합니다.

11
하나님의 사랑을 부어주심

로마서 5장 5-6절
"소망이 우리를 부끄럽게 하지 아니함은 우리에게 주신 성령으로 말미암아 하나님의 사랑이 우리 마음에 부은바 됨이니 우리가 아직 연약할 때에 기약대로 그리스도께서 경건하지 않은 자를 위하여 죽으셨도다."

사도 바울은 유대인으로 예수님을 만나기 전, 사울이란 "크다"는 뜻의 이름으로 살 때는 한때 지식과 율법에 매어 사느라고 인생의 "희망"이 없었던 때가 있었습니다. 그는 소아시아 다소(Tarsus)에서 플라톤철학과 수사학을 공부했고, 그 후 예루살렘에 가서 율법학자 가말리엘에게서 율법을 배웠습니다(행 22:3).

사울은 율법에 충성하는 것이 바로 하나님께 충성하는 것이라는 신앙을 갖고 예수 믿는 사람을 핍박하기 시작했습니다. 스데반을 돌로 쳐 죽이는데 가담했고(행 7:58), 교회를 없애려고 날뛰면서, 집집마다 찾아들어가서 남녀를 가리지 않고 끌어내서 감옥에 넘겼습니다(행 8:3). 그는 여전히 주님의 제자들을 위협하면서 살기가 등등하여, 대제사장에게 가서 이웃나라 수리아(Syria)의 수도 다메섹에 있는 여러 회당으로 보내는 공문을 받아서, 그리스도의 도를 믿는 사람은 남녀가리지 않고 닥치는 대로 묶어서 예루살렘으로 끌고 오려고 했습니다(행 9:1-2). 그래서 사울은 몇 명의 동행자와 함께 다메섹으로 출발하였습니다.

사도행전 9:3-19절에는, 사울의 회개 역사가 일어납니다. 그가 다메섹 가까이 이르렀을 때에 갑자기 하늘에서 밝은 빛이 비춥니다. 그가 땅에 엎드러졌을 때 음성을 듣습니다. "사울아 사울아 네가 어찌하여 나를 박해하느냐?" 그는 대답합니다. "주여 누구시니이까?" 주께서 말씀하십니다. "나는 네가 박해하는 예수라 일어나 시내로 들어가라 네가 행할 것을 네게 이를 자가 있느니라." 그가 눈을 떴으나 아무것도 볼 수가 없었습니다. 동행자들이 그를 부축하여 다메섹에 들어가서 3일을 유했을 때 아나니아라는 제자가 주님의 지시를 따라 사울에게 갑니다. 그에게 손을 얹고 말합니다. "네가 오는 길에서 나타나셨던 예수께서 나를 보내어 너로 다시 보게 하시고 성령으로 충만하게 하신다." 즉시 비늘 같은 것이 떨어져 눈이 회복되었고, 일어나 세례를 받고 음식을 먹고 기력이 회복되었습니다. 그는 이때 성령을 받았습니다. 사울은 율법적인 사랑에서 복음적인 사랑으로 변화되었습니다. 은혜의 사람이 되었습니다. 그런 후에 사울이 그리스도인이 되어 이방인들을 위한 사도로, 사도 바울로 활동하게 되었습니다.

사도행전 20:24절에서 사도 바울은 선포합니다. "내가 달려갈 길과 주 예수께 받은 사명 곧 하나님의 은혜의 복음을 증언하는 일을 마치려 함에는 나의 생명조차 조금도 귀한 것으로 여기지 아니하노라." "하나님의 은혜의 복음"은 '사랑의 복음'입니다(TCNT).

사도 바울은 주후 57년경에 로마서를 썼습니다. 로마서는 읽는 사람마다 큰 영향력을 끼쳐 삶과 사상에 변혁이 일어났고, 기독교교리와 신학발전에 성경에서 가장 영향력이 큰 책입니다.

어거스틴(St. Augustine)은 386년에 로마서 13:13-14절의 말씀으로 회개하고, "참회록"에서 이런 고백을 합니다. "나는 더 이상 읽고 싶지 않았고, 또 읽을 필요도 없었습니다. 내 마음은 확신의 빛으로 가득 찼고, 내 의심의 모든 그림자가 사라져버렸습니다." 그로부터 약11세기 후 1515년에 성어거스틴 수도회의 수도사인 마틴 루터(Martin Luther)는 로마서 1:17절을 읽음으로써 자신이 "새로 태어나고 천국 문을 통해 들어가는 느낌을 받았다"고 증언하였습니다. 그는 1517년에 종교개혁을 일으키게 되어 개신교(protestantism)가 태어났습니다. 그로부터 약2세기 후 1738년에 젊은 청교도 존 웨슬리(John Wesley)는 어떤 수요일저녁에 런던 올더스케잇(Aldersgate) 거리를 지나가다가 한 작은 교회에 참석했는데 인도자가 설교대신 마틴 루터의 저서 "로마서주석"을 큰소리로 낭독하는 소리를 듣고 큰 감화를 받았습니다(롬 8:16). 그 경험을 이렇게 기록했습니다. "내 마음이 이상하게 뜨거워지는 것을 느꼈습니다. 나의 구원을 위해 그리스도, 오직 그리스도만을 신뢰한다는 느낌을 가졌습니다." 그는 감리교 창시자가 되었습니다. 장로교 창시자 존 칼빈(John Calvin)은 "그리스도인들이 로마서 서신을 이해하게 될 때 성경전체를 이해하는 길목에 서게 된다"고 말하였습니다. 캐톨릭 신학자 칼 아담은 "칼 바르트의 '로마서 주석'은 신학자들의 광장에 떨어진 폭탄과 같다"고 했습니다. 칼 바르트는 말합니다. "그리스도인의 삶은 사랑과 함께 출발합니다. 사랑이 기독교의 선험입니다. 믿음은 사랑을 앞지르지 못합니다. 믿음은 사랑에서 출발합니다. 사랑은 그리스도인의 삶의 본질입니다."

오늘은 사도 바울이 로마 교회에게 편지한 로마서 5:5-6절에서 '하나님의 사랑을 부어주심'에 관한 말씀으로 은혜를 나누고자합니다.

1. 사랑을 받는 자는 '자기 정립'이 필요합니다.

사도 바울은 "소망이 '우리'를 부끄럽게 하지 아니한다"고 말씀합니다(5

절). 소망은 우리를 실망시키지 않습니다. 소망은 우리에게 가장 큰 영광을 줍니다. 우리는 이 소망 안에서 즐거워합니다. 왜냐하면 하나님의 사랑이 우리 마음에 부은바 되었기 때문입니다. 그런데 "우리"가 누구입니까? "우리"의 정체성을 발견하는 것이 중요합니다. 이것은 자기정립입니다.

로마 1:7절에서 사도 바울은, "로마에서 하나님의 사랑하심을 받고 성도로 부르심을 받은 모든 자에게 하나님 우리 아버지와 주 예수 그리스도로부터 은혜와 평강이 있기를 원하노라"라고 말씀합니다.

▣ "우리"는 "하나님의 사랑하심을 받은 자들"입니다.

"하나님의 사랑을 받은 자"(아가페토이스 세우)란 말은 부모와 자식 간에 아주 친밀한 관계를 표현하는 말로서, 부모의 사랑을 독차지하는 외아들 독자에 대하여 사용하는 말입니다. 이 말을 예수 그리스도를 믿는 신자들에게 사용한 것은 우리가 하나님으로부터 하나밖에 없는 외아들 독생자를 귀하게 여기고 사랑하듯이 하나님의 사랑을 독차지하여 받은 자가 되었다는 말입니다. 이것은 엄청난 사랑을 받는 하나님의 자녀가 되었다는 의미입니다.

요한복음 1:12절에 보면 우리는 예수님을 구주로 영접하므로 "하나님의 자녀가 되는 권세"를 받았습니다. 성도는 하나님 자녀의 특권을 받은 자들입니다.

로마서 8:15-17절에, "너희는 다시 무서워하는 종의 영을 받지 아니하고 양자의 영을 받았으므로 우리가 아빠 아버지라고 부르짖느니라 성령이 친히 우리의 영과 더불어 우리가 하나님의 자녀인 것을 증언하시나니 자녀이면 또한 상속자 곧 하나님의 상속자요 그리스도와 함께한 상속자니 우리가 그와 함께 영광을 받기 위하여 고난도 함께 받아야 할 것이니라."고 말씀하였습니다.

▓ 우리는 "성도로 부르심을 받은 자들"입니다.

"성도"(하기오이스)란 말은 "따로 떼어놓다," "분리하여 놓다"는 뜻입니다. 이것은 어떤 윤리 도덕적인 목적으로 구별시켜 놓는 것 보다는 어떤 사명적인 목적으로 분리해 놓는 것을 말합니다. 이런 의미에서 보면 하나님이 믿는 자들을 "성도로 부르셨다"는 것은 단순히 성별(聖別)의 의미도 있겠으나, 이것의 진정한 의미는 하나님의 특별한 목적, 곧 영혼구원사역을 위하여 구별시킨 '그의 헌신된 백성'이 되었다는 말입니다. 하나님은 우리를 그의 특별한 임무를 위하여 부르셔서 구별시켜 놓으신 사역자들입니다. 그러기에 우리 모두는 주님의 구원사역을 위해 부르심을 받아 봉사하는 위대한 헌신 자들입니다.

▓ 우리는 "예수 그리스도의 것으로 부르심을 받은 자들"입니다.

로마서 1:6절, "너희도 그들 중에서 예수 그리스도의 것으로 부르심을 받은 자니라."

우리가 "그리스도의 것으로 부르심을 받은 자들"이란 말은 우리는 예수 그리스도의 소유된 백성으로 부르심을 받은 자들이 되었다는 의미입니다.

출애굽기 19:5-6절에 "세계가 다 내게 속하였나니 너희가 내말을 잘 듣고 내 언약을 지키면 너희는 모든 민족 중에서 내 소유가 되겠고 너희가 내게 대하여 제사장 나라가 되며 거룩한 백성이 되리라"고 했습니다.

우리 믿는 자들은 하나님의 소유이기 때문에 보배로운 존재입니다. 우리는 예수 그리스도를 믿는 순간 예수 그리스도의 소유된 백성으로서, 예수 그리스도에게 속하고 예수 그리스도를 따릅니다. "그리스도인"(크리스티아노스)이란 말은 그리스도에게 속하고 그리스도를 따른다는 의미를 담고 있습니다.

마태복음 16:24-25절에서 예수님은 제자들에게 말씀하십니다. "누구든지 나를 따라오려거든 자기를 부인하고 자기 십자가를 지고 나를 따를 것이니라 누구든지 제 목숨을 구원하고자하면 잃을 것이요 누구든지 나를 위하여 제 목숨을 잃으면 찾으리라."

"우리"의 정체성 즉 사도 바울이 주후 57년경에 로마서를 써서 보낸 대상자는 바로 로마에서 하나님의 사랑을 받은 자들이고, 성도로 부르심을 받은 자들이고, 예수 그리스도의 것으로 부르심을 받은 자들입니다(롬 11:28).

이처럼 우리 그리스도인의 정체는 하나님의 사랑을 받는 가장 귀중한 존재이고, 세상과 거룩하게 구별된 성도이고, 예수 그리스도의 소유라는 긍지를 갖습니다. 하나님은 우리에게 이 같은 고귀한 정체성을 부여하시고 특별한 목적을 가지시고 우리를 부르십니다. 부르시는 목적은 하나님은 우리를 통하여 하나님의 구원의 역사 속에서 은혜의 복음 곧 사랑의 복음을 전하므로 구원의 소원을 이루고자 하십니다(행 20:24). 우리는 그 부르심의 목적이 무엇인지 확실히 깨달아서(엡 1:18), 그 목적에 합당하게 행동해야 합니다(엡 4:1). 그 부르심은 '영혼구원'을 위해서입니다.

2. 우리는 사랑의 충만을 받았습니다.

사도 바울은 "우리에게 주신 성령으로 말미암아 하나님의 사랑이 우리 마음에 부은바 되었다"고 말씀합니다(롬 5:5).

▨ 우리가 소망 안에서 즐거워하는 이유는 '하나님의 사랑이 우리 마음에 부은바' 되었기 때문입니다. 우리가 믿음으로 하나님의 자녀가 될 때 하나님의 사랑이 우리 마음에 넘치게 쏟아 부어졌습니다. 우리를 향하신 하나님의 사랑과 하나님께 대한 우리의 사랑의 경건한 확신 곧 사랑의 충

만은 모두 천국의 모습이며 천국의 시작입니다.

▦ 하나님은 우리에게 성령을 통하여 하나님의 사랑을 부어주심으로 소망을 이루어주십니다. 하나님은 사랑이십니다(요일 4:8,16). 하나님은 사랑의 본체이십니다. 하나님의 사랑은 하나님이 우리에게 주신 성령을 통하여 하나님의 사랑을 우리 마음속에 부어주십니다.

성령은 하나님의 사랑과 그리스도의 사랑을 체험하게 하시는 거룩한 영이십니다. 그래서 "하나님의 사랑을 부어주신다"는 표현은 "성령을 부어주신다"는 말과 같은 말입니다(행 2:17, 33, 10:45, 딛 3:6). 성령은 하나님의 임재와 그리스도의 실체를 체험하게 할뿐만 아니라 그리스도 안에서 주시는 놀라운 은혜를 체험하게 하십니다. 사랑의 충만은 성령으로 말미암아 이 모든 현재적 축복의 능력이 넘치는 원인입니다. 그 축복들의 진정한 모습이 나타날 것입니다. 이것이 우리 그리스도인들의 희망이고 축복입니다.

▦ 하나님은 회개할 때 놀라운 하나님의 사랑을 깊이 경험할 수 있도록 성령을 통하여 우리 마음에 부어주셨습니다.

마가다락방에 모인 120명의 신도들이 "마음을 같이하여" 오직 기도에 힘씀으로 오순절 날 그들 각 사람위에 하나씩 임하여 그들이 다 성령의 충만을 받은 것과 같이(행 1:14-15, 2:1-4), "하나님께서 우리에게 주신 성령을 통하여 하나님의 사랑을 우리 마음속에 부어주셨습니다." "부어주셨다"(에크케큐타이, 완료수동태)는 말은 "어떤 물줄기에서 넘치게 하다, 쏟아붓다"는 의미로, 완료수동태이기 때문에 "넘치게 되었다. 쏟아 부어졌다"는 의미입니다. 각각 모두에게 성령을 통하여 물줄기 같이 넘치는 하나님의 사랑이 우리 각자의 마음속에 쏟아 부어졌다는 말입니다. 우리 마음속에 부어주신 하나님의 사랑은 우리 각자가 자기 마음속에 가두어놓고 자기 소유로 여기면 그 사랑은 메말라 무익하게 되고 맙니다. 사랑의 샘물은 퍼주고 계속 퍼주면 새로운 사랑이 성령을 통하여 채워주시는 은혜를 받습니다. 이것이 사랑의 생명력이 작동하는 원동력입니다.

하늘에는 해와 달과 지구가 있습니다. 해는 빛을 발하는 '발광체'(發光體)이고, 달은 빛을 내지 못하는 '암체'(暗體)입니다. 달은 빛을 내지 못하지만 햇빛을 받아서 지구에 빛을 보냄으로 지구는 캄캄한 밤에 보름달이 뜨면 대낮같이 밝습니다. 달빛이 밝다고 하지만 사실은 달빛이 아니라 햇빛이 달에 비치고 달은 거저 받았으니 그대로 반사의 빛을 보내는 것뿐입니다.

이처럼 하나님은 우리가 회개하고 예수를 믿는 순간 성령님을 통하여 하나님의 사랑을 부어주십니다. 우리는 받은 사랑을 달의 반사처럼 다른 사람에게 반사적으로 사랑을 주어야 합니다. 그런데 문제는 하나님의 사랑을 받았음에도 불구하고 그 사랑을 자기소유물인줄 알고 다른 사람에게 거저 주지 않고 내 의지를 따라 주려고 합니다. 이것은 자기도 죽고 다른 사람도 죽게 합니다.

우리가 하나님의 사랑을 거저 받았으므로 거저주어야 함에도 불구하고 우리가 내 뜻대로 다른 사람을 거저 사랑하지 않으면 두 가지 고통이 생깁니다. 내적으로는 병이 나고, 우울증세가 생기고, 낙심하고, 의심하고, 불신하고, 포용이 없고, 걱정 근심 우수 사리에 얽매이고, 절망에 이릅니다. 외적으로는 편애하고, 싫어하고, 미워하고, 시기하고, 오해하고, 헐뜯고, 화내고, 분노하고, 다투고, 싸우고, 전쟁이 일어납니다.

우리에게 주신 하나님의 사랑은 "은사"로서 가장 좋은 길이고 제일 큰 선물입니다(고전 12:31, 13:13). 하나님의 사랑이 생명력을 유지하려면 우리가 자율적으로 사랑할 것입니다. 사랑하면 치료가 됩니다. 사랑은 신비의 묘약이고, 사랑의 힘이 치료약입니다. 사랑은 이성으로 이해할 수 없는 것, 성령의 은사로 경험해야 합니다.

3. 우리는 하나님의 사랑을 의심해서는 안 됩니다.

사도 바울은 "우리가 아직 연약할 때에 기약대로 그리스도께서 경건하지 않은 자를 위하여 죽으셨다"고 말씀합니다(6절).

우리가 어떻게 하나님의 사랑을 의심할 수 있겠습니까? 우리가 아직 죄 가운데서 '연약할 때에' 즉 생각, 의지, 선을 행하는 모든 일에 연약할 때에 "기약대로" 즉 너무 이르지도 않고 너무 늦지도 않게, 그러나 하나님의 지혜가 그 어느 것 보다도 더 적절함을 알게 된 바로 그 시간에 "그리스도께서 경건하지 않은 자"를 위하여 죽으셨습니다. 예수님은 우리가 불경건하고, 악하고 믿지 않는 죄인으로 의롭지 않을 때 죽으셨습니다. 나를 희생하여 다른 사람의 생명을 구하는 것보다 더 큰 사랑은 없습니다.

마치면서 말씀합니다.

"헤아릴 수 없는 사랑은 가난할 뿐이다"라는 말이 있습니다. 생각이 없으면 사랑도 없다는 말입니다. 사랑은 생각의 량입니다.

우리말의 "사랑"용어는 한자어 '사량'(思量)에서 왔습니다. 생각 사(思)와 헤아릴 량(量)을 써서 "생각해서 헤아리다"는 뜻입니다. 사랑은 생각해서 헤아리는 것입니다. 생각을 많이 하면 사랑이 풍성해집니다. 또한 우리말의 사랑용어는 "정"입니다. 정(情)은 "친절하고 사랑하는 마음"을 뜻합니다. 한자로 정(情)자는 마음 심(心)변에 푸를 청(靑)자를 써서, 우물물이 '맑은 푸른빛'이라는 데서 "푸른 마음"을 뜻합니다. 더러운 다른 것이 섞이지 않은 맑고 순수한 마음이 정 곧 사랑이란 말입니다.

'사량'(思量)으로 표현된 사랑은 냉정하고 차갑고 의무감이 강한 것을 느껴지고, 반면 '정'으로 표현되는 사랑은 온화하고 따뜻하고 희생적인 느낌을 갖습니다. 그래서 정이 있는 사랑은 온화하고 따뜻하고 희생적이지만, 정이 없는 사랑은 냉정하고 차갑고 의무감이 강합니다. 이 같은 사랑의 성격은 마치 엄한 아버지의 엄친(嚴親)같은 모습과 자애로운 어머니의 자친(慈親)같은 모습을 담고 있습니다. 이것은 마치 구약의 율법과 심판, 신약의 복음과 은혜를 생각하게 합니다.

헬라어의 사랑용어에는 아가페, 필리아, 에로스가 있습니다. 성격을 보면, '아가페'는 가장 고상한 하나님의 사랑인데, 전적으로 주는 무조건적인 사랑입니다. "네 것은 네 것이지만 내 것도 네 것 되게 하겠다"(all give)는 성격입니다. '필리아'는 우정의 사랑인데, 주고받는 조건적인 사랑입니다. "내 것은 내 것이고 네 것은 네 것이다"(give and take)는 성격입니다. '에로스'는 이성적인 사랑인데, 야욕적인 사랑입니다. "내 것은 내 것이지만 네 것도 내 것 되게 하겠다"(all take)는 것입니다. 이것은 이기적입니다. '아가페'는 꿀벌 같은 성격이고, '필리아'는 개미 같은 성격이고, '에로스'는 거미 같은 성격으로 표현하기도 합니다. 성경에는 '에로스' 용어가 없습니다.

"우리가 아직 죄인 되었을 때에 그리스도께서 우리를 위하여 죽으심으로 하나님께서 우리에 대한 자기의 사랑을 확증하셨습니다."(롬 5:8). 우리를 구원에 이르게 하신 그리스도의 십자가로 하나님의 사랑이 확증됨으로 우리는 그리스도 안에서 '그 사랑이 현실이 되었습니다.' 이것은 하나님의 은혜입니다. 오직 하나님의 '아가페' 사랑이 성령을 통하여 우리 마음속에 넘치시기를 주님의 이름으로 축복합니다.

12
사랑의 삶을 실천하라

로마서 12장 9-11절

"사랑에는 거짓이 없나니 악을 미워하고 선에 속하라 형제를 사랑하여 서로 우애하고 존경하기를 서로 먼저하며 부지런하여 게으르지 말고 열심을 품고 주를 섬기라."

80이 넘으신 임정희 시인은 차 한 잔을 나누면서 나에게 자작시 "아가페 사랑"을 읽어줍니다. "우리 사랑을 해요 향이 나고 꽃이 피는, 마음을 나누고 손을 잡고 웃음을 주는 우리 사랑을 나누어요. 거저 주는 사랑을 받았으니 우리가 할 것은 그 사랑 나누는 일, 우리 같이 사랑을 나누어요."

권사이신 시인은 말합니다. "우리가 아가페 사랑을 나누는 것이 바로 '그리스도의 향기'입니다. 우리가 예수 향기 없이 살면 헛사는 것입니다. 우리 속에 아가페 사랑이 없으면 그리스도의 향기는 사라지고 인간의 냄새가 풍기기 시작합니다. 나는 그런 목사님이나 교회직분 자들을 만나면 너무 무섭고 떨립니다."

저는 그분의 말을 들으면서 고린도후서 2:15-16절의 말씀이 떠올랐습니다. "우리는 구원받는 자들에게나 망하는 자들에게나 하나님 앞에서 그리스도의 향기니 이 사람에게는 사망으로부터 사망에 이르는 냄새요

저 사람에게는 생명으로부터 생명에 이르는 냄새라 누가 이 일을 감당하리요."

에릭 프롬은 "사랑의 기술"(Art of love)에서 성숙한 사랑과 미숙한 사랑을 구별합니다. 성숙한 사랑은 "당신을 사랑하기 때문에 당신이 필요합니다."라는 고백이고, 미숙한 사랑은 "당신이 필요하기 때문에 당신을 사랑합니다."라는 고백입니다. 성숙한 사랑은 "사랑하기 때문에 사랑을 받는다."는 구조이고, 미숙한 사랑은 "사랑을 받기 때문에 사랑한다."는 구조입니다. 성숙한 사랑은 자기 마음에서 우러나오는 사랑을 하므로 행복감을 느끼지만, 미숙한 사랑은 필요나 조건을 동기로 한 사랑이므로 이것은 자기의 이기적인 생각에서 출발하고 있는 것이기 때문에 무너지는 것도 빠르다고 합니다. 우리가 미숙한 사랑에서 성숙한 사랑으로 도약하려면, 그것은 마치 "공장의 기술자는 숙련을 통해서 이루어지듯이 사랑도 훈련을 통해서 습득 된다"고 합니다.

오늘은 "사랑의 삶을 실천하라"는 제목으로, 로마서가 말하는 그리스도인의 사랑실천 다섯 가지 의미를 되새기고자 합니다.

1. 사랑 실천은 사랑의 '진실성'이 있어야합니다.

로마서 12:9절, "사랑에는 거짓이 없나니 악을 미워하고 선에 속하라."

이 말씀에서 우리는 '사랑의 진실성' 세 가지를 배웁니다.
▓ 그리스도인의 사랑은 "거짓이 없습니다."
"거짓이 없다"(안유포크리토스)는 말은 "위선이 없는"(without hypocrisy),

"배우처럼 꾸미지 않는다"는 말로, "꾸밈이 없고, 진실하다"는 뜻입니다. "위선"(휴포크리노마이)이란 말은 고대 연극무대에서 배우가 자신의 정체를 숨기고 다른 인물의 연기를 하는 것에서 왔습니다.

그리스도인이 실천하는 사랑은 하나님의 사랑, 곧 예수 그리스도의 사랑에서 출발하기 때문에 거기에 위선의 가면을 쓰거나 거짓되고 자기를 기만하는 위장술을 쓰거나 하면 안 됩니다(엡 5:1-2). 가식이 없고 순수하고, 진실해야 합니다. 성경의 용어로 말하면 깨끗하고(마 5:8), 흠 없고(살전 5:23), 온전하고(딛 2:2), 성결하고(요 11:55), 정결해야(빌 4:8) 합니다. 속 다르고 겉 다르다면 그것은 위선의 사랑입니다. 이것은 이중인격의 사랑입니다. 사랑은 우리 마음에 성령으로 말미암아 부어주신 하나님의 사랑을 받은 대로 실천하는 것입니다(롬 5:5).

▨ 그리스도인의 사랑은 "악을 미워합니다."

"악"(포네로스)은 하나님의 뜻과 말씀에 반대되는 사악한 것이기 때문에 그리스도인의 사랑은 악을 "심히 미워하고 경멸하라"는 말입니다. 데살로니가전서 5:22절에 "악은 어떤 모양이라도 버리라"고 합니다. 하나님의 자녀는 어떤 일이 있어도 그의 의도, 생각, 행동이 악해서는 안 됩니다.

▨ 그리스도인의 사랑은 "선에 속합니다."

"선(아가토스)에 속한다(콜로메노이)"는 말은 마치 애교 풀로 붙인 것처럼 "굳게 결합하다," "같이 꼭 붙여 떨어지지 않게 하다"는 뜻입니다.

그리스도인은 하나님의 속성인 선에 속하여 그리스도와 일체된 삶을 살면서 가식 없는 진정한 아가페 사랑을 실천해야 합니다. 선한 마음에서 나오지 않으면 거짓이고 위선이기 때문에, 신자는 사랑의 동기와 의도도 선하고 목적도 선함을 추구하는 진정한 사랑을 실천해야합니다. 거짓이 없고, 악에서 떠나있는 선에 속한 사랑이 있을 때 우리는 참된 사랑의 실천이 수행될 수 있습니다. 우리는 "이 세상의 모든 악한 사람은 선한 사람으로 만들어주시고, 모든 선한 사람은 친절한 사랑의 사람으로 만들어주시기를 기도해야 합니다."

2. 사랑실천은 "형제사랑"이 있어야합니다.

로마서 12:10-11절에는, "형제를 사랑하여 서로 우애하고 존경하기를 서로 먼저하며 부지런하여 게으르지 말고 열심을 품고 주를 섬기라,"고 말씀합니다.

이 말씀에서 우리는 '형제사랑'에 관하여 네 가지를 배웁니다.
▩ 그리스도인은 "형제를 사랑합니다"(10절).
"형제를 사랑하여"란 원어는 '필라델피아'입니다. 헬라어는 "친구사랑"이란 "필로스"와 "형제"라는 말 "아델포스"가 결합된 용어인데, 특히 "형제"란 말 "아델포스"는 "아"라는 "하나"와 "델푸스"라는 "자궁"에서 온 말로 형제는 "한 어머니 배에서 태어났다"는 의미입니다. 이 용어를 기독교적으로 표현할 때는 그리스도 안에서 믿음의 한 형제가 된 지체들을 향한 사랑을 말합니다. 여기서 "형제"는 하나님을 믿는 성도들을 말합니다. 우리는 예수님의 십자가의 보혈로 구원받은 하나님의 자녀로 하나님을 "아버지"라 부르는(롬 8:15-16) 하나님의 가족이고 성도이고 하나님의 사랑을 받는 자녀들입니다(롬 1:7, 요 1:12). "형제"는 물보다 진한 혈육관계이고, 가족관계입니다. 마가복음 3:34-35절에서, 예수님은 주위에 둘러앉은 사람들을 둘러보시고 말씀합니다. "내 어머니와 동생들을 보라 누구든지 하나님의 뜻대로 행하는 자가 내 형제요 자매요 어머니이니라."(마 12:46-

50, 막 3:31-35, 눅 8:19-21).

▓ 그리스도인은 형제로서 "서로 우애합니다"(10절).

"우애"라는 원문은 "필로스톨고이"인데, 이 말은 "우정"이란 "필로스"와 "애정"이란 "스톨게"의 결합어로서 특히 "스톨게"사랑(affection)은 친족, 가족, 종족간의 자연스런 사랑을 나타내는 다정한 애정을 말합니다. 헬라어로 사랑용어는 하나님의 사랑 '아가페', 친구사랑 '필리아', 이성간의 사랑 '에로스', 가족 간의 사랑 '스톨게'가 있습니다. 성도들은 예수 그리스도의 십자가의 보혈로 맺어진 믿음의 형제이고, "하나님의 권속"입니다(엡2:19). 하나님의 새로운 가족은 혈통이나 인종적 관계로 이루어진 관계가 아니라 그리스도의 피로 맺어졌기에 비록 인종적, 문화적, 성적 차이를 지녔다 하더라도 한 가족으로서 서로 아끼고 헌신하며 사랑해야 합니다(요일 3:16).

▓ 그리스도인은 형제를 "서로 먼저 존경합니다"(10절).

"존경"(티메)이란 말은 "높은 수준의 존경"을 뜻하는 것으로, 받들어 공경하는 마음의 태도입니다(엡 5:33). 특히 "먼저 하라"(프로에구메노이)는 말은 "프로"(앞에)와 "헤게오마이"(생각하다, 여기다)의 결합어로, "먼저 생각한다"는 의미입니다. 우리가 각자 자기보다 먼저 다른 사람을 더 가치 있다고 여기고 생각하게 될 때 비로소 우리는 형제로서 서로 존경하게 됩니다. 신앙공동체 안에서는 형제를 사랑하려면 서로 먼저 남을 나보다 낮게 여기는 마음으로 상대방을 존경할 때에 이루어질 수 있습니다. 어떤 경우에서도 교회공동체 안에서는 자신을 내세우거나 다른 사람을 무시하거나 상처를 주는 '무례한 행동'을 해서는 결단코 안 됩니다(고전 13:5).

▓ 그리스도인의 형제는 서로 "부지런하여 게으르지 말고 열심을 품고 주를 섬깁니다."(11절). "부지런하다"(스푸데)는 말은 "열심, 열성, 열정적인

헌신"을 뜻합니다. "게으르다"(오크네로스)는 말은 "무엇을 행하기에 망설이고, 지체하고, 느릿느릿 움직이는 태도"를 뜻합니다. 그래서 "게으르지 말라"는 말은 교회공동체 사역에서 주님의 일을 하는데 늦장부리는 태도를 버리라는 말입니다. "열심을 품는다"(토 프뉴마티 제온테스)는 말은 "영이 생기 있고 활기가 있다"는 의미로서, 성령으로 불타는 태도"를 뜻합니다. "주를 섬긴다"(토 큐리오 두류온테스")는 말은 "주안에서 전적으로 순종하여 행동하다, 주님을 위해 섬김의 의무를 감당한다"는 의미입니다. 우리가 서로 형제로서 연합하여 열정적인 헌신으로 게으르지 않고, 성령이 함께하시는 영혼 사랑하는 불타는 마음으로 교회의 머리되시는 주님을 섬기는 일에 열정을 바치면 건강한 교회로 발전하게 됩니다.

3. 사랑 실천은 그리스도인의 "원수사랑"이 있어야합니다.

> 로마서 12:19-21절, "내 사랑하는 자들아 너희가 친히 원수를 갚지 말고 하나님의 진노하심에 맡기라 기록되었으되 원수 갚는 것이 내게 있으니 내가 갚으리라고 주께서 말씀하시니라 네 원수가 주리거든 먹이고 목마르거든 마시게 하라 그리함으로 네가 숯불을 그 머리에 쌓아놓으리라 악에게 지지 말고 선으로 악을 이기라."

이 말씀에서 우리는 그리스도인이 원수 갚는 역설적인 방법 세 가지를 배웁니다.

▧ 그리스도인은 "원수를 친히 갚지 말고 하나님의 뜻에 맡깁니다"(19절). 사도 바울이 로마신자들을 호칭할 때마다 "형제들아"(아델포이)라고 불렀는데(1절), 19절에서는 "내 사랑하는 자들아"(아가페토이)라고 부른 것은

로마 신자들을 향한 자신의 애정과 우정관계를 통하여 더욱 힘들고 어려운 문제를 권면하기 위한 것입니다.

여기서 "원수"는 로마서 12:14절의 "박해하는 자"입니다. "박해하는 자"(투스 디오콘타스)란 말은 "괴롭히다, 악의로 따라다니다"는 뜻으로, 따라다니며 계속해서 괴롭히고 성가시게하고 욕하고 거슬러 악한 말을 하는 사람을 가리킵니다(마 5:11-12). "원수를 갚다"(에크디큐)는 말은 단순히 악행보다 더 심각한 상해를 입히는 보복행위를 의미합니다. 여기서는 "신자의 보복행위"로 자기 자신이 직접 보복하여 원수를 갚지 말고 오히려 하나님의 진노하심에 맡기라, 즉 하나님의 진노하실 수 있는 장소(토폰), 기회, 여지를 남겨두라는 뜻입니다.

▒ 그리스도인은 원수에게 오히려 자비를 베풀어줍니다(20절).

20절의 말씀처럼, 원수가 생활에 어려움을 겪을 때에 사랑과 선행을 베풀어 주면 그것은 마치 머리에 숯불을 쌓는 것 같아서 원수가 자신의 악행에 대하여 '불타는 수치심과 가책'(숯불)을 느껴 완악한 마음이 녹아져 변화될 것입니다.

마태복음 5:44-45절에서 예수님은 말씀합니다. "나는 너희에게 이르노니 너희 원수를 사랑하며 너희를 박해하는 자를 위하여 기도하라. 이같이 한즉 하늘에 계신 너희 아버지의 아들이 되리니."

▒ 그리스도인은 선으로 악을 반드시 이겨냅니다(21절).

21절에, "악에게 지지 말고 선으로 악을 이기라"고 한 말씀은 군사적 전투와 법적인 분쟁에서 "승리하다"는 뜻입니다. 그리스도에게 속한 사람은 선(善)으로 악의 세력을 이길 수 있습니다(롬 8:37). 여기서 "선"은 내적인 본질을 나타내고, 실행하는 외적인 면을 가리키는 "칼로스"(좋은)가 아니라 근본적으로 하나님께 속한 내적인 완전함으로서의 '선'을 가리키는 "아가토스"로 되어있습니다. 이것은 단순히 외적으로 나타난 선행과 자비를 베풀어 주는 것으로 악을 이기라는 것이 아니라 하나님이 주신 선함, 즉 중심에서부터 나오는 선한 본질과 함께 외적으로 표현되어진 것들로 악을 이기고 정복하라는 것입니다. 선행의 목적은 하나님께 영광을 돌리고(마 5:16), 하나님의 온전하신 뜻을 이 땅위에 실현시키는 것이고(마 5:48,6:10), 나아가 그리스도의 복음을 확장시키려는 선교의 목적이 있습니다(벧전 3:1-2).

4. 사랑 실천은 그리스도인의 "이웃 사랑"이 있어야 합니다.

> 로마서 13:8-10절, "피차 사랑의 빚 외에는 아무에게든지 아무 빚도 지지 말라 남을 사랑하는 자는 율법을 다 이루었느니라 간음하지 말라, 살인하지 말라, 도둑질하지 말라, 탐내지 말라 한 것과 그 외에 다른 계명이 있을지라도 네 이웃을 네 자신과 같이 사랑하라 하신 그 말씀 가운데 다 들었느니라 사랑은 이웃에게 악을 행하지 아니하나니 그러므로 사랑은 율법의 완성이니라."

여기서는 '이웃 사랑'에 관하여 세 가지를 배웁니다.

▨ 그리스도인은 "피차 사랑의 빚 외에는 아무에게든지 아무 빚도 지지 말아야합니다."(8절). "사랑의 빚"은 결코 충분히 갚을 수 없는 영원한 빚입니다. 그러나 이 사랑이 옳게 실천되어진다면 다른 모든 것이 이 사랑으로부터 나옵니다.

피차 서로 사랑의 빚을 갚되 모든 율법을 지키는 것이 진정한 사랑임을 보여주는 말씀입니다. "사랑의 빚"(토 아가판)은 신자가 다른 사람을 사랑해야 한다는 의무와 책임은 언제라도 다 갚을 수 없는 빚처럼 생각하라는 의미입니다. 사랑의 빚은 영구히 우리와 함께 남아있고 절대로 우리를 떠나지 아니하며 이것은 우리가 매일 주고 영원히 받는 것으로 생각해야 합니다(요일 4:7). 우리는 그렇게 많은 사랑을 받았으면서도 그 사실을 외면하고 사는 것은 어리석은 소치인 것을 깨달아야합니다. "아무 빚도 지지 말라"(오페이레테)는 말은 경제적 채무든지, 국가적 의무사항이든지, 도덕적으로 손상을 입힌 것이든지, 어떠한 종류의 빚이라 할지라도 누구에게든지 빚지지 말라는 권고입니다(롬 13:8). 사도 바울은 "남을 사랑하는 자는 율법을 다 이루었느니라"(8절)고 말씀합니다. 이것은 이웃을 진정으로 사랑하면 모든 계명을 지키게 된다는 말씀입니다. 이는 모든 계명을 지켜야 이웃을 진정으로 사랑한다는 뜻입니다. 율법의 완성은 이웃에 대한 사랑의 실천에서 이루어집니다.

사도 바울은 "그러므로 사랑은 율법의 완성이니라"(10절)고 말씀합니다. 이것은 '그러므로 율법의 완성이 바로 그 사랑이다'는 뜻입니다. 신자의 사랑 실천은 편견과 차별의 담을 허물어버리고 모든 이웃을 열린 마음으로 포용하는 자세로 실행해야 합니다. 이것이 바로 율법의 계명을 문자적으로 완벽하게 성취했다는 것이 아니라 율법의 근본정신을 완전하게 이루는 것입니다. '아가페' 사랑은 사랑의 빚을 갚는 헌신적인 사랑입니다. 어떤 보상이나 대가를 바라보지 않고 베푸는 사랑입니다. 성도는 서로 사랑의 빚을 지고, 사랑의 빚을 갚는 심정으로 사랑해야합니다.

로마서 1:14절에서, 사도 바울은 "헬라인이나 야만인이나 지혜 있는 자나 어리석은 자에게 다 내가 빚 진자"라고 말씀합니다. 그는 복음에 빚진 자로서 빚을 갚는 심정으로 열정적으로 복음을 전하였습니다. 우리는 사랑의 빚을 열정적으로 갚아야합니다.

▎ 그리스도인은 "네 이웃을 네 자신과 같이 사랑합니다"(9절).

사랑이 율법의 완성이라고 말하는 이유는 "간음", "살인", "도둑질", "탐내는 것"은 십계명 중에서 인간 즉 이웃에 대하여 금지사항으로 주신 계명들이기 때문에 이 계명들은 다른 사람에 대한 사랑만 있다면 얼마든지 자제되고 금해질 수 있는 것들입니다. 그래서 "네 이웃을 네 자신과 같이 사랑하라는 그 말씀 가운데 다 들었느니라"고 말씀합니다(9, 레 19:18, 마 19:19, 22:39). 이 말씀은 율법을 다 생각하지 못한다 할지라도 당신의 마음이 사랑으로 가득 차있다면, 당신은 그 율법을 다 이루게 될 것이라는 의미입니다. 사랑이라는 주제아래 율법의 모든 계명들이 포함되어있기 때문에 이웃에게 사랑만 실천하면 율법전체를 실천하고 완성하는 것이 되는 것입니다. 그런데 여기서 주목할 것은 "네 이웃을 네 자신과 같이 사랑하라"는 말씀은 사람이라면 누구든지 자기 자신에 대한 지극한 애정과 관심을 기울이는 것처럼 신자들이 이웃을 사랑할 때에도 마치 자신에게 갖는 애정과 관심을 동일하게 나타내라는 것입니다. 우리가 현실적으로 모든 계명을 지킬 수는 없습니다. 그러나 어느 것 하나라도 지키지 않아도 되는 것은 아닙니다. 모든 계명을 지키는 것이 사랑의 목표입니다. 성도는 모든 계명을 지키려고 최선을 다하는 것이 참 믿음이고 참 사랑입니다.

▎ 그리스도인은 "이웃에게 악을 행하지 않습니다"(10절).

사도 바울은 "사랑은 이웃에게 악을 행하지 아니하나니 그러므로 사랑은 율법의 완성이니라"고 말씀합니다(10). 모든 악을 멀리하게 하는 그 사랑이 우리로 하여금 모든 선한 일을 하게 합니다. 사랑을 실천하는 신자는 '가까이 있는 사람에게'(토 플레시온) 결단코 악행을 하여 해를 입히지 않고 (고전 13:5), 오히려 이웃에게 정의와 진리와 선행을 행하려고 항상 노력해야 합니다. 신자들이 하나님의 사랑을 실천한다면 당연히 율법은 자동적으로 성취됩니다. 이것이 "사랑은 율법의 완성"입니다. 성령이 부어주시는 하나님의 사랑을 가지고 이웃을 사랑하여 그 구체적인 것들을 실천해 갈 때에 율법이 요구하는 의로운 목적은 하나씩 성취되어가게 됩니다. 이웃을 진정으로 사랑하면 모든 계명을 지키게 됩니다. 모든 계명을 지켜야 이웃을 진정으로 사랑합니다. 율법에 대한 완성은 이웃에 대한 사랑 실천에서 이루어집니다. 그러므로 '율법의 완성'이 바로 그 사랑입니다. 율법을 온전히 지키는 것이 하나님이 원하시는 참 사랑입니다. 이같이 국법을 잘 지키는 것이 나라 사랑입니다. 우리는 왜 기독교가 사랑이 핵심 진리이고 실천 강령이라고 말하는 지를 깨달을 것입니다(마 22:37-40). "서로 사랑하라"는 예수님의 가르치심이 왜 "새 계명"인가를 알 수 있습니다. 이웃에게 사랑을 실천만 하면 율법에 신경 쓸 필요도 없고 율법 때문에 갈등할 이유도 없게 됩니다. 율법의 문자들을 가지고 "이렇게 하라", "저렇게 하라", 또는 "이렇게 하지 말라", "저것은 행하지 말라"고 하는 것은 율법주의에 불과한 것입니다.

5. 사랑 실천은 그리스도인의 "인사"가 있어야합니다.

로마서는 인사로 시작해서 인사로 마칩니다. 처음시작은 "은혜와 평강"이 있기를 인사하고(롬 1:7). 마지막인사는 성도들에게 문안(20번)과 감사 그리고 예수의 은혜와 하나님의 영광이 세세 무궁하도록 기원합니다(16장). 특이한 것은 남자에게는 "내가 사랑하는"이란 말을 붙이고, 여자에게는 "사랑하는"이라는 말로만합니다. 이것은 사도 바울이 이성간의 사랑의 윤리를 조화시키는 예법인줄 압니다. 또한 사도 바울이 20번이나 문안한 것을 보면 모든 성도, 동역자, 수고한자, 친척, 집에 있는 교회, 구원받은 신자,

부모, 형제, 그리고 공직자 재무관에 이르기까지 세심한 문안을 했습니다 (21-23), 사도 바울은 사랑중심의 복음전도와 사역이 친화적으로 이루어진 것을 보게 됩니다. 우리말 속담에 "인사는 만사"라고 합니다. "인사가 천 냥 빚을 갚는다"고 합니다. "인사는 돈들이지 않고 성공하는 비결"이라는 책도 보았습니다. 강철 왕 카네기는 평소에 5분 일찍 출근하고, 5분 늦게 퇴근하면서 출퇴근 때마다 직원들과 동료들에게 인사 잘하는 슈브 라는 경비직원을 선택하여 후계자로 세웠다고 합니다.

마치면서 말씀합니다.

사랑 실천을 위한 사랑훈련이 필요합니다. 루이스(C.S. Lewis)는 "순전한 기독교"란 책에서, "우리가 가만히 앉아 인위적으로 애정의 감정을 만들어 내려고 애쓰는 것이 곧 사랑하는 길이라고 생각한다면 큰 착각입니다. 우리가 사랑의 기질을 가졌다고 해서 사랑을 배울 기회가 없거나 사랑을 배워야하는 의무에서 면제되는 것은 아닙니다."라고 말합니다. 우리 그리스도인들은 항상 사랑훈련을 통해서 사랑을 배워야 한다는 말입니다. 사랑훈련학교는 가정과 교회입니다.

사랑훈련을 해보면, 사랑을 하지 못하는 사람이 둘이 있다고 합니다. 하나는 고학력자이고, 또 하나는 신학자랍니다. 이 두 사람은 자기중심이 강하기 때문에 자가 고집, 자기주장, 자기이론, 자기생각에 매어있어서 자기를 내려놓으면 죽는 줄로 알기 때문에 자기존재의 기본이 무너질 것 같으니까 내려놓지를 않는 답니다. 지식인들은 자기를 내려놓으면 다른 사람의 노예가 된다는 두려운 생각 때문에 내려놓지를 못합니다. 사랑은 자기를 내려놓을 때 사랑실천이 시작됩니다.

사랑은 사랑이 되려면 사랑하면 됩니다. 그러면 자동적으로 행복해집니다. 행복은 우리의 주어진 만남의 시간을 사랑으로 빚어 아름다운 예술로 만들어 가는 것입니다. 그래서 사랑은 예술이고 기술입니다.

우리는 사랑이 없어서 못주는 사람은 한 사람도 없습니다. 다만 자신의 의지가 약해서 사랑하지 않는 것뿐입니다. 그래서 사랑은 있어서 주는 것이 아니라 주고 싶어서 주는 것입니다. 이것이 바로 사도 바울이 빌립보서 2:5절에 말씀한 "그리스도 예수의 마음"입니다.

윌리엄 부스 대장은 "사랑은 반드시 이긴다. 사랑은 이 세상에서 죄와 악과 비참함을 몰아낸다. 이 사랑의 기원은 예수 그리스도의 마음이다"라고 말했습니다. 사랑하게 되니 세상이 보이고, 보이는 세상이 신기하고 소중합니다. 사랑하게 되니 웃음이 있고 기쁨이 있고 활기가 있습니다. 더욱이 시련을 이겨낼 힘이 생깁니다. 사랑은 이겨내게 하는 힘이 있습니다. 고통의 길, 십자가의 길을 갈 수 있습니다. 삶의 길을 헤쳐 나가는 힘이 있습니다. 약해질 때 서로 사랑하면 용기와 꿈을 줍니다.

우리는 그리스도인의 진실한 사랑 실천으로서 형제사랑, 원수사랑, 이웃사랑, 사랑의 인사예법을 통하여 화목하고, 행복하고, 활기차고 칭찬과 축복을 받는 성도와 교회가 되기를 축복합니다.

13
사랑이 없으면

고린도전서 13장 1-3절

"내가 사람의 방언과 천사의 말을 할지라도 사랑이 없으면 소리 나는 구리와 울리는 꽹과리가 되고 내가 예언하는 능력이 있어 모든 비밀과 모든 지식을 알고 또 산을 옮길만한 모든 믿음이 있을지라도 사랑이 없으면 내가 아무것도 아니요 내가 내게 있는 모든 것으로 구제하고 또 내 몸을 불사르게 내어줄지라도 사랑이 없으면 내게 아무 유익이 없느니라."

우리는 사랑이 없이도 "내가 사람의 방언과 천사의 말"을 할 수 있을 것입니다. 우리는 사랑이 없이도 "내가 예언하는 능력을 가졌고 온갖 신비한 것과 모든 지식을 이해하고 산을 옮길만한 믿음"을 가질 수 있을 것입니다. 또한 우리는 사랑이 없이도 "내가 가지고 있는 모든 것을 가난한 사람들에게 나누어주고 또 내 몸을 불사르게 내어줄 수 있을 것입니다." 그러나 이것들 속에 하나님의 사랑 '아가페'가 없으면 그 모든 것들은 아무런 가치가 없습니다.

존 웨슬리는 고린도전서 13:1-3절을 "사랑에 관하여"(On love)란 주제로 3년 동안에 25회를 설교했는데, 중간에 제목을 "On love"에서 "on charity"로 바꾸었습니다. 그는 말하기를 "아무리 생각해 보아도 여기 사도 바울이 말하는 '아가페'사랑은 'charity love'('자선의 사랑')이다"라고 했습니다.

"사랑이 없으면"이란 말은 긍정의 역행이 아니라 부정의 역설입니다. 사도 바울은 "사랑이 없으면"(고전 13:1-3)이란 부정적인 역설을 통하여 진정한 사랑의 본질을 찾아내려는 긍정의 반전을 시도하고 있습니다. 그는 "만일(에안) 사랑이 없으면"이란 조건을 나타내는 가정법을 사용하여 '사랑을 갖고 있어야만 한다'는 사랑의 당위성을 말하고 있습니다. 이것은 그가 마음속에 간직하고 있는 사랑의 진정성(영성)을 털어놓고 밝히고자하는 의도입니다.

우리는 사랑이 필요한 시대에 살고 있습니다. 미국에서는 "All you need is love."(여러분 모두가 필요한 것은 사랑입니다)라는 노래가 각광을 받고 있다고 합니다. 1973년에 미국에서 "사랑우표"를 발행했을 때, 10년 동안에 3억3천만 매가 팔렸는데, 이것은 사람들이 누구나 사랑을 원한다는 증거라고 합니다.

인도의 시인 까비르는 이렇게 노래했습니다. "아무리 많은 책을 읽을지라도 이 한 단어를 알지 못하면 아직 진정한 인간이 아니다. 그 단어는 사랑이다." 저는 이 시의 노래 말에 공감하면서 이런 생각을 합니다. "아무리 많은 성경을 읽을지라도 이 한 말씀을 알지 못하면 아직 진정한 신자가 아니다. 그 말씀은 사랑이다!" 철학자 키엘케고르는 말합니다. "온 우주를 얻어도 그것을 못 얻으면 살아서 무엇 하겠습니까? 우리가 얻지 못한 그것은 바로 바울에 의하면 사랑이란 말로 표시 됩니다." 이 말은 "온 천하를 다 얻어도 사랑을 얻지 못하면 인생이 무슨 의미로 살겠느냐?"는 화두를 던지기에 우리 인생에 새로운 도전을 줍니다.

오늘은 고린도전서에서 "사랑이 없으면"이란 말씀으로 은혜를 나누고자합니다.

사람들이 그리스도인이 되었다고 동시에 훌륭하게 되는 것이 아닌 것처럼 우리가 그리스도를 믿는다고 해서 자동적으로 온전한 사람이 되는 것은 아닙니다. 이렇듯 고린도 사람들이 상당수가 예수 믿는 신자가 되었지만 그들은 옛 습관을 그대로 교회 안으로 가지고 들어와서 독주를 마시고, 성적으로 문란한 무리라는 평판을 받았습니다.

사도 바울은 1년6개월 동안 그들과 함께 지내면서 교회가 구원과 거룩한 삶을 살아야 할 것을 가르치고 다른 도시로 가서 복음을 전하고 있었습니다. 얼마 후 고린도 교회 신자로부터 도움을 요청하는 편지를 받았습니다. 고린도 교회 내에 파벌싸움이 격해지고(고전 1:12), 도덕이 무너졌고(고전 5:10-13), 예배가 초자연적인 것에 집착하는 이기적인 수단으로 변질되었다는 것입니다(고전 12:1-11). 그때 사도 바울은 고린도 교회 성도들에게 고린도전서를 써서 보냅니다. 바울은 그들이 사태를 혼란스럽게 하기는 했지만, 하나님은 예수 안에서 자신을 계시하시고 성령 안에 임재 하시므로 끊임없이 그들의 삶속에 계신다는 것을 확신시킵니다(고전 6:9-12). 그리고 그들이 그리스도 안에서 형제자매임을 부인하지 않았고, 그들의 무책임한 생활방식에 대해 비난하지도 않았습니다. 바울은 모든 문제를 냉철하게 처리하면서, 그들의 손을 잡아끌어서 이전의 태도로 되돌립니다. 사도 바울은 그들이 구원하시는 하나님의 거룩한 사랑을 속속들이 행하게 하고 서로 사랑하게 합니다(고전 13:8-10, 14:1). 사도 바울은 "사랑이 없으면" 교회 내에 어려운 문제가 일어나기 때문에 '아가페'사랑의 신비로 승화시켜 고린도 교회가 잃어버린 생명력을 찾고 건강한 교회로 발전해 나가도록 하였습니다. 사랑은 교회 품위를 유지시키는 열쇠입니다.

사도 바울은 고린도전서 13:1-3절을 통하여 예리한 하나님의 눈으로 그리스도인의 삶의 의미를 꿰뚫어볼 때 그리스도인의 삶에 있어서 하나님의 사랑이 매우 중요한 가치가 있다는 메시지를 주고 있습니다.

1. 사랑이 없으면 사용하는 말이 아무것도 아닙니다.

고린도전서 13:1절, "내가 사람의 방언과 천사의 말을 할지라도 사랑이 없으면 소리 나는 구리와 울리는 꽹과리가 되고."
등식으로 표현합니다. (사람의 방언+천사의 말)-사랑=아무것도 아님(nothing).

▧ 사랑의 진실성(영성)이 결여된 말은 입발림에 불과합니다. 그것은 마치 시끄럽고 요란스럽게 울리는 쇠붙이 악기소리에 지나지 않습니다. 우리말 성경에는 단순히 "사랑이 없으면"이라고 되어있지만 원문에는 조건을 전제하는 가정법 "만일(에안)"이라는 말이 서두에 나옵니다. 조건적 가정법은 "만일 어떤 상황이 일어나면 잇달아 연쇄적으로 결정되는 다른 상황을 만들어내는 것." 즉 "무엇이 일어나면 무엇이 뒤따를 것"이라는 말입니다. 사도 바울이 의도하는 "만일"(에안)은 "물론 우리의 신앙생활에는 "만분의 일" 즉 만에 하나라도 그런 일이 결코 있을 리는 없겠지만 그러나 만일(萬一) 만에 하나라도 그런 일은 일어날 수 있다"는 조건을 나타내는 가정법을 사용해서 "만일 내가 사랑이 없다면(아가펜 데 메 에코)" 우리의 삶은 아무것도 아니다. 즉 아무 가치도 없는 헛된 것임을 의미합니다.

▧ "사람의 방언"은 일반적으로 모든 나라의 국제 언어를 의미합니다.
고린도 교회에 방언(글로사이스)은 흔했습니다. 일부 사람들은 이 은사를 가지고 다른 사람들을 기죽게 하거나 자신의 그럴듯한 신앙을 과시하기도 했습니다. 은사를 이런 식으로 뽐내는 것은 끔찍한 일입니다. 그럴 때 방언은 천국의 언어처럼 들리는 것이 아니라 마치 이교도의 예배행위처럼 소리 나는 구리와 울리는 꽹과리같이 들립니다. 그래서 사랑 없는 방언은 때로 비인격적이고 비윤리적인 부분에 집중하게 되고, 교만과 분열을 조장하기 때문에 사랑 없이 방언을 주장하다가 많은 교회가 분란이 일어나고 갈라지기도 합니다. 우리가 국제 언어를 사용하여 대화가 가능하다 해도 사랑 없이 하는 말은 통하지 않습니다. 사랑은 최상의 우주언어입니다. 유창한 국제 언어로도 통하지 않는 것을 사랑은 소통하게 합니다.

▦ "천사의 말"은 천상의 신령한 언어를 의미합니다.

천사들은 사람이 사용하는 말(히브리어, 헬라어)을 사용했습니다(마 2:19. 눅 1:13-20). 사도 바울은 환상 중에 "셋째 하늘" 3층천에 올라 "말로 표현할 수 없는 말"을 들었습니다(고후 12:1-4). 그렇게 신비한 천사의 말을 사용해도 사랑이 없으면 소리 나는 구리와 울리는 꽹과리가 될 뿐입니다. 아름다운 언어, 놀라운 말씨, 효력 있는 웅변술, 능변, 달변, 나아가서 설교, 간증, 담화가 모두 하나님의 고귀한 선물임에는 틀림없습니다. 그러나 사랑이 없으면 그것들이 효과가 없습니다. 감화도 없고 설득력도 없고 신임성이 없는 말이 되고 맙니다. 우리는 사랑 안에서 "참된 것을 말하는" 방법을 배워야 합니다(고후 12:6, 갈 4:16). 말을 부도내는 것은 금전을 부도내는 것보다 더욱 큰 슬픔입니다(시 119:72).

▦ "소리 나는 구리"는 징이라고도 하고 구리로 된 병으로 당시 야외극장에서 종종 확성기로 사용되었습니다. 이 도구는 자꾸만 되풀이 되는 메아리 울림을 의미합니다. 시끄러운 악기의 울림이 되풀이 되면 머리가 아픕니다. 아마도 하나님의 사랑이 없이 말만을 되풀이 한다면 좋은 말이라도 시끄러운 잔소리 같이 들리고, 도움보다는 상처를 줍니다. "울리는 꽹과리"는 이교도의 예배 때 사용되었습니다. 이것들은 개인의 허영의 도구는 될지언정 인생전체에는 아무런 유익을 주지 못합니다. 사도 바울이 말씀한 "소리 나는 구리와 울리는 꽹과리"는 희랍의 이교도의 예배에서 볼 수 있는 꽹과리를 시끄럽게 치거나 나팔을 요란하게 불어대서 예배와

떠드는 것과 구분이 안 되는 것을 말하고 있습니다.

오늘에 있어서 사람의 방언은 고린도 교회의 은사적인 방언(tongue)이 아니라 사람의 언어(language), 즉 국제적인 언어로도 볼 수 있습니다. '천사의 말'(라로)은 아름다운 말 즉 미사어(美辭語)로 볼 수 있습니다. 말은 사람과 사람 사이의 친밀한 관계를 연결시키는 가장 중요한 수단입니다. 인간이 동물과 다른 것은 말을 할 수 있기 때문입니다. 말에는 나의 생각과 나의 마음과 나의 태도를 그대로 전달해주는 도구입니다. 그런데 사랑이 없는 말은 '신빙성'이 없습니다. 거짓된 요소가 많습니다. 꾸밈이 있습니다. 과장이 있습니다. 옛 부터 거창한 말일수록 신빙성과 진실성이 결여된다고 합니다. 그것은 한낱 "소리 나는 구리와 울리는 꽹과리"에 불과한 것입니다. 사랑이 없으면 모든 것이 아무것도 아닙니다,

2. 사랑이 없으면 영적 능력이나 지식이나 믿음이 아무것도 아닙니다.

고린도전서 13:2절, "내가 예언하는 능력이 있어 모든 비밀과 모든 지식을 알고 또 산을 옮길만한 모든 믿음이 있을지라도 사랑이 없으면 내가 아무것도 아니요."

등식으로 표현합니다. (예언하는 능력+모든 비밀+모든 지식+모든 믿음)-사랑= 아무것도 아님.

▬ "예언(프로페테이안)하는 능력"은 하나님의 뜻이나 목적을 들어내는 행위입니다(벧후 1;19-21, 계22:18-19). "능력"이란 말이 원문에는 없지만 뜻을 분명히 하기 위해 해석상 삽입한 단어입니다. 하나님의 진리를 선포하는

은사를 받았다 하더라도 하나님의 사랑을 갖고 하지 않는다면 그것은 언제나 아무 효력이 없습니다.

▨ "모든 비밀(타 뮤스테리아)"은 계시되고 해석되기를 기다리는 하나님의 말씀과 계획들에 관한 영적인 비밀입니다(계 10:4, 22:10). 우리가 신비한 하늘의 비밀을 알고 있어도 사랑이 없으면 아무것도 아닙니다.

▨ "모든 지식(텐 그노신)"은 하나님과 영적인 개념에 관한 통찰력에 있어서 지식, 이해를 뜻합니다(잠 1:7). 여기 "그노시스"란 지식은 체험적인 지식을 말합니다. 머리로 아는 지식은 "오이다"라고 합니다. 성서의 눈으로 보면 지식 있는 사람도 "사랑이 없으면" 아무것도 아닙니다. 모든 부류의 지식은 영적인 지식이든 깊은 심리적 통찰이든 순수한 공부이든, "사랑이 없으면," 우리가 얼마나 하나님을 사랑하는가에 있지 않고 얼마나 하나님에 관해서 아는가에 있기 때문에 하나님의 관심이 착각에서 생겨납니다. 마치 하나님에 관해서 아는 지식이 하나님을 사랑하는 것처럼 착각하게 됩니다. 이것은 하나님의 사랑이 아니라 하나님의 사랑에 관한 지식입니다. 모든 지식을 얻었다고 해도 사랑이 없으면 그 지식은 아무것도 아닙니다.

▨ "산을 옮길만한 믿음(텐 피스틴)"은 일반적 의미에서 다른 사람과의 신용, 신뢰, 신의, 평판을 말하는 것이 아닙니다. 오직 하나님이 예수 그리스도를 통하여 도우시거나 구원하심을 믿는 신앙, 확신을 뜻합니다. 믿음은 하나님과 나와의 신비적인 영적 관계를 맺게 하는 수단입니다. 구원을 얻게 하는 믿음이 산을 옮길만한 큰 믿음입니다(마 17:20, 21:21). "믿음이 없이는 하나님을 기쁘시게 하지 못합니다"(히 11:6). 믿음의 사람도 "사랑이 없으면" 아무것도 아닙니다. "사랑이 없으면" 믿음조차도 아무런 가치가 없습니다. 사랑이 없는 믿음은 진실 된 믿음이 못됩니다. 실제적으로 "사랑이 없으면" 그 믿음은 생겨나지를 않습니다. 왜냐하면 사랑은 믿음에서

나오기 때문입니다. 디모데전서 1:5절에 "믿음에서 나오는 사랑"이라고 말씀했습니다. 갈라디아서 5:6절에는 "사랑으로서 역사하는 믿음뿐이니라"고 말씀했습니다. 모든 놀랄만한 믿음이 있다 해도 하나님의 사랑이 없다면 그 모든 것이 무용지물입니다.

3. 사랑이 없으면 구제하는 것이나 희생하는 것이 아무 유익이 없습니다.

> 고린도전서 13:3절, "내가 내게 있는 모든 것으로 구제하고 또 내 몸을 불사르게 내어줄지라도 사랑이 없으면 내게 아무 유익이 없느니라."

등식으로 표현합니다. (모든 것으로 구제+몸을 내어줄 희생)-사랑=아무것도 아님.

▒ 이 말씀은 사회적 관심 즉 박애정신을 말합니다.

"내게 있는 모든 것(휴파르콘타 뮤)"은 내가 소유하고 있는 전 재산을 뜻합니다. "구제하다(프소미조)"는 말은 작은 부분으로 나누어 먹게 하다, 단편적으로 소유를 나누어 준다는 뜻입니다. "빵조각"을 '프소미온'이라고 합니다(요 13:26-30). 남에게 베푸는 일에 있어서는 먼저 자신을 주께 드리고 남에게 베푸는 일이 있어야 합니다(고후 8:5, 롬 13:8-10). "내 몸을 불사르다(카우데소마이)"는 말은 불타거나 소실되는 것을 강조하여 '불붙이다'는 뜻입니다. 내가 스스로 자랑한다는 말입니다. 이 말은 노예가 필요에 따라 자신을 바치는 것을 말합니다. 자신을 헌신하고 희생하는 동기가 스스로 자랑하기 위한 이기적인 데가 있을 때에 그것은 하나님의 사랑의 방법이 아닙니다. "내어주다"는 말은 자신을 위험에 노출시키는 행동으로 '위험을 무릎쓰다'는 말입니다. "내 육체를 희생시키다"는 말입니다. 자신을 내어주는 목적이 나를 스스로 자랑하는 것이라면, 그리고 자기가 얼마나 훌륭한 사람인가를 뽐내려고 한다면 그것은 하나님의 사랑이 없다는 증거입니다.

▣ 구제하는 사람도 "사랑이 없으면" 아무 유익이 없습니다.

백만장자는 집 잃은 자들에게 안식처를 마련해줄 수 있습니다. 그러나 그가 "사랑이 없다면" 죽는 날에는 많든 적든 재산은 두고 가야합니다. 오직 자신의 성품인 사랑만 가지고 갈 수 있습니다. 하나님은 사랑이시고, 천국은 사랑의 하나님이 계신 곳이기 때문입니다. 이런 면에서 사랑이 있는 곳에 하나님이 계시고 하나님이 계신 곳이 천국입니다.

▣ 순교자라도 "사랑이 없으면" 아무 유익이 없습니다.

"몸을 불사르다"는 말의 헬라어 "카우데소마이"는 어쩌면 가장 고통스런 방법인 '화형'을 치를 수 있는 것을 의미하기 때문에 순교는 최고의 희생을 당하는 것입니다. 그러나 "사랑이 없으면," 즉 사랑이 수반되지 않는 희생은 금욕적 행위는 될지언정 "사랑이 없으면" 아무 유익이 없습니다. 한마디로 희생을 감수하는 선행은 믿음의 열매이며(약 2:26), 다른 사람을 도와주는 사회공동체의 가장 중요한 수단입니다. 선행이 없으면 사회복지를 갖지 못합니다. 그러나 사랑이 없이 구제하고 사랑이 없이 선행을 한다면 그것은 의무행위는 될 수 있어도 자발적인 사랑 실천의 행위는 되지 못합니다.

베드로전서 4:11절에 "...누가 봉사하려면 하나님이 공급하시는 힘으로 하는 것 같이 하라 이는 범사에 예수 그리스도로 말미암아 하나님이 영광을 받으시게 하려 함이니 그에게 영광과 권능이 세세에 무궁하도록 있느니라 아멘" 이라고 말씀합니다.

마치면서 말씀합니다.

우리가 무엇을 알고, 어떤 은사가 있고, 얼마나 믿고, 얼마나 행하는 것도 중요합니다. 그러나 우리가 지금 여기서 어떤 사람인가가 더욱 중요합니다. 우리는 하나님의 사랑을 닮은 만큼만 가치가 있습니다. 그래서 사랑이 신앙의 척도요 그리스도인의 시금석이 됩니다.

한마디로 "사랑이 없으면" 인생의 낙오자입니다. 사랑이 없으면 인간관계에서 낙오자가 됩니다. 하나님과의 영적관계에서 낙오자가 됩니다. 결국은 사회생활 속에서도 낙오자가 되고 맙니다. 그렇다면 우리의 '제로'인생이 어떻게 값있는 인생으로 살아갈 수 있겠습니까? 무익한 인생이 어떻게 유익한 인생으로 살아갈 수 있겠습니까? 그 답은 매우 단순합니다. 사랑을 가지면 됩니다. 사랑하는 사람이 되면 됩니다. 지금까지는 내가 사랑이 없는 것 같이 살았으나 이제부터는 내가 사랑을 하면 됩니다.

수영장에서 자격증을 가진 구조대원들이 있어도 익사자가 생길 수 있습니다. 교회에서도 물에 빠지는 신앙생활의 익사자가 생길 수 있습니다. 부교, 정교, 사관(집사, 권사, 장로, 목사) 등 신령한 직분을 가진 사람들은 자격증을 가진 구조대원들입니다. 영혼을 구원하는 하나님의 사역자들입니다. 그러나 "사랑이 없으면" 그 많은 구조원이 곁에 있어도 익사자가 나옵니다.

사랑은 많은 사람의 공유물이 아닙니다. 많은 사람이 나를 행복하게 만들지 않습니다. 나 한 사람이 사랑의 사람이 되어 사랑의 날개를 치면 많은 사람을 행복하게 할 수 있습니다. 나는 이것을 사랑의 '나비효과'라고 합니다. 우리 모두가 사랑의 "나비효과"로 사랑 있는 행복이 파급되기를 축복합니다.

14
사랑의 분광

고린도전서 13장 4-7절

"사랑은 오래 참고 사랑은 온유하며 시기하지 아니하며 사랑은 자랑하지 아니하며 교만하지 아니하며 무례히 행하지 아니하며 자기의 유익을 구하지 아니하며 성내지 아니하며 악한 것을 생각하지 아니하며 불의를 기뻐하지 아니하며 진리와 함께 기뻐하고 모든 것을 참으며 모든 것을 믿으며 모든 것을 바라며 모든 것을 견디느니라."

    헨리 트루먼드 박사는 저서 "세상에서 가장 귀한 것"에서, "여러분은 석 달 동안 일주일에 한 번씩 고린도전서 13장을 읽어보십시오. 어떤 이는 그렇게 했는데 그의 전 생애가 변화되었습니다." 라고 권면합니다.

    찰스 알렌 목사는 "사랑의 이적"이란 책에서, 그는 교인들에게 고린도전서 13:1-13절을 매일 하루에 한 장을 한 달 동안 읽으라고 당부했습니다. 그 한 달 동안에 교인들에게 기적 같은 10가지 큰 이득을 얻는 변화가 일어났다고 보고합니다. "교인들은 사랑에 관해 배우게 되었다. 사랑이 마음 가운데 들어서게 되었다. 그때부터 교인들의 태도가 변하기 시작했다. 교인들의 행동이 새로운 이미지를 갖게 되었다. 교인들의 삶이 보다 충만해졌다. 교인들의 신앙생활이 보다 완벽하고 성숙해졌다. 사랑이 자신들의 것이 되었을 때 대인관계가 보다 원만해졌다. 하는 일이 보다 목적성을 띄우게 되었다. 보다 기쁨을 느끼고 실망을 느끼는 일은 보다 줄어들게 된 것을 알게 되었다. 더욱 놀라운 것은 대부분의 교인들은 사랑이 정신적,

육체적 병에 놀라운 치료효과를 갖고 있음을 알게 되었다."

필자는 뉴욕한인영문 담임사관으로 목회 사역할 때(1992-1996) 이민자들에게 용기와 비전과 위로와 힘을 실어줄 수 있는 "은혜(사랑)의 복음"(행 20:24)을 증언하면서 고린도전서 13장을 중심으로 "성서적 사랑훈련교재"를 만들어 매주일 오후에 30분 동안 실시하므로 군우들의 생활과 인간관계에서 용서와 화해, 용기와 활력, 기쁨과 즐거움, 더욱이 전도의 용기를 갖게 되는 변화를 경험하였습니다. 사랑은 신앙생활의 보약이고 삶의 비타민입니다.

오늘은 사도 바울이 고린도전서 13장에서 말씀한 "사랑의 분광"으로 은혜를 나누고자합니다.

1. 사도 바울은 "더욱 큰 은사" 곧 사랑의 은사를 사모하라고 권면합니다.

> 고린도전서 12:31절, "너희는 더욱 큰 은사를 사모하라 내가 또한 가장 좋은 길을 너희에게 보이리라."

성도들 중에 다만 몇 안 되는 사람들만 은사들을 받을 수 있고 추구할 수 있지만, 그러나 이러한 모든 은사들보다 훨씬 더 탁월한 은사가 하나 있습니다. 그것은 성도들이 얻을 수 있을 뿐만 아니라 성도가 반드시 얻어야만 하는 은사입니다. 그것은 바로 사랑은 "더욱 큰 은사이고, 가장 좋은 길"입니다. "더욱 큰 은사"는 "더 좋은, 더 유익을 주는 은혜"란 뜻입니다. 은사는 하나님이 성령을 통하여 믿는 자에게 거저 주시는 오직 가장 좋은 선물입니다. "가장 좋은 길"은 "탁월한 우수성을 가진 길"이란 뜻입니다. 우리가 신앙생활을 하면서 사랑하는 것은 가장 탁월하고 우수한 행복의 길입니다. 길은 밟아야 하고 행복은 만들어가야 하듯이 하나님이 부어주신 '아가페' 사랑은 실천해야 변화가 일어납니다(롬 5:5).

2. 사도 바울은 고린도전서 13:1-3절에서 '사랑의 필요성' 곧 절대적 가치를 보여줍니다.

■ "내가 사람의 방언과 천사의 말을 할지라도 사랑이 없으면 소리 나는 구리와 울리는 꽹과리가 되고"(1절).

비록 내가 땅위에 있는 모든 언어들로 말할지라도, 사랑이 없으면 사용하는 말이 아무것도 아니고, 천사의 화술로 미사여구를 말할지라도 하나님의 사랑, 그리고 하나님에 대한 온 인류의 사랑이 없으면, 나는 하나님 앞에서 몇몇이 이교도 신들에 대한 예배에서 사용되는 소리 나는 징보다 못합니다.

■ "내가 예언하는 능력이 있어 모든 비밀과 모든 지식을 알고 또 산을 옮길만한 모든 믿음이 있을지라도 사랑이 없으면 내가 아무것도 아니요"(2절).

내가 장래의 일들에 대하여 예언하는 은사가 있고, 하나님의 말씀뿐만 아니라 하나님의 섭리에 대한 모든 신비와 모든 지식을 이해하며, 그리고 지금껏 어떤 사람도 도달한 적이 없는 신적인 일들과 인간의 일들에 대한 모든 지식을 이해한다고 하더라도, 또 비록 내가 가장 높은 수준의 이적을 일으키는 믿음이 있을 지라도, 이 사랑이 없으면 내가 아무것도 아닙니다.

■ "내가 내게 있는 모든 것으로 구제하고 또 내 몸을 불사르게 내줄지라도 사랑이 없으면 내게 아무 유익이 없느니라"(3절).

내가 계획적으로 서서히 모든 재산을 바쳐 가난한 자들을 먹일지라도, 사랑이 없으면 구제하는 것이나 희생하는 것이 아무유익이 없습니다. 사랑이 없으면, 내가 무엇을 믿든지 내가 무엇을 알고 있든지, 내가 무엇을 하든지, 내가 무슨 고통을 당하든지, 아무것도 아닙니다.

3. 고린도전서 13: 4-7절에서 사도 바울은 사랑의 성격과 속성들을 열거합니다. 즉 "사랑의 분광"입니다.

사도 바울은 사랑의 성격이 무엇인가를 15가지 사랑의 빛으로 보여줍니다. '프리즘'을 통해서 태양을 보면 7개의 아름다운 무지개 색깔이 나타나듯이, 사도 바울은 예수님의 십자가를 '프리즘'삼아 하나님의 '아가페' 사랑을 비쳐보았더니 15가지 사랑의 빛이 있습니다. 이것을 "사랑의 분광"(分光 Spectrum of Love)이라고 합니다.

■ 사랑은 오래 참습니다(마크로투메이)(4절).

"참는다"는 "인내하다"는 뜻으로, 성질부리지 않는 것을 말합니다. "인내"는 "끓이는데 오랜 시간이 걸린다"는 말에서 나왔습니다. 그래서 사랑은 오랜 고통 속에서도 견디어냅니다. 그것은 불평 없이 기다리고, 이해하며 기다리고, 결코 포기하지 않습니다. 사랑은 모든 사람을 향해 인내심을 보입니다. 매우 불쾌한 행동이나 태도에 대해 성질부리지 않습니다.

■ 사랑은 온유합니다(크레스튜에타이)(4절).

"온유"는 "친절하다"는 뜻입니다. 온유는 모든 사람에게 즐거운 것이라는 의미입니다. 매우 정답고 따뜻합니다. 마음이 너그럽습니다. 사랑은 부드럽고, 온화하며, 상냥합니다. 사랑은 가장 호의적인 다정하므로 그리고 가장 열정적이고 부드러운 애정으로 고통 받는 자에게 바로 영감을 줍니다. 사랑은 사람들에게 즐거움을 자아냅니다. 활력을 주는 힘이 있습니다. 건강하게하고 화목하게 하고 행복을 만들어 갑니다.

▨ 사랑은 시기하지 않습니다(우 젤로이)(4절).

"시기"(젤로이)는 "부글부글 끓어오르다"는 말에서 나온 말로 "시기하다, 질투하다"는 의미입니다. 질투에는 두가지면이 있습니다. 하나는 다른 사람이 갖고 있다는 사실을 부러워하는 것이고, 다른 하나는 자신이 갖고 있지 못한 것을 원망하는 것입니다. 그래서 질투심은 욕심내기 보다는 다른 사람이 갖지 못하기를 바라는 악질적인 심보를 말합니다. 이 시기는 결국 살인, 분쟁, 다툼, 분냄, 거짓, 비방, 미움, 고통, 분노를 유발하게 됩니다. 사랑에는 이러한 시기, 질투가 없습니다. 왜냐하면 사랑은 타인이 가지고 있는 것을 부러워하거나 없는 것을 원망하지 않고 항상 만족하고, 자족하는 삶을 살아가기 때문입니다(시 23:1). 사람을 경솔하게 정죄하거나 상황에 대해 보잘 것 없거나 혹은 갑작스런 의견으로 판단을 내리지 않습니다. 사랑은 폭력적인 방식이나 고집불통의 방식이나 경솔한 방식으로 행동하거나 처신하지 않습니다. 사랑은 '관용'합니다. 포용력을 갖고 받아줍니다.

▨ 사랑은 자랑하지 않습니다(우 페르페류에타이)(4절).

"자랑"(페르페류에타이)은 "자만하고 허세를 부리는 것"을 말합니다. 즉 겉치장과 쓸데없는 것으로 외모를 꾸며서 다른 사람에게 보이려고 하는 것입니다. 사랑은 자기가 소유하고 있는 것, 그것이 무엇이 되었던지, 그것을 자랑하지 않습니다. '자숙'합니다. 외모로 꾸며서 보이려고 하지 않습니다. 오히려 자기 자신은 숨기고 타인을 칭찬해 줍니다. 자랑할 것이 있다면 예수 믿고 구원받은 것을 자랑합니다(고전 1:30-31).

▨ 사랑은 교만하지 않습니다(우 퓨시우타이)(4절).

"교만"(퓨시우타이)은 대장간에서 바람으로 쇠를 녹이는 "풀무"라는 말에서 나왔습니다. 오만불순을 의미합니다. 사랑은 허세부리는 일도 없고, 으쓱거리지도 않고, 오만불손하지도 않습니다. 겸손합니다. 잘난 체 하지 않습니다. 자기를 낮춥니다. 겸손한 마음씨를 갖고 있는 사람은 누구에게서든지 칭찬과 존경을 받습니다.

■ 사랑은 무례히 행하지 않습니다(아스케모네이)(5절).

"무례히 행하다"(스케마)는 말은 '매력적이지 못한 모습, 추한, 보기흉한, 볼품없는, 수치스러운 방법으로 행동한다.'는 말에서 나왔습니다. "무례한 행동을 한다, 부당한 태도를 행동한다. 버릇없는 짓을 한다. 비열한 행동을 한다. 책망 받을 일을 한다. 이치에 합당하지 못한 일을 한다."는 의미입니다. 사랑은 예의바른 행동을 합니다. 예절을 갖춥니다. 예의 없이 싸대지 않습니다. 성스럽게 행동합니다. 예의는 몸가짐, 습관, 태도, 행실, 그리고 외면, 모양, 형상에 대한 틀을 말합니다. 사랑은 누구에게도 무례하거나 일부러 모욕적이지 않습니다. 사랑은 시간에 적합하고, 사람에 어울리고, 모든 다른 상황에 알맞게 그들에게 적응합니다.

■ 사랑은 자기의 유익을 구하지 않습니다(우 제테이)(5절).

"자기의 유익을 구하다"(제테이 타 헤아우테스)는 "자기 자신을 위하여 어떤 사람이나 물건을 찾는다"는 의미로, "어떤 이익을 만족시킬만한 방법을 찾다, 또는 해결책을 구하다"는 뜻입니다. 사랑은 자기 자신만을 위한 욕구를 채우기 위해서 혈안하지 않습니다. 욕심을 내지 않습니다. 오히려 사랑은 모두 내어줍니다(all giving). 골라서 주는 사랑, 편애하는 사랑은 엄밀히 말해서 사랑이 아닙니다. 그것은 자신의 야욕충족을 위한 이기주의에 불과합니다. 자기만의 편안함, 즐거움, 명예등과 같은 일시적인 이득을 추구하지 않습니다. 때때로 어떤 의미에서는 사랑하는 사람은 심지어 자기 자신의 영적 이익을 추구하지 않습니다. 하나님의 영광과 사람들의 영혼에 대한 사랑의 열정이 있는 한, 그는 자기 자신에 대해 생각하지 않습니다.

■ **사랑은 성내지 않습니다**(우 파록쉬네타이)(5절).

"성낸다"(파록쉬네타이)는 "뾰족하다, 날카롭다, 예리하다"는 말에서 나왔습니다. 어떤 동기인지 특정하지 않고, 일련의 부정적인 반응으로 자극을 받아 감정표현을 일으키므로 성내는 것을 뜻합니다. 성냄은 사람들에게 아프게 하고 고통을 주게 됩니다. 사랑은 성냄으로 다른 사람에게 상처를 입히지 않습니다. '자제'합니다. 아무 때나 화내거나 분노하지 않습니다. 자기 것을 추구하지 않는 사랑은 영혼 사랑에 대한 열정이 불붙어 있지만, 그는 다른 사람이 자기를 향한 불친절함에 대해서 성내지 않습니다. 실제로는 외적으로 분노를 표출하는 모습이 빈번하게 발생할 것이나 그는 모든 것을 이겨냅니다. 우리의 마음을 성냄, 분노로 가득 채우면 사랑을 채울 곳이 없습니다.

■ **사랑은 악한 것을 생각하지 않습니다**(우 로기제타이 토 카콘)(5절).

"악한 것"(토 카콘)은 일반적인 악보다도 "원한"등을 마음속에 담아두고 생각하고 있는 것을 말합니다. 이것은 원한을 회계장부에 기록해놓고 셈을 계산하듯이(로기제타이) 계산 과정에 초점을 맞추어 악에 대하여 생각한다는 뜻입니다. 사랑은 악한 일들을 보고 듣지 않을 수 없고, 사랑은 사람들이 악하다는 것을 잘 알고 있습니다. 그러나 '일부러 어떤 사람이 악하다고 생각하지' 않습니다. 사랑은 증거를 갖지 못한 일에 대하여 꾀하는 모든 것들을 철저히 파기합니다. 사랑은 모든 악한 추정, 그리고 기꺼이 모든 악을 믿으려는 성향을 몰아냅니다. 사랑은 다른 사람에 대하여 원한 관계를 갖고 있다든지, 마음속에 그 악한생각을 품고 있지를 않습니다. 장부에 기록해 놓듯이 악한 것을 셈하지 않습니다. 사랑은 머릿속에서 녹음

테이프처럼 입력해 놓지 않고 완전히 그리스도의 보혈로 정하게 깨끗이 지워버립니다. 앙갚음하지 않습니다. 용서합니다. 이해심이 강합니다. 남의 단점이나 허물을 기억하지 않습니다.

■ 사랑은 불의를 기뻐하지 않습니다(우 카이레이 에피 테 아디키아)(6절).

"불의를 기뻐한다."(카이레이 에피 테 아디키아)는 말은 '악한 것이 승리할 때 기쁨을 느낀다'는 말입니다. 이 말은 누군가가 욕을 먹고 어려움을 당할 때 그것을 쾌감으로 삼는 어리석은 마음의 태도입니다. 이것은 완전히 타락할 대로 타락한 사람을 말합니다. 그러나 사랑은 상대방이 궁지에 몰리거나 고통을 당하고 있을 때 결단코 방관하지 않습니다. 심지어 적의 죄나 적의 어리석음을 보고 눈물을 흘립니다. 그러한 죄나 어리석음에 대해 듣거나 혹은 되풀이하는 것을 즐기지 않고, 다만 그것이 영원히 잊히기를 소원합니다. 그를 용기와 희망과 힘을 북돋아줍니다. 용기를 주고, 희망을 북돋아주고, 축복을 빌어줄 수 있는 사람이 진정 사랑 있는 사람입니다. 사랑은 신실합니다. 잘못된 행동을 하거나, 속이거나, 기만하지 않습니다.

■ 사랑은 진리와 함께 기뻐합니다(쉿카이레이 테 알레테이아)(6절).

"진리"(테 알레테이아)는 "감춰진 것이 나타내 보이다"는 뜻입니다. 사랑은 가린 것이 없이 언제나 귀한 것으로 들어나 보입니다. 사랑은 진리의 적절한 열매를 낳습니다. 즉 마음과 삶의 성결을 드러냅니다. 선(善)이 온 세상에서 확산할 때마다 진리의 영광과 진리의 기쁨이 됩니다. 사랑은 진실합니다. 정직을 삶의 모토로 삼고 삽니다. 사랑에 "진리"가 없으면 사랑의 생명력을 잃어버리게 됩니다. 사랑은 항상 "진실"하기 때문입니다.

■ 사랑은 모든 것을 참습니다(판타 스테게이)(7절).

여기서 "참는다"(스테게이)는 말은 "인내"를 말하는 것이 아니라(4절) "감싸주는 것"을 의미합니다. "덮어준다, 보호하다"는 의미입니다. 사랑하는 사람은 어떤 사람에 대해서 무엇이든지 악한 것을 보거나, 악한 것을 듣거나, 악한 것을 알고 있더라도 그것에 대하여 아무에게도 언급하지 않습니다. 절대적인 의무로 인해 발설해야 하는 곳이 아니라면, 그것이 결코 그의 입 밖으로 들어내지 않습니다. 사랑은 항상 모든 허물을 덮어줄 줄을 압니다. 보호해줄 줄을 압니다. 모든 것을 덮어줍니다. 베드로전서 4:8절에는 "무엇보다도 뜨겁게 사랑할지니 사랑은 허다한 죄를 덮느니라."고 말씀합니다. 결단코 남의 단점을 들추어내지 않습니다.

■ 사랑은 모든 것을 믿습니다(판타 피스튜에이)(7절).

"믿는다"(피스튜에이)는 말은 '자신을 가늠하는 비평에 초점을 맞추어 확신, 신념'을 의미합니다. 사랑은 모든 것에 대해 우호적으로 해석합니다. 성격이 외유내강한 장점이 있어서 도움이 될 수 있는 것은 무엇이든지 언제나 믿을 준비를 하고 있습니다. 우리에게 부족한 것이 있다면 신뢰와 포용입니다. 그런데 사랑은 모든 것을 믿어주고 신뢰합니다. 그리고 포용합니다. 이 말은 사람을 신뢰한다는 뜻이지 무턱대고 잘 속아 넘어간다는 뜻이 결코 아닙니다. 사랑은 비록 단점과 허물이 큰 사람이라 하더라도 그의 장점을 찾아내어 믿어줌으로 고상한 인간을 만들어 갑니다. 모든 것을 신뢰합니다. 긍정의 힘을 갖고 신용을 자본으로 삼고 삽니다.

■ 사랑은 모든 것을 바랍니다(판타 엘피제이)(7절).

사랑은 더 이상 제대로 믿을 수 없게 되었을 때, 어떻게 해서든 부인하기 불가능한 잘못을 용서해주거나 정상을 참작해줄 수 있기를 바랍니다. 심지어 용서할 수 없을 때라도 사랑은 마침내 하나님께서 "생명 얻는 회개"(행 11:18)를 베풀어주시기를 바랍니다. 사랑은 모든 것을 희망합니다. 소망합니다. 사랑에는 미래성이 강합니다. 고통 속에서도 "꿈은 이루어진다!"는 희망을 잃지 않습니다. 희망 없는 사람에게 사랑은 용기를 줍니다.

격려해줍니다. 사람을 부정적으로 평가하지 않고 희망적으로 평가합니다. 그래서 사랑은 긍정의 힘을 갖고 긍정적인 인생을 살아가게 합니다.

▩ **사랑은 모든 것을 견딥니다**(판타 휴포메네이)(7절).

여기 "견디다"(휴포메네이)는 말은 담대한 군대가 전화(戰禍) 속을 뚫고 인내하며 전진해 나아가는 것을 의미합니다. 가만히 참고 앉아 있는 태도가 아니라 견디어나가면서 그것을 "극복하고 변화시키는 것"을 말합니다. 사랑은 고통을 참는데 그치는 것이 아니라 극복하면서 결국은 행복을 만들어 가게 합니다. 변화를 시켜버립니다. 사랑은 모든 것을 견딥니다. 인간의 불의, 악의, 잔인함이 무엇이든지, 그는 '그에게 힘을 주시는 그리스도를 통하여' "모든 것을 견딜"수 있을 뿐만 아니라, 모든 것을 묵묵히 허용할 수 있습니다. 그러므로 사랑은 모든 역경을 만나 굴하지 않습니다. 모든 역경에서도 "할 수 있다"는 용기로 이겨냅니다(빌 4:13). 어떤 일을 기대함에 끈기있게 기다립니다. 어려운 환경과 여건을 이겨냅니다. 사랑에는 담대함을 갖게 하며, "사랑 안에 두려움이 없고 두려움을 내 쫓습니다"(요일 4:17-18).

4. 고린도전서 13:8-10절에서, 사도 바울은 '사랑의 영속성'을 말씀합니다.

▩ "사랑은 언제까지나 떨어지지 않습니다."(8절). 사랑은 결단코 없어지지 않습니다.

사랑은 우리에게 동행하며 우리를 영원으로 장식해줍니다. 사랑은 하늘나라에 대해 우리를 준비시키며 하늘나라를 세웁니다.

▩ "예언도 폐합니다."(8절). '예언도' 사라질 것입니다.

모든 것이 성취되고, 또한 하나님이 모든 것 중에 모든 것 되실 때 예언은 없어질 것입니다.

▨ "방언도 그칩니다."(8절). '방언'도 중지할 것입니다.

하늘나라의 주민들 사이에는 한 가지 언어 곧 사랑 용어가 사용될 것입니다. 그리고 이 땅의 천하고 불완전한 언어들은 잊어버리게 되어 생각이 나지 않을 것입니다. 사랑이 없는 영적 은사는 '액세서리'에 불과합니다. 이런 것들은 부분적인 것이고, 어린아이와 같은 것입니다. 불완전한 것들입니다.

▨ "지식도 폐합니다."(8절). 지식도 사라질 것입니다.

우리가 지금 그렇게 열심히 추구하고 있는 지식도 그때는 다 사라질 것입니다. 별빛이 한낮의 태양의 빛 속으로 사라지듯이, 현재 우리의 지식도 영원의 빛 속으로 사라질 것입니다.

▨ "우리는 부분적으로 알고 부분적으로 예언합니다"(9절).

우리는 부분적으로, 전체의 일부분만 압니다. 이 땅에서 가장 지혜로운 자들도 그들 주변에 있는 것들에 대하여 그리고 하나님의 깊은 것들에 대하여 부족하고, 편협하고, 불완전한 개념을 가지고 있습니다. 심지어 인간들이 하나님께로부터 전달한 예언들도 장래 전체를 말하거나 혹은 성경의 계시 속에 간직하고 있는 하나님의 지혜와 지식 전체를 포함하지 않습니다. 부분적으로 예언합니다. 단편적으로 예언합니다.

▨ "온전한 것이 올 때에는 부분적으로 하던 것이 폐할 것입니다"(10절).

죽을 때, 그리고 마지막 날에, 완전한 것이 오면 그때에는 부분적인 것이 없어질 것입니다. 그 두 가지 천하고 불완전하며 희미한 빛이 없어질 것입니다. 왜냐하면 그 빛이 우리가 지금 도달할 수 있는 지식 전부이며, 그 빛이 지식을 획득할 뿐만 아니라, 다른 사람에게 전해주는 이러한 더디고 불만족스러운 방법이기 때문입니다. 그러나 온전한 것이 올 때에는 부분적으로 하던 것이 폐합니다. 완전한 것이 오면 곧 부분적인 것은 사라지게 될 것입니다. 하지만 오직 사랑만은 영원합니다.

5. 고린도전서 13:11-12절에서, 사도 바울은 사랑을 온전히 알게 될 단계를 말씀합니다.

■ "내가 어렸을 때에는 말하는 것이 어린 아이와 같고 깨닫는 것이 어린 아이와 같고 생각하는 것이 어린 아이와 같다가 장성한 사람이 되어서는 어린 아이의 일을 버렸노라"(11절).

우리의 현재 상태에서 우리가 장차 될 것에 비교해 볼 때 우리는 지식의 관점에서 단지 어린아이에 불과합니다. 사랑은 자발적으로 기꺼이, 문제없이 어린아이의 일들을 버립니다. 우리는 사랑 안에서 성숙해집니다. 받는 사랑에서 주는 사랑으로 성숙해집니다.

■ "우리가 지금은 거울로 보는 것같이 희미하나 그 때에는 얼굴과 얼굴을 대하여 볼 것이요 지금은 내가 부분적으로 아나 그 때에는 주께서 나를 아신 것같이 내가 온전히 알리라"(12).

우리가 지금은 유리를 통하여 혹은 거울을 통하여 우리를 둘러싸고 있는 것들을 봅니다. 거울은 흐릿하고, 희미하며, 모호한 모습으로 단지 그것들의 불완전한 형태를 비춰줍니다. 그래서 그것들에 대한 우리의 생각이 헷갈리고 복잡하며, 모든 것이 우리에게 수수께끼 같습니다. 그러나 그 때에는 우리가 희미하게 비친 모습이 아니라 직접 물체 자체를 보게 될 것입니다. 내가 지금은 부분적으로 압니다. 심지어 하나님께서 직접 나에게 일들을 드러내실 때도, 그것들의 대부분은 여전히 베일 아래 가려져있습니다. 그래서 지금은 부분적으로 압니다. 그 때에는 주께서 나를 아시는 것같이 분명하고 충분하며 포괄적인 방법으로, 그리고 어느 정도는 하나님처럼 나도 알게 됩니다. 왜냐하면 하나님은 모든 물체의 중심을 관통하시며, 또한 나의 영혼과 모든 것들을 한눈에 간파하시기 때문입니다. 지금은 내가 하나님의 사랑을 부분밖에 알지 못하지만, 하나님의 사랑을 깨닫고 성숙한 사랑의 사람으로 변화된 때에는 하나님이 나를 먼저 사랑하신 것같이 내가 온전한 아가페 사랑으로 하나님을 사랑하게 될 것입니다.

6. 사도 바울은 "사랑이 제일"이라고 결론합니다.

고린도전서 13:13절에서, "그런즉 믿음, 소망, 사랑 이 세 가지는 항상 있을 것인데 그 중의 제일은 사랑이라"고 말씀합니다.

▨ "제일"이란 말은 헬라어 "메가스"의 최상급인 "메조나이"를 써서 "가장 위대하다" (greatest)는 뜻입니다. 영어의 'megaton'은 헬라어 '메가스'에서 왔는데, 1메가톤은 TNT 100만 톤에 상당하는 폭발력입니다. 하나님의 사랑은 원자폭탄이나 수소폭탄의 위력보다 더 위대한 초월적인 힘입니다. 그러면 왜 "믿음, 소망, 사랑" 중에서 사랑이 제일입니까?" 왜 사랑이 위대합니까?
▨ 사도 바울의 "삼중신학"이라할 믿음, 소망, 사랑을 그의 서신들을 통해서 살펴봅니다.
첫째, 믿음의 원동력은 사랑입니다.
갈라디아서 5:6절에, "그리스도 예수 안에서는 할례나 무할례나 효력이 없으되 사랑으로써 역사하는 믿음뿐이니라." 우리가 '과거'에 받은 믿음을 활성화시키는 힘은 바로 사랑입니다. 사랑이 없으면 믿음이 일을 못합니다.

둘째, 소망을 채워주는 힘은 사랑입니다.

로마서 5:5절에 "소망이 우리를 부끄럽게 하지 아니함은 우리에게 주신 성령으로 말미암아 하나님의 사랑이 우리 마음에 부은바 됨이니."라고 말씀합니다. 우리가 '미래'를 향해 "희망"을 갖게 하는 힘은 사랑입니다.

셋째, 사랑은 '율법의 완성'입니다.

로마서 13:10절에 "사랑은 이웃에게 악을 행하지 아니하나니 그러므로 사랑은 율법의 완성이니라."말씀합니다. 사도 바울은 예수님의 사랑의 계명을 본받았습니다(마 22:37-40).

요한복음 13:34-35절, "새 계명을 너희에게 주노니 서로 사랑하라 내가 너희를 사랑한 것 같이 너희도 서로 사랑하라 너희가 서로 사랑하면 이로써 모든 사람이 너희가 내 제자인줄 알리라."

▨ 중요한 것은 사랑은 현재 우리가 살고 있는 이 세상에서 필요할 뿐만 아니라, 우리가 죽게 되면 믿음도, 소망도, 영적 은사도 모두 사라져 없어집니다. 그러나 "사랑은 현재 곧 영원한 현재"이기 때문에 우리는 하나님 나라에서 영원한 사랑으로 살게 됩니다.

존 웨슬리는 말하기를 "믿음, 소망, 사랑은 이 땅에서 완전의 총합입니다. 그러나 하늘나라에서는 사랑만이 완전의 총합이다"라고 하였습니다.

스웨덴신학자 에밀 부룬너는 저서 "믿음 소망 사랑"이란 설교에서, "믿음은 과거이고, 소망은 미래이고, 사랑은 현재, 곧 영원한 현재, 사랑은 하늘나라에 이르는 영원한 현재"라고 하였습니다.

▨ 우리가 '하나님의 구속사(救贖史)' 즉 하나님의 구원의 역사관으로 보면, 믿음은 과거이고, 소망은 미래이고, 사랑은 현재인 동시에 영원한 현재입니다.

우리는 과거에 이미 예수 그리스도를 믿음으로 구원의 은총을 받았습니다. 우리는 이 믿음으로 미래에 들어가야 할 소망을 갖고 아름다운 천국을 바라봅니다. 우리가 이 세상에서 사는 것은 믿음과 소망 중에 사랑으로 현재를 사는 것입니다. 그리고 이 사랑은 이 세상에서 하나님의 사랑을 갖고 살기 때문에 천극에서도 하나님의 사랑으로 영원히 영생을 누리며 살게 됩니다.

▓ 우리가 이 세상에서 살 동안은 신앙의 필수요건인 믿음, 소망, 사랑으로 살아갑니다.

하지만 하나님 나라에 들어갈 때는 믿음과 소망은 사라지고 오직 사랑만이 천국에 이르는 필수요건입니다. 천국은 하나님의 사랑으로 영생을 살기 때문에 사랑이 없으면 천국에서 살 수 없습니다. 이같이 사랑이 영원해야하는 이유는 하나님이 사랑이시고 하나님은 영원하시고 천국은 하나님의 나라이며 사랑으로 채워진 나라이기 때문입니다. 이 사랑은 이 세상에서 있어야할 현재적 사건일 뿐만 아니라 하나님 나라에서 영원한 현재로 살게 되는 영생입니다.

▓ 우리는 오늘 하루라는 현재를 살고 있습니다.

과거는 이미 지나가서 현재에 묻힙니다. 미래는 아직 오지 않았지만 가보면 나는 미래를 사는 것이 아니라 오늘 하루 현재를 살고 있습니다. 그래서 우리는 항상 현재를 살고 있습니다. 그래서 영어의 현재(present)는 선물(present)입니다. 그러므로 믿음, 소망, 사랑 이 세 가지는 항상 있을 것인데, 그 가운데서 가장 위대한 것은 사랑입니다. 결혼의 원리는 믿음으로 만나고 소망으로 결혼하고 사랑으로 가족을 이루어 행복하게 사는 삶입니다. 이것이 세상에서 그리스도인의 천국의 삶입니다.

마치면서 말씀합니다.

"사랑의 분광"은 성도들이 예수 그리스도를 구주로 영접할 때 예수 그리스도의 십자가를 통해서 성도들의 신앙생활 속에 녹아있는 삶입니다. 사랑의 분광은 그리스도인들의 성결한 삶을 통해서 빛을 발하게 됩니다. 성령을 통해서 성화된 정결한 마음으로 실천하는 '아가페' 사랑의 실행이 예수 그리스도를 닮은 하나님의 사랑으로 현실화 될 때 아름다운 사랑의 빛이 분광됩니다.

사도 바울은 고린도전서 14:1절에서 '아가페' "사랑을 추구하라"고 격려합니다. "사랑을 추구하라"(디오케테 텐 아가펜)는 말은 "사랑이라는 중요한 것을 얻으려는 열망으로 추종하라, 따라가라"는 뜻입니다.

"돈을 잃는 것은 조금 잃는 것이요, 명예를 잃는 것은 많이 잃는 것이요, 건강을 잃는 것은 모두를 다 잃는 것이라"는 말이 있듯이, 우리가 믿음을 잃어서도 안 되고, 소망을 잃어서도 안 되지만 사랑을 잃는 것은 모두를 다 잃는 것입니다. 그리하여 고린도전서 13:13절에서 사도 바울은 "그런즉 믿음, 소망, 사랑, 이 세 가지는 항상 있을 것인데 그 중의 제일은 사랑이라"고 말씀하였습니다.

우리 모두는 모든 것의 "제일"인 하나님의 '아가페' 사랑을 실행하며 예수 사랑을 따라 살면서, 사랑이 필요한 세상에서 "사랑의 분광"이 더욱 빛나게 됨으로 밝은 세상을 만들어가기를 주님의 이름으로 축복합니다.

15

용서, 치유하는 사랑

고린도후서 2장 5-8절

"근심하게 한 자가 있을지라도 나를 근심하게 한 것이 아니요 어느 정도 너희 모두를 근심하게 한 것이니 어느 정도라 함은 내가 너무 지나치게 말하지 아니하려 함이라 이러한 사람은 많은 사람에게서 벌 받는 것이 마땅하도다 그런즉 너희는 차라리 그를 용서하고 위로할 것이니 그가 너무 많은 근심에 잠길까 두려워하노라."

오늘은 "고린도후서에 있는 "용서, 치유하는 사랑"으로 은혜를 나누고자 합니다.

고린도후서에는 '사랑' 단어가 15번 나옵니다. '사랑'을 8개 장르로 나누어서 말씀합니다.

1. 사도 바울의 눈물은 사랑입니다.

고린도후서 2:4절, "내가 마음에 큰 눌림과 걱정이 있어 많은 눈물로 너희에게 썼노니 이는 너희로 근심하게 하려는 것이 아니요 오직 내가 너희를 향하여 넘치는 사랑이 있음을 너희로 알게 하려 함이라."

▦ 고린도 교회는 사도 바울이 2차전도 여행 때 1년 반 동안 머물면서

전도하여 세운 교회입니다. 그는 고린도 교회에게 눈물로 사랑의 편지를 썼습니다. 그는 전도자로서 목자의 심정을 갖고 몹시 괴로워하며 걱정하는 마음으로 많은 눈물을 흘리며, 전도하며 세운 고린도 교회를 극진히 사랑하였습니다. 또한 사도행전 20:31절에 보면, 사도 바울은 3년 동안 눈물로 개척 목회한 에베소교회 장로들을 만나서, "여러분이 일깨어 내가 삼년이나 밤낮 쉬지 않고 눈물로 각 사람을 훈계하던 것을 기억하라"고 회고합니다.

▓ 사도 바울의 눈물은 사랑입니다. 이 눈물은 바로 양떼를 위해 흘리는 목양자의 사랑입니다. 그러기에 사도 바울은 눈물이 있는 사랑의 사도입니다.

"선한 목자" 되신(요10:11) 예수님의 눈물은 사랑입니다. 성서에서 예수님은 세 번 눈물을 흘리셨습니다. 친구를 위하여 눈물을 흘렸습니다(요11:35), 나라를 위하여 눈물을 흘렸습니다(눅19:41), 세계를 위하여(히5:7) 눈물을 흘리셨습니다. 이러한 목자의 심정을 예수님에게서 배우신 사도 바울은 신약성서에서 13편의 사랑의 편지를 교회와 개인에게 보냈습니다. 목회자가 양떼를 위해 흘리는 사역의 눈물은 목자의 사랑입니다.

2. 용서는 상처를 치유하는 사랑입니다.

고린도후서 2:5-8절, "근심하게 한 자가 있었을지라도 나를 근심하게 한 것이 아니요 어느 정도 너희 모두를 근심하게 한 것이니 어느 정도라 함은 내가 너무 지나치게 말하지 아니하려 함이라. 이러한 사람은 많은 사람에게서 벌 받는 것이 마땅하도다. 그런즉 너희는 차라리 그를 용서하고 위로할 것이니 그가 너무 많은 근심에 잠길까 두려워하노라. 그러므로 너희를 권하노니 사랑'을 그들에게 나타내라."

▪ "근심하게 한 자"는 '마음을 아프게 한 사람, 즉 고통을 안겨준 사람'을 뜻합니다. 마음의 상처는 한(wounded heart)이 됩니다. "사랑을 그들에게 나타내라"는 말은 '너의 사랑을 확증하라, 확신시켜주라'는 뜻입니다. 사도 바울은 "고린도 교회 안에서 누가 마음을 아프게 한 사람이 있었다면 그 고통을 안겨준 사람을 용서하라"고 말씀합니다. 그는 "그 사람이 받아야 할 책벌은 하나님께 맡기는 것으로 충분하다"면서 "용서하고 위로하라"고 말씀합니다(고후 2:7, 롬 12:19). 그 사람을 용서하고 위로하여 그 사람이 너무 슬퍼하거나 낙담하지 않도록 도와주어야 합니다. 무슨 일에든지 누구를 용서하면, 용서한 그것은 그리스도 앞에서 한 것입니다(고후 2:10).

▪ 그리스도인들이 우리의 마음을 아프게 하거나 고통을 안겨준 사람의 죄를 비난하기만 한다면, 그는 죄의식 속에서 숨이 막혀 죽게 될 것입니다. 더욱이 그 사람에게 원한을 갖고 복수하려는 마음을 품고 있다면 그것은 더 큰 죄악입니다. 그러므로 간곡히 부탁합니다. '우리는 그 사람에게 적극적으로 사랑을 나타내어 확증하고, 그에게 우리의 사랑을 확신시켜주어야 합니다.' 혹여나 우리 중에 교회, 가족, 형제, 친척, 친구, 이웃, 직장 등에서 누가 나에게 마음 아픈 상처를 안겨준 사람이 있다면, 우리는 자신의 사랑을 나타내 보이므로 성령을 통하여 나에게 부어주신 하나님의 사랑을 확증하는 용서가 있어야 합니다. 용서는 마음의 상처를 치유하는 사랑입니다.

▪ "최선의 복수는 용서하는 것"이란 말이 있습니다. 자기가 받은 마음의 상처는 용서라는 약으로만 치료될 수 있습니다. 다른 어떤 방법으로도

마음의 상처는 치료되지 않습니다. 용서는 화목과 행복으로 가는 지름길입니다. 우리가 용서하지 않으면 용서는 우리에게서 숨어버립니다. 그리되면 우리가 원한을 품고 있는 상태에서 하루 종일 기도를 한다고 해도 하나님께 이르는 문은 굳게 닫혀있을 것입니다. 예수님은 십자가에서 "아버지 저들을 용서하여 주옵소서"하고 용서하셨습니다(눅 23:34). 우리는 주기도문에서 "우리가 우리에게 죄 지은 자를 사하여 준 것 같이 우리의 죄를 사하여 주시옵소서"라고 기도한 것처럼 용서해야 합니다. 윌리엄 부스 대장은 "미래에 닥쳐올 가장 큰 위험은 용서 없는 기도"라고 했습니다.

▩ 우리가 용서하지 않는 것은 "사탄의 계책"에 얽매어있는 것입니다. 그래서 사도 바울은 우리가 용서하면 사탄의 계책에 속아 넘어가지 않고 그 계책을 이겨내는 것이라고 합니다.

> 고린도후서 2:10-11절, "너희가 무슨 일에든지 누구를 용서하면 나도 그리하고 내가 만일 용서한 일이 있으면 용서한 그것은 너희를 위하여 그리스도 앞에서 한 것이니 이는 우리로 사탄에게 속지 않게 하려 함이라 우리는 그 계책을 알지 못하는 바가 아니로라."

한날은 제자 베드로가 예수님께 질문합니다. "주님, 나에게 상처를 주는 형제나 자매를 내가 몇 번이나 용서해야 합니까? 일곱 번이면 되겠습니까?" 예수님은 대답하십니다. "일곱 번 만이 아니라 일흔 번을 일곱 번이라도 해야 한다"(마 18:21-22). 이것은 490번만 아니라 끝없이 용서하라는 말씀입니다. 용서는 아프고 괴로운 마음의 상처를 치유하는 신비한 사랑의 묘약입니다. 캐서린 부람웰 부스는 말합니다. "자비를 베푸십시오. 너무 많이 사랑해서 가난해진 영혼은 없고, 너무 자주 용서해서 상처받은 영혼은 없습니다."

3. 그리스도의 사랑이 우리를 강권합니다.

고린도후서 5:14절, "그리스도의 사랑이 우리를 강권하시는도다 우리가 생각하건대 한 사람이 모든 사람을 대신하여 죽었은즉 모든 사람이 죽은 것이라"

▣ "그리스도의 사랑이 우리를 강권한다"는 말은 "그리스도의 사랑이 우리를 통제하고, 에워싸고, 사로잡고 있다"는 뜻입니다. 예수 그리스도는 사랑 때문에 인간을 위하여 죽으셨습니다. 그것은 인간을 죄악의 죽음에서 살리시려는 극단의 처신입니다. 그러기 때문에 우리가 하는 모든 일의 처음과 끝은 그리스도의 사랑이어야 합니다. '아가페' 사랑은 내가 하고 싶으면 하고 싫으면 안하는 선택이 아닙니다. 무조건적인 사랑입니다. 그리스도의 사랑은 십자가의 죽으심으로 나타냈기 때문에 우리는 하나님의 사역을 통해 이 사랑을 실제적으로 경험해야 합니다(고후 4:10-12).

▣ 십자가에 죽기까지 내어주는 사랑, 이것은 바로 "그리스도 예수의 마음" 곧 사랑의 마음입니다(빌 2:5-8). 우리는 예수님의 사랑의 마음을 간직해야 합니다.

윌리엄 부스 대장은 말합니다. "사랑은 반드시 이깁니다. 사랑은 미래를 위한 강력한 힘입니다. 사랑은 이 세상에서 죄와 악과 비참함을 몰아냅니다. 이 사랑의 기원은 예수 그리스도의 마음입니다."

4. '아가페' 사랑은 가장 위대한 덕입니다.

고린도후서 6:6-7절, "깨끗함과 지식과 오래 참음과 자비함과 성령의 감화와 거짓이 없는 사랑과 진리의 말씀과 하나님의 능력으로 의의 무기를 좌우에 가지고."

▨ "거짓이 없는 사랑"은 '배우처럼 꾸미지 않고 진실한 사랑'을 뜻합니다. 진실한 사랑은 여기 열거된 8가지 덕목들, 즉 깨끗함, 지식, 오래 참음, 자비함, 성령감화, 거짓 없는 사랑, 진리 말씀, 하나님의 능력을 활성화 시키는 가장 위대한 덕입니다.

▨ 사랑이 여러 덕목들을 활성화시킵니다. 그러나 사랑이 없으면 이 모든 것이 아무 유익이 없습니다(고전 13:1-3). 우리는 사람들에게 신앙의 덕목을 우리의 삶의 모본으로 보여 주어야 합니다.

5. 연보(collections) 곧 헌금(offerings)은 사랑의 증거입니다.

고린도후서 8:8절에, 사도 바울은 "내가 명령으로 하는 말이 아니요 오직 다른 이들의 간절함을 가지고 너희의 사랑의 진실함을 증명하고자 함이로라"고 말씀했고, 고린도후서 8:24절에는, "그러므로 너희는 여러 교회 앞에서 너희의 사랑과 너희에 대한 우리 자랑의 증거를 그들에게 보이라"고 말씀합니다.

▨ 헌금은 성도의 사랑표현입니다. 사도 바울은 고린도교회에게 어려운 교회를 지원하고, 가난한 신자들을 도와주기 위해 연보하므로 "사랑의 진실성을 증명하고," "사랑의 증거를 보이라"고 권합니다. 연보는 하나님께와 이웃에 대한 성도의 사랑표현입니다. 당시 "연보"는 구제와 가난한 사람을 돕기 위해 모금하는 '의연금'(contribution)입니다.

사도 바울은 고린도전서와 후서에서 "연보"에 대하여 4가지 헬라어를 사용하였습니다.

첫째, "로기아"로 성도를 위한 '모금'(collection)입니다(고전 16:1).

둘째, "하플로테스"로 기쁨으로 드린다는 뜻의 '신실함'(sincerity)입니다(고후 8:2).

셋째, "유로기아"로 축복이란 뜻의 '복'(blessing)입니다(고후 9:5).

넷째, "코이노니아"로 나누어준다는 동료애적인 뜻의 '교제'(fellowship)입니다(고후 9:13).

▦ 사도 바울은 고린도후서 8:1-5절과 9:1-15절에서 '연보 즉 헌금'에 관한 7가지 '자세'를 말씀합니다.

첫째, 환난과 가난 중에서도 연보합니다(8:2). 계속해서 핍박을 받고, 몹시 괴롭힘을 당하고, 그리고 약탈을 당하는 '큰 시련 속에서도' 연보했습니다.

둘째, 자원하여 연보합니다(8:3). 아마도 사도 바울은 성도들이 '힘닿는 데' 너머까지 '자원'하지 않도록 사랑으로 충고하였을 것입니다.

셋째, 연보는 성도를 섬기는 일에 참여하는 일입니다(8:4). 헌금은 선교와 봉사와 주의 사역에 동참하는 일입니다.

넷째, 먼저 자신을 주께 드리고 하나님의 뜻에 따라 연보합니다(8:5). 헌금은 우리가 바라는 모든 것을 초월하여, 하나님의 뜻에 순종하여 온전히 신자의 책임을 맡은 것입니다.

다섯째, 미리 준비합니다(9:5). 하나님이 주신 은혜를 감사한 마음으로 준비합니다.

여섯째, 마음에 정한대로 합니다(9:7). 마음의 상처 없이 기쁨으로 합니다.

일곱째, 인색함이나 억지로나 탐심으로 하지 않습니다(9:7). 복 받을 욕심으로 헌금하지 않습니다.

▤ 고린도후서 9:6-13절에 보면, 연보는 하나님이 주신 축복입니다.

첫째, 적게 심는 자는 적게 거두고 많이 심는 자는 많이 거둡니다(9:6). 하나님은 그 사역에 대한 보상을 적당한 비율로 조절하시며, 그것이 진행되는 곳에서 균형을 이루실 것입니다.

둘째, 하나님은 즐겨내는 자를 사랑하십니다(9:7). 기쁨으로 헌금할 것입니다.

셋째, 하나님이 모든 은혜를 넘치게 하시며, 모든 일에 항상 모든 것이 넉넉하여 모든 착한 일을 넘치게 하십니다(9:8). 놀라운 것은 하나님은 온갖 종류의 복으로 우리에게 모든 것을 주십니다. 이것은 하나님의 복된 은혜입니다. 따라서 우리는 그것을 가지고 헌금을 비롯한 선한 일을 할 수 있습니다. 그렇게 함으로써 더 많은 복을 받습니다. 이 세상의 삶에서 모든 것들은 심지어 보상들까지도, 신자들에게는 장래의 추수를 위한 '씨앗들'입니다.

넷째, 너그럽게 하는 연보는 많은 사람들이 하나님께 감사하게 합니다(9;11). 너그럽게 하는 연보는 우리로부터 뿐만 아니라 풍성한 공급을 받는 사람들로부터 하나님께 감사가 넘치게 합니다.

다섯째, 연보는 모든 사람을 섬기는 일로서 하나님께 영광을 돌리게 합니다(9:13). 후원하는 연보의 행동은 그것이 필요한 상태에 있는 '모든 사람들에게' 섬기는 일로 입증되어 하나님께 영광을 돌리게 합니다.

▤ 특히 고린도후서 9:6절에는, "이것이(연보) 곧 적게 심는 자는 적게 거두고 많이 심는 자는 많이 거둔다 하는 말이로다."는 말씀이 있습니다. 흔히 "적게 헌금하면 적게 복을 받고 많이 헌금하면 많이 복을 받는다"는 말씀으로 오해할 수 있습니다. 이것은 "자신이 뿌린 것을 거둔다"는 고

대격언을 반영한 말씀입니다(욥 4:8, 잠 11:8). 이 말씀에서 중요한 것은 "연보"와 "많다"는 단어는 "축복"을 뜻하는 헬라어 "유로기아"라는 한 단어에 근원을 두고 있습니다. 이것은 우리가 드리는 '헌금' 자체가 '축복'이란 것을 의미합니다. 결코 많이 헌금하면 많은 복을 받고 적게 헌금하면 적게 복을 받는다는 의미가 아닙니다. 헌금하므로 복을 받는다는 개념이 아니라 드리는 헌금자체가 받은 축복입니다. 그래서 축복은 보상이 아니라 선물입니다. 대가가 아니라 은혜입니다.

▨ 고린도후서 9:7-8절에는 "각각 그 마음에 정한대로 할 것이요 인색함으로나 억지로 하지 말지니 하나님은 즐겨내는 자를 사랑하시느니라 하나님이 능히 모든 은혜를 너희에게 넘치게 하시나니..."라고 말씀하였습니다.

"억지로 하지 말라"는 말은 헌금을 "탐욕, 탐심으로 드리지 말라는 말씀입니다. "내가 헌금을 드림으로 많은 복을 받겠다"는 심보는 탐심이요 욕심입니다(약 1:15).

우리가 마음에 정한대로 준비해서, 기쁜 마음으로 헌금을 하나님께 드리면 그것이 바로 사랑의 증거이고, 하나님은 우리를 사랑하시고 은혜를 넘치게 하십니다(눅 21:1~4).

이것이 고린도후서 9:5절에서 말씀하는 "참 연보답고 억지가 아닌 것" 즉 올바르게 '헌금'하고 탐심으로 하지 않는 헌금의 자세입니다.

6. 내가 너를 사랑하지 않느냐?

고린도후서 11:11절, "어떠한 까닭이냐 내가 너희를 사랑하지 아니함이냐 하나님이 아시느니라."

이 말씀은 고린도 교회 안에 있는 "근심하게 한자들"(고후 2:5), 즉 영지주의 철학의 지식인들 중에는 사도 바울이 어려운 교회와 가난한 사람을 위해서 연보 즉 모금 헌금하는 것을 비판적으로 보는 시각도 있었습니다. 이것이 교회분란이 될 수도 있습니다. 그래서 사도 바울은 고린도교회에게, "너희들이 잘못된 생각을 갖는 것은 어떠한 까닭이냐? 내가 너희를 사랑하지 않기 때문이냐? 내가 너희를 사랑한다는 것은 하나님이 알고 계시다"는 말씀입니다. 사도 바울이 역설적인 수사학적 논술방식을 사용한 것은 자신을 위해서가 아니라 앞으로 있을 다른 사람을 위해서 한 말씀입니다.

예수님은 베드로에게 "네가 나를 사랑하느냐?"고 세 번 물으심으로 사명감을 회복해 주셨습니다(요 21:15-18). 그리고 사도 바울은 "내가 너희를 사랑하는 것을 하나님이 알고 있다"는 증언으로 고린도 교회를 회복시켜 주었습니다.

7. 사랑할수록 사랑을 덜 받는다?

> 고린도후서 12:15절, "내가 너희 영혼을 위하여 크게 기뻐하므로 재물을 사용하고 또 내 자신까지도 내어 주리니 너희를 더욱 사랑할수록 나는 사랑을 덜 받겠느냐."

사도 바울은 믿음의 부모 심정으로 고린도교회 성도들에게 하는 말씀입니다(고후 12:14).

"나는 여러분을 위해서라면 기쁜 마음으로 내가 가진 것뿐만 아니라 나 자신마저도 희생하겠습니다. 내가 여러분을 이토록 사랑하는데, 여러분도 나를 사랑해 주어야 하지 않겠습니까? 그런데 내가 여러분을 사랑할수록 여러분의 사랑을 덜 받게 되다니, 어찌된 일입니까?"라고 말씀하는 사도 바울의 애틋한 표현입니다(고후 12:14).

이것은 가정에서 부모나 또는 교회에서 목회자가 갖게 되는 사랑의 표현입니다. 아침이 되면 엄마는 힘써 자식들을 위해서 식사를 차려놓습니다. 아이들은 밥투정합니다. 그때 엄마의 심정은 "내가 너희를 사랑하는데 어찌 너희는 엄마사랑을 몰라주느냐?" 하는 표현입니다. 담임사관이 성도들을 위해서 사랑을 쏟아 부었는데도 알아주기는커녕, 설교시간에 졸고 있다면 "아이고, 성도들이 왜 졸고 있을까!" 하고 의아해 할 수 있습니다. 사랑하기 때문에 보입니다. 무관심하면 보이지 않습니다. 그래서 에릭 프롬은 "사랑은 관심"(love is care.)이라고 합니다. 묘책이 있습니다. 무조건 사랑에 굴복하는 것입니다. 그리고 "고맙습니다." "아멘" "할렐루야! 크게 소리 지르면 됩니다.

8. 인사는 사랑의 축복입니다.

> 고린도후서 13:11-13절, "마지막으로 말하노니 형제들아 기뻐하라 온전하게 되며 위로를 받으며 마음을 같이 하며 평안할지어다 또 사랑과 평강의 하나님이 너희와 함께 계시리라 거룩하게 입맞춤으로 서로 문안하라 모든 성도가 너희에게 문안하느니라 주 예수 그리스도의 은혜와 하나님의 사랑과 성령의 교통하심이 너희 무리와 함께 있을지어다."

독일의 신학자 바스트만은 "성서와 축복"이란 책에서 "인사는 축복을 빌어주는 것"이기 때문에 인사하는 것은 최대의 축복이라고 했습니다. 예배 마치면서 사관님이 "성부와 성자와 성령의 이름으로 축도하는 것"은 예배를 마치고 세상으로 향하는 하나님의 자녀들을 성결하게 지켜달라는 사랑의 축복입니다. 축도는 단순히 예배마침을 알리는 신호가 아니라, 하나님의 사랑으로 평강을 빌어주는 크신 축복입니다.

한때 세계를 제패했던 알렉산더대왕은 부하들을 모아놓고 외칩니다. "나를 좀 사랑해다오!"

한때 칼과 총으로 세계를 정복하려던 나폴레옹은 센트 헤레나 섬에 정배되어 죽게 될 때 부하에게 말합니다. "나는 칼과 총으로 세계를 정복하려했으나 실패하였다. 그러나 예수는 사랑으로 세상을 정복하였다."

마치는 말씀입니다.

지옥은 누군가에 아프게 할 때마다 지옥을 만드는 것입니다. 사랑은 용서와 회복을 낳습니다. 그리스도인의 사랑은 용서할 수 있고, 용서함으로 한이 된 마음의 상처를 치료할 수 있으며, 또한 악행을 저지른 사람을 올바른 길로 돌이키게 할 수 있습니다. 예수님은 십자가의 고통으로 우리의 죄를 용서하셨습니다. 주님의 보혈로 우리의 죄를 완전히 용서하셨던 십자가의 사랑을 기억함으로 다른 사람을 온전히 용서하기를 바랍니다. 우리는 다른 사람을 용서함으로 자유와 강건함을 경험하므로 진리 안에서 자유를 얻게 됩니다(요 8:32). 특히 우리에게 조금이라도 용서하지 않은 것이 남아있다면 주님께 자백하면 주님은 신실하셔서 우리를 용서하시고 모든 불의로부터 우리의 마음을 깨끗하게 하실 것입니다(롬 4:7, 막 11:25).

구원받은 우리는 용서할 수 없는 상처를 이겨내고 주님이 주신 구원하시는 사랑으로 용서해 주어야 합니다. 그것이 바로 내가 사는 길이고, 사랑하는 방법이고 화해로 화합하므로 행복을 이루게 되는 방법입니다.

고린도후서 2:8절에서 사도 바울은 말씀합니다. "그러므로 너희를 권하노니 사랑을 그들에게 나타내라." 용서하는 사랑을 나타내시므로 하나님께 영광을 돌리시기를 주님의 이름으로 축복합니다.

16
다섯 가지 사랑의 언어

갈라디아서 5장 13-15절

"형제들아 너희가 자유를 위하여 부르심을 입었으나 그러나 그 자유로 육체의 기회를 삼지 말고 오직 사랑으로 서로 종노릇하라 온 율법은 네 이웃 사랑하기를 네 자신 같이 하라 하신 말씀에서 이루어졌나니 만일 서로 물고 먹으면 피차 멸망할까 조심하라."

갈라디아서는 주후 48~50년경 사도 바울이 쓴 서신입니다. 복음, 율법, 의에 관해 정확하게 진술하고 있는 이 서신은 로마서와 함께 종교개혁의 근거가 된 성경입니다. 종교개혁자 마틴 루터는 이에 대해 "나의 편지요 나의 아내이다"라고 말했습니다.

갈라디아서는 "5가지 사랑의 언어"를 생각하며 은혜의 말씀으로 사랑의 실천을 위한 가르침을 받습니다.

오늘은 갈라디아서에 있는 "다섯 가지 사랑의 언어"로 은혜를 나누고자 합니다.

1. 사랑의 언어 첫째는 "희생"입니다.

갈라디아서 2:20절, "내가 그리스도와 함께 십자가에 못 박혔나니 그런즉

> 이제는 내가 사는 것이 아니요 오직 내 안에 그리스도께서 사시는 것이라 이제 내가 육체가운데 사는 것은 나를 사랑하사 나를 위하여 자기 자신을 버리신 하나님의 아들을 믿는 믿음 안에서 사는 것이라."

▩ 이 말씀의 의미는 '나는 그리스도와 함께 십자가에 못 박혔습니다. 이제 내 자아는 더 이상 내 중심이 아닙니다. 그리스도께서 내 안에 살고 계십니다. 나의 삶은 나의 것이 아니라 나를 사랑하시고 나를 위해 자기 목숨을 내어주신 하나님의 아들을 믿는 믿음으로 살아가는 삶입니다. 나는 이 삶을 저버리지 않을 것입니다.'라는 말씀입니다.

그리스도인의 삶은 나의 것이 아니라 '나를 사랑하셔서' 나를 위해 자기 목숨을 내어주신 하나님의 아들을 믿는 믿음으로 살아가는 삶입니다. 이것은 그리스도의 사랑과 희생이 자신의 신앙인 것을 증언하는 것입니다. 예수님이 나를 사랑하셔서 나를 위하여 자기의 목숨을 내어주신 희생, 이것이 바로 사랑의 언어 "희생"입니다.

▩ "자기 자신을 버린다"(파라디도미)는 말은 '희생'을 뜻합니다. '희생'은 '하나님께 제물로 바친다'는 제의적 의미를 갖고 있습니다(롬 12:1). 그러기 때문에 우리 신자의 삶은 '나의 것'이 아니라 '나를 사랑하시고' 나를 위해 자기 목숨을 내어주신 하나님의 아들을 믿는 믿음으로 살아가는 삶입니다. 사랑은 자기 몸을 돌보지 않고 바칩니다. 자기 몸을 돌보지 않고 위험을 무릅쓰고 내어줍니다. 구원은 희생하는 십자가의 사랑을 통해서 이루어집니다. 이것이 바로 희생하는 사랑입니다.

희생은 죽음에 이르는 고통입니다. 희생하는 사랑은 주님의 고통을 함께 지고 있는 것입니다.

1979년 노벨평화상을 받은 테레사(Teresa) 수녀는 그 영광의 소식을 접하고 이렇게 겸손히 말했습니다. "나는 그런 상을 받을 자격이 없습니다. 주님의 고통을 함께 지고 있는 것뿐입니다." 희생은 죽음에 이르는 고통을 이겨내는 힘입니다. 죽음의 고통을 감내하는 희생의 사랑은 하나님의 뜻을 이루어냅니다.

성도는 예수를 믿고 따르는 '작은 예수'입니다. 우리의 희생하는 사랑이 세상을 구원하는 사랑의 힘입니다. 예수님이 나를 위하여 십자가에 못 박혀 죽기까지 희생하신 사랑 때문에, 우리가 믿음을 갖고 살아갑니다. 그러므로 우리는 예수님의 희생하신 사랑으로 다른 사람도 우리와 함께 구원받아 믿음의 사람이 되도록 힘써야 합니다. 이것이 바로 영혼을 사랑하는 불타는 열정으로 복음을 전하는 희생입니다. 예수님은 십자가에 못 박혀 죽으신 십자가의 사랑으로 온 세상을 정복하셨습니다. 그리스도의 희생하는 사랑만이 가정을 세우고, 교회를 세우고(엡 4:16), 세계를 복음화합니다(행 1:8). 우리가 '희생'하는 사랑을 실천하는 것은 바로 그리스도의 고난에 동참하는 것입니다.

2. 사랑의 언어 둘째는 "믿음"입니다.

> 갈라디아서 5:6절, "그리스도 예수 안에서는 할례나 무할례나 효력이 없으되 사랑으로써 역사 하는 믿음뿐이니라."

▧ 이 말씀의 의미는 '우리가 할례라는 종교의식에 기대어 살려고 하는 순간, 그리스도에게서 떨어지며 은혜에서 떨어져나간 것입니다. 그리스도 예수 안에서는 종교적인 의무를 성실히 준수하거나 무시하거나 아무 차이가 없습니다. 중요한 것은 그보다 훨씬 내적인 것입니다. 그것은 다름 아

닌 사랑으로 역사하는 믿음입니다.'라는 뜻입니다.

"할례"는 난지 8일 만에 남자아이의 성기포피를 잘래내는 유대인의 의무적인 종교의식입니다.

신약에 와서 유대 그리스도인들 중에 외적인 할례를 구원의 조건으로 주장하는 사람이 나타나게 되었으나(행 15:1), 이에 대해 예루살렘 공의회에서는 할례가 구원의 조건이 아님을 명백히 했습니다(행 15:11, 19-21). 사도 바울은 오직 예수 그리스도로 인해 구원에 이르게 됨을 재천명하였습니다(갈 2:3-21). 그는 "그리스도 예수 안에서는 할례나 무할례나 효력이 없으되 사랑으로써 역사 하는 믿음뿐이니라."라고 우리에게 새로운 의미를 준 것입니다. 믿음의 원동력은 사랑입니다. 믿음은 사랑을 통해서 활동합니다. '아가페' 사랑이 역사하므로 이 믿음은 구원에 이르는 믿음이 됩니다.

▨ 여기서 "사랑으로써 역사하는 믿음(피스티스)"은 신뢰와 확신이라는 뜻이 있는데, 하나님을 향해서는 '구원에 이르는 믿음'(saving faith) 곧 확신이고, 인간을 향해서는 일반적인 믿음(general faith) 곧 신뢰(trust)와 신용입니다. "역사"(에네르게오)는 '힘'(energy)이란 뜻입니다. 헬라어에는 '힘'이란 말이 '듀나미스'와 '에네르게이아'가 있는데, '듀나미스'는 잠재하는 힘(potential power)이고, '에네르게이아'는 영향을 끼치는 힘(operative power)입니다.

"사랑으로써 역사한다"는 말은 사랑을 통하여 믿음이 활동하고, 작용하고, 만들고, 생산한다는 뜻입니다. 그러므로 사랑은 믿음의 원동력입니다. 사랑 없이 믿는 예수는 의식(儀式)에 빠지고 결국 예수 우상숭배가 되고 맙니다.

사랑은 믿음에 영향력을 끼치는 원동력으로써 믿음을 활성화시키는 위력이 있습니다. 신앙생활을 하게 하는 원동력은 사랑의 힘입니다. 믿음은 사랑의 힘으로 역사하고 일하고 활동합니다. 사랑이 있는 믿음에는 활기가 있고 생명력이 넘칩니다.

우리는 기독교의 본질은 '믿음'에 있음을 잘 압니다. 그러나 사랑은 믿음에 딸려오는 윤리적 요구정도로 이해하는 경향이 있습니다. 믿음은 우리의 구원을 위해 꼭 충족되어야하는 전제 조건으로 받아들이면서도, 사랑에 대해서는 그런 중요성을 부여하지 않습니다. 가장 중요한 것은 믿음이 사랑을 통하여 '역사' 즉 일하는 것입니다(갈 5:6). 믿음은 사랑을 통해서 일합니다. 믿음의 역사(살전 1:3)는 아가페 사랑을 통해서 일하게 하는 것입니다. 이렇게 믿음과 사랑은 융합되어있기 때문에 구원은 믿음에서 시작하지만 그 믿음은 반드시 사랑으로 이어져야 합니다. 사랑하며 사는 것은 구원이 확장되어가는 과정입니다. 구원의 현실이 여기 있습니다. 믿음이 사랑을 통하여 일할 때, 그리고 하나님에 대한 우리의 믿음이 서로 사랑, 이웃 사랑, 하나님 사랑으로 구체화 될 때, 그곳에서 천국은 시작됩니다. 이 같은 사랑으로 충만하다면 우리는 이미 천국을 살고 있는 것이며, 이렇게 사랑하기 위해 필요한 것은 믿음입니다(요 5:24, 요일 3:14).

3. 사랑의 언어 셋째는 "섬김"입니다.

> 갈라디아서 5:13절, "형제들아 너희가 자유를 위하여 부르심을 입었으나 그러나 그 자유로 육체의 기회를 삼지 말고 오직 사랑으로 서로 종노릇하라."

▓ 이 말씀은 '하나님께서 여러분을 자유로운 삶으로 부르셨다는 것은 틀림없는 사실입니다. 그러나 여러분은 그 자유를 방탕한 삶을 위한 구실로 삼지 마십시오. 여러분의 자유를 망치지 마십시오. 오히려 여러분의 자

유를 사랑 안에서 서로 섬기는 일에 사용하십시오. 그것이야말로 자유가 자라는 길입니다'라는 의미입니다(유진 피터슨, 메시지 신약).

▨ 사랑의 언어 "섬김"은 종이 되는 것입니다. 종은 주님을 섬기는 사람입니다. "오직 사랑으로 서로 종노릇하라"(둘유에테)는 말은 각자는 다른 존재이지만 "서로가 서로에게 노예가 되라. 예속시키라"는 뜻입니다. 서로 섬기라는 말입니다. 성령으로 충만한 사람은 사랑으로 서로 섬기는 사람입니다. 사랑하는 사람입니다. 진정한 자유는 사랑 안에서 서로 섬기는 일입니다. 육체적인 방종은 자유가 아닙니다. 우리의 자유를 사랑 안에서 서로 섬기는 일에 사용하면 자유의 축복을 누리게 됩니다.

요한복음 13:14-15절과 17절에서 예수님은 주님과 스승이지만 친히 종이 되어 제자들의 발을 씻으시고 섬김의 도를 말씀하십니다. "내가 주와 선생이 되어 너희 발을 씻었으니 너희도 서로 발을 씻어주는 것이 옳으니라 내가 너희에게 행한 것같이 너희도 행하게 하려 하여 본을 보였노라." "너희가 이것을 알고 행하면 복이 있으리라."

마태복음 20:28절에는 "인자가 온 것은 섬김을 받으려 함이 아니라 도리어 섬기려 하고 자기 목숨을 많은 사람의 대속 물로 주려 함이니라"고 말씀하십니다. 여기서 "구세군의 섬김의 리더십"(Servant leadership)이 생겼습니다.

▨ 사도 바울은 예수님의 '섬김의 사랑' 사상을 이어받아 "오직 사랑으로 서로 종노릇하라"(갈 5:13)고 명령합니다. '사랑의 종이 되라'는 말입니다. 성결의 교사로 불리는 로간 브렝글 부장은 "오직 사랑으로 서로 종노릇하라"는 바울 사상을 이어받아 "사랑의 종"(Servant of love)이란 책에서 "구세군인은 사랑의 종(love-slave)이 되어야 한다"고 역설하였습니다.

"종노릇"하는 것은 나의 인격보다 타인의 인격을 존경하는 마음으로 섬기는 태도입니다. 내 의지를 겸허하게 갖고 다른 사람을 주님같이 대하는 태도입니다. 우리가 자존심으로 사는 시대에 '섬기라,' '종이 되라'는 말은 받아드리기 힘든 교훈입니다. 그럼에도 불구하고 성경은 "하나님을 믿는 신앙 안에서 진정한 자유로운 삶을 살아가려면, 여러분의 자유를 사랑 안에서 서로 섬기는 일에 사용하라"고 말씀합니다(갈 5:13).

4) 사랑의 언어 "섬김"을 영어의 어원으로 살펴보면 매우 흥미롭습니다. 영어로 "섬기다"는 말은 "serve"입니다. 이 말을 근원으로 해서 나온 말 중에 "종"은 "servant"이고, 봉사는 "service"이고, 예배란 말도 "service"입니다. 그래서 사도 바울이 "오직 사랑으로 서로 종노릇하라"는 말씀 속에는 "서로 종이 되라, 서로 섬겨라, 서로 봉사하라, 서로 예배하라"는 깊은 뜻이 있다는 것을 깨닫게 됩니다.

베드로전서 4:11절에는 "만일 누가 말하려면 하나님의 말씀을 하는 것 같이 하고 누가 봉사하려면 하나님의 공급하시는 힘으로 하는 것같이 하라 이는 범사에 예수 그리스도로 말미암아 하나님이 영광을 받으시게 하려 함이니 그에게 영광과 권능이 세세에 무궁하도록 있느니라 아멘" 이라고 말씀하였습니다.

알버트 슈바이처 박사는 아프리카 원시림에서 흑인들 속에 묻혀 열심히 일하고 있었습니다. 한 방문객이 물었습니다. "당신과 같이 훌륭한 사람이 꼭 이렇게 고생스럽게 살아야 합니까?" 이때 슈바이처 박사는 "나를 동정적으로 보지 마십시오. 하나님의 손이 된다는 것이 얼마나 기쁜 일인지 아십니까?"라고 말하였습니다. 섬기는 사람은 "나는 하나님의 손이다"라는 자부심을 갖고 기쁨으로 일합니다. 나의 인격보다 타인의 인격을 존경하는 마음으로 섬깁니다. 내 의지를 겸허하게 갖고 다른 사람을 주님 같이 겸손히 대합니다. 내가 상대를 주님같이 대하면 바로 나는 그 사람의 주님

같이 존경받게 됩니다.

  5) 우리가 하나님을 믿는 신앙 안에서 진정한 자유로운 삶을 살아가려면, 우리의 자유를 사랑 안에서 서로 섬기는 일에 사용하면 세상이 치유됩니다. 신학자 하비 콕스는 섬김, 봉사(디아코니아)는 "세상을 치유하는 힘"이라고 했습니다. 우리의 "섬김"은 바로 사도 바울이 갈라디아서 5:13절 서두에서 "형제들아 너희가 자유를 위하여 부르심을 입었나니" 라고 말씀한 이유이기도 합니다.

4. 사랑의 언어 넷째는 "이웃 사랑"입니다.

> 갈라디아서 5:14-15절, "온 율법은 네 '이웃 사랑하기'를 네 자신 같이 하라 하신 한 말씀에서 이루어졌나니 만일 서로 물고 먹으면 피차 멸망할까 조심하라."

▪ 이 말씀은 '우리가 온 율법 곧 하나님의 말씀을 한 문장으로 요약하면, '네 자신을 사랑하듯이 다른 사람을 사랑하라'는 말입니다. 이것이 온 율법을 성취한 참된 사랑의 행위입니다. 만일 우리가 서로 물어뜯고 할퀴면, 얼마 못가서 서로가 파멸할 것이니 조심하십시오. 만일 그렇게 된다면 우리의 값진 사랑이 설 자리가 어디에 있겠습니까?'라는 의미입니다.

▪ "이웃 사랑"은 중요한 사랑의 언어입니다. 공관복음인 마태, 마가, 누가복음에는 큰 계명으로 "너희는 하나님을 사랑하라"(신 6:5), "네 이웃을 사랑하라"(레 19:18)고 말씀했고(마 22:39, 막 12:31, 눅 10:27), 요한복음 13:34절에는 "너희도 서로 사랑하라"는 "새 계명"을 말씀했습니다. 사도 바울도 예수님처럼 레위기 19:18절을 인용하여 "네 이웃 사랑하기를 네 자신과

같이 사랑하라"고 말씀하였습니다. "이웃"은 "가까이 살면서 서로 교통이 있으며, 서로에 대하여 어떤 책임감을 가지는 관계에 있는 사람"을 말합니다. 그러나 성경의 주된 관심은 우리의 이웃을 어떻게 대할 것인가에 있습니다.

▓ 누가복음 10:29-37절에서 율법사가 예수님께 "내 이웃이 누구입니까?"라고 묻습니다. 예수님은 한 예를 듭니다. "어떤 사람이 예루살렘에서 여리고로 내려가고 있는데, 강도의 습격을 받았습니다. 강도들은 옷을 빼앗고 때려 거의 죽게 해놓고는, 버려두고 가버렸습니다. 같은 길로 내려가던 권위 있는 제사장이 다친 사람을 보고는 비켜갔습니다. 경건한 레위사람이 나타났으나 부상당한 사람을 피해갔습니다. 같은 길을 가던 어떤 사마리아 사람은 죽어가는 사람을 보고는 가엾은 마음이 들어서, 가까이 다가가서 상처를 소독하고 붕대를 감아 응급조치를 한 뒤에, 그를 자기 나귀에 태워 여관으로 데려가 편히 쉬게 해주었습니다. 아침에 그는 은화 '데나리온' 두 개를 여관주인에게 주면서 '이 사람을 잘 돌봐주십시오. 비용이 더 들면 내 앞으로 계산해 두십시오. 내가 돌아오는 길에 갚겠습니다.'"라고 말했습니다(유진 피터슨).

예수님은 율법학자에게 묻습니다. "네 생각은 이 세 사람 가운데 누가 강도 만난 사람의 이웃이 되었겠느냐?" 율법학자는 "자비를 베푼 사람입니다."라고 대답했습니다. 예수님은 그에게 말씀하셨습니다. "너도 가서 똑같이 하여라."

예수님은 이웃에 대하여 두 가지 교훈을 주십니다. 첫째는, 우리가 만나는 사람이 어떤 사람이든지 그가 어떤 도움을 필요로 하는 사람이라면 그는 우리의 이웃이라는 것입니다. 둘째는, 우리는 이웃이 되어야 한다는 것입니다. 문제는 "누가 나의 이웃인가?"가 아니라 "내가 그들의 이웃인가?"

를 깨달아야 합니다.

▩ 사도 바울은 갈라디아서 5:14절(롬 13:9-10)에서 모든 그리스도인들에게 있어서 가장 중요한 것 중의 하나는 "네 이웃 사랑하기를 네 자신 같이 하라"는 것입니다.

"이웃"은 바로 "나"입니다. 세상은 나 혼자 살게 되어있지 않습니다. 함께 더불어 살게 되었습니다. 하나님은 아담과 하와를 지으셔서 서로의 협력관계를 갖고 살도록 하였습니다. 두 사람 이상이 모인 곳이 가정이고, 사회이고, 국가이고, 세계입니다. 그러기 때문에 이웃을 사랑하는 것은 바로 자기 자신을 사랑하는 것입니다.

이웃은 사랑의 대상인 동시에, 그 이웃은 바로 '나'가 될 때 "이웃 사랑"이 이루어집니다.

사랑은 나와 또 다른 나 이웃을 하나로 만듭니다. 사랑 안에서 하나 되게 합니다. 거기에 기쁨이 있고 평화가 있습니다.

5. 사랑의 언어 다섯째는 "열매"입니다.

> 갈라디아서 5:22절, "오직 성령의 열매는 사랑과 희락과 화평과 오래 참음과 자비와 양선과 충성과 온유와 절제니 이 같은 것을 금지할 법이 없느니라."

▩ 사도 바울은 "우리가 하나님의 방법대로 살면 과수원에 과일이 풍성히 맺히는 것처럼, 하나님께서 우리의 삶에 사랑을 비롯한 여러 가지 선물을 주실 것입니다."라고 말씀합니다.

"성령의 열매"는 사랑의 언어입니다. 사랑은 "성령의 열매"입니다. 열매는 결실과 성숙과 완성을 의미합니다. 성령의 9가지 열매 중에 사랑을 첫 머리에 둔 것은 하나님은 사랑이기 때문입니다(요일 4:8). 그리고 이들 중에 가장 위대한 것은 사랑이고(고전 13:13), 사랑은 완전하게 매는 띠이며(골 3:14), 율법의 완성(롬 13:10)이기 때문입니다. 사랑은 항상 성령의 9가지 열매 곧 "희락과 화평과 오래 참음과 자비와 양선과 충성과 온유와 절제"와 함께 공존 공생합니다. 사랑이 없으면 열매들이 무익하게 됩니다.

마태복음 7:19-20절에서 예수님은 "아름다운 열매를 맺지 아니하는 나무마다 찍혀 불에 던지느니라 이러므로 그들의 열매로 그들을 알리라"고 말씀하십니다. 과수원의 과수나무는 열매가 있을 때 가치가 있습니다.

▓ 사랑은 마지막을 장식하는 결실이고, 완성인 동시에 또 다른 열매의 시작을 의미합니다.

우리는 열매의 가치를 느낀다면 한 알의 사과 열매만 바라보고 먹어치우는 것이 아니라 사과 씨 속에 들어있는 씨 속에서 새롭게 태어날 수많은 열매가 맺힐 것을 바라보는 사랑의 비전을 갖습니다. 그래서 성령으로 말미암아 우리의 마음속에 부어주시는 하나님의 사랑은 "소망이 우리를 부끄럽게 하지 않습니다"(롬 5:5).

▓ 과수목이 열매를 맺기까지는 많은 고통이 따릅니다. 벌레를 이겨내고, 강풍을 이겨내고, 악조건의 기후를 이겨내고서 열매를 맺습니다. 이렇듯이 사랑의 열매는 고통과 질병과 죽음의 다리를 건너서 맺히게 되는 "열매"입니다. 이 사랑의 열매는 "율법의 완성"이고(롬 13:10), "그리스도의 법을 성취하는 것입니다"(갈 6:2). 이것은 또 다른 열매 '온전한 성결'의 표현이기도 합니다(고후 7:1).

중요한 것은 성령의 열매는 사랑으로 시작된 것처럼, 사랑은 성령으로 완성되었습니다. 사랑은 성령으로 말미암아 우리에게 부어주셨습니다(롬

5:5). 그래서 사랑은 "성령을 따라 행해져야 합니다"(갈 5:16, 25).

갈라디아서 6:8절에는 "...성령을 위하여 심는 자는 성령으로부터 영생을 거두리라"고 말씀합니다.

마치면서 말씀합니다.

사도 바울이 갈라디아서 6:1-10절에서 말씀한 "사랑의 실천방법 12가지"를 말씀합니다.

- "온유한 심령으로 죄를 범한 자를 바로 잡으라"(1절),
- "너 자신을 살펴보아 너로 시험받을까 두려워하라"(1절).
- "짐을 서로 지라."(2절).
- "그리스도의 법을 성취하라"2절).
- "아무것도 되지못하고 된 줄로 생각하며 스스로 속임(착각)에 빠지지 말라"(3절).
- "각각 자기의 일을 살피라"(4절).
- "각각 자기의 짐을 지라"(5절).
- "가르침을 받는 자는 말씀을 가르치는 자와 모든 좋은 것을 함께하라"(6절).
- "스스로 속이지 말라"(7절).
- "육체를 위하여 심는 자가 되지 말고 성령을 위하여 심는 자가 되라"(8절).
- "선을 행하되 낙심하지 말라"(9절).
- "기회 있는 대로 모든 이에게 착한 일을 하되 더욱 믿음의 가족들에게 하라"(10절).

이 같은 "12가지 사랑실천 방안"은 "5가지 사랑의 언어" 속에 모두 녹아져있습니다.

우리가 "5가지 사랑의 언어" 즉 희생, 신뢰, 섬김, 이웃 사랑, 성령의 열매를 실천하는 것은 무거운 짐이기에 지치면 안 됩니다. 우리가 포기하거나 중단하지 않아야합니다. 때가 되어 좋은 알곡을 거둘 것입니다(시 126:5). 시편 60:5절에 말씀하십니다. "주께서 사랑하시는 자를 건지시기 위하여 주의 오른 손으로 구원하시고 응답하소서." 그러므로 이제 기회가 있을 때마다 모든 사람의 유익을 위해 사랑을 힘쓰십시오. 믿음의 공동체인 우리 교회 안에 있는 가까운 사람들에게 부터 그 사랑을 시작하시기를 주님의 이름으로 축복합니다.

17
그리스도의 4차원의 사랑

에베소서 3장 14-19절

"이러므로 내가 하늘과 땅에 있는 각 족속에게 이름을 주신 아버지 앞에 무릎을 꿇고 비노니 그의 영광의 풍성함을 따라 그의 성령으로 말미암아 너희 속사람을 능력으로 강건하게 하시오며 믿음으로 말미암아 그리스도께서 너희 마음에 계시게 하시옵고 너희가 사랑 가운데서 뿌리가 박히고 터가 굳어져서 능히 모든 성도와 함께 지식에 넘치는 그리스도의 사랑을 알고 그 너비와 길이와 높이와 깊이가 어떠함을 깨달아 하나님의 모든 충만하신 것으로 너희에게 충만하게 하시기를 구하노라."

임정희 시인은 "한맥문학"을 통해 등단하면서 "아가페 사랑"이란 시를 썼습니다.

"사랑의 비타민! 기쁨! 행복! 아가페 비타민 사랑! 어디가면 살 수 있나요. 병원가도 없어요. 약국가도 없어요. 오직 교회가면 하나님이 주실 거예요."

진정 기쁨과 행복을 주는 사랑의 비타민 "아가페 사랑"은 돈으로 살 수 없습니다. 병원가도 없고, 약국가도 없습니다. 오직 교회 오면, 이 세상의 모든 것들 중에 "더욱 크고, 가장 좋고, 제일 위대한 아가페 사랑을 하나님이 선물(은사)로 거저주십니다(고전 12:31, 13:13).

오늘은 에베소서에 있는 사랑, "그리스도의 4차원의 사랑"으로 은혜를 나누고자 합니다.

에베소서는 사도 바울이 그리스도인이 된지 30년 정도 되었을 때, 주후 61년경 로마에서 2년 동안 투옥기간에 쓴 옥중서신입니다. 그때 사도 바울은 실제 감옥에 있었던 것이 아니고 재판을 기다리는 동안 최소한의 감시만 받는 가택연금 상태였습니다. 그래서 죄수신분이기는 했어도 자유롭게 방문객들을 만나고 편지를 쓸 수 있었습니다(행 28:16). 그리고 2년 동안 자기 셋집에 유하면서 자기에게 오는 사람들을 영접하고 담대히 하나님 나라를 전하며 주 예수 그리스도에 관한 것을 가르칠 수 있었습니다(행 28:30,31).

사도 바울은 로마감금상태에서 옥중서신으로 알려진 네 개의 편지 에베소서, 빌립보서, 골로새서, 빌레몬서를 썼습니다. 그중에 에베소서는 그가 로마감금 초기에, 전에 3년 동안 함께 살며 사역하였던 에베소 교회의 "그리스도 예수를 믿는 성도들"에게 성령의 감동하심을 받아 써 보낸 편지입니다(엡 1:1). 에베소서는 사랑으로 가득 찬 편지이기도 합니다.

감금 전에 사도 바울은 에베소에 두 번 방문하였습니다. 첫 번째는 짧은 기간 동안 회당에서 유대인들과 변론이 있었습니다(행 18:19-21), 두 번째 방문 때에는 12명의 세례 요한의 제자들이 성령 받음을 시작으로, 두란노라는 사람에게서 강의실을 빌려 매일 오후에 성경을 가르침으로 3년 동안 머물면서 에베소를 소아시아 전 지역에 복음을 전하기 위한 중심지로 삼아 사역을 하였습니다(행 19:1-10). 그가 에베소 교회를 떠날 때는 고별설교를 할 때 함께 무릎 꿇고 기도하며 크게 울며 전송하였습니다(행 20:17-38). 이 같은 상황을 통해 우리는 에베소서에 담긴 사도 바울의 친밀감에서 외친 사랑의 메시지를 느껴볼 수 있습니다. 에베소서는 사랑으로 가득한 사랑의 편지입니다.

사도 바울은 편지 서두에서 그리스도인은 누구이고, 어떻게 살아야하는가를 말하면서, '그리스도의 사차원의 사랑'을 말씀하고 있습니다.

1. 그리스도인은 누구입니까? 사도 바울은 두 가지를 말합니다.

▨ 에베소서 1:1절에서, "에베소에 있는 성도들과 그리스도 예수 안에 있는 신실한 자들에게 편지하노니"라고 말씀합니다.

사도 바울은 그리스도인들을 좁은 의미로 "성도들"(하기오이스)이라 부르고, 넓은 의미로 "신자들"(피스토이스)이라고 부릅니다. 성도는 "거룩히 구별된 자"란 뜻이고, 신자는 "그리스도 예수를 믿는 자"란 뜻입니다. 우리는 나 자신이 '성도'이고, '신자'인 것을 확신하게 될 때, 거룩하게 구별된 "성도"로써, 그리스도 예수를 믿는 "신자"로써 하나님 앞에서 그 이름같이 성실하게 살아갈 수 있습니다.

▨ 에베소서 1:3절에는 "성도"의 위치를 말합니다.

"찬송하리로다 하나님 곧 우리 주 예수 그리스도의 아버지께서 '그리스도 안에서' 하늘에 속한 모든 신령한 복을 우리에게 주시되."라고 합니다.

사도 바울은 성도의 위치를 이상적인 영적 현실의 관점에서 "하늘에 속한 모든 신령한 복을 받은 자"라고 말합니다. 우리는 "하늘에 속한 자"로서 천국백성인 동시에 "신령한 복" 곧 영적 축복을 받은 자들인 것을 감사하며 살아야 합니다.

2. 성도는 어떻게 살아야 합니까? 사도 바울은 세 가지를 말씀합니다.

▨ 성도는 성결한 삶을 삽니다.

에베소서 1:4절에, "곧 창세전에 '그리스도 안에서' 우리를 택하사 우리로 '사랑 안에서' 그 앞에 거룩하고 흠이 없게 하시려고"라고 말씀합니다.

하나님은 그리스도 안에서 우리를 '사랑 안에서' 하나님 앞에 거룩하고 흠이 없는 사람이 되게 하셨습니다(살전 5:23). 우리는 하나님이 그리스도의 구속의 은혜로 주신 사랑 안에서 거룩하고 흠이 없는 성결 된 삶을 살아야 합니다. 성결은 사랑이고, 성도는 사랑의 사람입니다.

▩ 성도는 하나님께 영광을 돌리며 찬송합니다.

에베소서 1:6절에, "이는 그가 '사랑하시는 자 안에서' 우리에게 거저 주시는 바 그의 은혜의 영광을 찬송하게 하려는 것이라."고 말씀합니다.

하나님은 성도가 '사랑하시는 자 곧 그리스도 안에서' 하나님의 은혜의 영광을 찬송하게 하셨습니다. 우리는 하나님이 사랑하시는 아들 예수 그리스도 안에서 우리에게 거저주신 하나님의 영광스러운 은혜를 찬송하며 신앙생활을 해야 합니다.

▩ 성도들이 성결한 삶을 살고, 하나님을 찬송해야 하는 이유가 있습니다.

에베소서 2:4-5절에, "긍휼이 풍성하신 하나님이 우리를 사랑하신 그 큰 사랑을 인하여 허물로 죽은 우리를 그리스도와 함께 살리셨고 너희는 은혜로 구원을 받은 것이라"고 말씀합니다.

성도는 긍휼이 풍성하신 하나님이 그 크신 사랑으로 말미암아 허물로 죽은 우리를 그리스도와 함께 살려주셨기 때문입니다. 여기서 우리는 중요한 두 단어를 생각해 봅니다. 하나는 "그리스도 안에서"(엔 크리스토, 13회)이고, 또 하나는 "사랑 안에서"(엔 아가페, 6회)라는 말입니다. 이 두 말은 두 사람이 매우 가깝게 지내고 친하게 지낼 때, 그리고 서로 사랑하며 그 한 쪽에 대해 마음이 쏠려있을 때 두 사람이 서로 그 사람 속에 감싸여있는 상태를 의미합니다.

하나님의 사랑은 '그리스도 안에서' 인간을 만나고 인간은 '그리스도의 사랑 안에서' 하나님을 만납니다. 이런 일치되는 관계를 통해서 그리스도와 그리스도인이라는 두 인격이 서로 사랑의 결속으로 하나의 공동체가 됩니다. 그래서 그리스도와 성도는 원줄기와 가지의 관계를 하나로 이루고 있습니다. 이 같은 사도 바울의 말씀을 통해서 보면, 우리는 하나님의 구원하시는 "사랑" 때문에 "성도"가 되었고, 사랑 때문에 "하늘에 속한 신령한 복"을 받습니다. 우리는 그 사랑 때문에 "거룩한" 삶을 살게 되고, 사랑 때문에 "은혜와 영광을 찬송"하게 됩니다.

3. 그리스도의 4차원의 사랑 의미

▦ 에베소서에는 사도 바울의 기도가 두 번 나오는데, 첫 번째 기도는 1:15-19절이고, 두 번째 기도는 3:14-19절입니다. 그는 기도 중에서 "그리스도의 사랑"을 말씀하고 있습니다.

첫 번째 기도는 에베소 교회의 믿음과 사랑의 소식을 듣고 기도합니다.

> 에베소서 1:15-19절, "이로 말미암아 주 '예수 안에서' 너희 믿음과 모든 성도를 향한 '사랑'을 나도 듣고 내가 기도할 때에 기억하며 너희로 말미암아 감사하기를 그치지 아니하고 우리 주 예수 그리스도의 하나님, 영광의 아버지께서 지혜와 계시의 영을 너희에게 주사 하나님을 알게 하시고 너희 마음의 눈을 밝히사 그의 부르심의 소망이 무엇이며 성도 안에서 그 기업의 영광의 풍성함이 무엇이며 그의 힘의 위력으로 역사하심을 따라 믿는 우리에게 베푸신 능력의 지극히 크심이 어떠한 것을 너희로 알게 하시기를 구하노라."

에베소교회는 "사랑으로 역사하는 믿음"(갈5:6)이 강한 교회였습니다. 사도 바울은 감금상태에 있으면서도 에베소교회 성도들의 믿음과 사랑의 소식을 듣고, 3년 동안 사명을 다해 가르치고 전도하며 치유하는 사명을 다해 땀과 눈물로 사역하였던 것을 기억하며 기도하였습니다. 그리고 믿음과 사랑가운데 뿌리를 내려 발전해가는 교회를 생각하며 하나님께 끊임없이 감사하였습니다.

두 번째 기도는 그리스도의 4차원적 사랑을 알게 하시기를 위해 기도합니다.

> 에베소서 3:14-19절, "이러므로 내가 하늘과 땅에 있는 각 족속에게 이름을 주신 아버지 앞에 무릎을 꿇고 비노니 그의 영광의 풍성함을 따라 그의 성령으로 말미암아 너희 속사람을 능력으로 강건하게 하시오며 믿음으로 말미암아 그리스도께서 너희 마음에 계시게 하시옵고 너희가 사랑 가운데서 뿌리가 박히고 터가 굳어져서 능히 모든 성도와 함께 지식에 넘치는 그리스도의 사랑을 알고 그 너비와 길이와 높이와 깊이가 어떠함을 깨달아 하나님의 모든 충만하신 것으로 너희에게 충만하게 하시기를 구하노라."

▒ 기도하는 모습입니다.

> "내가 하늘과 땅에 있는 각 족속에게 이름을 주신 아버지 앞에 무릎을 꿇고 비노니"(3:14,15).

사도 바울은 유대인 풍습대로 서서 기도하지 않고, 위대하신 하나님 아버지 앞에 겸손한 태도로 무릎을 꿇음으로 하나님의 은혜에 응답하는 모습으로 기도합니다.

성도된 우리는 하나님 앞에 어떤 태도로, 무엇을, 어떻게 기도해야 할 것인가를 생각하게 됩니다. 주님 앞에 모든 것을 내려놓고 겸손히 무릎 꿇는 마음의 태도로 기도해야 합니다.

▧ 사도 바울은 에베소 교회 성도를 위해 4가지 내용으로 기도합니다.

첫째, 성도들의 '속사람'이 성령의 능력으로 강건하기를 기도합니다. "그의 영광의 풍성을 따라 그의 성령으로 말미암아 너희 속사람을 능력으로 강건하게 하시오며"(3:16).

"속사람"은 인간의 존재인 마음, 혼, 영을 말합니다. 하나님은 우리 성도들의 속사람 곧 마음과 혼과 영이 성령의 능력으로 항상 강하게 하여 주십니다.

둘째, 성도들의 마음에 그리스도가 안주(安住)하기를 기도합니다. "믿음으로 말미암아 그리스도께서 너희 마음에 계시게 하시옵고"(3:17).

"마음에 계시게 하다"는 말은 "마음에 오랫동안 거주 한다"는 뜻입니다. 그리스도께서 우리 마음에 거주하시는 것은 믿음으로 말미암아 가능합니다. 우리는 예수 그리스도를 믿음으로 말미암아 성령을 받기 때문에(갈 3:2, 14, 엡 1:13) 그리스도는 성령을 통해 우리 마음에 오랫동안 거주하십니다(요일 3:24, 4:13). 하나님은 우리가 마음의 문을 열고 믿음으로 그리스도를 모셔 들임으로써 주님이 우리 안에 오랫동안 살게 하여 주십니다.

셋째, 성도들이 그리스도의 사랑을 알기를 기도합니다. "너희가 사랑 가운데서 뿌리가 박히고 터가 굳어져서, 능히 모든 성도와 함께 지식에 넘치는 그리스도의 사랑을 알고"(3:17-18).

"뿌리가 박히고"는 '견고하게 서있다'는 뜻이고, "터가 굳어졌다"는 말은 '튼튼한 기초를 놓다' 는 뜻입니다. 그리고 "지식에 넘치는 그리스도의 사랑"은 지식보다 월등히 뛰어난 '하나님의 사랑'이란 뜻입니다. 그리스도의 사랑은 이론적으로는 도저히 설명할 수 없고, 오직 경험으로써만 그 사랑을 알 뿐입니다(고전 8:1). 하나님은 성도들이 사랑 위에 두 발로 굳게 서서, 인간의 관찰과 경험에 의해서 알게 되는 유한된 지식으로는 도저히 헤아릴 수 없을 만큼 탁월하게 뛰어난 '아가페' 사랑을, 그리스도와 친히 사귀고 만나보고 체험해서 느끼고 깨닫는 그리스도인이 되게 하십니다.

넷째, 성도들이 '그리스도의 사차원의 사랑'을 깨닫기를 기도합니다. "그 너비와 길이와 높이와 깊이가 어떠함을 깨달아 하나님의 모든 충만하신 것으로 너희에게 충만하게 하시기를 구하노라"(3:19).

▒ 사도 바울은 성도들이 '그리스도의 4차원의 사랑'을 알게 되기를 기도합니다. 그리스도의 사랑은 얼마나 넓고, 얼마나 길고, 얼마나 높고, 얼마나 깊은지 아무도 모릅니다. 그래서 우리는 그리스도의 4차원적 사랑의 정도를 결코 완전히 깨닫지 못합니다. 그러나 사도 바울은 이 구절의 기도를 통해서 그리스도의 4차원적 사랑의 범위를 암시해줍니다.

1차원의 사랑에서, 그리스도의 구원의 "너비"를 말씀합니다. 그리스도의 사랑의 폭은 전 인류에게 미치고 있습니다. 그 "너비"가 미치는 범위에서는 예수님의 사랑은 전 세계, 모든 시대, 모든 인종, 모든 인간을 포함하고 있습니다. 이 사랑은 악의 길에서 방황하는 사람들까지 덮어주고 있습니다.

2차원의 사랑에서, 그리스도의 구원의 "길이"를 말씀합니다. 그리스도의 사랑의 "길이"는 영원에서부터 영원까지입니다. 한 인간의 출생에서부터 죽음에까지 확장되고 있습니다. 그 "길이"가 미치는 한도까지 그리스도의 사랑은 십자가를 지시고 죽기까지 유순하셨습니다. 이 사랑은 하늘을 향해가는 도상에서 분투하는 사람들을 덮어주고 있습니다.

3차원의 사랑에서, 그리스도의 구원의 "깊이"를 말씀합니다. 그리스도의 사랑의 "깊이"는 측량할 수 없을 만큼 깊습니다. 그것을 위해서 그리스도는 죽음을 경험하기까지 내려가셨습니다. 사랑의 "깊이"는 지옥에 떨어질 수밖에 없는 가장 사악한 죄인을 포함할 수 있도록 깊습니다. 이 사랑은 도덕적으로 인간의 타락 그 밑창까지 미칩니다.

4차원의 사랑에서, 그리스도의 구원의 "높이"를 말씀합니다. 그리스도의 사랑의 "높이"는 가장 포악한 원수, 교만 된 인간에까지 미치는 것은 말할 것도 없습니다. 직위에 있어서 인간 중에 가장 높은 위치에 있는 통치자, 신격화시키는 자에게까지 미치고 있습니다.

▦ 하나님은 성도들이 '그리스도의 4차원의 사랑'에서, 그리스도의 사랑의 "넓이"를 경험해보고, 그 사랑의 "길이"를 재어보고, 그 사랑의 "깊이"를 측량해보고, 그 사랑의 "높이"까지 올라가게 하십니다. 그러므로 우리가 그리스도의 사랑이 어떠한 것인지를 깨달음으로, 하나님의 충만하심 안에서 충만해져, 하나님의 사랑으로 충만한 삶을 살게 하여 주십니다.

여기서 중요한 것은 "그리스도의 4차원의 사랑"은 구원에 초점을 두고 있습니다. 모든 시대와 상황에 있어서 전 인류를 포괄하고 있습니다. 그것은 교회가 전 인류의 복음화를 위한 하나님 선교의 기초를 준비하는 것입니다(요 3:16).

이 같은 "그리스도의 4차원의 사랑"은 십자가에서 완성되었습니다. 십자가는 종적으로는 위로 하나님과 아래로 죄 된 인간, 그리고 횡적으로는 좌우로 인간과 인간 사이의 관계를 화해시켰습니다. 십자가는 하나님의 사랑과 이웃사랑을 하나로 완성시켰습니다.

이렇게 볼 때 "그리스도의 사랑"의 범위 밖에 있는 사람은 하나도 없습니다. 그리스도가 가지 못할 장소는 한 곳도 없습니다. "그리스도의 사랑"이 한 사람을 구원하기 위해 하지 못할 일 은 하나도 없습니다. 이와 같은 "그리스도의 사랑"은 지식을 초월한 사랑입니다. 그 사랑을 받아드리는 사람에게 하나님은 자신의 생명을 가득 채워주시는 사랑입니다. 하나님은 온 세상의 인종, 성별, 연령, 계층 등을 초월하여 인간과 생태계에 이르는 '세상'을 사랑하십니다.

마치면서 말씀합니다.

사랑(아가페)의 길은 우주를 통달하는 "가장 좋은 길"입니다. 그 길은 하나님이 세상을 지극히 사랑하셔서 독생자 예수를 세상에 보내시어 십자가에 죽게 하심으로 죄로 멸망할 세상을 구원하신 '하나님의 사랑'의 길입니다(요 3:16-17). 그 길은 예수 그리스도의 '사차원의 사랑'의 길입니다(엡 3:16-19). 그 사랑은 '넓어' 우주공간을 덮습니다. 그 '길이'는 과거 현재 미래를 넘어 영원합니다. 그 '높이'는 하나님 나라에 이릅니다. 그 '깊이'는 지옥에 미칩니다(벧전 3:18-19). 또한 그 사랑의 길은 '은혜의 길'입니다. 그리스도인들이 복음을 증언하기 위해 생명을 투자할 만한 강력한 사명(mission)의 길입니다(행 20:24). 그 길은 '성령님이 부어주시는 소망의 길'입니다. 우리의 마음을 실망시키지 않고 희망을 주는 길입니다(롬 5:5). 이 길은 '그리스도의 몸'인 교회'가 남편과 아내로서의 유기체로서 '사랑'과 '존경'이 융합된 행복한 길입니다(엡 5:22-33).

우리는 어디에서 그리스도의 4차원적 사랑을 경험할 수 있습니까?

에베소서 3:18절에 "능히 모든 성도와 함께 지식에 넘치는 그리스도의 사랑을 알라"고 말씀하였습니다. 우리는 이웃 교회의 모든 성도와 함께 "그리스도의 4차원의 사랑"을 발견하고 경험할 수 있습니다. 우리는 그리스도의 사랑 안에서 예배, 교육, 친교, 봉사, 선교하는 사역의 사귐 속에서 구원하시는 하나님의 사랑을 발견하고 경험할 수 있습니다. 건강한 교회는 '하나님의 백성들'이 그리스도의 사랑 속에서 하나님의 "신령한 축복"을 받으며 사랑으로 교제하며 기쁘고 행복한 삶을 살도록 합니다.

이 시간 하나님께서 죄 된 우리를 용납하시고 용서하시고 구원해 주시는 은혜로 "그리스도의 4차원의 사랑"을 체험하므로 하나님의 사랑충만이 우리의 마음속에 채워지기를 주님의 이름으로 축복합니다. "우리 가운데 일하시는 하나님께서는 우리가 구하고 생각하는 것보다 훨씬 더 많은 것을 채워주실 것"을 믿습니다(엡 3:20).

18
사랑의 힘으로 삶을 세우라

에베소서 4장 15-16절

"오직 사랑 안에서 참된 것을 하여 범사에 그에게까지 자랄지라 그는 머리니 곧 그리스도라 그에게서 온 몸이 각 마디를 통하여 도움을 받음으로 연결되고 결합되어 각 지체의 분량대로 역사하여 그 몸을 자라게 하며 사랑 안에서 스스로 세우느니라."

에베소서는 사도 바울이 로마감옥 속에 갇혀있는 동안에 기록했습니다 (엡 3:1, 4:1, 6:20-22). 그리고 거의 같은 시기에 옥중서신들인 골로새서, 빌립보서, 빌레몬서를 기록했습니다. 에베소서는 두기고에 의해 아시아 지방으로 전해졌습니다 (엡 6:21-22). 사도 바울은 주후 62년에 로마 감옥에 투옥되었다가 64년에 잠시 석방되었으나, 다시 그해 재 투옥되어 65년에 감옥 속에서 순교당한 것으로 전해지고 있습니다. 에베소서는 62-63년경에 기록되었습니다.

오늘은 에베소서에서 "사랑의 힘으로 삶을 세우라"는 말씀으로 은혜를 나누고자합니다.

에베소서는 그리스도 안에서 '사랑의 힘'으로 교회가 성숙해지고, 그리스도인들이 성숙한 신앙생활이 건설될 것을 말씀합니다. "사랑의 힘"에 관하여 세 가지로 말씀드립니다.

1. "사랑의 힘"은 하나님이 주신 위대한 선물입니다.

▓ 여름에 어느 곤충학자가 개미를 관찰하였습니다. 개미 한 마리가 죽은 메뚜기를 끌고 가는 것을 봅니다. 놀라운 것은 그 개미가 자기 몸무게의 60배나 되는 것을 끌고 있었습니다. 70kg의 사람과 비교해 보면 그 사람은 4,2톤의 짐을 끌 수 있었다는 얘기입니다.

사람은 그런 짐을 끄는 것보다 더 큰 일을 할 수 있도록 창조되었습니다. 하나님은 세상을 더욱 살기 좋은 곳으로 변화시킬 수 있는 힘을 우리 인간에게 주셨습니다. 하나님이 우리 인간에게 주신 이 위대한 선물은 바로 '사랑의 힘'입니다.

우리는 사랑의 위력을 어머니에게서 봅니다. 흔히 말하기를 "여성은 약하나 어머니는 강하다"고 합니다. 그러나 평상시는 어머니의 사랑의 위력을 모릅니다. 하지만 자식이 아프거나 가정에 위급한 일이 닥칠 때 그것을 이겨내려는 강력한 의지에서 어머니의 위력을 느끼게 됩니다. 그 위력이 바로 가족을 사랑하는 어머니의 '사랑의 힘'입니다.

어떤 농촌에서 한 아들이 아버지 일을 돕기 위해 경운기에 비료를 가득 싣고 밭으로 나갑니다. 좁은 농토 길을 가다가 그만 뚝 밑으로 경운기가 뒤집혔습니다. 아들은 무거운 경운기와 비료더미 밑에 깔렸습니다. 아버지가 이 사고를 보고 급히 뛰어가서 무서운 힘으로 경운기의 안쪽을 밀어 올려놓고 구급차를 불렀습니다. 아버지는 구급차가 올 때까지 아들에게 인공호흡을 시켰습니다. 아버지의 키는 1,68센티, 몸무게 74kg, 나이 42세였습니다. 의사는 아버지가 초인간적인 힘을 냈다고 했습니다. '초인간적인 힘,' 그것은 바로 아버지가 아들을 살리겠다는 순간적인 감정에서 솟구친 가장 강력한 '사랑의 힘'이었습니다.

아버지의 사랑의 힘은 그때만 일어난 순발력이 아니었습니다. 그 힘은 그런 일이 있기 이전에도 존재해 있었고, 이 후에도 존재하고 있었다는 사실입니다. 중요한 것은 아버지가 그 힘을 이끌어 낸 것은 아들을 사랑하는 아버지의 강한 '사랑의 감정'이었습니다.

우리는 평상시에 사랑의 힘을 느낄 수 없습니다. 우리가 힘이 없어서 느끼지 못하는 것이 아닙니다. 우리 안에는 하나님이 주신 무한의 힘이 있습니다. 사랑의 힘은 마치 땅 속에 묻어놓은 지하자원 같이 우리 속에 무한이 있습니다.

▧ 문제는 우리가 그 사랑의 힘을 어떤 동기로 해서 끄집어내느냐? 그 힘을 "누가 언제 어디서 어떻게 '발동'시키느냐" 하는 것이 중요한 관건(열쇠)입니다.

우리는 머리가 나빠서 공부 못하는 사람은 한 사람도 없습니다. 문제는 공부할 수 있는 머리를 가지고 있음에도 불구하고 공부할 수 있는 힘, 잠재력을 발동시키지 못하기 때문입니다. 그러나 공부에 관심을 갖고, 어떤 목표를 세우고, 그 일에 애착을 갖는다면, 그 관심과 목표에 대한 애착이 그의 잠재력을 일깨워서 능력을 개발하고, 열중하는 마음이 생겨나서 급기야 좋은 수재로 만들 것입니다.

우리는 살아가면서 실패할 수는 있습니다. 그러나 우리는 결단코 실패 속에 빠져 살 수는 없습니다. 하나님은 우리에게 성공할 수 있는 힘을 주셨습니다. 문제는 우리가 어떤 사업을 하 던지, 어떠한 일을 하든지, 자기가 하는 일에 얼마나 관심을 갖고 부단히 정열을 쏟느냐, 피땀을 흘려 노력하느냐가 중요합니다. 그 일에 대한 관심, 목적에 대한 열정, 이것이 바로 강한 '사랑의 감정'입니다. 그러기에 우리 그리스도인들이 '안일무사주의'적인 생각으로 편안하고 한가하며 모든 일에 말썽 없이 무난히 지내려는 소극적이고 안일한 태도를 갖고 요행과 요령으로 살아가려고 하는 태도는 결코 금물입니다(잠 1:32, 엡 5:15-16).

▨ 하나님은 우리에게 '꿈과 비전'을 주셨습니다.

요엘 2:28절, "그 후에 내가 내 영을 만민에게 부어 주리니 너희 자녀들이 장래 일을 말할 것이며 너희 늙은이는 꿈을 꾸며 너희 젊은이는 이상을 볼 것이며"(행 2:17).

만일 우리가 하나님이 주신 자기의 재능을 묻어버리고 아무 일도 하지 않고 현재의 삶을 탓하면서 자기 속에 감금되어 있다면 그것은 '절망'하고 있는 것입니다. 그러한 사람은 철학자 키에르케고르가 말한바 "죽음에 이르는 병" "절망"을 앓고 있는 사람입니다. 그는 자기 생애를 발전시켜 나가지 못합니다. 그러나 예수님은 요한복음 11:4절에서 말씀하십니다. "이 병은 죽을병이 아니라 하나님의 영광을 위함이요 하나님의 아들이 이로 말미암아 영광을 받게 하려 함이라." 때로 우리의 실패, 절망, 고통은 하나님의 영광을 위한 기회가 됩니다. 그래서 예수님은 이어서 요한복음 11:25절에서 나사로의 주검 앞에서 말씀하십니다. "나는 부활이요 생명이니 나를 믿는 자는 죽어도 살 것이다."

우리에게 '절망'은 삶의 걸림돌임에는 틀림없습니다. 그러나 '사랑의 힘'은 걸림돌을 디딤돌로 만들어 앞으로 나아가게 하는 무한의 추진력을 갖고 있습니다. 키에르케고르는 말하기를 "절망이 아니고서는 종교적 실존도 구원도 없으며, 인간은 여러 가지 절망을 거친 후에야 바로서 자기 자신이 원래 가지고 있었던 힘으로 돌아간다."고 했습니다. 그러기에 우리는 오히려 실패를 각오하고 기꺼이 모험을 시도해보려는 "신앙에의 용기"(폴 틸리히)가 있는 사람은 사랑의 감정으로 묻혀있는 내면의 힘을 끄집어내는 동기유발의 사람이 될 수 있습니다. 사랑은 힘(power)입니다. 사랑의 힘은 살리는 힘입니다. 변화케 하는 힘입니다. 용서하는 힘입니다. 치료하는 힘입니다. 싸매주는 힘입니다. 용기와 희망으로 실천하게 하는 능력입니다.

2. '사랑의 힘'의 충전소는 교회입니다.

▨ 우리는 "그리스도의 몸" 된 '교회' 안에서 성령을 통해 '사랑의 힘'을 충전 받습니다(롬 5:5). 에베소서는 교회의 본질과 기능을 강조합니다. 놀라운 것은 이 서신의 교회는 헬라어로 교회란 말 "에클레시아"는 지역교회가 아니라, 오직 "우주적 교회"를 가리키는 말로 사용되고 있습니다(엡 1:22, 3:10.21, 5:23,24,25,27,29,32).

▨ 사도 바울은 교회의 구조를 머리, 몸, 지체로 표현합니다. 교회는 '유기체'적인 조직체이고, 고정되어있는 건물이 아니라 살아 움직이는 기능을 갖게 된 조직형태입니다.

에베소서 1:22절에서 "그리스도는 교회의 머리"가 되십니다(엡 4:15). 하나님은 만물위에 교회의 머리로 그리스도를 임명하셨습니다. 그리스도가 우주적 교회의 머리가 되심으로 만물을 다스리시고, 또한 그리스도는 교회의 머리가 되시는 그 지위로 만물가운데 모든 것을 주관하십니다.

▨ 에베소서 1:23절에서 "교회는 그리스도의 몸"입니다(엡 4:12). 그리스도의 몸 된 교회가 살아가는 3가지 방법이 있습니다.

첫째, 몸은 숨을 쉬어야 생명력이 있습니다. 교회의 숨은 힘찬 기도와 찬송입니다(시 150:6).

둘째, 몸은 양식을 먹어야 성장합니다. 교회의 양식은 뜨거운 성서말씀과 설교말씀입니다.

셋째, 몸은 활동해야 건강합니다. 교회의 활동은 그리스도인의 기본신앙생활인 예배(예전), 교육(가르침), 친교(나눔), 봉사(섬김), 선교(전도)입니다. 이것은 "마음을 다하고 목숨을 다하고 뜻을 다하고 힘을 다하여 주 하나님을 사랑하는" 표현방식입니다(막 12:30).

▣ 에베소서 4:11절에서 그리스도의 몸인 교회의 지체는 "사도, 선지자, 복음전하는 자, 목사, 교사"입니다. 바로 사관, 하사관, 주교사, 군우병사들이 그리스도의 몸의 지체입니다.

중요한 것은 에베소서 4:12절에 보면, "성도"를 '그리스도의 몸의 지체'로 삼으신 목적이 세 가지가 있습니다.

첫째는, "성도를 온전하게 하려는 것입니다." "온전하게 한다"는 말은 부러진 뼈를 고정시키는 것과 같이 바로잡는 것, 훈련으로 신앙심을 회복시켜서 완전하게 하는 것을 의미합니다.

둘째는, 성도를 "봉사의 일을 하게 하려는 것입니다." "봉사"는 "사회를 치유하는 것"입니다.

셋째는, 성도를 "그리스도의 몸인 교회를 세우게 하려고 하는 것입니다." 교회의 발전은 곧 하나님의 나라를 확장시키는 것입니다.

"그리스도의 몸 된 교회의 성도들은 "온전하게 되고, 봉사의 일을 하고, 그리스도의 몸을 세우기 위해서, 사랑을 보여 주며, 하나님이 주신 은사들을(롬 12장, 고전 12장) 여러 면으로 나타내어 실천할 때, 교회는 스스로를 "사랑으로 역사하는 믿음 안에서"(갈 5:6) 세워집니다.

그리고 주변 지역사회에 그리스도의 사랑을 가지고 다가가서 다른 사람들을 교회 안으로 이끌어 들일 때, 교회는 자기 스스로를 세웁니다.

3. '사랑의 힘'으로 교회가 성숙해지고 성도의 삶을 세웁니다.

사도 바울은 우리가 '사랑의 힘'으로 교회를 세우고, 성도의 삶을 세우기 위해서는 "사랑 안에서" 4가지 실천행동이 필요하다고 말씀합니다. "사랑 안에서"(엔 아가페)란 말씀에 몰두하기 바랍니다.

▨ 우리는 "사랑 안에서" 믿음의 뿌리가 박히고 터가 굳어져야합니다.

에베소서 3:17절, "믿음으로 말미암아 그리스께서 너희 마음에 계시게 하시옵고 너희가 '사랑 가운데서' 뿌리가 박히고 터가 굳어져서."

뿌리 깊은 나무는 흔들리지 않습니다. 또한 반석위에 세운 집은 "비가 내리고, 홍수가 나고, 바람이 불어서, 그 집에 들이 치지만 무너지지 않습니다"(마 7:25).

▨ 우리는 "사랑 안에서" 서로 용납해야합니다.

에베소서 4:2절, "모든 겸손과 온유로 하고 오래 참음으로 사랑가운데서 서로 용납하고."

"용납"은 용서를 뜻합니다. 다른 사람의 허물이나 잘못에 대하여 앙갚음을 하지 않고 오래 참음의 사랑으로 기꺼이 용서해야 합니다. '용서는 상처를 치유하는 사랑입니다'(단 해밀턴).

▨ 우리는 오직 "사랑 안에서" 참된 것을 해야 합니다.

에베소서 4:15절, "오직 '사랑 안에서' 참된 것을 하여 범사에 그에게까지 자랄지라 그는 머리니 곧 그리스도라." 사랑은 정직하고 성숙합니다. 성숙한 그리스도인은 사랑 안에서 진리를 말합니다. 신자들은 "진리이신"(요 14:6) 그리스도를 닮아, 진리의 영이신 성령에 의해(요 16:13) 강건해져야 합니다. 이것이 그리스도의 완전한 성숙에까지 이르는 길입니다.

▨ 그리스도의 "사랑 안에서" 교회와 성도의 삶이 건설됩니다.

에베소서 4:16절, "그에게서 온 몸이 각 마디를 통하여 도움을 받음으로 연결되고 결합되어 각 지체의 분량대로 역사하여 그 몸을 자라게 하며 '사랑 안에서' 스스로 세우느니라."

그리스도는 교회의 몸입니다. 그리스도가 없다면 "그의 몸"인 교회도 없습니다. 오직 그리스도를 통해서만 몸인 교회가 자라며 사랑 안에서 스스로 세웁니다. 우리 성도는 그리스도의 몸인 교회 안에서 하나님의 사랑을 먹고 자라면서 성숙한 신앙생활을 스스로 건설해 나갑니다.

특히 에베소서 4:15-16절에서 "자란다"는 말은 교회가 성장(growth)하게 자란다는 것보다는 성숙(maturity)하게 자란다는 개념입니다(엡 4:14). 구조적으로 큰 건물을 말하는 것이 아니라 영성에 있어서 강건한 성숙을 의미합니다. 사도 바울은 교회가 일반적으로 성숙할 필요가 있다는 것을 강조하고 있습니다.

마치면서 말씀합니다.

에베소서 5:1-2절에서 사도 바울은 말씀합니다. "그러므로 사랑을 받는 자녀같이 너희는 하나님을 본받는 자가 되고 그리스도께서 너희를 사랑하신 것 같이 너희도 사랑가운데서 행하라."

교회는 "그리스도의 몸"입니다. 교회의 머리는 "그리스도"이십니다. 그리스도의 몸인 교회의 지체는 "성도"입니다. 이 셋이 그리스도 안에서 사랑의 힘으로 하나로 연결되어 한국 교회가 성숙된 교회가 되고 그리스도인의 성숙한 신앙의 삶을 세워야합니다. 우리의 삶과 우리 교회의 삶은 신앙의 활력을 찾고 새로운 생명력으로 도약하는 힘 "사랑이 제일"입니다(고전 13:13). 사랑은 '메가톤적인 위대한 힘'입니다. "사랑은 힘(Power)"입니다(르위스 D.스메디스).

어느 농부가 마루에 걸터앉아서 멍하니 허공만을 쳐다보고 있습니다. 그때 지나가던 사람이 그에게 물었습니다. "금년 목화농사는 어떠합니까?" 그 농부는 대답하기를, "목화송이에 바구미벌레가 생길까봐 목화를 심지 않았습니다." 그러면 "옥수수는 어떠합니까?" "날이 가물어서 심지 않았습니다." 당황한 어른이 다시 물었습니다. "그러면 무엇을 밭에 심었습니까?" 농부는 이렇게 대답합니다. "아무것도 심지 않았습니다. 나는 안전하게 처리하였습니다."

마태복음 25:26절에는 이런 사람에 대하여 추궁합니다. "그 주인이 대답하여 이르되 악하고 게으른 종아 나는 심지 않은데서 거두고 헤치지 않은데서 모으는 줄로 네가 알았느냐?"

건강한 교회는 사랑의 힘이 있는 교회입니다. 말씀중심의 "사랑의 힘"은 건강한 교회발전을 위한 원동력이 됩니다. "한국 교회의 건강한 작은 교회"가 필요합니다. 작은 교회들이 건강한 교회로 변화되고, 그 건강한 상태를 유지하고 발전시킨다면 하나님께 크게 쓰임 받을 수 있습니다. 한국 교회가 말씀중심의 사랑의 힘으로 건강하게 발전할 수 있기를 축복합니다.

19

아내와 남편의 사랑

에베소서 5장 31-33절

"그러므로 사람이 부모를 떠나 그의 아내와 합하여 그 둘이 한 육체가 될지니 이 비밀이 크도다 나는 그리스도와 교회에 대하여 말하노라 그러나 너희도 각각 자기의 아내 사랑하기를 자신 같이 하고 아내도 자기 남편을 존경하라."

창세기 2:24절에서, "이러므로 남자가 부모를 떠나 그의 아내와 합하여 둘이 한 몸을 이룰지로다"하신 말씀으로 결혼의 원리가 시작됩니다. 그리고 마태복음 19:6절에서 예수님은 "그런즉 이제 둘이 아니요 한 몸이니 그러므로 하나님이 짝지어 주신 것을 사람이 나누지 못할지니라 하시니"라는 말씀으로 결혼의 진실성을 확실시 하였습니다. 또한 에베소서 5:31-33절에서 사도 바울은 "그러므로 사람이 부모를 떠나 그의 아내와 합하여 그 둘이 한 육체가 될지니 이 비밀이 크도다 나는 그리스도와 교회에 대하여 말하노라 그러나 너희도 각각 자기의 아내를 사랑하기를 자신 같이 하고 아내도 자기 남편을 존경하라."고 결혼의 실천원리를 말씀하였습니다. 결혼은 그리스도 안에서 사랑의 만남이요 하나님의 나라를 세워가는 요람입니다.

오늘은 에베소서의 사랑, '아내와 남편의 사랑'으로 은혜를 나누고자

합니다.

1. 가정규약

▨ 에베소서 5:21-6:9절(골 3:18-25)에서 사도 바울은 '가정규약'을 말씀합니다. 가장이 주관하는 가족구성원은 보통 남편과 아내, 아버지와 자녀, 주인과 종의 관계입니다. 사도 바울은 일반적인 헬라-로마의 도덕에서 형식을 빌려오지만, 이 '가정규약'의 기본전제인 집안의 남자 가장의 절대적인 권위를 침해합니다.

▨ 21절에서는 가정규약의 근거를 말씀합니다. "그리스도를 경외함으로 피차 복종하라."

이 복종의 명령은 지배의 의미가 아니고 봉사의 의미가 있습니다. 성령 충만함의 최종 표현은 "피차 복종하는 것"입니다. 서로가 서로를 순종합니다. 그리스도는 사람의 주님이기 때문에, 그리스도인들은 그리스도를 위해서 서로 순종해야 합니다. 사도 바울이 제안하는 모든 가정규약은 이 개념에 근거하고 있습니다. 그러나 아내와 자녀와 종에게도 여러 가지 방식으로 '복종'하도록 요청하는 것이 관례였다 해도, 집안의 남자 가장을 포함한 모든 가족구성원에게 '서로 복종하라'는 명령은 전례 없는 것이었습니다. 그리스도를 경외하는 마음으로 서로 예의 바르고 공손하게 대해야 합니다.

2. 아내의 남편 사랑

▨ 5:22절에서, "아내들이여 자기 남편에게 복종하기를 주께 하듯 하

라"(골 3:18)고 말씀합니다. 21절에서 말씀한 '상호순종'이 남편에 대한 '아내의 순종'으로 바뀝니다. 남편에 대한 아내의 순종은 고대세계의 사회질서에 상응합니다. 어떤 구체적인 상황과 관련시킨 절대적인 순종을 의미하지 않고, 기존의 사회구조와 관련시켜서 말하고 있습니다. 이것은 기존의 사회질서를 무너뜨리려고 하지 않기 때문입니다. 유대인 사회, 헬라인 사회, 로마인 사회에서 아내는 권리가 없었습니다. 당시는 아내들이 자기 남편에게 순종하기를 기대하면서, 아내에게서 조용하고 온유한 품행을 바랐습니다. 심지어는 절대적인 복종을 요구하였습니다. 아내는 동등한 존재로 생각할 수가 없었고, 나이 차이도 헬라문화에서 남편은 보통 아내보다 나이가 많았습니다. 그러나 사도 바울은 "복종"(휴포타소)이란 말을 '존경'(respect, 5:33절)이란 말과 가장 가까운 뜻으로 규정하며, 헬라어 본문에서 아내가 남편에게 복종하는 것(22절)은 그리스도인들이 일반적으로 상호 복종하는 것의 한 예일 뿐입니다.

아내가 "남편에게 복종하기를 주께 하듯하라"고 한 것은 골로새서 3:18절의 "아내들아 남편에게 복종하라 이는 주 안에서 마땅하니라"고 말씀한 전통적인 결혼에 대한 이해가 사도 바울에 의해서 수용되면서, 남편에 대한 아내의 순종이 기독론적으로 해석되었습니다. 남편에 대한 아내의 순종이 그리스도에 대한 교회의 순종으로 이해되었습니다. 아내는 그리스도를 지지하는 것처럼 남편을 이해하고 지지해주어야 합니다.

▨ 5:23절에서, "이는 남편이 아내의 머리됨이 그리스도께서 교회의 머리됨과 같음이니 그가 바로 몸의 구주시니라"고 말씀합니다.

고대세계에서는 남편이 아내 위에 있는 것을 당연한 질서로 여겼습니다(고전 11:3). 그러나 여기서는 아내가 남편의 소유라는 것이 아닙니다. 교회의 머리되신 그리스도가 교회의 구주이신 것처럼 남편이 아내의 구주라는 비교 관계는 있을 수 없습니다. 남편은 그리스도께서 교회에 하시는 것처럼 아내에게 지도력을 보이되, 아내를 좌지우지하지 말고 소중히 여겨야 합니다.

▧ 5:24절에서, "그러므로 교회가 그리스도에게 하듯 아내들도 범사에 자기 남편에게 복종할지니라."고 말씀합니다. 그렇다고 해서 에베소에서 여성지위를 하찮게 여긴 것이 아닙니다. 남편과 아내의 관계는 그리스도와 교회의 관계에서 일어나는 관점에서 이해되어야 합니다. 서로 순종해야 합니다(21절). 남편이 아내를 소중히 여기면, 아내도 교회가 그리스도께 순종하듯 남편에게 순종해야 합니다.

3. 남편의 아내 사랑

▧ 5:25절에서, "남편들아 아내 사랑하기를 그리스도께서 교회를 사랑하시고 그 교회를 위하여 자신을 주심같이 하라"(골 3:19)고 말씀합니다. 여기서 고대 가정규약에서는 '남편이 아내를 사랑해야 한다'는 것을 남편의 의무로 열거한 적은 한 번도 없습니다. 다만 남편에게 아내를 복종시켜야 한다는 규약을 말하고 있을 뿐입니다. 사도 바울은 자기 문화에 맞추어 아내가 복종해야 한다는 고대의 이상을 지지하긴 하지만, 그것을 '피차복종' 즉 상호순종이라는 맥락 속에서 제한하고 있습니다. 즉 남편은 아내를 위해 기꺼이 자기 목숨을 내어 놓음으로써, 그리스도께서 교회를 사랑하신 것처럼 아내를 사랑해야 한다는 것입니다. 사도 바울은 기독교를 당시 문화의 기준과 관련시키면서 동시에 그러한 기준들보다 훨씬 더 나아감으로써 당시 문화의 가치관을 뒤엎는 것입니다. 남편과 아내는 둘다 서로 복종하고 사랑해야 합니다(5:2, 21).

여기서 아내에게 요구되는 순종의 윤리는 이제 남편에게 요구된 사랑의 윤리로 바뀌었습니다. 아내에 대한 남편의 사랑은 교회에 대한 그리스도의 사랑에 비교되었습니다. 남편의 역할은 아내를 지배하는 것이 아니라, 아내를 위해서 자기 자신을 희생하는 것입니다. 남편에게 요구되는 아내 사랑의 척도와 가능성은 교회에 대한 그리스도의 자기 사랑을 그 모범으로 삼고 있습니다. 그리스도의 사랑은 교회를 위해서 자기 자신을 희생제물로 내어 놓으셨습니다. 이런 사랑을 믿는 신자들은 자기 아내를 그렇게 사랑해야 합니다. 여기서 '에로스'적인 사랑, '필리아'적인 사랑과는 다른 '아가페'적인 사랑입니다. 남편은 그리스도께서 교회를 사랑하신 것같이, 아내를 사랑하는 일에 전력을 다해야 합니다.

▧ 5:26-27절은 신부의 정결한 혼례 모습을 말씀합니다. "물로 씻음"은 세례를 의미하고, 결혼하기 전에 목욕하는 것은 신부의 관습입니다. "말씀으로 깨끗하게 하심"은 내적인 정결을 가능케 하는 행위와 말씀 곧 구원의 복음이 결합되었습니다(26). 이 규례는 정결하게 하고 거룩하게 된 흠 없는 아내로서 소개된 것입니다. 이러한 씻음 후에 신부는 향수를 뿌리고 기름을 바르고 혼례복으로 차려입었습니다. 유대교에서 약혼식은 '신부의 성화'라고 불렀는데, 그것은 그녀를 남편을 위해 따로 구별하는 것이었기 때문입니다. 유대결혼식에서 신부가 준비를 한 후(26) 그 다음단계는 신부가 아버지 집에서 나와 신랑의 집으로 가는 것으로, 그 다음에는 신부를 신랑의 집으로 인도해 들이는 절차가 있었습니다. 여기서 "영광스러운"(27)이란 말은 신부의 예복에 적절한 표현입니다. 이 모든 혼례단계는 "거룩하고 흠이 없게" 하려는 것입니다. 사랑의 특징은 받는 것이 아니라 주는 것입니다. 그리스도의 사랑은 교회를 온전하게 하고, 말씀은 교회를 아름답게 만들며, 거룩하고 빛나게 하는 것처럼, 남편은 아내를 그런

식으로 사랑해야 합니다.

▦ 5:28절에서, "이와 같이 남편들도 자기 아내 사랑하기를 자기 자신같이 할지니 자기 아내를 사랑하는 자는 자기를 사랑하는 것이라"고 말씀합니다 (마 22:39). 그리스도가 자기의 몸과 교회를 사랑하신 것처럼, 남편은 자기의 몸같이 아내를 사랑해야 합니다. 이 사랑은 아가페적인 사랑입니다. '자기 아내를 사랑하는 것'이 곧 '자기를 사랑하는 것입니다.' 이것은 "이웃 사랑"을 상기시킵니다 (레 19:18). 남편과 아내는 동등하게 한 몸을 이룬다는 것을 강조합니다 (창 2:24). 남편이 아내를 사랑하는 그런 남편은 자기 자신에게 특별한 사랑을 베푸는 것이나 다름없습니다. 두 사람은 결혼하여 이미 "하나"이기 때문입니다.

▦ 5:29-30절에서, "오직 양육하여 보호하기를 그리스도께서 교회에게 함과 같이 하나니 우리는 그 몸의 지체임이라"고 말씀합니다. 그러므로 그리스도가 생명을 내어주어 영적 은사를 통해서 교회를 돌보심 같이 아내를 사랑하는 남편은 "몸의 지체"로서 아내를 염려해야 합니다.

▦ 5:31-32절에서, "그러므로 사람이 부모를 떠나 그의 아내와 합하여 그 둘이 한 육체가 될지니 이 비밀이 크도다 나는 그리스도와 교회에 대하여 말하노라"고 말씀합니다.

창세기 2:24절에서, 남편과 아내는 몸의 지체들로서 하나님의 뜻에 의해서 한 몸을 이룹니다. "지체들"은 마치 그것이 문자 그대로, "그분의 살에 속한 살" 그리고 "그분의 뼈들에 속한 뼈"인 것처럼, 영적인 감각으로 그리스도와 친밀하게 연합되어 있습니다. 이것은 그리스도와 교회의 관계입니다. 이러한 친밀한 연합 때문에, 사도 바울은 부부관계를 상징적으로 그리스도와 교회의 일치의 빛에서 조명한 것입니다. 이 관계는 남편과 아내의 사랑의 결합을 이루고 있습니다. 자기 몸을 학대하는 사람은 없습니다. 누구나 자기 몸을 돌보고 자기 몸이 필요한 것을 채웁니다. 이런 이유로, 남자는 부모를 떠나 아내를 소중히 여겨야 합니다. 그들은 더 이상 둘이 아닙니다. "한 몸"이 됩니다. 이것은 참으로 큰 신비입니다. 이것은 남편이 아내를 어떻게 대해야 하는지를 보여주는 생생한 그림입니다. 남편은 아내를 사랑하므로 자기를 사랑하는 것입니다.

▨ 에베소서 5:33절에서, "그러나 너희도 각각 자기의 아내 사랑하기를 자신같이 하고 아내도 자기 남편을 존경하라"고 말씀합니다(요 13:34). 먼저 남편에게 "자기의 아내 사랑하기를 자신같이 하라"고 합니다. 그 다음에 아내에게 권면합니다. "아내도 자기 남편을 존경하라."

5:28절에서는, 아내에 대한 남편의 사랑(적극적 태도)과 남편에 대한 아내의 순종(소극적 태도)이 결합되어 부부관계에 대한 권면의 결론을 맺고 있습니다. "남편을 존경하라"(포베타이 톤 안드라)는 명령은 5:21절의 "그리스도를 경외하므로 피차 복종하라"는 명령을 모형으로 삼고 있습니다. "존경"은 사랑용어입니다. 에릭 프롬은 "사랑은 관심, 이해, 존경, 책임, 주는 것"이라고 말합니다. 부부는 그리스도와 교회 사이의 초자연적인 사랑의 공동체를 상징한 것입니다.

사도 바울은 남편이 아내를 어떻게 대해야 하는지를 생생하게 보여주고 있습니다. 남편은 아내를 사랑함으로 자기를 사랑하는 것입니다. 또한 아내가 남편을 어떻게 존중해야 하는지를 보여주고 있습니다. 아내는 자기 남편을 존경하는 것입니다.

필자의 스승인 황금찬 시인은 시 "행복의 길"에서 말합니다. "그대 사랑받기를 원하는가 그렇거든 남을 사랑하라. 사람아 존경받기를 원하는가 하거든 남을 존경하라. 우리는 마음에 저주의 바다와 증오의 강을 두지 말라." 이것이 "행복의 길"이라고 합니다.

마치면서 말씀합니다.

아내는 자기 친정집을 떠나 시집으로 출가(出嫁)합니다. 그래서 아내는 부모의 친정집을 떠나 시집에 출가하여 천륜(天倫)의 도를 이어가는 '아내'입니다(마 19:6, 창 2:24). 우리말의 '시집'은 고어에 '새집'이고, '아내'는 '안해' 즉 '안에 있는 해' 곧 '가정의 태양'(Sun in home)이란 뜻이기에 '아내는 복덩이'이고 가정의 희망입니다.

옛날에는 "암탉이 울면 집안이 망한다"고 해서, '여자가 지나치게 나서서 간섭하면 집안 일이 잘 안 된다'고 했지만, 현대는 '암 탉이 울어야 집안 일이 잘 풀리게 됩니다.'

잠언 31:10-31절에서 "현숙한 아내" 즉 '마음이 어질고 정숙한 여인'을 말씀하고 있는데, 1절에 이렇게 시작됩니다. "누가 현숙한 여인을 찾아 얻겠느냐 그의 값은 진주 보다 더하니라"고 말씀합니다.

결혼의 목적은 자손의 번성에 있습니다.

창세기 1:27-28절에서, "하나님이 자기 형상 곧 하나님의 형상대로 사람을 창조하시되 남자와 여자를 창조하시고 하나님이 그들에게 복을 주시며 하나님이 그들에게 이르시되 생육하고 번성하여 땅에 충만 하라"고 말씀합니다. '자녀들을 많이 낳고 번성하여 땅을 채우라'는 말씀입니다. 전에는 "무자식 상팔자"라고 해서 '자식이 없는 것이 도리어 걱정이 적어 좋다'고 했지만, 현대는 "유자식 상팔자"라고 합니다. '자식이 있어야 행복합니다.' 자식은 하나님이 주신 가족의 선물입니다. "젊은 자의 자식은 장사의 수중의 화살 같다"고 했습니다(시 127:4-5).

창세기 22:17-18절에 하나님은 말씀하십니다. "내가 네게 큰 복을 주고 네 씨가 크게 번성하여 하늘의 별과 같고 바닷가의 모래와 같게 하리니 네 씨가 그 대적의 성문을 차지하리라 또 네 씨로 말미암아 천하 만민이 복을 받으리니 이는 네가 나의 말을 준행하였음이니라 하셨다 하니라."

시편 128:3-6절, "네 집 안방에 있는 네 아내는 결실한 포도나무 같으며 네 식탁에 둘러앉은 자식들은 어린 감람나무 같으리로다 여호와를 경외하는 자는 이같이 복을 얻으리로다..네 자식의 자식을 볼지어다 이스라엘에 평강이 있을지로다."

아내와 남편은 한 몸으로서 화가 나도 인정하고 잘못을 용서하십시오. '아내의 존경과 남편의 사랑'으로 행복한 가족을 이루어 '가족의 선물'로 자손만대에 '번성'의 "큰 복"이 있기를 축복합니다.

20
그리스도 예수의 마음 사랑

빌립보서 2장 5-8절

"너희 안에 이 마음을 품으라 곧 그리스도 예수의 마음이니
그는 근본 하나님의 본체시나 하나님과 동등 됨을 취할 것으로 여기지 아니하시고
오히려 자기를 비워 종의 형체를 가지사 사람들과 같이 되셨고 사람의 모양으로 나타나사
자기를 낮추시고 죽기까지 복종하셨으니 곧 십자가에 죽으심이라."

유명한 칼 바르트 교수가 한번은 학자들이 모인 세미나에서 이런 질문을 받았습니다. "교수님은 성서에 대해 많은 연구를 하셨는데 성경의 진리가 무엇이라고 말할 수 있겠습니까?"

바르트 교수는 미소를 띠며 이렇게 대답하였습니다. "성경은 결국 '예수 사랑하심을 성경에서 보았네!' 라는 한마디로 요약할 수 있습니다." 예수님이 우리를 사랑하신다는 사실은 성경 전체를 묶어놓은 진리입니다. 그리스도 예수님은 사랑으로 인류 속에 탄생하셨습니다.

빌립보서는 사도 바울의 '그리스도론'이라고 말합니다. 빌립보서는 역경 속에서도 기뻐하는 적극적인 예수 그리스도의 사랑의 마음을 보여주고 있습니다.

오늘은 빌립보서의 사랑 말씀에서 "그리스도 예수의 마음 사랑"으로 은혜를 나누고자 합니다.

1. 빌립보서에 있는 사랑은 역경 속에서도 기뻐하는 적극적인 예수 그리스도의 사랑의 마음을 보여주고 있습니다.

빌립보서의 사랑은 우리가 어려운 환경과 역경 속에서도 기뻐하는 마음을 갖게 합니다. 빌립보서는 사도 바울이 로마 옥중에서 로마의 식민지였던 빌립보의 그리스도인들에게 보내진 서신입니다(빌 1:1). 놀라운 것은 이 서신은 사도 바울이 감옥에 있는 상태임에도 불구하고 그의 13개 서신들 중에서 가장 낙천적인 서신입니다.

빌립보서 4:4절에서 사도 바울은 "주 안에서 항상 기뻐하라 내가 다시 말하노니 기뻐하라"는 말씀을 비롯해서, 빌립보서에는 "기뻐하다"(카이로)는 말을 15번이나 사용하고 있습니다(빌 1:4,18,25, 2:17, 18,28,29, 3:1, 4:1,4,10).

우리가 사랑이 있으면 낙관적이고 긍정적인 사고를 갖게 되어 항상 기뻐합니다. 더 나아가 적극적이고 희망찬 삶을 살아갈 수 있습니다. 그래서 사도 바울은 빌립보서 4:13절에서 "내게 능력주시는 자안에서 내가 모든 것을 할 수 있느니라"고 말씀합니다.

지금 사도 바울은 로마에서 감옥 상태에 있는 가장 어렵고 힘든 역경 속에서도 가장 낙관적이고 긍정적인 사고를 갖고 있는 것은 "바울의 3중 신학"이라할 "믿음 소망 사랑"을 세 기둥으로 한 신앙 인격위에 진리의 집을 세웠기 때문입니다(고전 13:13). 이러한 사도 바울에게 자기의 삶은 계속해서 그리스도를 섬기고 사랑하는 수단일 뿐이고, 주님을 위해 옥에 감금되는 것이나 죽는 것도 유익할 뿐입니다(빌 1:21).

구세군찬송가 693장 1절에 이런 찬송이 있습니다.

"사랑 있는 가정에 기쁨 넘친다. 서로 서로 얼굴에 웃음 꽃 피네. 부드러운 음성에 항상 친절하다. 사랑 있는 그 가정 화락하도다. 참 사랑 귀하다. 사랑

있는 그 가정 화락하도다."

교회와 가정에 사랑으로 항상 기쁨과 웃음과 화락이 충만하기를 축복합니다.

2. 빌립보서는 사도 바울의 성도에 대한 '연민의 정'(compassion) 즉 '사랑의 감성'을 담고 있습니다.

■ 빌립보서 1:3절, "내가 너희를 생각할 때마다 나의 하나님께 감사하며."

사랑은 '생각해주는 것'입니다. 우리말의 "사랑"이란 말은 "사량"(思量) 즉 "생각해서 헤아리다"는 말에서 왔습니다. 생각하는 것은 관심이고 기억하는 것입니다. 기억 속에 있는 사람은 그 사람 속에 사랑을 머금고 살아있는 것입니다.

■ 빌립보 1:4절, "간구할 때마다 너희 무리를 위하여 기쁨으로 항상 '간구' 함은."

사랑은 '기쁨으로 항상 기도해주는 것'(데에에시스)입니다. 기도하므로 서로간의 영적 교제가 더욱 깊어집니다. 기도하는 것은 영혼이 살아있는 증거입니다.

■ 빌립보서 1:7절, "내가 너희 무리를 위하여 이와 같이 생각하는 것이 마땅하니 이는 너희가 내 '마음'에 있음이며."

사랑은 '마음에 간직하는 것'입니다. 이심전심(以心傳心)이란 말이 있습니다. '말이나 글에 의하지 않고, 마음에서 마음으로 전한다'는 말입니다. "마음의 창은 눈입니다." 마음이 통하지 않으면 눈빛만 보아도 진위(眞僞)가 나타납니다. 참과 거짓을 알 수 있습니다. 사랑은 생각하는 마음에서 나오기 때문에 생각과 마음이 분리될 수 없습니다. 생각하는 마음이 곧 사랑입니다.

■ 빌립보서 1:8절, "내가 예수 그리스도의 '심장'으로 너희 무리를 얼마나 사모하는지 하나님이 내 증인이시니라."

사랑은 '예수 그리스도의 심장으로 사모하는 것'입니다. 헬라어에서 "심장"(스프랑크논)은 비유로 사랑의 관심이나 연민에 주로 사용됩니다. "사모하다"(에피포데오)는 말은 동경하다, 그리워하다, 사랑하다는 뜻입니다.

사랑은 내 생명의 중심인 심장으로 생각하고 그리워하는 것입니다. 신학자 폴 틸리히는 "그리움은 그에게 가 있는 것"이라고 합니다. 사랑은 바로 그 사람 속에 머물러 있는 것입니다.

■ 빌립보서 1:9절, "내가 기도하노라 너희 사랑을 지식과 모든 총명으로 점점 더 '풍성하게' 하사."

사랑은 '다른 사람이 점점 더 풍성하게 되기를 기도하는 것'(프로슈코마이)입니다. 헬라어에서 "풍성하다"(페리슈오)는 말은 "풍부하다, 부유하다, 이득을 보다"는 뜻입니다.

사랑은 남이 잘되기를 기도해 줍니다. 우리말에 "사촌이 땅을 사면 배가 아프다"는 말이 있습니다. 그러나 사랑은 사촌이 땅을 사면 잘된 것을 기뻐하며 칭찬해주며 축복해 줍니다.

3. 빌립보서에서 사도 바울은 우리가 "풍성한 사랑"을 갖게 되면 4가지 유익한 일이 있다고 말씀합니다.

빌립보서 1:10-11절, "너희로 지극히 선한 것을 분별하며 또 진실하여 허물없이 그리스도의 날까지 이르고 예수 그리스도로 말미암아 의의 열매가 가득하여 하나님의 영광과 찬송이 되기를 원하노라."

▨ "지극히 선한 것을 분별합니다." 우리가 사랑이 있으면 선함과 악함을 분별하여 선한 것을 선택할 줄 압니다. 사랑은 "가장 좋은 길"입니다(고전 12:31). 우리는 적절하게 사랑하는 법을 익혀야 합니다.

▨ "진실해집니다." 사랑이 있으면 사랑이 감정의 분출이 아니라 진실하고 지각 있는 사랑이 됩니다. 이것을 위해 지혜로워야하고 자신의 감정을 살필 줄 알아야 합니다.

▨ "허물없이 그리스도의 날까지 이르게 됩니다." "허물없다"(아프로스코포스)는 말은 "깨끗하다, 해를 끼치지 않다"는 뜻입니다. 사랑이 있으면 그리스도께서 오시는 날까지 사랑하는 삶을 살되 깨끗하고도 모범적인 삶을 살게 됩니다. 예수님이 자랑스러워하실 삶을 살아야 합니다(살전 5:23).

▨ "예수 그리스도로 말미암아 의의 열매가 가득하여 하나님께 영광과 찬송을 돌리게 됩니다." 사랑이 있으면 영혼의 열매를 풍성히 맺고, 예수 그리스도를 매력적인 분으로 만들며, 모든 이들로 하여금 하나님께 영광과 찬송을 돌려드리도록 하는 삶을 살게 됩니다.

4. 빌립보서 2:1-8절에서 사도 바울은 사랑의 실천 방법을 말씀합니다.

▨ "그리스도 안에서" 사랑하라고 합니다.
> 빌립보서 2:1절, "그러므로 '그리스도 안에' 무슨 권면이나 사랑의 무슨 위로나 성령의 무슨 교제나 긍휼이나 자비가 있거든."

바울사도는 그리스도 안에서 권면하고, 사랑으로 위로하고, 성령 안에서 서로 교제하며, 긍휼히 여기고, 자비를 실천하라고 합니다. 특히 그리스도인의 사랑 실천은 오직 "그리스도 안에서(엔 크리스토)," 즉 예수 그리스도를 믿는 신앙 안에서 나누는 사랑입니다. 그리스도 없는 사랑은 "에로스"에 빠지게 됩니다. 성서에는 희랍신화에 있는 이성적이고, 성적이고, 쾌락적인 사랑에 빠지게 되는 "에로스"라는 사랑용어는 아예 없습니다. 오직 하나님의 사랑 "아가페"사랑(charity love)과 친구의 사랑 "필리아"사랑(friendship)을 사용하고 있습니다. 사도 바울이 말씀하는 사랑은 "아가페"사랑입니다.

▦ "마음을 같이하여" 사랑하라고 합니다.

> 빌립보서 2:2-4절, "'마음을 같이하여' 같은 사랑을 가지고 뜻을 합하며 한 마음을 품어 아무 일에든지 다툼이나 허영으로 하지 말고 오직 겸손한 마음으로 각각 자기보다 남을 낫게 여기고 각각 자기 일을 돌볼뿐더러 또한 각각 다른 사람들의 일을 돌보아 나의 기쁨을 충만하게 하라."

사도 바울은 우리가 서로 같은 마음(프로네오) 즉 같은 생각, 같은 사랑, 같은 뜻을 합하여 하나가 되어서 기쁨으로 사랑을 실천하라고 합니다. 거기에는 다툼이나 허영으로 자신의 방식을 앞세우지 말고 겸손한 마음으로 하고, 오히려 자기를 제쳐두고 자기 이익을 꾀하는 일에 사로잡히지 말고 다른 사람이 잘 되도록 도움의 손길을 내밀라고 합니다.

사랑은 결코 두마음을 가지고 사랑할 수 없습니다. 두마음은 이중인격자가 하는 수법입니다. 이중인격은 결국에는 자기파멸에 이르고 맙니다.

▦ "그리스도 예수의 마음"으로 사랑하라고 합니다.

> 빌립보서 2:5절, "너희 안에 이 마음을 품으라 곧 '그리스도 예수의 마음'이니."

"마음을 품으라"(프로네오)는 말은 "생각을 하라, 마음을 쓰라"는 뜻입니다. 생각하고 마음을 쓰는 것은 사랑하는 것을 의미합니다. 사도 바울은 그리스도 예수께서 자기 자신을 생각하셨던 방식대로 우리도 똑같이 자기 자신을 생각하라고 합니다. 사랑의 실천 능력이 있는 사람은 이 세상에서 성공할 수 있습니다.

▨ "그리스도 예수의 마음 사랑"은 빌립보서 2:6-8절에서 3단계로 말씀합니다.

1단계, 빌립보서 2:6절, "그는 근본 하나님의 본체시나 하나님과 동등 됨을 취할 것으로 여기지 아니하시고." 자신의 지위를 내려놓으라.'고 합니다. 나이도, 지위도 내려놓아야합니다. 예수님은 하나님과 동등한 지위셨으나 스스로를 높이지 않으셨고 동등한 자리에 있기를 조금도 고집하지 않으셨습니다.

2단계, 빌립보서 2:7절, "오히려 자기를 비워 종의 형체를 가지사 사람들과 같이 되셨고."

'사람이 되라'고 합니다. 속담에 "되지못한 사람은 짐승만도 못하다"고 합니다. 때가 되자 예수님은 하나님과 동등의 특권을 내려놓고 종의 지위를 취하셔서, 사람이 되셨습니다(갈 4:4).

요한복음 1:14절에는 "말씀이 육신이 되어 우리 가운데 거하시매 우리가 그의 영광을 보니 아버지의 독생자의 영광이요 은혜와 진리가 충만하더라."고 하였습니다(마 1:21, 눅 2:11).

3단계, 빌립보서 2:8절, "사람의 모양으로 나타나사 자기를 낮추시고 죽기까지 복종하셨으니 곧 십자가에 죽으심이라." 친구를 위하여 죽으라고 합니다.

요한복음 15:13절에서 예수님은 "사람이 친구를 위하여 자기 목숨을 버리면 이보다 더 큰 사랑이 없다"고 말씀 하셨습니다(요 15:12-15).

"나타나다"(휴레데이스)는 말은 어떤 식으로든 감추어져 있던 사람이나 사물이 '드러난다'는 개념입니다. "낮추시다"(타페이노오)는 "겸손하게 하다"는 뜻입니다. 예수님은 사람의 모습으로 이 세상에 오셔서 종과 같이 겸손하게 하나님께 순종하며 죽으셨습니다. 그것도 가장 참혹하게 십자가에 죽으셨습니다. 이것은 우리의 죄를 대신하여 죽으신 '속량'(贖良)으로서, 그 은혜로 인간은 죄에서 구원받게 되었습니다.

마치면서 말씀드립니다.

예수님은 하나님과 동등 됨을 취하지 않으셨고, 오히려 자기를 비워 사람이 되셨고, 자기를 낮추시고 십자가에 죽으셨습니다. 이것이 바로 그리스도 예수의 마음 사랑입니다. 그리스도 예수님의 사랑은 밑으로 내려오는 사랑입니다. 물의 본성은 높은 곳에서 낮은 곳으로 흐르듯이, 사랑의 본성은 낮은 곳으로 흐릅니다. 예수님의 사랑은 높은 곳에서 낮은 곳으로 흐릅니다. 이것이 예수님의 마음입니다. 사랑의 길은 십자가의 길이기에 힘한 고통과 역경이 있습니다. 그러나 그 길은 인간이 가야하는 구원의 길이기에 하나님께 순종하는 사랑의 힘으로 갈 수 있습니다.

십자가 후에 부활이 있듯이 "그리스도 예수의 마음 사랑"은 우리 모두에게 구원의 축복을 안겨주셨습니다. 사도 바울은 우리 모든 성도들에게 "나의 사랑하고 사모하는 형제들, 나의 기쁨이요 면류관인 사랑하는 자들아 이와 같이 주 안에 서라"(빌 4:1)고 권면합니다. 성도들은 주안에 굳건히 서서 그리스도 예수의 사랑으로 행복하시기를 축복합니다.

21
온전하게 매는 띠 사랑

골로새서 3장 12-14절

"그러므로 너희는 하나님이 택하사 거룩하고 사랑 받는 자처럼 긍휼과 자비와
겸손과 온유와 오래 참음을 옷 입고 누가 누구에게 불만이 있거든 서로 용납하여
피차 용서하되 주께서 너희를 용서하신 것같이 너희도 그리하고
이 모든 것 위에 사랑을 더하라 이는 온전하게 매는 띠니라."

사도 바울은 직접 골로새 도시를 방문한 적이 없습니다(골 2:1). 그러나 두 번째 전도여행 때 3년 동안 에베소에 머물면서(행 19:1-10, 20:31), 그곳을 소아시아 전 지역에 복음을 전하기 위한 중심지로 삼고, 두란노서원의 강의실을 빌려 2년 동안 매일 복음의 진리를 강론하였습니다. 그때 소아시아 모든 지역으로부터 유대인과 헬라인이 에베소에 와서 사도 바울이 가르치는 주의 말씀을 들었습니다(행 19:9-10). 그 중에 골로새 사람 에바브라가 회심하여 골로새에 가서 복음을 전하였습니다(골 1:7). 그곳에서 사도 바울의 제자이며 동역자가 된 에바브라가 골로새 교회를 세웠습니다(골 4:12-13). 이 교회의 구성원 중에는 오네시모와 빌레몬, 그리고 빌레몬의 아내 압비아와 아들 아킵보가 있습니다(골 4:7-9, 17, 몬 1:1-2, 10).

에바브라는 사도 바울이 로마 감옥에 처음 갇혔을 때 그를 찾아가서 골로새교회 신자들의 믿음과 사랑에 대한 소식을 들려주었습니다. 이때 사도 바울은 그리스도 중심의 신앙과 사랑을 강조하고, 교회내의 이단을 배

격하고자 골로새서를 써 보냈습니다.

오늘은 골로새서에서 "온전하게 매는 띠 사랑"에 관하여 5가지로 은혜를 나누고자 합니다.

1. 교회는 그리스도 예수 안에 있는 "사랑의 공동체"입니다.

> 골로새서 1:4-5절, "이는 그리스도 예수 안에 너희의 '믿음'과 모든 성도에 대한 '사랑'을 들었음이요 너희를 위하여 하늘에 쌓아둔 '소망'으로 말미암이니 곧 너희가 전에 복음 진리의 말씀을 들은 것이라."

▨ 교회는 믿음, 사랑, 소망의 세 기둥위에 세워져서 "복음 진리의 말씀"을 전파합니다.

골로새 교회는 그리스도 예수 안에서 "믿음"이 튼튼한 교회이고, 모든 성도에 대하여 서로 "사랑"을 나누는 교회이고, 복음 진리의 말씀으로 하늘에 쌓아둔 "소망"이 넘치는 교회였습니다. 그래서 그 교회는 잡다한 이단사상이 잠입하여, "교묘한 말로 속이는 자"가 있었고(골 2:4), "철학과 헛된 속임수"(골 2:8)로 유혹을 당할 위기에서도 복음진리에 굳건히 서서 이겨낼 수 있었습니다(고전 13:13).

▨ 교회 안에서 성도는 말씀을 듣고 깨닫고 열매를 맺고 사랑의 목회자의 가르침을 받습니다.

> 골로새서 1:6-8절, "이 복음이 이미 너희에게 이르매 너희가 듣고 참으로 하나님의 은혜를 깨달은 날부터 너희 중에서와 같이 또한 온 천하에서도 열매를 맺어 자라는 도다 이와 같이 우리와 함께 종 된 사랑하는 에바브라에게

너희가 배웠나니 그는 너희를 위한 그리스도의 신실한 일꾼이요 성령 안에서 너희 사랑을 우리에게 알린 자니라."

첫째, 골로새 교회의 성도들은 "복음을 듣고 참되게 하나님의 은혜를 깨달았습니다(1:6).

사람은 말하는 것은 2-3년이면 배우지만, 듣는 것을 배우기까지는 80년이 걸린다고 합니다. 신학자 폴 틸리히는 "사랑의 첫째 의무는 경청하는 것"이라고 말했습니다.

누가복음 11:28절에서 예수님은 "하나님의 말씀을 듣고 지키는 자가 복이 있다"고 말씀하십니다. 우리의 신앙은 말씀을 잘 들을 때 깨닫고 성장하고 성숙해 집니다.

둘째, 골로새 교회는 복음을 전하므로 온 지역에서 열매를 맺으며 자라고 있었습니다(1:6).

교회가 복음전도를 통해서 새 신자가 생겨나는 것은 하나님의 선교를 위한 가장 아름다운 영적 열매입니다(마 13:8).

셋째, 골로새 교회의 사역자 에바브라는 사랑으로 가르쳤습니다(1:7-8).

사도 바울이 에바브라를 "우리와 함께 종이 된 사랑하는 에바브라"(1:7)라고 한 것 보면, 그는 스승의 사랑을 받는 그리스도의 종입니다. 그리고 에바브라를 "성도를 위해서 일하는 그리스도의 신실한 일꾼"(1:7)이라고 한 것 보면, 그는 골로새 교회의 성도를 위해 섬기고, 성도의 영적 이익을 도모하기 위해 사역하는 예수 그리스도의 신실한 사역자입니다.

또한 에바브라를 "성령 안에서 성도의 사랑을 우리에게 알린 자"(1:8)라고 한 것 보면, 그는 성령 안에서 교회 성도들의 사랑을 알리는 사랑의 사역자였습니다. 사역자가 자기 교회의 성도들이 사랑으로 자라가는 모습을 바라보면서 여러 사람에게 기쁨으로 알리는 것은 자기 자신이 사랑이 있는 사역자인 것을 보여주는 것입니다.

또한 골로새서 4:12절에서 사도 바울이 에바브라를 "그리스도 예수의 종인 에바브라"(4:12)라고 말한 것을 보면, 에바브라는 사도 바울이 사랑하는 '제자'인 동시에 그리스도 예수의 '종'으로서 함께 주님의 복음사역에 힘쓰는 주님의 '동역자'(同役者 co-ministry)였습니다.

이 같은 사랑의 사역자 에바브라에게서 골로새 교회성도들은 복음진리의 말씀을 "배웠습니다."(1:7). 여기서 에바브라와 성도는 스승과 제자의 관계로 승화되었습니다.

더욱이 빌레몬서 1:23절에서 사도 바울이 "그리스도 예수 안에서 나와 함께 갇힌 자 에바브라"라고 한 것을 보면, 에바브라는 후에 사도 바울과 함께 로마 옥중에 갇혔습니다. 에바브라는 복음전도자의 수난과 순교를 각오하였던 것입니다.

2. 성도는 하나님의 사랑으로 "구원의 축복을 받은 자들"입니다.

> 골로새서 1:13-14절, "그가 우리를 흑암의 권세에서 건져내사 그의 사랑의 아들의 나라로 옮기셨으니 그 아들 안에서 우리가 속량 곧 죄 사함을 얻었도다."

▤ 성도는 "하나님이 흑암의 권세에서 건져내신 자들입니다"(13).

하나님은 우리를 죄로 영원히 죽을 수밖에 없는 지옥의 권세에서 구원해주셨습니다.

▤ 성도는 "하나님이 사랑하는 아들의 나라로 옮겨주신 자들입니다"(13).

하나님은 우리를 그가 사랑하시는 주님의 나라로 옮겨주심으로 우리는 영원한 주님의 나라에서 살게 되었습니다(요 3:16-17). 우리는 예수를 믿음으로 주님과 함께 지금 여기서 천국의 삶을 살고 있습니다(눅 17:21).

▮ 성도는 "하나님의 아들 안에서 죄 사함을 받은 자들입니다"(14).

하나님은 아들 예수님이 우리의 죄를 대신하여 십자가를 지게하신 "속량"의 은혜로, 우리는 예수 그리스도를 믿음으로 죄에서 용서를 받고, 죄의 노예 상태에서 구원받았습니다. 성도가 받은 구원의 은혜는 나의 공로가 아니라 그리스도를 통한 하나님의 사랑입니다.

3. 성도는 "사랑 안에서 연합하여" 하나님의 비밀인 그리스도를 깨닫게 됩니다.

> 골로새서 2:2-3절, "이는 그들로 마음에 위안을 받고 사랑 안에서 연합하여 확실한 이해의 모든 풍성함과 하나님의 비밀인 그리스도를 깨닫게 하려 함이니 그 안에는 지혜와 지식의 모든 보화가 감추어져 있느니라."

▮ 성도는 오직 사랑의 행위를 통해서 그리스도와 하나로 결합되어야만 하나님의 놀랍고 비밀스런 진리인 그리스도를 완전히 깨달아 알 수 있게 됩니다(2절).

▮ 하나님의 비밀은 지식으로가 아니라 사랑의 경험으로만 "그리스도 안에 감추어져있는 하나님의 지혜와 지식의 모든 보화"를 깨닫게 됩니다(3절, 롬 16:25-26, 엡 3:18).

예수 그리스도는 감추어진 하나님의 온갖 보화를 열어주는 "마스터 키"(master key)입니다. 그리스도가 없다면 우리는 하나님의 위대한 활동분야를 헤아릴 수 없습니다. 오직 우리는 그리스도 안에 나타난 계시로만 하나님의 지혜와 지식을 어느 정도 파악함으로써 풍요로운 보화를 얻을 수 있습니다. 진정 그리스도는 인간의 복잡성을 이해할 수 있는 열쇠이고, 하나님의 비밀을 풀 수 있는 열쇠이고, 그리스도 안에 있는 하나님의 최고 지혜를 파악할 수 있는 열쇠입니다.

▨ 그러므로 성도는 하나님의 비밀인 그리스도를 깨닫게 하신 하나님께 감사해야 합니다.

골로새서 2:6-7절에서, 사도 바울은 "그러므로 너희가 그리스도 예수를 주로 받았으니 그 안에서 행하되 그 안에 뿌리를 박으며 세움을 받아 교훈을 받은 대로 믿음에 굳게 서서 감사함을 넘치게 하라"고 권면하였습니다.

4. 사랑은 "모든 것 위에 온전하게 매는 띠"입니다.

> 골로새서 3:12-14절, "그러므로 너희는 하나님이 택하사 거룩하고 사랑받는 자처럼 긍휼과 자비와 겸손과 온유와 오래 참음을 옷 입고 누가 누구에게 불만이 있거든 서로 용납하여 피차 용서하되 주께서 너희를 용서하신 것같이 너희도 그리하고 이 모든 것 위에 사랑을 더하라 이는 온전하게 매는 띠니라."

▨ 성도는 "하나님이 택하신 거룩하고 사랑받는 자"입니다(12).

그리스도인들은 하나님의 선택을 받고, 사랑을 받은 성도들입니다. 그러기에 성도는 이 세상에 살아도 이 세상에 속하지 않은 사람이고, 이 세상에서 거룩한 삶으로 살아가야만 하는 하나님의 거룩한 백성입니다. 골로새서에는 "사랑받는 자"란 말이 4번 나옵니다(골 3:12, 4:7,9,14). 구세군 군복에 평신도는 "파란색 견장"을 하므로 세상에서 살면서 '성결의 삶'을 살도록 표시했습니다.

▩ 성도는 예전의 더러운 나의 옷을 버리고, 하나님이 성도를 위해 골라주신 "새 옷"을 입어야 합니다(12-13).

내적인 마음에는 "긍휼과 자비와 겸손과 온유와 오래 참음"의 옷을 입어야합니다. 외적인 행동에는 누가 누구에게 불평불만이 있더라도 "서로 용납하고 서로 용서해 주어야" 합니다. 주님이 우리를 용서하신 것같이, 우리도 신속하고 완전하게 용서해야 합니다. 우리는 사랑 없이 행하는 일이 절대로 없게 해야 합니다(눅 6:37).

"용납"(아네코, 아나-에코)은 '마음에 들지 않는 것을 네가 짐으로 지고 인내하면서 견디라'는 말입니다. 용납은 사랑의 첫 단계입니다. 내 마음에 들지 않는 사람을 대하는 태도에 관한 말씀입니다. 용납하라는 말씀은 그냥 그대로 인정하고 받아드리라는 말씀입니다. 불평하지 말고, 고치려하지 말고 있는 그대로 두고 네가 인내하라는 말씀입니다.

"용납"이 내 마음에 들지 않는 사람을 대하는 태도에 관한 것이라면, "용서"(카리조마이)는 나에게 잘못한 사람을 대하는 태도에 관한 말씀입니다. 용서는 은혜를 베푸는 것입니다. 용서는 헬라어 "은혜"를 뜻하는 "카리스"의 동사형입니다. 정의를 세우는 것이 아니라 은혜를 베푸는 것이 용서입니다. 하나님이 우리에게 은혜를 베풀어주셨으니, 우리도 은혜를 베푸는 사람이 될 수 있습니다.

▩ 무엇보다도 "사랑은 모두를 완전하게 묶어주는 띠입니다."(3:14).

헬라어에서 "띠"(순데스모스)는 원래 "무엇을 함께 붙잡고 있는 것"으로, 뼈와 뼈를 단단하게 연결해주는 관절의 "인대"를 뜻합니다(골 2:19). 비유로 "연결하는 끈"을 의미합니다. 인대가 뼈들을 연결해주어서 튼튼하고 건강한 몸으로 활동하게 하듯이, 사랑은 육체적이고 영적인 모든 것을 완전하게 매는 띠의 역할을 합니다. 사도 바울은 "이 모든 것 위에 사랑을 더하라"고 말씀합니다. 사랑은 마음의 상처를 치료합니다. 갈라진 것을 싸맵니다. 분리된 것을 화합시킵니다. 이것이 사랑의 힘입니다.

골로새서 3:10절에 "새 사람을 입었으니"라고 말씀한 것처럼, 성도는 주님을 통해서 하나님이 주신 사랑의 옷을 갈아입었습니다. 중요한 것은 그 옷이 흐트러지지 않도록 완전하게 매는 띠가 필요합니다. 우리가 서로 부족하고 부끄러운 부분이 있더라도 사랑의 띠로 감싸고 묶어주면 완전해질 수 있습니다. 사도 바울은 "모든 것 위에 온전하게 매는 띠, 사랑"은 그 어떤 최고 악한 것이라도 끊을 수 없다고 말씀합니다.

로마서 8:35절, "누가 우리를 그리스도의 사랑에서 끊으리오 환난이나 곤고나 박해나 기근이나 적신이나 위험이나 칼이랴"(롬 8:39).

5. 가족은 사랑의 띠로 묶여진 가장 소중한 "사랑 결정체"입니다.

골로새서 3:18-4:1절에서 사도 바울은 특히 '가족관계' 즉 아내와 남편의 부부관계, 자녀와 아버지의 부모자녀관계, 종과 상전의 주종관계의 사랑을 강조합니다.

▨ "아내들아 남편에게 복종하라 이는 주 안에서 마땅하니라"(18절).
아내가 주안에서 남편에게 순종함으로 남편을 이해하고 지지해주는 것이 주님을 영화롭게 하는 일입니다.
▨ "남편들아 아내를 사랑하며 괴롭게 하지 말라"(19절).
그리스도인은 주안에 있기에 남편이 진심으로 아내를 사랑하면 아내를 모질게 대하거나 속이지 말아야 합니다.

▓ "자녀들아 모든 일에 부모에게 순종하라"(20절).

자녀는 부모가 하는 말을 따르는 것이 주님을 한 없이 기쁘게 해드리는 일입니다.

▓ "아비들아 너희 자녀를 노엽게 하지 말지니 낙심할까 함이라"(21절).

그리스도인으로서 부모는 자녀를 매우 심하게 꾸짖음으로 자녀의 기를 꺾지 않도록 해야 합니다. 자녀에게 용기와 희망을 주어야 합니다.

▓ "종들아 모든 일에 육신의 상전들에게 순종하되…성실한 마음으로 하라"(22절).

그리스도인으로서 일꾼은 주인이 맡긴 일에 마음을 다해 성실히 일해야 합니다.

▓ "상전들아 의와 공평을 종들에게 베풀지니 너희에게도 하늘에 상전이 계심을 알지어다"(4:1).

그리스도 안에서 주인은 일꾼을 사려 깊게 대하므로 그들을 공정하게 대우해야 합니다. 성도들의 가족관계는 온전한 사랑의 띠로 묶여야 행복한 가족입니다. "서로" 사랑의 띠로 온전하게 매어지기를 축복합니다.

마치는 말씀입니다.

"생각은 곧 말이 되고, 말은 행동이 되며, 행동과 습관으로 굳어지고, 습관은 성격이 되어 결국 운명이 된다" 고 합니다(찰스 리드).

성도의 모든 마음과 행동이 사랑의 띠로 묶여있어야 완전한 신앙 인격체가 됩니다. 교회는 "이 모든 것 위에 사랑을 더하여 온전하게 매는 사랑의 띠"로 묶여서 사랑의 교회, 사랑의 성도, 사랑의 가족으로 발전하고 행복하기를 주님의 이름으로 축복합니다.

22
믿음과 사랑의 호심경을 붙이자

데살로니가전서 5장 8절
"우리는 낮에 속하였으니 정신을 차리고 믿음과 사랑의 호심경을 붙이고
구원의 소망의 투구를 쓰자."

    사도 바울은 2차 선교여행 때 디모데와 실라와 함께 데살로니가에 가서 시장건물 "인술라"(insula) 상점을 얻어 '천막제조업자'로 일을 하면서 복음을 전하였습니다. "인술라'는 위층은 거주지고 아래층은 거리의 상점으로 사용된 로마도시의 흔한 건물입니다.

    사도 바울은 안식일에는 유대인의 회당에서 복음을 전했고, 평일에는 동료들과 함께 자신들이 운영하는 상점을 복음증거의 장소로 삼아 손님들과 오가는 사람들에게 복음을 전하였습니다. 수개월 동안 장터에 머무르면서 복음을 선포했는데, 이곳에서 데살로니가 교회가 설립되었습니다. 그러나 그들은 시기한 유대인들의 박해로 1년도 못되어 데살로니가 도시를 떠날 수밖에 없었습니다(행 17:1-9).

    후에 사도 바울은 데살로니가 그리스도인들이 시련을 이겨낼 수 있는지 궁금하여 "몇 번 가려 했으나 사탄의 방해로" 갈 수 없어서(살전 2:18), 동역자 디모데를 보냈습니다(3:2-3). 그가 돌아와서 전한 좋은 소식은 데살

로니가 교인들이 "주안에 굳게 서있고"(3:8), 그들의 "믿음과 사랑에 대한 기쁜 소식"을 전하고, 또한 그들이 "사도 바울과 그의 동료들을 생각하며 보고 싶어 한다"는 소식을 전했습니다(3:6). 이 기쁜 소식을 들은 사도 바울은 신자들이 진리의 말씀에 더욱 굳게 서도록 '데살로니가 전서'를 기록해 보냈습니다(주후 49-51년).

그 당시 사도 바울은 고린도에서 친구이자 천막제조업 동업자인 아굴라와 브리스길라 부부와 함께 살면서 고린도의 장터에서 복음을 전하고 있었습니다(행 18:1-4).

사도 바울은 데살로니가전서를 써 보낸 뒤 1년이 채 되지 않아 걱정스런 소식을 들었습니다(살후 3:11). 교회 내부에 그리스도 재림에 대한 오해와 소란이 있어서, 성도들이 세상 멸망이 벌써 왔다고 하면서(살후 2:2) 일을 하지 않았습니다(살후 3:6-15). 이에 대해 사도 바울은 그리스도의 재림이 아직 일어나지 않았음을 증명하고 재림 전 어떤 징조가 있어야 하는 지를 가르치고자 데살로니가후서를 기록하였습니다(살후 2:3).

오늘은 데살로니가전서와 후서의 사랑에서 "믿음과 사랑의 호심경을 붙이자"는 말씀으로 은혜를 나누고자합니다.

1. 데살로니가 교회는 '믿음의 역사와 사랑의 수고와 소망의 인내'가 넘치는 교회입니다.

> 데살로니가전서 1:3-4절, "너희의 믿음의 역사와 사랑의 수고와 우리 주 예수 그리스도에 대한 소망의 인내를 우리 하나님 아버지 앞에서 끊임없이 기억함이니 하나님의 사랑하심을 받은 형제들아 너희를 택하심을 아노라."

▨ 사도 바울은 성도들의 "믿음, 사랑, 소망"을 기억하며 기뻐합니다.

여기서 중요한 용어는 '소망'입니다. 이는 '구원의 소망' 그리고 '우리 주 예수 그리스도에 대한 소망'입니다. 사도 바울은 고린도 교회에게 편지할 때는, 고린도전서 13:13절에서 "믿음, 소망, 사랑, 그 중의 제일은 사랑"이라고 해서, 사랑을 맨 마지막에 언급하므로, 사랑이 이 세 가지 중에서 가장 중요하게 여겼습니다. 그런데 데살로니가 교회에게는 "믿음, 사랑, 소망"으로 자리바꿈하여 "소망"을 가장 중요하게 여겼습니다. 헬라어의 어법상 강조하는 말을 끝에 두는 것을 고려할 때, 중요한 것은 맨 뒤에 놓고, 그다음 중요한 것은 앞에 놓고, 평이성 있는 것은 중간에 놓습니다. "소망"을 강조한 이유는 당시 데살로니가 교회에 소망의 메시지가 매우 중요하게 보였기 때문입니다. 지금 데살로니가 교회에게 시급한 것은 믿음, 사랑보다 '소망'이 급선무였습니다. 그래서 사도 바울은 소망의 메시지를 전하였습니다.

데살로니가전서 3:6절에서 사도 바울은 디모데가 돌아와서 데살로니가 교인들의 "믿음과 사랑에 대한 기쁜 소식을 전해주었다"고 말하지만, 그들의 '소망'에 대한 기쁜 소식에 대해서는 아무런 언급도 없습니다. 그리고 데살로니가전서 3:10절에서 사도 바울이 데살로니가 신자들에게 "너희 믿음이 부족한 것을 보충하게 하려 한다"고 말한 것을 보면, 사도 바울이 이러한 소망의 결핍을 염두에 두고 있었다고 생각합니다.

데살로니가 교인들은 "믿음"으로 유명하고(살전 1:8), "사랑"은 풍성했지만(3:12, 4:9-10), 소망의 메시지로 격려 받을 필요가 있었습니다(4:13, 18). 세상 속에서 힘들게 살아가는 성도들에게 필요한 메시지는 부정적이고 진노하는 메시지보다는 긍정적이고 희망을 주는 메시지가 위로와 힘과 용기를 줍니다(행 20:24).

▩ 그러면 그 데살로니가 교회에 어떠한 고통의 문제가 일어났습니까?

첫째, 사도 바울이 디모데와 실라를 데리고 데살로니가 도시에 와서 전도할 때는 시장 안에 상가(인술라)를 얻어 '천막제조업'을 하면서 안식일에는 회당에 가서 유대인들에게 전도하고, 평일에는 상가에 오는 손님과 지나가는 길손들에게 전도해서 데살로니가 교회를 세웠습니다.

그런데 1년도 못되어 유대인들의 시기로 불가불 그곳을 떠날 수밖에 없었습니다.

둘째, 교회 내부에 그리스도의 재림에 대한 오해와 소란이 있어서, 성도들이 세상 멸망이 벌써 왔다고 하면서(살후 2:2) 일을 하지 않았습니다(살후 3:6-15).

셋째, 성도들이 "환난 가운데" 있었습니다(살전 1:6). 그리고 유대인들에게서 "고난"을 받았습니다(살전 2:14). 사도 바울은 "두 번 가려고 했으나 사탄이 막아서" 가지 못하게 되어(살전 2:18) 그 교회 성도들에게 희망의 메시지를 전하게 되었습니다.

▩ 사도 바울은 성도들의 "믿음의 역사와 사랑의 수고와 우리 주 예수 그리스도에 대한 소망의 인내를" 말씀합니다(살전 1:3).

"믿음의 역사"는 믿음이 일으키는 역사를 의미하는 것이거나, 믿고 나서 일어난 무슨 역사에 대한 것이 아닙니다. 그 말은 믿고 나서 믿음 때문에 한 행위에 관한 것입니다. 믿음에 동반한 행위가 무엇이냐는 것입니다. 헬라어로는 "역사"("투 에르구-에르곤") 앞에 '정관사'가 붙어있어서 그것은 '지정된 역사'를 말합니다. 그 역사가 많은 사람이 알 수 있는 한 가지 행위를 가리킵니다. 그것은 "사랑으로써 역사하는 믿음"입니다.

갈라디아서 5:6절에 "사랑으로써 역사하는 믿음뿐이니라"한 것 보면, 그 "믿음의 역사"는 믿음이 사랑을 통하여 일하게 하는 것입니다. 믿음에 따르는 "행위"는 '사랑'(아가페)이라는 말입니다. 이렇게 믿음과 사랑이 연결되어 있습니다.

반드시 믿음은 사랑으로 이어져야 합니다. 사랑하며 사는 것은 구원이 확장되어가는 과정입니다. 믿음이 사랑을 통하여 일할 때, 즉 하나님에 대한 우리의 믿음이 서로 사랑, 이웃 사랑, 하나님 사랑으로 구체화될 때, 그곳에서 천국은 시작됩니다. 우리의 삶이 하나님 사랑, 이웃 사랑, 서로 사랑으로 충만하다면 우리는 이미 천국을 살고 있는 것입니다. 이렇게 사랑하기 위해 필요한 것이 믿음입니다(요 5:24, 요일 3:14). 데살로니가 교회 성도는 세 가지 신앙 곧 믿음 때문에 일하고, 사랑 때문에 희생하고, 소망 때문에 참고 견디어냈습니다.

첫째, 우리가 '믿음'이 있으면 '봉사'(일)합니다.

> 야고보서 2:14절, "내 형제들아 만일 사람이 믿음이 있노라 하고 행함이 없으면 무슨 유익이 있으리요 그 믿음이 능히 자기를 구원하겠느냐."

둘째, 우리가 '사랑'이 있으면 '희생'(수고)합니다.

> 고린도전서 15:58절, "그러므로 내 사랑하는 형제들아 견실하며 흔들리지 말고 항상 주의 일에 더욱 힘쓰는 자들이 되라 이는 너희 수고가 주안에서 헛되지 않은 줄 앎이라."

셋째, 우리가 그리스도에 대한 '소망'이 있으면 '인내'합니다. 참고 견딥니다.

누가복음 21:19절에, "너희의 인내로 너희 영혼을 얻으리라"고 말씀합니다.

데살로니가전서 1:5절에 보면, 성도들이 "믿음의 역사와 사랑의 수고와 우리 주 예수 그리스도에 대한 소망의 인내를" 가지게 된 것은 "복음이 성도들에게 말로만 이른 것이 아니라 능력과 성령과 큰 확신"으로 된 것입니다.

▧ 사도 바울은 성도들의 "믿음과 사랑"이 열매를 맺고 있다는 소식을 듣고 기뻐합니다.

> 데살로니가전서 3:6-7절, "지금은 디모데가 너희에게로부터 와서 너희의 믿음과 사랑의 기쁜 소식을 우리에게 전하고 또 너희가 항상 우리를 잘 생각하여 우리가 너희를 간절히 보고자 함과 같이 너희도 우리를 간절히 보고자 한다 하니 이러므로 형제들아 우리가 모든 궁핍과 환난 가운데서 너희 믿음으로 말미암아 너희에게 위로를 받았노라."

믿음과 사랑의 열매는 모든 궁핍과 환난 중에서 위로와 소망을 줍니다. 성 어거스틴(주후 354-430년)은 "고통을 수놓은 천을 보는 것 같다"고 했습니다. "천의 뒷면을 보면 많은 색깔의 실이 무질서하게 얽혀있어 보기에 나쁩니다. 이처럼 우리가 고통을 다만 괴로움이나 부조리로 보는 것은 뒷면만 보기 때문입니다. 그러나 천의 앞면을 본다면 혼란하던 실들의 형태와 색채가 아름답게 조화되어 있음을 발견하게 됩니다. 하나님이 역사를 움직이신다는 것을 믿는 사람은 혼잡을 뚫고 아름다운 미래를 바라봅니다."

그러므로 하나님의 부르심에 응답하여 사는 우리는 현재의 고통이나 부조리나 어려운 여건만 보지 않고 그 뒷면에 하나님이 준비하고 계신 아름다운 '희망'을 볼 수 있어야 합니다.

▧ 사도 바울은 성도들이 서로 간에 "사랑이 더욱 넘치기를" 원합니다.

> 데살로니가전서 3:12-13절, "또 주께서 우리가 너희를 사랑함과 같이 너희도 피차간과 모든 사람에 대한 사랑이 더욱 많아 넘치게 하사 너희 마음을 굳건하게 하시고 우리 주 예수께서 그의 모든 성도와 함께 강림하실 때에 하나님 우리 아버지 앞에서 거룩함에 흠이 없게 하시기를 원하노라."

"하나님 우리 아버지"는 예수님이 가르쳐주신 "주기도문"의 첫 말씀을 연상케 합니다.

마태복음 6:9절, "그러므로 너희는 이렇게 기도하라 하늘에 계신 우리 아버지여 이름이 거룩히 여김을 받으시오며."

이스라엘 민족은 하나님을 '아버지'라 불러왔습니다. 그래서 그 하나님을 개인의 아버지처럼 "아버지!"라고 부르는 것은 신성모독에 해당되는 죄이기 때문에, 예수님이 하나님을 자기 아버지라 했을 때 유대인들은 예수를 죽이기로 하였습니다(요 5:18). 그런데 예수님이 이 세상에 오셔서 우리가 하나님을 아버지라 부를 수 있는 길을 열어주셨습니다. 여러 성구들은 이것을 증언합니다.

요한복음 1:12절, "영접하는 자 곧 그 이름을 믿는 자들에게는 하나님의 자녀가 되는 권세를 주셨으니."

로마서 8:14-16절, "무릇 하나님의 영으로 인도함을 받는 사람은 곧 하나님의 아들이라 너희는…양자의 영을 받았으므로 우리가 아빠 아버지라고 부르짖느니라 성령이 친히 우리의 영과 더불어 우리가 하나님의 자녀인 것을 증언하시나니."

갈라디아서 4:5-7절, "율법 아래에 있는 자들을 속량하시고 우리로 아들의 명분을 얻게 하려 하심이라 너희가 아들이므로 하나님이 그 아들의 영을 우리 마음 가운데 보내사 아빠 아버지라 부르게 하셨느니라…"

2. 데살로니가 교회 성도들은 고통의 문제를 뚫고 나아가야할 '영적 무기'가 필요하였습니다.

데살로니가전서 5:8절, "우리는 낮에 속하였으니 정신을 차리고 믿음과 사랑의 호심경을 붙이고 구원의 소망의 투구를 쓰자."

이 말씀은 데살로니가전서 5:1-2절에서 주님의 재림이 "도둑같이 임할" 때를 위해서 권면하는 말씀입니다. 이 영적 무기는 공격무기가 아니라 앞을 가리는 방어무기입니다. 성도가 가슴에 방어무기를 튼튼히 준비한다면 뒷전은 하나님이 전적으로 막아주시기 때문에 두려워할 이유가 없습니다(요일 4:18).

디모데후서 2:3절에서 사도 바울은 "너는 그리스도 예수의 좋은 병사로 나와함께 고난을 받으라"고 말씀합니다. 이 "병사"는 구원하는 병사입니다(요 3:17). 바로 세상을 구원하기 위해서 부름을 받은 구세군병사는 "그리스도 예수의 좋은 병사"입니다.

데살로니가교회 성도들이 고통의 시기를 뚫고 나아가야할 영적 무기는 세 가지가 필요합니다.

▨ "정신을 차리자"(네포멘-네포).

이 말의 어원은 "술 취하지 않는다"는 뜻에서 왔습니다. 흐리멍덩하지 말고 "냉철 하라"는 뜻입니다.

데살로니가전서 5:6절에는 "그러므로 우리는 다른 이들과 같이 자지 말고 오직 깨어 정신을 차릴지라"고 합니다. 잠자지 말고 깨어있으면서, 우리 자신에 대한 우리의 모든 영적인 감각을 소유하자는 것입니다(롬 13:12).

우리는 낮에 속했습니다. 어둠의 세력에 속한 것이 아니라 빛 되신 주님께 속하였습니다.

베드로전서 4:7절에, "만물의 마지막이 가까이 왔으니 그러므로 너희는 정신을 차리고 근신하여 기도하라'고 말씀합니다.

▨ "믿음과 사랑의 호심경을 붙이자."

음악에서는 같은 주제가 다른 방식으로 되풀이 되어 연주되는 형식을

"변주곡"이라고 합니다. "믿음과 사랑"이라는 주제가 바로 '변주곡'입니다.

갈라디아서 5:6절에서 사도 바울은 "사랑으로써 역사하는 믿음뿐이라"고 말씀하는데, 믿음은 다른 것이 아니라 "끝까지 사랑하는 것"이 믿음입니다. 그래서 믿음은 사랑을 통해서 역사하는 것 곧 행하고 일하는 것이고, 사랑하기 위해서는 반드시 믿음이 필요합니다. 믿음이 사랑을 가능하게 합니다. 믿음과 사랑은 구원이라는 궁극의 주제를 변주하는 두 가지 연주방식입니다. 믿음 없는 사랑, 사랑 없는 믿음은 하나님의 구원의 은혜를 받지 못합니다. 우리는 믿음과 사랑을 자기방어를 위해 가슴에 "호심경"을 붙여야만 고통의 시대를 이겨낼 수 있습니다. "호심경"은 심장을 보호합니다. 마음이 튼튼해야 합니다. 사랑을 심장(heart)으로 표시하는 것은 심장이 살아야 생명이 살아있는 것같이 사랑이 살아야 행복한 삶을 살아갈 수 있습니다. 그런 의미에서 호심경은 사랑의 보호 장비입니다.

하나님이 원하시는 삶은 의례적인 종교적인 삶이 아니라, 신실한 믿음을 갖고 사랑하는 삶입니다. 하나님은 우리의 사랑하는 삶을 원하십니다. 반드시 믿음은 사랑으로 이어져야 합니다. 사랑하며 사는 것은 구원이 확장되어가는 과정입니다. 믿음이 사랑을 통하여 일할 때, 즉 하나님에 대한 우리의 믿음이 서로 사랑, 이웃 사랑, 하나님 사랑으로 구체화될 때, 그곳에서 천국은 시작됩니다. 우리의 삶이 하나님 사랑, 이웃 사랑, 서로 사랑으로 충만하다면 우리는 이미 천국을 살고 있는 것입니다. 이렇게 사랑하기 위해 필요한 것이 믿음입니다.

요한1서 5:4절에, "무릇 하나님께로부터 난 자마다 세상을 이기느니라 세상을 이기는 승리는 이것이니 우리의 믿음이니라."고 말씀합니다. 요한1서 4:18절에는 "사랑 안에 두려움이 없고 온전한 사랑이 두려움을 내쫓는다."고 말씀하였습니다.

▌ "구원의 소망의 투구를 쓰자."

사람은 팔이나 다리가 잘려도 생명은 유지할 수 있습니다. 그러나 머리가 잘리면 죽습니다. 군인들이 전투 시 투구를 쓰는 것은 머리를 보호하므로 생명을 유지하기 위해서입니다.

우리의 생명이 영생을 얻으려면, 하나님의 사랑 속에서 믿음으로 받은 구원의 은혜를 유지해야만 하나님 나라에 이르는 영생을 얻을 수 있습니다. 그러기 때문에 우리는 영적인 의미에서 지금 여기서 현재에 믿음과 사랑의 호심경을 붙이고 미래에 다가올 영생을 위하여 구원을 이루게 하는 소망의 투구를 써야합니다(엡 6:13-17).

데살로니가후서 2:16-17절에서, 사도 바울은 성도들에게 말씀합니다. "우리 주 예수 그리스도와 우리를 사랑하시고 영원한 위로와 좋은 소망을 은혜로 주신 하나님 우리 아버지께서 너희 마음을 위로하시고 모든 선한 일과 말에 굳건하게 하시기를 원하노라."

3. 당연히 사도 바울은 성도들이 "다 각기 서로 사랑함이 풍성한" 모습을 확신에 차서 기대합니다.

데살로니가후서 1:3-4절에서 말씀합니다. "형제들아 우리가 너희를 위하여 항상 하나님께 감사할지니 이것이 당연함은 너희의 믿음이 더욱 자라고 너희가 다 각기 서로 사랑함이 풍성함이니 그러므로 너희가 견디고 있는 모든 박해와 환난 중에서 너의 인내와 믿음으로 말미암아 하나님의 여러 교회에서 우리가 친히 자랑하노라."

데살로니가후서 2:16-17절에서 말씀합니다. "우리 주 예수 그리스도와 우리를 사랑하시고 영원한 위로와 좋은 소망을 은혜로 주신 하나님 우리

아버지께서 너희 마음을 위로하시고 모든 선한 일과 말에 굳건하게 하시기를 원하노라."

마치면서 말씀입니다.

우리가 바울 서신에 있는 사랑에 관해서 살펴보고 있지만, 사랑의 중심성과 위력을 사도 바울보다 더 확실히 말한 사람은 없습니다. 사랑은 그의 모든 서신에서 중심 위치를 차지하고 있습니다.

구세군창립자 윌리엄 부스 대장은 말합니다. "사랑은 반드시 이긴다. 사랑은 미래를 위한 강력한 힘이다. 사랑은 이 세상에서 죄와 악과 비참함을 몰아낸다. 이 사랑의 기원은 예수 그리스도의 마음이다." 우리 모두는 정신을 차리고, 심장에 믿음과 사랑의 호심경을 붙이고, 머리에 구원의 소망의 투구를 쓰고 불안과 두려움의 시대를 이겨내며 승리하기를 축복합니다.

23
교훈의 목적은 사랑

디모데전서 1장 5절
"이 교훈의 목적은 청결한 마음과 선한 양심과
거짓이 없는 믿음에서 나오는 사랑이거늘."

신약성서 중에서 사도 바울이 쓴 로마서에서 빌레몬서까지 13편의 서신을 일반서신, 옥중서신, 목회서신으로 나누는데, 디모데전서, 디모데후서, 디도서를 '목회서신'이라고 합니다. 그 이유는 사도 바울이 교회공동체를 감독하는 디모데와 디도 개인에게 보내진 서신들이기 때문입니다.

디모데전서 1:3절에서, 사도 바울은 디모데에게 "어떤 사람들을 명하여 다른 교훈을 가르치지 말라" 즉 거짓교훈을 가르치는 자들을 금하라고 촉구하였습니다. 이같이 사도 바울이 디모데에게 교육적으로 지도하고 명령하는 목적은 오직 사랑의 사람이 되라는 것입니다.

여기서 목회자의 지도와 교육은 반듯이 사랑 안에서 이루어져야한다는 교훈을 주고 있습니다.

디모데란 이름은 "하나님을 경외한다"는 뜻입니다. 그는 헬라인 아버지와 유대인 어머니 사이에서 태어난 소아시아 남쪽 루스드라 출신입니다. 어머니는 유대인이었으나 '그리스도인'이었고 아버지는 헬라인으로 아마 사망하였습니다(행 16:1-3). 디모데는 기독교신앙을 받아들였고, 어린 시절에 어머니 유니게와 외조모 로이스는 그에게 성경을 가르쳤습니다(딤후 1:5, 3:15).

디모데는 사도 바울이 첫 번째 선교여행 때 루스드라에서 회심했습니다.(행 14:6-23, 16:1), 그래서 사도 바울은 디모데를 "믿음으로 낳은 아들"이라고 표현하였습니다(고전 4:17, 딤전 1:2, 딤후 1:2). 그리고 디모데는 사도 바울이 두 번째 선교여행 중 루스드라에 왔을 때, 그곳의 믿는 자들 사이에서 존경받는 제자로 알려져 있었습니다(행 16:1-2), 사도 바울은 선교활동을 위해 디모데를 자신의 동역자로 함께 사역하였습니다(행 16:3).

디모데가 사도 바울의 동료가 되었을 때는 아직 청년이었습니다(딤전 4:12, 5:1). 그는 만성질환 위병으로 어려움을 겪었으며(딤전 5:23), 예언과 안수를 통해 영적 은사를 받았습니다(딤전 4:14, 딤후 1:6)

사도 바울은 디모데가 에베소에서 목회할 때 목회서신으로 디모데전서와 후서를 보냈습니다. 그때는 에베소 교회가 조직되어 발전하였고, 디모데는 말씀을 가르치며 시역하고 있었습니다.

디모데전서 1:3-4절에 보면 사도 바울은 디모데에게 에베소에 머물면서 사람들에게 다른 교훈을 가르치지 말며, 신화와 족보에 관해서 몰두하지 말라고 권면합니다.

왜냐하면 율법이나 학문적인 것들이 믿음 안에서 하나님의 일을 이루기보다는 오히려 쓸데없는 변론을 일으킬 수 있기 때문에, 목회는 오직 사랑으로 가르쳐야 할 것을 교훈하였습니다.

오늘은 디모데 전 후서에서 "교훈의 목적은 사랑"이란 말씀으로 은혜를 나누고자 합니다.

1. 사도 바울이 디모데에게 교훈하는 목적은 사랑입니다.

디모데전서 1:5절에, "이 교훈의 목적은 청결한 마음과 선한 양심과 거짓이 없는 믿음에서 나오는 사랑"이라고 말씀합니다.

"교훈"(파랑겔리아스)은 "권위를 가지고 교육적으로 지시를 내리는 지도와 명령"을 뜻합니다.

사도 바울이 디모데에게 교훈하는 목적은 사람들이 사랑을 갖도록 깨우쳐주기 위해서입니다.

사도 바울은 사랑은 세 가지 순결한 동기에서 나온다고 말씀합니다.

▒ 사랑은 "청결한 마음"에서 나옵니다.

사랑은 "오염되지 않은 깨끗한 마음"에서 나옵니다(딤후 2:22). 마음이 불순하면 사랑이 생겨나지 않습니다.

시편 33:15절에, "그는 그들 모두의 마음을 지으시며 그들이 하는 일을 굽어 살피시는 이로다"한 것 보면, 하나님은 우리 모두의 마음을 지으셨기 때문에 깨끗한 마음을 원하십니다.

마태복음 5:8절에서 예수님은 "마음이 청결한자는 복이 있나니 그들이 하나님을 볼 것이요"라고 말씀하십니다.

▒ 사랑은 "선한 양심"에서 나옵니다.

"양심"은 선악을 판단하는 능력입니다. "하나님이 선함의 표준"입니다(딤전 3:9).

베드로전서 3:21절에, "선한 양심이 하나님을 향하여 간구합니다." 사랑은 '하나님이 선함의 표준인 양심'이 옳다고 생각될 때 나옵니다. 양심이 악해지면 사랑이 생겨나지 않습니다.

딤전 1:19절에, "믿음과 착한 양심을 가지라"고 말씀합니다(딤후 1:15, 벧전

3:16).

▨ 사랑은 "거짓이 없는 믿음"에서 나옵니다.

사랑은 '배우처럼 꾸미지 않은' '진실한 믿음'을 가질 때에 나옵니다. 꾸며진 가식적인 믿음에서는 사랑이 생겨나지 않습니다.

갈라디아서 5:5-6절에, "우리가 성령으로 믿음을 따라 의의 소망을 기다리노니 그리스도 예수 안에서는 할례나 무할례나 효력이 없으되 사랑으로써 역사하는 믿음뿐이니라"고 말씀합니다.

그렇습니다. 사랑은 동기의 순수성이 중요합니다. 사랑의 동기가 불순하면 그것은 욕심이 생겨서 죄악의 길로 치닫게 됩니다. 그러기 때문에 우리는 사랑의 동기가 "깨끗한 마음"과 "선한 양심"과 "진실한 믿음"을 가지고 하나님을 향해 성결한 삶을 살게 될 때에 하나님은 성령을 통해서 우리 안에 '아가페' 사랑을 불러일으켜주십니다.

2. 사도 바울이 말씀한 그리스도인의 여러 '덕목(德目)들' 중에는 반듯이 "믿음"과 함께 "사랑"이 들어있습니다.

▨ 디모데전서 1:14절에, "우리 주의 은혜가 그리스도 예수 안에 있는 믿음과 사랑과 함께 넘치도록 풍성하였도다" 라고 말씀합니다.

주님의 은혜가 우리 마음속에 가득 차고 넘칠 때, 그 은혜와 함께 그리스도 예수 안에서 "믿음과 사랑"도 우리 속에서 솟아납니다.

디모데전서 1:12-13절에서 사도 바울은 "내가 전에는 비방자요 박해자요 폭행자였으나 도리어 긍휼을 입은 것은 내가 믿지 아니 할 때에 알지 못하고 행하였음이라."고 말씀합니다.

디모데전서 1:12절에서, 사도 바울은 이 같은 자신의 경험을 통해서 "나를 능하게 하신 그리스도 예수 우리 주께 내가 감사함은 나를 충성 되이 여겨 내게 직분을 맡기심이라."고 말씀하였습니다.

우리는 '주님의 은혜가 우리 마음속에 가득 차고 넘칠 때, 그 은혜와 함께 그리스도 예수 안에서 믿음과 사랑도 우리 속에서 솟아남으로 감사하게 됩니다.

▪ 디모데전서 2:15절에, "그러나 여자들이 만일 정숙함으로써 믿음과 사랑과 거룩함에 거하면 그의 해산함으로 구원을 얻으리라"고 말씀합니다.

구원은 "믿음과 사랑"과 함께 거룩함을 지키는 사람들에게 옵니다. "구원을 얻는다"는 말은 신학적인 의미로 '그리스도인 여자들이 경건한 삶을 살면 영생을 얻게 된다'는 의미로 해석할 수 있습니다. 그러나 사도 바울은 여자들이 "해산함으로 구원을 얻는다"고 말한 것은 여자들의 해산과 관련해서 해산 시 여자들이 죽음에서 "구원 받는다"는 의미로 사용하고 있습니다.(딤전 2:13-14). 여자가 아기를 날 때의 고통은 죽음에 이를 수도 있습니다. 그래서 로마, 헬라 여자들은 특정한 신에게 아이를 낳을 수 있도록 해달라고 기도했습니다. 이것은 자신이 안전하게 아이를 낳을 수 있도록 해달라는 의미였습니다. 그래서 "해산의 구원"은 아기를 낳는 것과 관련해서 여자가 안전하게 아이를 낳을 수 있도록 해달라는 의미일수도 있습니다.

그런데 여기서 중요한 것은 "여자들이 정숙함으로 믿음과 사랑과 거룩함"을 바탕으로 성숙한 신앙생활을 살아간다면 누구나 아이를 낳고 기르는 가운데 구원을 받는다는 것입니다. 그러나 이 구원은 믿음과 사랑과 거룩함을 지키는 사람들에게만 옵니다. 이런 면에서 보면 여성의 구원활동은 가족을 구원시키는 '가정의 선교사' 역할을 담당하는 것입니다.

▪ 딤전 4:12-13절에, "누구든지 네 연소함을 업신여기지 못하게 하고

오직 말과 행실과 사랑과 믿음과 정절에 있어서 믿는 자에게 본이 되어 내가 이를 때까지 읽는 것과 권하는 것과 가르치는 것에 전념하라"고 말씀합니다.

"연소함"(네오테토스)이란 말은 40세까지 적용될 수 있으나, 보통 29세 이하의 사람들에게 특별히 사용되었습니다. 허지만 디모데는 장로들보다 어리다 해도 성숙한 지도자의 역할을 담당해야 하며 공동체의 본이 되어야 했습니다. 교사는 통상 "제자들에게 자신을 본받으라"고 요청했으며, 그렇게 함으로서 아버지 역할을 맡았습니다.

지도자가 삶을 통해서 말과 행실과 사랑과 믿음과 성실함으로 믿는 신자들을 가르친다면 아무도 그를 얕잡아 보지 않을 뿐만 아니라 오히려 존경하고 따르게 됩니다.

교회지도자는 삶으로 본을 보여주는 자입니다. 진정으로 본을 보여주는 자는 "하라 하지 않고, 하지마라 하지 않고, 하게 합니다."

요한복음 13:14-15절에서 예수님은 말씀하십니다. "내가 주와 또는 선생이 되어 너희 발을 씻었으니 너희도 서로 발을 씻어주는 것이 옳으니라 내가 너희에게 행한 것 같이 너희도 행하게 하려 하여 본을 보였노라."

사도 바울이 디모데에게 말씀하는 "교훈"(파랑겔리아스)은 스승의 '권위를 가지고 교육적으로 하는' '지도'와 '명령'을 뜻합니다.

"청결한 마음"은 '오염되지 않은' 깨끗한 마음입니다(마 5:8). "선한양심"은 하나님은 선함의 궁극적인 표준이십니다(벧전 3:21). "거짓 없는 믿음"은 '배우처럼 꾸미지 않고' '진실한 것'을 뜻합니다(유 1:20). 신자들은 "사랑과 믿음"과 함께 말과 행실과 정절에 있어서 믿는 자에게 본이 되어야 합니다.

▨ 디모데전서 6:2절에, "믿는 상전이 있는 자들은 그 상전을 형제라고 가볍게 여기지 말고 더 잘 섬기게 하라 이는 유익을 받는 자들이 믿는 자

요 사랑을 받는 자임이라 너는 이것들을 가르치고 권하라"고 말씀합니다.

　신자는 "믿는 자이고 사랑받는 자"이기 때문에 더 잘 섬기는 일꾼이 되어야 합니다.

　▨ 디모데전서 6:11절에, "오직 너 하나님의 사람아 이것들을 피하고 의와 경건과 믿음과 사랑과 인내와 온유를 따르며"라고 말씀합니다.

　하나님의 사람은 "믿음과 사랑"과 함께 모든 악을 멀리하고 의와 경건과 인내와 온유를 따라야 합니다.

　▨ 디모데후서 1:7절에, "하나님이 우리에게 주신 것은 두려워하는 마음이 아니요 오직 능력과 사랑과 절제하는 마음이니"라고 말씀합니다.

　하나님은 우리에게 "사랑"과 함께 능력과 절제하는 마음을 주셨습니다.

　▨ 디모데후서 1:13절에, "너는 그리스도 예수 안에 있는 믿음과 사랑으로써 내게 들은바 바른 말을 본받아 지키라"고 말씀합니다.

　우리는 그리스도 안에 뿌리 내린 "믿음과 사랑"으로써 건전한 교훈을 잘 지켜야 합니다.

　▨ 디모데후서 2:22절에, "또한 너는 청년의 정욕을 피하고 주를 깨끗한 마음으로 부르는 자들과 함께 의와 믿음과 사랑과 화평을 따르라"고 말씀합니다.

　"정욕을 피하라"는 말은 "도덕적이거나 영적인 위험인 욕망을 멀리하라"는 뜻입니다. 우리는 젊은 사람들이 빠지기 쉬운 정욕을 멀리하고 "믿음과 사랑"과 함께 깨끗한 마음을 가지고 의와 평화를 추구해야 합니다.

　▨ 디모데후서 3:10절에, "나의 교훈과 행실과 의향과 믿음과 오래 참음과 사랑과 인내"를 말씀합니다.

　우리는 가르치는 자의 "믿음과 사랑"과 함께 그의 교훈, 행실, 의향, 오래 참음, 인내를 알아주어야 합니다.

사도 바울이 이 같은 여러 가지 신앙생활의 덕목들을 말하면서 '믿음과 함께 사랑'을 말씀한 것은 믿음은 "사랑으로써 역사하는 믿음"이기 때문입니다(갈 5:6).

그리고 사도 바울이 여러 덕목들을 말씀하면서 특별히 "사랑"을 강조하는 이유는 사랑은 여러 덕목들의 '생명력'이기 때문입니다. 사랑이 없으면 믿음이나 많은 덕목들이 아무유익이 없습니다. 사랑이 없으면 믿음과 모든 덕목들이 아무것도 아닙니다(고전 13:2-3).

그뿐만 아니라 '아가페' 사랑은 그리스도인의 특성입니다. 그러기 때문에 기독교 덕목들은 그 자체로 존립하지 않고, 사랑이 덕목들의 중심에서 서로의 관계가 융합을 이루게 함으로 여러 덕목들은 합력하여 선을 이루게 합니다. 그러나 사랑이 없으면 덕목들은 실천능력을 상실하게 됩니다. 그러므로 우리는 신앙생활의 실천을 위한 기독교 덕목들의 임무수행의 근원을 사랑에서 찾아야합니다.

3. 사도 바울은 젊은 목회자 디모데가 '사랑해서는 안 될 것' 세 가지를 말씀합니다.

이것은 '성직자들'이 세속적인 유혹에 빠지기 쉬운 3가지 '딜레마'(dilemma)입니다.

▮ "돈"을 사랑 하지 말라고 합니다.

디모데전서 3:3절에서, "술을 즐기지 아니하며 구타하지 아니하며 오직 관용하며 다투지 아니하며 돈을 사랑하지 아니하며."라고 말씀합니다.

여기서 술, 구타, 관용, 다툼, 돈이 같은 동일선상에서 말해지고 있는 것은 "돈" 때문에 술을 많이 마시므로, 난폭하고, 너그럽고, 싸움을 하게 된다는 타락의 과정을 말하고 있습니다. 특히 사도 바울은 "돈을 사랑하는 것"은 일만 악의 뿌리가 된다고 말씀합니다.

디모데전서 6:10-11절에, "돈을 사랑함이 일만 악의 뿌리가 되나니 이것을 탐내는 자들은 미혹을 받아 마음에서 떠나 많은 근심으로써 자기를 찔렀도다 오직 너 하나님의 사람아 이것들을 피하고 의와 경건과 믿음과 사랑과 인내와 온유를 따르며."라고 말씀합니다.

"돈을 사랑한다"(필라르구리아)는 말은 문자적인 의미에서 돈이 모든 악을 만들어 낸다는 뜻으로 말하는 것이 아닙니다. 사도 바울이 의미하는 것은 돈을 사랑하는 사람이 돈을 얻고 그것을 꼭 쥐고 있기 위해 돈의 유혹적인 탐욕에 빠져 어떤 악이라도 행할 것이라는 말입니다. 돈이 우리의 모든 충족요구를 채워주는 '신'이 되어서는 안 됩니다. 돈은 '선한 일'을 위해 선용되어야하고 결코 악용되거나 우상시되어서는 안 됩니다. 감리교의 창시자 존 웨슬리는 "금전선용에 대하여" 말하기를 "돈을 버십시오. 돈을 저축하십시오. 돈을 선하게 사용하십시오."라고 말하였습니다.

▦ "자기"를 사랑하지 말라고 합니다.

디모데후서 3:1-3절에서, "너는 이것을 알라 말세에 고통 하는 때가 이르러 사람들이 자기를 사랑하며 돈을 사랑하며 자랑하며 교만하며 비방하며 부모를 거역하며 감사하지 아니하며 거룩하지 아니하며"라고 말씀합니다.

여기서는 자기, 돈, 자랑, 교만이 동일시되고 있습니다. "자기사랑"(필라우토이)은 자기가 돈과 밀착되어 교만에 빠지면 자기가 '신'이 되는 우상에 빠지게 된다는 것을 말합니다.

자기중심의 이기주의가 되는 것이 죄입니다. 그래서 영어로 "죄"란 말

"Sin"은 "내가 중심이 되어있는 것이 죄"란 말로 표현되어있습니다. 우리가 자기사랑에 빠지면 돈을 사랑하며 자랑하며 교만하며 비방하며 부모를 거역하며 감사하지 아니하며 거룩하지 아니하므로 결국은 자기 편애에 빠져서 성결한 삶을 유지하지 못하게 됩니다.

"자기"는 내 것이 아니라 하나님의 것입니다. 이사야 43:1절에 "..내가 너를 구속하였고 내가 너를 지명하여 불렀나니 너는 내 것이라"고 말씀합니다.

고린도전서 6:19절에는 "너희 몸은 너희가 하나님께로부터 받은바 너희 가운데계신 성령의 전인 줄을 알지 못하느냐 너희는 너희 자신의 것이 아니라 값으로 산 것이 되었으니 그런즉 너희 몸으로 하나님께 영광을 돌리라"고 말씀합니다. "우리는 살아계신 하나님의 성전입니다"

(고후 6:16).

▪ "쾌락"을 사랑하지 말라고 합니다.

디모데후서 3:4-5절에서, "배신하며 조급하며 자만하며 쾌락을 사랑하기를 하나님 사랑하는 것보다 더하며 경건의 모양은 있으나 경건의 능력은 부인하니 이 같은 자들에게서 네가 돌아서라"고 말씀합니다.

여기서는 "쾌락"을 배신과 조급함과 자만과 하나님을 동일시하므로 쾌락을 하나님보다 더 사랑합니다. 그리되면 경건의 모양은 있으나 경건의 능력을 부인하게 됩니다. "쾌락을 사랑하다"(필레도노이)는 말은 향락, 정욕에 빠지는 것을 의미합니다. 어떤 수단으로든지 세속적인 향락이나 정욕의 유혹에 빠지면 하나님을 사랑할 수 없게 됩니다.

이 같은 "돈사랑(필아르구로이)," "자기사랑(필아우토오이)," "쾌락사랑(필에도노이)"을 말할 때, 그 "사랑"은 '필로스'로, "상대적으로 높은 수준으로 소중히 여긴다"는 의미입니다. "돈"이나 "자기"나 "쾌락"을 하나님보다 더 높은 수준으로 소중히 여긴다는 뜻입니다.

그러므로 사도 바울이 디모데에게 말씀한 교훈은 "돈"이나 "자기"나 "쾌락"을 하나님을 사랑하는 것보다 더 높은 수준으로 사랑할 수 없다는 것을 단호히 지시하고 명령한 것입니다.

사도 바울은 디모데에게 "이 같은 자들에게서 네가 돌아서라"고 명령하십니다(5).

우리 그리스도인들은 '돈 사랑'이 아니라 "돈"보다 더 높으신 하나님이 주시는 축복을 더욱 소중히 여겨야 합니다. 우리는 '자기사랑'이 아니라 "자기"보다 더 높으신 하나님을 더욱 마음과 뜻과 정성과 힘을 다하여 사랑해야 합니다. 우리는 '쾌락사랑'이 아니라 "쾌락"보다 더 높으신 하나님이 성령을 통해서 주시는 영적 '기쁨'을 더욱 소중히 여겨야 합니다. 예수님은 "내 기쁨을 그들 안에 충만히 가지게 하려 함이니이다"라고 기도하십니다(요 17:13). 그러기 때문에 그리스도인들은 세상이 주는 복을 누리는 것이 아니라 그보다 더 높은 권위인 성서에 나타난 하나님이 주시는 축복을 경험하면서, 그 축복 속에서 하나님의 은혜를 깨닫고 감사하는 것이 그리스도인의 행복한 삶입니다.

마치면서 말씀합니다.

우리가 예수님을 믿기 전에는 나 자신의 유익을 위해서 선을 행합니다. 내가 선을 행하면 잘 될 것이라는 것을 목적으로 선을 행합니다. 그러나 믿음을 갖게 되면 그때부터 선의 목적이 바뀝니다. 하나님 아버지의 마음을 알기 때문에 선을 행합니다. 하나님의 마음은 예수님을 십자가에 달려 죽게 하므로 우리를 살리셨습니다. 그 아들을 죽이시는 하나님의 마음은 아픔이요 고통입니다. 우리는 그 아픔을 알기 때문에 희생하는 마음으로,

하나님의 마음으로 선을 행하는 것입니다. 구원의 역사를 이루시는 하나님의 사랑을 우리가 알아야 합니다. 하나님의 사랑의 역사에서 구원의 역사가 일어납니다. 하나님이 주시는 구원의 역사로 축복의 은혜가 넘치시기를 축복합니다.

이탈리아가 낳은 성자 프랜시스(1182-1226)는 사랑의 화신 같은 그리스도인이었습니다. 그의 사랑은 사람에게 뿐만 아니라 나무와 새와 해와 달 등 보이는 모든 것에 미쳤습니다.

그의 친구이며 부자인 베르나드는 프랜시스의 놀라운 사랑의 힘이 어디서 나오는지를 알기 위해 프랜시스의 집에 묵으며 며칠을 함께 생활하였습니다. 그가 발견한 특이한 장면은 모두가 잠든 한밤중에 프랜시스가 침상에서 일어나 앉아 기도하는 모습이었습니다. 그는 "오 나의 주님!" 한 마디를 하고는 눈물을 흘렸습니다. 다른 기도의 말은 들을 수 없었습니다. 눈물을 흘리며 같은 말을 여러 번 반복하는 것이었습니다. 그때 베르나드가 발견한 것은 프랜시스가 하나님의 사랑에 너무 감격해서 드리는 감사의 눈물과 그 감격이 사랑의 힘이 되었다는 비결이었습니다. 후에 베르나드는 자기의 전 재산을 프랜시스의 사랑운동을 위하여 바쳤습니다.

24
노년의 온전한 사랑

디도서 2장 1-5절

"오직 너는 바른 교훈에 합당한 것을 말하여 늙은 남자로는 절제하며 경건하며 신중하며 믿음과 사랑과 인내함에 온전하게 하고 늙은 여자로는 이와 같이 행실이 거룩하며 모함하지 말며 많은 술의 종이 되지 아니하며 선한 것을 가르치는 자들이 되고 그들로 젊은 여자들을 교훈하되 그 남편과 자녀를 사랑하며 신중하며 순전하며 집안일을 하며 선하며 자기 남편에게 복종하게 하라 이는 하나님의 말씀이 비방을 받지 않게 하려 함이라."

디도는 사도 바울에 의해 복음을 듣고 그리스도인이 된 헬라사람입니다(갈 2:3, 딛 1:4). 디도는 사도 바울이 이방인이 먼저 유대인이 되지 않고서도 그리스도를 통하여 하나님 앞에서 의로워질 수 있음을 제시한 중요한 롤 모델 중 하나였습니다(갈 2:1-3, cf 롬 3:28, 갈 2:16, 3:11). 유대인 그리스도인이었던 디모데처럼, 디도도 사도 바울의 동역자로서 사역하였습니다(고후 7:6-8, 13-15).

디도서 1:5절에 보면, 사도 바울이 디도와 함께 그레데에서 사역하다가 떠난 후 디도가 혼자 남아 계속 사역할 때 보낸 목회서신이 디도서입니다. 디도가 그레데에 남아서 사역한 이유는 성읍마다 "장로들"을 세우려는 것이었습니다.

디모데전후서는 "연소한 자"를 위한 "젊은이의 복음"이라면, 디도서는 늙은이를 위한 "노인의 복음"입니다. 디도서는 100세 고령화 시대에 늙은 남녀신자들에게 들려주는 참신한 말씀입니다. 이사야 65:20절에는 "백세에 죽는 자를 젊은이라 하겠고"라고 말씀하였습니다.

노년의 신앙은 늙어갈수록 "늙은 남자, 늙은 여자"를 위한 교훈의 말씀을 생각해야 합니다.

오늘은 디도서에서 "노년의 온전한 사랑"이란 말씀으로 은혜를 나누고자 합니다.

1. "늙은 남자"는 믿음, 사랑, 인내로 온전한 사람이 되라고 교훈합니다.

디도서 2:1-2절에, "오직 너는 바른 교훈에 합당한 것을 말하여 늙은 남자로는 절제하며 경건하며 신중하며 믿음과 사랑과 인내함에 온전하게 하라"고 말씀합니다.

▨ "늙은 남자"는 지역의 "장로들"입니다(딛 1:5). 나이 많고 덕이 높은 사람입니다. 동리의 어른이고 유지입니다. 그들은 비공식 리더(informal leader)이고 지도자들입니다. '어른'은 인생의 삶의 역사를 경험했기에 스승입니다(신 32:7). "존경할 자"입니다(딤전 5:17). 그러기 때문에 늙은이들은 '늘 그런 사람'이 되지 말고 어진이로 '어른'으로서 품격이 있고 덕망이 있어야 합니다.

▨ 사도 바울은 노년의 늙은 남성들에게 말씀합니다.

첫째, "절제하라"고 합니다. 욕심을 버리고 마음을 비워야합니다.

둘째, "경건하라"고 합니다. 공경하는 마음으로 깊이 삼가고 조심하여 하나님을 섬겨야합니다.

셋째, "신중하라"고 합니다. 매사를 경솔히 여기지 말고 매우 신중하게 행동해야합니다.

넷째, "믿음과 사랑과 인내함에 온전하게 하라"고 합니다. 믿음과 사랑과 인내로 하나님을 향한 더 깊은 성숙된 성결로부터 흘러나온 신앙인격을 갖춘 본이 되어야합니다.

이와 같이 "늙은 남자들"은 "절제하고, 경건하고, 신중하게" 행동하는 인격을 갖추고, "믿음과 사랑과 인내"에 있어서 세상살이에 흔들림 없이 건전하고 성숙한 신앙생활의 본이 될 때, 교회나 집안이나 지역이나 사회에서 '어른'으로서 스승의 지도력을 발휘할 수 있습니다.

▩ 창세기 17:1절에서 하나님은 99세의 늙은 아브람에게 말씀하십니다. "나는 전능한 하나님이라 너는 내 앞에서 행하여 완전하라."

고린도후서 4:16절에서 사도 바울은 "그러므로 우리가 낙심하지 아니하노니 우리의 겉 사람은 낡아지나 우리의 속사람은 날로 새로워지도다"라고 말씀합니다.

노년들이 "완전하고" "날마다 새로운 삶을 살라"는 말씀은 성결한 삶의 인격을 살아가야 한다는 말씀입니다. 노년이 되면 늙는 것을 낙심할 것이 아니라 "겉 사람이 낡아지는 것" 즉 늙어가는 것을 솔직히 받아들여야 합니다. 그러나 중요한 것은 "속사람은 날마다 새로워져야" 합니다. 늙은이들은 속사람이 날마다 새로워져야 영적인 신앙심뿐만 아니라 육체적으로도 건전하고 건강하고 젊게 살아갈 수 있습니다. 이것이 하늘에 속한 하나님의 백성들의 모습입니다.

시편 90:10절과 12절에서 모세는 "우리의 연수가 칠십이요 강건하면 팔십이라도 그 연수의 자랑은 수고와 슬픔뿐이요 신속히 가니 우리가 날아가나이다." "우리에게 우리 날 계수함을 가르치사 지혜로운 마음을 얻게 하소서"라고 기도하였습니다.

▓ 우리는 늙음의 인생길에서 "하나님이 선물(present)로 주신 시간"의 하루 현재(present)를 감사하며, 하나님이 주신 은혜와 축복을 헤아리며 하나님께 영광을 돌리면 하나님은 우리의 인생을 더욱 풍성하게 살아갈 수 있는 지혜의 마음을 선물(present)로 주십니다. 현재(present)는 하나님이 주신 선물(present)입니다.

늙은이들은 나의 시간을 내 것 삼지 않고 주님의 것으로 삼는 것이 중요합니다. 우리가 "나의 시간은 주님의 것입니다"라고 고백할 수 있는 사람은 사회에서 은퇴해도 기어이 제2의 인생으로 돌입합니다. 왜냐하면 주님이 부르시는 순간까지 나에게 주어진 시간은 하나님이 맡겨주신 '달란트'이기 때문입니다(마 25:14-30).

2. "늙은 여자"는 행실이 거룩하며, 집안에서 선한 것을 가르치는 자들이 되라고 교훈합니다.

디도서 2:3-5절에, "늙은 여자로는 이와 같이 행실이 거룩하며 모함하지 말며 많은 술의 종이 되지 아니하며 선한 것을 가르치는 자들이 되고 그들로 젊은 여자들을 교훈하되 그 남편과 자녀를 사랑하며 신중하며 순전하며 집안일을 하며 선하며 자기 남편에게 복종하게 하라 이는 하나님의 말씀이 비방을 받지 않게 하려 함이라"고 말씀합니다.

▓ "늙은 여자"는 집안에서 행실이 거룩하고 선한 것을 가르치는 교육자이고 지도자입니다. 그러므로 "늙은 여자"는 집안에서 사랑의 교육가로서의 스승의 지도력을 갖추어야합니다.

▒ 사도 바울은 노년의 늙은 여성들에게 말씀합니다.

첫째, "행실이 거룩하라"고 합니다. 일상 행동의 품행이 거룩한 예의범절을 준수하라는 것입니다.

둘째, "모함하지 말라"고 합니다. 사악한 말을 하지 말고, 다른 사람을 헐뜯지 말고 험담하지 말고 흉보지 말아야 합니다.

셋째, "술의 종이 되지 말라"고 합니다. 만약 많은 경우에 환자의 질환을 위해 술을 조금씩 사용할지라도(딤전 5:23) "많은 술에 내주지 말며," 좋아하지 말고 술주정을 그치고 알코올중독자가 되어서는 안 됩니다.

넷째, "선한 것을 가르치는 자가되라"고 합니다. 나이와 경험으로 인해 늙은 여자들은 "가르치는 자들"이라고 불렀습니다. 그들은 오직 선한 것만을 가르치게 하라는 말입니다. 자식들에게 진리의 말씀 성경을 가르쳐야합니다(딤후 1:5).

디모데후서 3:16-17절에 "모든 성경은 하나님의 감동으로 된 것으로 교훈과 책망과 바르게 함과 의로 교육하기에 유익하니 이는 하나님의 사람으로 온전하게 하며 모든 선한 일을 행할 능력을 갖추게 하려 함이라."고 말씀합니다. 어머니가 자식들에게 들려준 성경말씀은 그들이 일생을 살아가는데 삶의 지표가 될 것입니다.

다섯째, "젊은 여자들을 교훈하라"고 합니다. 디모데가 직접 가르쳐야만 했던 이 젊은 여자들을, 디도는 나이든 여자들에 의해서 가르쳐야 했습니다. 특히 "남편과 자녀를 사랑하며 신중하며 순전하며 집안일을 하며 선하며 자기 남편에게 복종하게 하라"고 합니다. 다정하고, 온화하며, 거룩하고, 지혜로운 애정으로 "자기 남편과 자녀들을 사랑하라"는 말씀입니다. 이것이, 얼마나 실천하기 어려운 교훈입니까! 성령님이 주시는 지혜의 말씀으로만 가능한 것입니다!(고전 12:8).

▨ "늙은 여자"는 "거룩한 행실"을 갖추고, 집안에서 본이 되어 "젊은 여자"가 가정에서 남편과 자녀를 어떻게 사랑해야하는지, 고결하고 순결한 삶을 살려면 어떻게 해야 하는지, 집안 살림을 잘하려면 어떻게 해야 하는지, 좋은 아내가 되려면 어떻게 해야 하는지를 가르쳐야합니다.

여성이 가정에서 "남편과 자식"을 사랑하는 것은 하나님이 주신 특권입니다. 남편과 아내와 자식은 한 가족(family)입니다. 가족은 하나님이 사랑으로 안겨주신 가장 소중한 축복의 선물입니다. 가족의 중심은 사랑이기 때문에 여성은 남편의 아내로서, 자식의 어머니로서 신중하고 순전하며, 집안일을 하고 선하며, 남편을 존경합니다(엡 5:33). 이런 가족이 행복한 신앙 가정이고 하나님은 이런 가정을 사랑하시며 축복하십니다.

여섯째, 사도 바울은 "늙은 여자"가 왜 집안에서 "선한 것," 특히 가족 사랑을 가르쳐야하는지 그 이유를 말씀합니다. 그것은 "하나님의 말씀이 비방을 받지 않게 하려는 것입니다."

"늙은 여자"로부터 가르침을 받은 "젊은 여자들"은 가정에서 자녀들에게 하나님의 말씀을 잘 가르친다면 신앙이 자식들에게 유산이 되어 하나님이 우리에게 주신 말씀이 비난받지 않고 온전하고 바르게 살아갈 수 있습니다.

▨ 신앙의 여성은 '가정의 선교사'인 동시에 가정의 교육가이고, 신앙의 가정을 세우는 하나님의 사역자입니다(딤후1:5, 3:14-15). 이런 여성(어머니)이 '가정의 희망'입니다.

잠언에서는 이러한 여성을 "현숙한 여인"이라고 말씀합니다.

잠언 31:10-12절, 26-31절, "누가 현숙한 여인을 찾아 얻겠느냐 그의 값은 진주보다 더 하니라 그런 자의 남편의 마음은 그를 믿나니 산업이 핍절하지 아니하겠으며 그런 자는 살아있는 동안에 그의 남편에게 선을 행하고 악을 행하지 아니하느니라." "입을 열어 지혜를 베풀며 그의 혀로 인애의 법을 말하며 자기의 집안일을 보살피고 게을리 얻은 양식을 먹지 아니하나니 그의 자식들은 감사하며 그의 남편은 칭찬하기를 덕행 있는 여자가 많으나 그대는 모든 여자보다 뛰어나다 하느니라 고운 것도 거짓되고 아름다운 것도 헛되나 오직 여호와를 경외하는 여자는 칭찬을 받을 것이라 그 손의 열매가 그에게로 돌아갈 것이요 그 행한 일로 말미암아 성문에서 칭찬을 받으리라."

▧ 지금 위에서 말씀드린 "늙은 남자와 늙은 여자"는 교회나 지역이나 집안에서 위대한 역사적인 인물입니다.

신명기 32:7절에는 "옛날을 기억하라 역대의 연대를 생각하라 네 아버지에게 물으라 그가 네게 설명할 것이요 네 어른들에게 물으라 그들이 네게 말하리로다."고 말씀합니다.

늙으신 남녀어른들은 집안, 교회, 지역에서 위대한 역사적 인물이기에, "늙은이가 죽는 것은 역사박물관 하나가 없어지는 것과 같다"고 합니다. 이분들이 바로 우리의 "할아버지" 곧 "크신 아버지"이고, "할머니" 곧 "크신 어머니"이기에 존경받아야 할 인격자들, 어른들이십니다.

3. 하나님의 자비와 사람의 사랑이 우리를 구원하십니다.

디도서 3:4-7절에서, "우리 구주 하나님의 자비와 사람 사랑하심이 나타날 때에 우리를 구원하시되 우리가 행한바 의로운 행위로 말미암지 아니하고 오직 그의 긍휼하심을 따라 중생의 씻음과 성령의 새롭게 하심으로 하셨나니 우리 구주 예수 그리스도로 말미암아 우리에게 그 성령을 풍성히 부어주사 우리로 그의 은혜를 힘입어 의롭다하심을 얻어 영생의 소망을 따라 상속자가 되게 하려 하심이라"고 말씀합니다.

 사도 바울은 우리를 구원하시는 하나님의 구원에 대하여 4가지를 말씀합니다.
 ▨ 구원은 "우리 구주 하나님의 자비와 사람 사랑하심을 나타내는 것"이라고 합니다.
 하나님이 우리를 구원하시는 동기는 "하나님의 '자비'와 '사랑'에서 시작됩니다. 한자로 "자비"(慈悲)는 사랑과 슬픔입니다. "사랑하고 가엽게 여긴다."는 뜻입니다. "자비"(慈悲)는 "하나님의 사랑과 예수님의 십자가로 모든 사람을 죄에서 구원하시는 축복의 은혜"입니다.
 ▨ 하나님이 우리를 구원하시는 것은 "우리가 행한바 의로운 행위로 말미암지 아니 한다"고 합니다.
 우리가 행하는 행위가 "의로운 행위"이기 때문에 그 행위의 공로로 하나님이 우리를 구원하는 것이 아닙니다.
 ▨ 하나님이 우리를 구원하신 것은 "오직 하나님의 긍휼하심을 따라 중생의 씻음과 성령의 새롭게 하심으로" 우리를 구원하셨다고 말씀합니다.
 하나님이 우리를 구원하시는 것은 오직 하나님의 긍휼하심 때문에 우리가 회개와 믿음으로 성령의 역사를 통해서 우리 속에 있는 모든 죄를 깨끗하게 하시고 성화케 하시는 중생과 성결의 은혜로 영적인 변화를 받아 구원의 축복을 얻게 됩니다. 중생과 성결의 은혜는 누구든지 회개와 믿음을 통해서 의롭게 된 자에게 주시는 하나님의 구원의 선물입니다. 그래서 구원의 단계는 회개, 믿음, 의인(義認), 중생, 성결로 이어집니다.
 ▨ 우리는 "예수 그리스도로 말미암아 그의 은혜를 힘입어 의롭다 하심을 얻어 영생의 소망을 따라 상속자가 되게 하신다"고 말씀합니다.

우리는 예수 그리스도를 통해 우리에게 성령을 풍성히 부어주셔서 하나님과 올바른 관계를 가짐으로 영생의 축복을 누리게 됩니다.

로마서 3:10절에, "의인은 없나니 하나도 없다"고 말씀합니다. 우리는 모두 죄인입니다. 우리는 죄에서 씻음을 받아야 구원의 은혜를 받을 수 있습니다. 우리가 죄인 상태로는 구원받을 수 없기 때문에 그 죄를 씻어내야 합니다. 그 죄는 내 힘으로 해결할 수 없습니다. 하나님은 죄 많은 우리를 "중생의 씻음과 성령의 새롭게 하심으로" 죄에서 깨끗하게 변화시키심으로 우리를 죄에서 구원해주십니다. 이것이 바로 하나님의 "자비"요 "사랑"이요 "긍휼"입니다. 이것을 창조적 사랑이라고 합니다. 내가 먼저 하나님을 사랑하는 것이 아니라 하님이 먼저 나를 변화시키시므로 처음에 "하나님의 형상"으로 창조될 때의 동등한 하나님의 성품으로 만드시고 우리를 사랑하십니다(창 1:27). 이것이 하나님의 사랑의 신비요 역사입니다.

요한1서 4:10절에, "사랑은 여기 있으니 우리가 하나님을 사랑한 것이 아니요 하나님이 우리를 사랑하사 우리 죄를 속하기 위하여 화목제물로 그 아들을 보내셨음이라"고 말씀합니다.

4. 사랑은 믿음 안에서 우리를 사랑하는 자들에게 인사합니다.

디도서 3:15절에, "나와 함께 있는 자가 다 네게 문안하니 믿음 안에서 우리를 사랑하는 자들에게 너도 문안하라"고 말씀합니다.

▒ 사도 바울은 바울서신에서 인사로 시작하여 인사로 마칩니다. 인사는 복을 빌어주는 사랑의 선물입니다.

"인사는 축복을 빌어주는 것입니다"(바스트만). 우리말에 "인사는 만사"

라고 합니다. "인사가 천냥 빚을 갚는다"는 말도 있습니다. 반면에 "인사 없는 사람은 짐승만도 못하다"는 옛 말도 있습니다. 일본의 백화점 점원은 들어오는 손님에게 7번 인사하고, 미국사람은 하루에 "Thank you!"란 말을 200번 한다고 하는데, 우리는 "고맙습니다!"는 인사말을 하루에 몇 번이나 할까요?

▧ 우리가 살아가면서 가족이나, 교회나, 지역이나, 직장이나, 사회생활 속에서 인사를 잘하는 것은 그 사람의 교양이고 예의이고 나눔이고 돌봄이기 때문에 인사 잘하는 자가 복을 받습니다(행 20:35).

젊은이의 인사는 예의입니다만 늙은이의 인사는 축복을 빌어주는 것입니다. 그래서 늙을수록 더 많이, 그리고 더 자주 인사하므로 축복해주어야 합니다. 그래서 늙는 것이 좋고 늙는 것이 재미있고, 늙음이 바로 예술이 되게 해야 합니다. 그때 비로소 노년은 '어른'이란 스승의 칭호를 받을 수 있습니다. 사랑의 인사는 축복의 통로이고 사랑의 선물입니다.

마치는 말씀입니다.

60대는 자부심을 갖고 제2의 인생을 새 출발하는 시기이고, 70대는 뜻있게 인생을 정리하고 마무리 손질을 할 때이고, 80대는 자랑과 기쁨으로 과거를 회고하며 앞으로 오직 진리의 말씀에만 열중하여 신앙생활에 정진(精進)할 때입니다. 옛날에는 "암탉이 울면 집안이 망한다"고 했지만, 현대는 "암탉이 울어야 집안이 삽니다." 마태복음 26:75절에서 사도 베드로는 "계명성" 곧 닭의 울음소리를 듣고 크게 깨우쳐 통곡하며 회개하였습니다.

노벨문학상을 받은 여류소설가 펄벅 여사는 80세를 맞는 생일 날 이러한 일기를 썼습니다.

"젊다는 것과 늙었다는 것은 나에게 의미 없는 용어이다. 나는 언제나 다시 젊어지려고 노력해 왔다. 80년간의 내 생애를 돌이켜볼 때 10년 전인 70세가 되었을 때 비로소 나의 인생 중 가장 좋은 시기를 맞았다는 확신을 가졌다. 왜냐하면 그 때쯤에서야 배울 것을 배웠고 그때부터 정말 살아갈 수 있다는 자신감을 얻었기 때문이다." 오늘의 70세는 인생의 황금기입니다.

유명한 역사가 아놀드 토인비 박사는 81세가 되던 날 이런 글을 썼습니다.

"사람이 늙으면서 과거에 붙들려있으면 불행하다. 또한 미래에 대하여 눈을 뜨지 않으려는 약한 마음도 생긴다. 이것은 모두 후회하게 되는 자세이며 몸이 죽기 전에 이미 죽은 상태이다. 사람은 몸이 늙어도 계속 배워야한다. 미래를 향하여 희망을 가지고 내다보는 용기가 사람을 젊게 만든다."

이 두 지성인의 메시지는 한 결 같이 뒤를 돌아볼 것이 아니라 요엘서 2:28절의 말씀처럼 "꿈을 꾸는" 희망적 자세를 가져야 할 것을 말하고 있습니다.

김형석 교수는 "백년을 살아보니"에서 말합니다. "인생은 늙어가는 것이 아니라 익어가는 것, 돌이켜보면 힘든 과정이었지만, 사랑 있는 고생이 행복이었네!"

필자는 77세에 '급성폐렴'으로 24일 동안 병원에서 치료받고 살아난 후 "나의 노년생활을 어떻게 살아갈 것인가?"를 깨닫고, "나의 노년생활 5대 수칙"을 계획하였습니다 (잠 16:1-3). 이것은 보다 성숙된 나의 노년생활을 위한 충족요법입니다.

첫째, 단순한 생각(Simple mind)입니다. 원칙은 생각은 단순하게! 방법은 생각 없는 생각을 하자! 실천은 성서, 독서, 독서 후 깊은 생각으로 깨닫는 것입니다.

둘째, 깨끗한 마음(Pure heart)입니다. 원칙은 마음은 깨끗하게! 방법은 마음을 비우자! 실천은 기도, 명상, 날숨 들숨으로 생명을 느끼는 것입니다.

셋째, 성결한 영성(Sanctified spirituality)입니다. 원칙은 영성은 성결하게! 방법은 나 되어가자! 실천은 저술, 꿈, 묻고 탐구하고 만남(ask, seek, knock!)으로 영성을 성찰하는 것입니다.

넷째, 간편한 몸(Convenient body)입니다. 원칙은 몸은 간편하게! 방법은 몸을 돌보자! 실천은 운동, 친교, 체력으로 봉사하며 섬기는 것입니다.

다섯째, 편안한 삶(Comfortable life)입니다. 원칙은 삶은 편안하게! 방법은 재미있게 살자! 실천은 나눔, 돌봄, 사랑으로 인사하며 행복을 만들어 가는 것입니다.(김준철, "환자의 의지가 중요해요" 병상일지에서).

인생은 사랑입니다. 사랑은 나이가 없습니다. 사랑하면 젊어집니다. 건강합니다. 기쁘고 즐겁고 평안합니다. 우리는 주님의 것이기에 주님을 사랑하는 노년의 온전한 사랑과 어른이란 스승으로서 주님의 도를 따르며 주님의 구원을 간증하시기를 축복합니다.

25
사랑은 형제가 되는 것

빌레몬서 1장 16절

"이후로는 종과 같이 대하지 아니하고 종 이상으로 곧 사랑받는 형제로 둘 자라 내게 특별히 그러하거든 하물며 육신과 주 안에서 상관된 네게랴."

    문호 톨스토이가 어느 길거리에서 구걸하는 거지를 만났습니다. 그는 돈을 주고 싶어 주머니에 손을 넣어보았으나 그날따라 동전이 한 푼도 없었습니다. 톨스토이는 거지에게 "형제여, 마침 한 푼도 가진 것이 없으니 정말 미안하오."라고 말했습니다. 그런데 거지는 아주 만족스러운 표정으로 대답합니다. "돈이 문제입니까? 저는 선생님으로부터 훨씬 더 값진 것을 받았습니다. 선생님은 저를 '형제'라고 불러주셨으니까요."

    빌레몬서는 335개의 헬라어 단어로 구성된 바울 서신 중 가장 짧은 서신이고, 사도 바울이 공동체가 아닌 개인에게 보낸 유일한 사랑의 서신입니다.

    빌레몬서는 친구사이에 보내진 개인적인 서신이지만, 빌레몬은 바울에게 구원의 신세를 졌고, 바울은 빌레몬의 호의를 요청하기 위해 빌레몬서를 기록하였습니다. 사도 바울이 요청한 호의는 자신을 위한 것이 아니라 한 노예 오네시모를 위한 것입니다. 노예는 어떤 것도 요청할 권리가 없는 사회적으로 가장 밑바닥에 있는 계층입니다.

빌레몬서는 하나님의 사랑의 순리가 인간의 갈등의 역리로 다가오는 것을 보여줍니다. 인간의 도리나 사리로서는 이해할 수 없는 역리를 하나님의 사랑으로써 풀어나가는 것이 하나님의 뜻에 순응하는 순리의 진리라는 것을 보여주고 있습니다.

오늘은 "사랑은 형제가 되는 것"이란 말씀으로 빌레몬서에 있는 사랑을 나누고자합니다.

1. 사랑을 받는 자는 행복합니다.

빌레몬서 1:1절에, "그리스도 예수를 위하여 갇힌 자된 바울과 및 형제 디모데는 우리의 사랑을 받는 자요 동역자인 빌레몬과."라고 말씀합니다.

▨ 빌레몬은 사도 바울과 디모데의 "사랑을 받는 자"이고, 동시에 사도 바울과 디모데와 함께 주님의 사역에 동참하고 있는 "동역자"입니다.

사도 바울은 두 번째 전도여행 때 3년 동안 에베소에 머물면서(행 19:1-10, 20:31), 그곳을 소아시아 전 지역에 복음을 전하기 위한 중심지로 삼고, 두란노라는 사람에게서 강의실을 빌려 매일 오후에 성경을 가르쳤습니다. 그때 소아시아 모든 지역으로부터 에베소에 와서 바울의 가르침을 듣고(행 19:9-10), 많은 사람들이 신자가 되었는데, 그 중의 한 사람이 골로새 교회의 장로인 빌레몬입니다. 빌레몬은 에베소에서 사도 바울의 말씀을 듣고 신자가 되었고, 고향 골로새에 돌아와 그곳에서 교회 생활을 시작하였습니다.

▇ 빌레몬은 노예를 소유하고 있었고(몬 15-16), 자신의 집을 교회로 삼은 것을 보면(몬 2) 부유하고 영향력 있는 사람입니다. 사도 바울은 빌레몬을 "사랑받는 자요 동역자"로 부를 만큼 빌레몬과 친밀한 관계였고(몬1), 사도와 제자의 관계입니다.

빌레몬은 평신도 지도자로서 주의 사역자들을 섬기며 사랑했기 때문에 스승인 사도 바울과 동료인 디모데의 사랑을 받는 자가 되었습니다.

사랑할 수 있는 것은 사랑을 받아드릴 수 있는 사람만이 진정한 사랑을 줄 수 있습니다. 사랑은 영양분과 같아서 사랑을 공급받지 못하고서는 사랑의 삶을 살아갈 수 없습니다. 인생의 가장 큰 비극은 사랑이 없어서가 아니라, 나 자신이 사랑을 하지도 않고 사랑을 받지도 않는데 있습니다. 사랑받는 것은 행복이고, 외로울 때 필요한 보약은 사랑받는 것뿐입니다.

▇ 사랑을 받는 자의 태도는 세 가지를 버려야 합니다.

첫째는 닫힌 마음을 버려야 합니다.

둘째는 단점 기억을 지워야합니다.

셋째는 피해의식을 없애야 합니다. 그 때 비로소 마음속에 사랑을 받아드릴 수 있습니다.

▇ 사랑을 받는 사람은 행복한 사람입니다. 그는 인정받는 사람이고, 칭찬받는 사람이고, 소중히 여기는 존귀한 사람입니다. 그래서 사랑을 받는 사람은 행복감을 느낍니다. 중요한 것은 "사랑을 받는 자"는 "사랑의 빚을 진자"입니다(롬 13:8). 빚은 갚아야 합니다. 그런데 사랑의 빚은 걱정할 빚이 아닙니다. 사랑의 빚은 사랑하면 더 큰 사랑으로 나에게 다가오기 때문에 행복 속에서 더 풍성한 사랑을 누리게 됩니다. 우리 모두가 사랑받는 자의 행복을 누리시기를 축복합니다.

2. 사랑과 믿음이 있는 사람은 소문이 납니다.

빌레몬서 1:5절에, "주 예수와 및 모든 성도에 대한 네 사랑과 믿음이 있음을 들음이니."라고 말씀합니다.

▧ 빌레몬은 주 예수 그리스도를 믿고 섬기는 열정적인 '믿음'이 있었기 때문에 교회의 모든 성도를 '사랑'할 수 있었습니다. 믿음 없는 사랑이 있을 수 없고 사랑 없는 믿음이 있을 수 없습니다. 사랑과 믿음은 항상 동반관계입니다(갈 5:6).

우리가 다른 사람들을 적극적으로 사랑하지 않고는 결코 하나님을 사랑할 수 없습니다. 우리가 잊지 말아야 할 것은 대부분의 사람들이 기독교 공동체를 찾거나 떠나는 이유는 교리 때문이 아니라 '친밀감' 때문입니다. 사랑이 없으면 떠납니다. 우리의 진실한 예배가 우리의 행함으로 표현되듯이 참된 '환대'는 우리의 손에 달려있습니다. 우리의 "친밀감"과 "환대"는 사랑용어입니다.

▧ 우리가 교회 안에서 성도간의 사랑도 중요하지만, 특히 중요한 것은 교회에 처음 나오는 분들과 전에 교회에 나왔다가 다시 나오게 되는 분들이 교회에 들어왔을 때, 그분들이 교회 안에서 친절하고 온화한 느낌을 갖게 하고(친밀감), 또한 반갑게 맞아드리는 따뜻한 대우가(환대) 있어야 친절과 환대 속에서 하나님의 따뜻한 사랑에 감동과 평안을 느끼게 됩니다.

그런 의미에서 사랑은 교회의 '중력'(重力)입니다. 사람들이 교회를 찾는 것은 "교리" 때문이 아니라 하나님의 사랑 때문입니다. 자기를 인정해주는 사랑, 칭찬해주는 사랑, 위로해주는 사랑, 존중히 여기는 사랑, 따뜻하고 온화한 사랑, 그리고 아픔과 슬픔과 고통과 외로움을 함께 나누고 위로하며 함께 기도하고 예배하며, 돌보며 섬기는 사랑의 공동체가 이루어질 때 성도들이 교회 안에서 안주하게 됩니다.

우리 교회가 예수 사랑 안에서 믿음과 모든 성도에 대한 사랑의 소식이 지역사회에 소문나서 "칭송"받는 교회가 되어 "주께서 구원받는 사람을 날마다 더하게 하시기를" 축복합니다(행 2:47).

3. 사랑은 많은 기쁨과 위로를 줍니다.

빌레몬서 1;7절에, "형제여 성도들의 마음이 너로 말미암아 평안함을 얻었으니 내가 너의 사랑으로 많은 기쁨과 위로를 받았노라"고 말씀합니다.

▩ 사도 바울은 빌레몬의 사랑으로 인해 얼마나 평안함의 행복을 느꼈는지 모릅니다. 빌레몬이 믿는 동료들을 사랑으로 환대하는 모습을 볼 때면 사도 바울의 기쁨은 두 배가 되었습니다.

▩ 우리의 사랑은 사람들에게 많은 기쁨과 위로를 줍니다.

우리 교회는 건강한 작은 교회로서 매주일 교회 안에서 '빌레몬의 사랑'으로 기쁨과 위로와 평안함으로 행복감을 느낍니다. 주일학교교사들이 주일학생들을 가르치고, 청년들이 피아노와 컴퓨터와 찬양 사역을 돕고, 정교님은 비를 들고 교회 뜰을 쓸고, 예배마치면 부교님들이 청소하며 공원의 풀을 뜯고, 가정단원들이 부엌에서 땀을 흘리며 점심을 만들고, 노인부교님은 신발장 정리하고, 꽃 부교는 꽃을 관리하고, 청년회장은 교회 차량을 운전하고, 어린주일학생들이 "안녕하세요!" 인사하며 뛰어다니고, 식당에서 카페에서 공원에서 호호 하하 웃음소리가 사랑의 메아리 되어 울려 퍼지고 있습니다. 필자는 우리 교회의 성도들은 모두가 사랑의 사역자 빌레몬이라고 생각합니다.

더욱이 우리 성도들은 항상 열정을 다하여 말씀 전하시는 사관님과 기도와 찬양으로 활력을 주는 찬양 사역자와 목양 사관님의 '사랑을 먹고' 신앙생활하면서 기쁨과 위로를 받고 있습니다. 우리 교회가 "하나님의 선교의 부름"에 사명을 다하는 건강한 교회로 더욱 발전되기를 축복합니다.

4. 사랑은 간구하게 합니다.

빌레몬서 1:9-10절에, "도리어 사랑으로써 간구하노라 나이가 많은 나 바울은 지금 또 예수 그리스도를 위하여 갇힌 자 되어 갇힌 중에서 낳은 아들 오네시모를 위하여 네게 간구하노라"고 말씀합니다.

▓ 사도 바울은 나이가 많고 감옥에 갇혀있는 상태에서 노예 오네시모를 위해서 주인 빌레몬에게 사랑으로서 간청하고 부탁하는 말씀입니다.

로마법에 따르면 도망 노예는 주인에게 되돌려 보내져야 합니다. 또한 로마법에 따르면 주인과 사이가 나쁜 종이 그 주인의 동료와 친구에게 중재를 요청할 수 있습니다. 이러한 법적 상황 때문에 오네시모는 문제해결의 도움을 청하러 주인 빌레몬의 친구 사도 바울을 찾아갔습니다. 그는 화가 났을 주인 빌레몬이 자신을 좀 더 호의적으로 맞이하도록 요청하는 사도 바울의 편지를 받아들고 빌레몬에게 돌아가려고 합니다. 사도 바울은 오네시모에게 그러한 편지를 써주지만, 그보다 한 두 단계 나아가서, 그는 빌레몬의 호의를 요청합니다.

빌레몬서 1:20절에서, "오 형제여 나로 주안에서 너로 말미암아 기쁨을 얻게 하고 내 마음이 그리스도 안에서 평안하게 하라"고 말씀합니다.

▇ 사도 바울은 빌레몬이 부탁을 들어주기를 바랍니다. 사도 바울은 정확하게 무엇을 원합니까? 아마도 그가 바라는 "선한 일"(몬 14)은 빌레몬이 억지로가 아니라 자발적으로 오네시모를 자기에게로 보내어 자신을 섬기도록 하는 것입니다(몬 13). 감옥에 갇혀있는 동안 사도 바울은 자신의 필요를 채워줄 외부사람이 필요했습니다. 그에게 음식과 갈아입을 옷 등을 갖다 줄 사람이 필요했습니다. 그러나 그에게는 이미 그러한 일을 해줄 사람들이 여러 명 있었을 뿐만 아니라(몬 24), 곧 풀려날 것을 기대합니다(몬 22). 사도 바울은 장기적인 선교사역을 생각하기 때문에 오네시모가 자신의 전도 팀에 합류하여 복음을 전하는 선교사역에 도움을 줄 수 있기를 원하여 빌레몬에게 부탁합니다. 사도 바울의 마음이 빌레몬에게 전해져서 그는 오네시모를 사랑의 마음으로 받아주었습니다. 사랑 있는 사람은 사랑하는 자를 위해서 사랑하는 친구에게 요청하고 간청하고 부탁합니다. 사도 바울은 중재자로서 종 오네시모를 위해서 친구 빌레몬에게 부탁하였습니다.

▇ 하나님은 사람을 중재로 하여 사람을 구원하십니다. 예수님은 하나님과 인간의 중재자로써 우리를 구원하셨습니다. 우리 성도들은 사람과 사람의 중재자로서 사람을 구원시켜야 합니다. 사관님은 말씀사역의 중재자이고, 성도들은 봉사사역의 중재자입니다. 혼인중매쟁이는 남녀둘이 합력하여 선을 이루기를 간구하고 부탁하고 간청하므로 행복을 이루어나가도록 합니다. 우리가 하나님의 선한 선교사역자로써 구원의 중매자가 되기를 축복합니다.

5. 사랑은 형제가 되는 것입니다.

빌레몬 1:16절에, "이 후로는 종과 같이 대하지 아니하고 종 이상으로 곧 사랑받는 형제로 둘 자라 내게 특별히 그러하거든 하물며 육신과 주 안에서 상관된 네게랴."라고 말씀합니다.

▓ 사도 바울은 빌레몬에게 "이제는 오네시모를 종이 아니라 그보다 훨씬 더 귀한, 사랑하는 형제로서 대해주라"고 합니다. 그리고 사도 바울은 그를 소중히 여기지만 빌레몬은 주님 안에서 더욱 그를 한 사람, 한 형제로 사랑하기 때문에 나보다 더 소중히 여길 것을 믿고 있습니다.

▓ 이제 오네시모는 종이 아니라, 참된 그리스도인 형제입니다. 그가 사도 바울에게 참된 그리스도인 형제였으니 빌레몬에게는 더욱더 참된 형제가 되었습니다. 이것이 사랑의 역리법입니다.

▓ 빌레몬의 종인 오네시모가 사도 바울에게 개인적으로나 선교 활동적으로나 매우 소중한 사람이 되었습니다. 사도 바울은 오네시모를 아들과 같다고 말하며, 그를 "내 심복"(심장)으로 부르고, 오네시모가 사도 바울에게 유용하여 투옥되어있는 동안 계속 자신을 섬기도록 희망합니다(몬 10-13). 오네시모 또한 사도 바울 사역의 결과로 그리스도인이 되었습니다(고전 4:14-15, 몬 10). 오네시모는 "무익한" 존재에서 "유익한" 존재로 변화되었습니다(몬 11). 한낱 노예에서 "사랑받는 형제로 바뀌었습니다(몬 16). 형제가 되는 것은 가족이 되는 것입니다. 그리스도 안에서 사랑은 형제가 되게 합니다. 이것이 십자가의 보혈로 맺은 하나님의 가족입니다.

요한복음 1:12-13절에, "영접하는 자 곧 그 이름을 믿는 자들에게는 하나님의 자녀가 되는 권세를 주셨으니 이는 혈통으로나 육정으로나 사람의 뜻으로 나지 아니하고 오직 하나님으로부터 난 자들이니라"고 말씀합니다.

로마서 8:14-15절에는 "무릇 하나님의 영으로 인도함을 받는 사람은 곧 하나님의 아들이라 너는 다시 무서워하는 종의 영을 받지 아니하고 양자의 영을 받았으므로 우리가 아빠 아버지라고 부르짖느니라."고 말씀하였습니다.

6. 사랑(아가페) 안에서 하나가 되게 합니다.

▩ 빌레몬서는 사도 바울과 부자 빌레몬과 종(노예) 오네시모라는 서로 다른 신분의 삼각관계를 '아가페' 사랑으로 하나가 됨으로, '예수 그리스도 안에서'(몬 8, 20), '예수 그리스도를 위하여'(9) "무익한 자가 유익한 자"로(11), "사랑받는 형제로"(16), "동역자"(1)로 승화된 모습을 보여줍니다.

성 아우구스티누스는 "어떤 사람에 대하여 알려면 그가 무엇을 사랑하는가를 물어보아라."고 말합니다. 프레드릭 쿠츠대장은 "구세군발전사"에서 "구세군인은 스웨덴의 신학자 에밀 부른너(Emil Brunner)가 말한 개인적 종교를 믿는다."면서 그의 말을 들려주었습니다. "내가 그리스도인인가 아닌가 하는 것은 세례나 성만찬으로 알지 못합니다. 오로지 사랑의 행위를 통해서, 실천적인 믿음을 통해서 그리스도와 하나로 결합하는 데서만 알 수 있습니다."

▩ 사랑받지 못하면 사랑결핍증에 걸려 사망에 이릅니다.

독일의 고아원에서 아이들이 힘없이 죽어갑니다. 정신의사가 조사해 보니 사랑결핍증이었습니다. 빵만 준 것이 아니라 사랑을 주었더니 아이들이 생기가 돌고 활기차게 되었습니다. 그래서 인간은 밥만 먹고 사는 것이 아닙니다. "인간은 사랑 먹고 산다"는 말이 나왔습니다.

사도 바울은 당시 로마 세계 문화의 노예제도를 잘 알고 있었습니다. 그는 사건들이 그렇게 일어날 수밖에 없는 "이유"(몬 15)는 우연히 아니라 하나님의 뜻이 있음을 인정합니다(롬 8:28).

▪ 사랑을 주면 받는 사람은 행복을 느끼게 됨으로 사랑하는 자는 복이 됩니다. 사랑받지 못하면 항상 혼자라고 느껴지기 때문에 외롭게 살 수 밖에 없습니다. '가는 정이 있어야 오는 정이 있습니다.'

마태복음 28:20절에서 예수님은 말씀하십니다. "내가 세상 끝날 까지 너희와 항상 함께 있으리라"고 약속하십니다. 주님이 우리와 함께 하십니다. 믿으면 행복이 됩니다.

요한복음 17:21-22절에서 예수님은 아버지 하나님께 제자들을 위해서 간구합니다.

"아버지여, 아버지께서 내안에, 내가 아버지 안에 있는 것같이 그들도 다 하나가 되어 우리 안에 있게 하사 세상으로 아버지께서 나를 보내신 것을 믿게 하옵소서 내게 주신 영광을 내가 그들에게 주었사오니 이는 우리가 하나가 된 것같이 그들도 하나가되게 하려 함이니이다."

'보혜사' 성령님은 우리를 위해서 옆에서 변호하시고, 도와주시고, 간구하십니다(요 14:16,26).

▪ 사도 바울은 빌레몬이 자신에게 갚아야할 호의를, 아무런 신세를 지지 않고 오히려 진노를 받아야 마땅한 그의 도망한 노예를 위해 베풀도록 호소합니다.

빌레몬은 사도 바울이 감옥에 있을 때 개종하였기 때문에 그 "자신"(몬 19)을 빚진 셈입니다. 사도 바울은 빌레몬의 믿음뿐만 아니라, 일의 임무에 대해서도 권위를 가졌습니다(몬 8). 그러나 지금 한 가지 문제는 빌레몬의 종인 오네시모가 사도 바울과 함께 있고, 그는 사도 바울에게 개인적으로나 선교 활동적으로나 매우 소중한 사람이 되었습니다. 사도 바울은 오네시모를 아들과 같다고 말하며, 그를 "내 심복"(심장)으로 부르고, 오네시모가 사도 바울에게 유용하여 투옥되어있는 동안 계속 자신을 섬기도록 희망합니다(몬 10-13). 오네시모 또한 사도 바울 사역의 결과로 그리스도인이 되었습니다(고전 4:14-15, 몬 10). 오네시모는 "무익한" 존재에서 "유익한" 존재로 변화되었습니다(몬 11). 한낱 노예에서 "사랑받는 형제로 바뀌었습니다(몬 16).

▓ 그러나 문제는 빌레몬이 오네시모가 자신에게 재정적인 손실을 끼친 잘못을 저질렀다고 생각하고 있다는 점입니다(몬 18). 따라서 사도 바울은 오네시모를 위하여 간청을 하여 빌레몬이 자신의 노예를 복음에 합당한 방식을 환영해 줄 것을 촉구합니다. 빌레몬은 사도 바울 자신을 맞이하듯이 오네시모를 맞아들여야 합니다(몬 17). 심지어 사도 바울은 빌레몬이 오네시모 때문에 손실을 입은 빚을 대신 갚겠다고 제안하고 친필로 그것을 보증합니다(몬 19). 사도 바울에게 오네시모의 빚을 갚을만한 재정적 능력이 있었을지는 모르지만, 바울은 자신에게 값으로 매길 수 없는 구원의 빚을 진 빌레몬이 그 빚을 탕감해주기를 원했을 것입니다.

▓ 오네시모의 상황에 대해서 학자들은 부정적으로 오네시모가 주인으로부터 도망갔다고 추정하고, 그 도망에 필요한 자금을 훔쳐 달아남으로(몬 18) 재정적 손실을 입혔다고 봅니다. 또는 오네시모가 주인 빌레몬의 사업을 잘못 관리하여 재정상의 손실을 입히고 달아났다고 생각할 수도 있습니다. 그러나 긍정적인 생각은 사도 바울은 오네시모가 주인을 떠나 있는 동안 그리스도인으로 개종했다는 점을 지적하고 있습니다. 그리스도인이 된다는 것은 사회적 신분이나 계층이나 차별 등을 초월하므로 진리가 우리를 자유롭게 합니다(요 8:32).

빌레몬서 21절에 "나는 네가 순종할 것을 확신하므로 네게 썼노니 네가 내가 말한 것보다 더 행할 줄을 아노라"고 한 것 보면 빌레몬은 오네시모를 형제로 받아드렸다고 믿습니다.

마치면서 말씀합니다.

교회는 하나님의 가족입니다. 교회는 하나님의 우주적 사랑의 공동체입니다. "교회는 그리스도의 몸"입니다(엡 1:22-23), 신자는 "그리스도의 지체"입니다. 그리고 우리는 "하나님의 성전"이며(고전 3:16), "성령의 전"입니다(고전 6:15,19). 세상의 흥망은 있어도 주님의 몸 된 교회는 영원히 존재합니다.

그리스도 안에서 형제자매인 우리 모두에게 하나님의 사랑으로 행복하기를 주님의 이름으로 축복합니다.

26
돈을 사랑하지 말라

히브리서 13장 5절

"돈을 사랑하지 말고 있는 바를 족한 줄로 알라 그가 친히 말씀하시기를 내가 결코 너희를 버리지 아니하고 너희를 떠나지 아니하리라 하셨느니라."

히브리서는 히브리사람들 곧 유대인 그리스도인들을 위해 쓴 편지입니다. 히브리서는 그리스도가 누구인지, 그리고 그리스도와의 관계 속에서 그리스도인들은 누구인지 그 '정체성'을 보여주고 있습니다. 히브리서 12:2절에서 '그리스도'는 "믿음의 주"라고 말씀합니다. 그리고 히브리서 10:39절에서 '그리스도인'은 "믿음을 가진 자"라고 말씀합니다. 영국의 '킹 제임스성경'에는 히브리서에 "히브리인들에게 보낸 사도 바울의 서신"이라고 붙여있지만, 그러나 누가 이 서신을 기록했는가는 하나님만 아십니다. 히브리서는 익명으로 전해지고 있습니다.

히브리서에서 중요한 주제중 하나는 예수 그리스도 안에서 하나님은 "더 좋은 것"을 주셨다는 말이 10번 나옵니다(히 6:9, 7:19, 22, 8:6, 6, 9:23, 10:34, 11:16, 35, 12:24). "더 좋은 것"을 주신 하나님은 사랑이십니다.(요일 4:8, 16). 하나님은 우리를 사랑하셔서 "더 좋은 것"을 주십니다.

히브리서에는 사랑에 대해 할 말이 많습니다. 특히 13장이 그렇습니다.

히브리서 기자는 그리스도인의 3대 덕목인 믿음(11장), 소망(12장), 사랑(13장)에 집중하고 있습니다. 이 사랑은 커다란 도전입니다. 우선 사랑의 대상이 구체적으로 그리스도인 형제들입니다. 또 이것은 나그네를 영접하여 대접하는 사랑입니다. 그리스도인의 결혼을 깊이 특징짓는 따뜻하고 순결한 사랑입니다. 있는 바를 족한 줄로 알고 재산을 나눠 쓰는 사랑입니다(13:1-5). 히브리서 13장에는 교회 지도자들에 대한 순종과 소식과 기도의 교환 등 그리스도인의 사랑에서 비롯되는 것들이 그밖에도 아주 많습니다. 우리는 이러한 내용만 보아도 융단에 수놓은 은실처럼 초대 그리스도인들의 영성을 관통하고 있는 사랑을 볼 수 있습니다.

오늘은 히브리서에서 "돈을 사랑하지 말라"는 말씀으로 은혜를 나누고자 합니다.

1. 하나님은 의를 사랑하시고 불법을 미워하십니다.

> 히브리서 1:9절, "주께서 의를 사랑하시고 불법을 미워하셨나니 그러므로 하나님 곧 주의 하나님이 즐거움의 기름을 주께 부어 주를 동류들보다 뛰어나게 하셨도다."

▦ 하나님은 주님으로서 "의를 사랑하시고 불법을 미워하셨으므로" 독생자 예수 그리스도를 십자가에 죽게 하셨고, 죄로 죽어야 할 인간을 구원하시므로 만인의 "주"가 되게 하셨습니다.

"주께서 의를 사랑하시고 불법을 미워하신 것"은 '하나님은 의로우시기' 때문입니다. 이것을 '하나님의 의'라고 합니다. '하나님의 의'는 '거룩하심'과 '사랑하심'의 두 가지 성격이 있습니다. 하나님의 '거룩하심'은 '심판'의 정의로 나타나고, 하나님의 '사랑하심'은 '구원'의 은혜로 나타납니다.

▪ 우리가 하나님의 인격을 말할 때 대표하는 두 가지 상징은 "주님"과 "아버지"입니다.

"주님"은 '거룩하심'과 관계되고, "아버지"는 '사랑하심'과 관계됩니다. 여기서 '거룩하심'은 구별(성별)을 뜻하기 때문에 "주"는 '거리'(간격)를 표현하고, '사랑하심'은 '친밀성'을 뜻하기 때문에 "아버지"는 '통일성'(일치성)을 표현합니다(폴 틸리히). 관계에서 보면 "주님"은 공적 관계이기 때문에 거리감의 간격이 있는 것이고, "아버지"는 가족적인 친밀 관계이기 때문에 통일성의 일치감이 있는 것입니다. 성경에서 왕, 심판자, 지존 자와 같은 상징은 "주님"의 영역에 속하고, 창조자, 돕는 자, 구원자와 같은 상징은 "아버지"의 영역에 속합니다. 그래서 우리가 하나님을 "주님!"이라고 부를 때는 심판자 앞에서 "죄인"으로서 두려움을 느끼게 되고, "아버지!"라고 부를 때는 구원자 앞에서 사랑을 받는 친밀감을 느끼게 됩니다.

이것은 마치 아들이 대통령인 아버지의 관계와 같습니다. 아들에게 대통령은 법적인 공적관계이고, 아버지는 사적인 혈육의 관계입니다. 이같이 하나님의 자녀인 우리도 주님이신 하나님 앞에서 의의 심판을 받게 되고, 아버지이신 하나님의 사랑으로 구원을 받게 됩니다. 중요한 것은 하나님은 "주님"으로서 '거룩하심' 때문에 불의를 용납하지 않으십니다. 그러나 하나님은 "아버지"로서 '사랑하심' 때문에 죄 된 인간을 구원하십니다.

▪ 우리의 신앙패턴은 두 가지가 있습니다. 율법적인 신앙과 복음적인 신앙입니다.

'율법적인 신앙'을 갖고 있으면 항상 죄의 진노 속에서 두려움을 갖고 "주여!"하면서 살게 되고, 복음적인 신앙을 갖고 있으면 항상 은혜와 진리 안에서 자유로움을 갖고(요 8:32) "아버지!"하면서 살게 됩니다. 우리가 '율법' 속에 살면 항상 '죄인'같이 살게 됨으로 긴장감이 있어 회개하게 되고, '은혜' 속에 살면 항상 '자녀'같이 살게 됨으로 기쁨이 있어 감사가 넘칩니다. 이 둘은 우리 속에서 '시소'같이 항상 함께 공존하므로 건강한 신앙생활을 유지하게 됩니다.

히브리서는 '율법'적인 히브리인의 신앙패턴에서 예수 그리스도를 믿는 '은혜'의 "복음적인 신앙패턴으로 바꿔지게 합니다. 그래서 히브리서 저자는 마치면서 "은혜(카리스)가 너희 모든 사람에게 있을지어다. 아멘"이라고 말씀합니다(히 13:25).

2. 하나님은 사랑으로 성도를 "섬기는 것"을 잊어버리지 않습니다.

> 히브리서 6:10절, "하나님은 불의하지 아니하사 너희 행위와 그의 이름을 위하여 나타낸 사랑으로 이미 성도를 섬긴 것과 이제도 섬기고 있는 것을 잊어버리지 아니하시니라"

▨ 하나님은 공평하시기 때문에 우리가 행한 선한 일들을 어느 것 하나 잊으시는 법이 없습니다.

"섬김"(디아코니아)은 봉사입니다. 봉사는 "사회를 치유하는 일"입니다(하비 콕스). 성서주석가 매튜 헨리는 "가장 귀중한 보물은 기쁨으로 하나님께 봉사하는 것"이라고 말합니다.

우리가 섬기는 봉사사역은 사회를 치유하는 것이기 때문에 우리의 작은 봉사를 통해서 어디에서나 기쁨을 주고 활력을 줍니다. 그래서 봉사자가 바로 '평화를 만드는 자'(peace maker)이고 활기를 불어넣어주는 활력소입니다(마 5:9).

우리가 히브리서 6:10-12절을 보면, "섬기는" 봉사사역에는 두 가지 힘이 필요합니다. 그것은 "봉사사역"을 일으키는 "원동력"과 "봉사사역"을 밀고 나아가게 하는 "추진력"입니다.

▨ 봉사 사역의 '원동력'은 "사랑"입니다.

히브리서 6:10절에, "이미 사랑으로 성도를 섬긴 것과 이제도 섬기고 있는 것"을 말씀합니다.

하나님은 전에 우리가 사랑으로 성도들을 도우면서 섬겼던 일을 잘 알고 계시고, 또한 지금도 우리가 성도들을 돕고 있는 것을 잘 알고 계십니다.

▨ 봉사사역의 '추진력'은 양 날개로 "부지런 함"과 "게으르지 아니한 것"입니다.

첫째, 부지런합니다.

히브리서 6:11절에는, "우리가 간절히 원하는 것은 너희 각 사람이 동일한 '부지런함'을 나타내어 끝까지 소망의 풍성함에 이르러."라고 말씀합니다.

우리의 봉사는 "부지런함"이 있어야 합니다. 부지런함은 "하는 일에 꾸준함이 있어야"할 것을 뜻합니다. 봉사에는 '계속성'이 있을 때 '섬김"의 끝에는 소망의 풍성함에 이르게 됩니다.'

둘째, 게으르지 않습니다.

히브리서 6:12절에는, "'게으르지 아니하고' 믿음과 오래 참음으로 말미암아 약속들을 기업으로 받는 자들을 본받는 자 되게 하려는 것이니라."고 말씀합니다.

우리의 봉사는 "게으르지 않아야" 합니다. 게으름은 "활동하기와 일하기를 싫어하는 버릇이 있는 것"을 뜻합니다. 봉사에는 '자율성'이 있을 때 "믿음과 인내심"을 갖고 섬김의 봉사에 게으르지 않으면 "약속들을 기업으로 받는 자들을 본받는 자 되게 합니다."

우리가 성도를 섬기는 고된 봉사사역에 "부지런하며", "게으르지 않고" 열정 있는 "사랑"으로 섬기는 모습을 하나님은 잊지 않으시고 우리에게 풍성한 소망과 약속으로 축복하십니다.

3. 성도는 "서로 돌보아 사랑과 선행을 격려해야 합니다."

히브리서 10:24절, "서로 돌아보아 사랑과 선행을 격려하며."

▓ 우리는 서로 마음을 써서 사랑과 선한 일을 하도록 격려해주어야 합니다.

사회심리학자 에리히 프롬은 "훌륭한 기술공은 수많은 숙련을 통해서 이루어지듯이 사랑은 훈련을 통해서 이루어진다."고 말합니다. 사랑훈련은 가정에서나 교회에서 "하라, 하지 말라"는 말을 앞세우기 보다는 "보고 듣고 행하는" 경험을 통하여 사랑을 익혀나가도록 하는 것이 성서적 사랑을 배우게 하는 '사랑방법'입니다. 사랑은 가르치는 것이 아니라 스스로 익히는 것입니다.

4. 주님이신 하나님은 사랑하시는 자를 "징계"하시고 "채찍질"하십니다.

히브리서 12:6절, "주께서 그 사랑하시는 자를 징계하시고 그가 받아드리시는 아들마다 채찍질하심이라 하였으니."

"사랑의 매"란 말이 있습니다. 사랑하기 때문에 자녀 교육에 매가 필요하다는 말입니다. 매는 때리는 것이 목적이 아니라 깨우치는데 있습니다. 미처 알지 못한 것을 알아차리게 하는 가르침의 한 방법입니다.

▧ "징계"와 "채찍"을 받아드리는데 두 종류의 신자가 있습니다.

첫째, 하나님의 "징계와 채찍"을 '벌 받는 것'이라고 생각하는 사람이 있습니다. 이 사람은 하나님을 원망하게 됨으로 하나님을 용서하지 않고 한을 품게 됩니다. 여기서 믿음은 사라지고 불신과 악의가 증폭되어 마음에 큰 상처를 갖게 됩니다.

둘째, 하나님의 "징계와 채찍"을 '사랑의 매'라고 생각하는 사람이 있습니다. 이 사람은 하나님이 더 성숙한 믿음을 갖도록 훈련시키는 것이라고 생각하므로 인내로써 이겨냄으로 하나님의 은혜에 감사하며 영광을 돌립니다.

그래서 우리에게 주시는 징계와 채찍은 신앙의 '연금술'이 되는 동시에 신앙의 '시금석'이 되기도 합니다.

태평양의 태풍이나 갈릴리바다의 광풍은 바다를 정화시켜 바다 속의 생물을 살리는 것처럼 하나님의 "징계와 채찍"은 약해진 하나님의 자녀를 살리기 위한 것입니다. 우리는 주님의 징계와 채찍질은 '하나님이 사랑하시는 자녀'를 훈련시키시는 방법이란 것을 알아야 합니다.

▧ 하나님의 "징계"와 "채찍질"에는 '공통점'과 '차이점'이 있습니다.

공통점은 교육시키고 가르치고 훈련시키는 것입니다. '차이점'은 "징계"는 잘못을 뉘우치고 다시는 잘못을 저지르지 않도록 주의시키는 것입니다. "채찍질"은 엄하게 가르쳐서 더 잘하도록 격려하는 것입니다. 달리는 말에 채찍을 가하는 것(走馬加鞭)과 같습니다.

▧ 히브리서는 "주님이 주시는 징계"를 받아드리는 세 가지 방법을 말

쓸합니다.

첫째, 우리는 참아내야 합니다. 하나님이 우리를 훈련하시는 것을 절대로 도중에 포기하지 말아야 합니다.

히브리서 12:7절, "너희가 '참음'은 징계를 받기 위함이라 하나님이 아들과 같이 너희를 대우하시나니 어찌 아버지가 징계하지 않는 아들이 있으리요."

둘째, 우리는 하나님의 친아들인 것을 믿어야 합니다. 하나님은 우리를 사랑하는 자녀로 대하십니다.

히브리서 12:8절, "징계는 다 받는 것이거늘 너희에게 없으면 사생자요 '친아들'이 아니니라."

우리는 예수님을 영접하므로 "하나님의 자녀"가 되었습니다(요 1:12). 하나님의 자녀는 "하나님의 상속자"가 됩니다.

로마서 8:16-17절에, "성령이 친히 우리의 영과 더불어 우리가 하나님의 자녀인 것을 증언하시나니 자녀이면 또한 상속자 곧 하나님의 상속자요 그리스도와 함께 한 상속자니 우리가 그와 함께 영광을 받기 위하여 고난도 함께 받아야 할 것이니라."

셋째, 우리는 영의 아버지께 복종해야 합니다. 하나님은 우리에게 최선을 다하고 계심에 순종해야 합니다.

히브리서 12:9절, "또 우리 육신의 아버지가 우리를 징계하여도 공경하였거든 하물며 모든 영의 아버지께 더욱 복종하며 살려하지 않겠느냐."

▓ 히브리서는 "징계와 채찍"을 받아드린 자에게 3가지 축복을 말씀합니다.

첫째, 하나님의 거룩하심에 참여하게 하십니다. 하나님의 거룩하심을 따라 살도록 하십니다.

히브리서 12:10절, "그들은 잠시 자기의 뜻대로 우리를 징계하였거니와 오직 하나님은 우리의 유익을 위하여 그의 거룩하심에 참여하게 하시느니라."

하나님은 우리의 유익을 위하여 하나님이 사랑하시는 "거룩한 백성" 곧 "하나님의 사람"을 만드시려고 합니다. 출애굽한 이스라엘 백성이 15일이면 가나안 땅을 갈 수 있었음에도 불구하고 고통의 광야생활 40년을 경험하게 한 것은 430년의 하나님 없는 불신의 애굽 생활을 청산하고 오직 하나님만 섬기는 거룩한 하나님의 백성을 만들기 위한 훈련 기간이었습니다.

둘째, 의와 평강의 열매를 맺습니다. 잘 훈련받은 사람만이 하나님과의 관계에서 성숙한 열매를 얻게 됩니다.

히브리서 12:11절, "무릇 징계가 당시에는 즐거워 보이지 않고 슬퍼 보이나 후에 그로 말미암아 연단 받은 자들을 '의와 평강의 열매'를 맺느니라."

하나님은 연단을 통해서 더 좋은 열매를 맺도록 하십니다.

욥기 23:10절에는, "그러나 내가 가는 길을 그가 아시나니 그가 나를 단련하신 후에는 내가 순금 같이 되어 나오리라."고 말씀합니다.

참다운 그리스도인은 자기에게 일어나는 모든 것은 아버지이신 하나님으로부터 온 것이며, 그 아버지는 불필요하게 자식들을 슬프게 하지 않습니다. 우리는 모든 것에는 의미가 있고 목적이 있으며 모든 일이 나를 보다 현명하고 보다 올바른 사람으로 만들기 위한 것이라는 것을 믿음으로 받아드려야 합니다.

셋째, 손 무릎 발 다리가 고침을 받게 하십니다. 건강한 그리스도인으로 살아가도록 합니다.

히브리서 12:12-13절, "그러므로 피곤한 손과 연약한 무릎을 일으켜 세우고 너희 발을 위하여 곧은길을 만들어 저는 다리로 하여금 어그러지지 않고 고침을 받게 하라."

　무엇보다도 우리는 징계와 채찍을 받아드리는 태도가 중요합니다.

　우리는 주님이 주시는 "징계"와 "채찍"을 '부정적인 태도'로 받아드리면 안됩니다. 우리가 "징계와 채찍"을 '벌 받는 것'이나 '저주받는 것'으로 생각하면 하나님을 원망하게 됩니다. 오히려 하나님을 용서하지 않고 마음 속에 한을 품게 됨으로, 우리의 믿음은 사라지고 불신과 악의가 증폭되어 결국 마음에 큰 상처를 갖게 됩니다.

　우리는 주님이 주시는 "징계"와 "채찍"을 '긍정적인 태도'로 받아드려야 합니다. 우리가 "징계와 채찍"을 '사랑의 매'로, '연단시키는 것'으로 순종하면 그 사람은 하나님이 나와 함께하심을 믿기 때문에 오히려 인내로써 이겨내는 기쁨으로 하나님께 감사하며 영광과 찬양을 돌리게 됩니다.

5. 성도는 "형제 사랑을 계속해야 합니다."

> 히브리서 13:1-2절, "형제 사랑하기를 계속하고 손님 대접하기를 잊지 말라 이로써 부지중에 천사들을 대접한 이들이 있었느니라."

　▨ "형제 사랑"과 "손님 대접"은 밀접한 관계가 있습니다. 이것은 초기 기독교의 '생활 규범'입니다. "형제 사랑"은 각 공동체의 지체들을 서로 연합시켜주었고, "손님 접대"는 그리스도교를 하나의 전체로 결속시켰습니다(창 18:1-33).

　▨ 예수님은 '성육신'을 통해 사람들의 형제가 되었습니다(히 13:2, 11-12). 따라서 예수님은 "형제 관계"의 창시자요 그 토대가 되었습니다. "손님 접대"는 초기 그리스도인들의 신앙고백가운데 하나였습니다. 오늘도 그리

스도인들의 속에 있는 형제 사랑과 손님 접대의 전통이 이어지기를 축복합니다. 창세기 18장에는 신앙의 아버지 아브라함은 손님을 대접한 것이 자기도 모르는 사이에 천사들을 환대하므로 복을 받았습니다(창 18:1-18).

6. 성도는 "돈을 사랑하지 말고 있는 것을 족한 줄로 알아야 합니다."

> 히브리서 13:5절, "돈을 사랑하지 말고 있는 바를 족한 줄로 알라 그가 친히 말씀하시기를 내가 결코 너희를 버리지 아니하시고 떠나지 아니하리라 하셨느니라."

▎ "돈을 사랑하지 말라"는 말은 "사람이 살아가는 방식, 처신이 돈에 대한 애정을 품고 탐욕스럽게 사랑하지 말라"는 뜻입니다. 돈을 탐욕해서 돈만이 내 삶의 전부라고 생각해서 마음을 돈에 뺏기지 말라는 것입니다.

돈은 삶의 필수 조건이라기보다는 생활에서 활용되는 필요 수단입니다. 그리스도인들은 돈에 관하여, 주안에서 믿음의 용기를 갖고 피땀 흘려 일한 결실로 하나님이 주신 '축복의 선물'로 여길 때, 감사와 영광을 돌리게 됩니다. 그리고 그 돈을 소중하게 생각하므로 '선한사업'을 위해서 필요 적절하게 활용할 수 있게 됩니다. "돈을 잃으면 조금 잃는 것이고, 명예를 잃는 것은 많이 잃는 것이고, 건강을 잃으면 모든 것을 다 잃는다."는 말도 있습니다. "여호와는 나의 목자시니 내게 부족함이 없으리로다!"(시 23:1). 할렐루야!

▎ "있는 바를 족한 줄로 알라"는 말은 "여러분이 지금 손에 가지고 있는 것 즉 여러분의 현재 소유에 만족해야 한다, 자족해야 한다."는 뜻입니다. 한마디로 이 말씀은 "욕심 부리지 말고 지금 있는 것을 족한 줄로 알

면" 하나님이 채워주신다는 말씀입니다. 이것은 "비워서 채우는 관계에의 소유"입니다. 예수님은 마음을 비워야 천국의 채움이 있다고 하십니다.

마태복음 5:3절, "심령이 가난한 자는 복이 있나니 천국이 그들의 것임이요"(마 6:24, 34, 눅 6:20). 바울사도는 가난한 자의 부요를 말씀합니다.

고린도후서 6:10절, "근심하는 자 같으나 항상 기뻐하고 가난한 자 같으나 많은 사람을 부요하게 하고 아무것도 없는 자 같으나 모든 것을 가진 자로다." 필자는 이것을 '빈자의 부'(貧者之富)라고 표현합니다.

예수님을 믿는 자는 금전을 사랑하지 말고 자기가 가지고 있는 것으로 만족하지 않으면 안 됩니다. 하나님은 믿는 자와 함께 하시고 하나님이 계신데 어찌하여 그렇게 안 될 수 있겠습니까? 욕심 없이 "있는 것을 족한 줄로 알고" 살면 우리와 함께 하시는 하나님은 항상 "더 좋은 것"으로 채워주십니다. 우리는 하나님의 사랑을 감사하며 항상 부족함이 없는 삶을 사시기를 주님의 이름으로 축복합니다.

▨ 히브리서 저자는 '하나님이 결코 성도를 버리고 떠나지 아니할 것을' 구약성서의 두절을 인용하여 말씀합니다.

첫째, 신명기 31:6절, "너희는 강하고 담대하라 두려워하지 말라 그들 앞에서 떨지 말라 이는 네 하나님 여호와 그가 너와 함께 가시며 결코 너를 떠나지 아니하시며 버리지 아니할 것임이라."

둘째, 여호수아 1:5절, "네 평생에 너를 능히 대적할 자가 없으리니 내가 모세와 함께 있었던 것 같이 너와 함께 있을 것임이니라 내가 너를 떠나지 아니하며 버리지 아니하리니."

하나님을 믿는 자들에게는 끊임없이 하나님께서 우리와 함께 거하시고 하나님의 도움을 받을 수 있기 때문에 그 이상의 것은 필요하지 않다고 말씀합니다. 그리스도인의 물질관은 모든 것이 하나님의 것이기 때문에 "주신자도 하나님이시고 가져 가신자도 하나님이시라"고 믿습니다(욥 1:21-22, 마 6:33-34).

마치는 말씀입니다.

하나님의 축복 중에 가장 좋은 축복은 "부족함이 없는 삶" 즉 "자족하는 삶"입니다.

시편 23:1절에 "여호와는 나의 목자시니 내게 부족함이 없으리로다."라고 말씀합니다.

욕심을 비우고 "있는 것을 족한 줄로 알고" 살면 우리와 함께 하시는 하나님은 항상 "더 좋은 것"으로 채워주십니다.

잠언 30:7-9절의 말씀으로 기도하시기 바랍니다. "내가 두 가지 일을 주께 구하였사오니 내가 죽기 전에 내게 거절하지 마시옵소서 헛된 것과 거짓말을 내게서 멀리 하옵시며 나를 가난하게도 마옵시고 부하게도 마옵시고 오직 필요한 양식으로 나를 먹이시옵소서 혹 내가 배불러서 하나님을 모른다 여호와가 누구냐 할까 하오며 혹 내가 가난하여 도둑질하고 내 하나님의 이름을 욕되게 할까 두려워함이니이다"(마 6:11).

우리는 하나님의 사랑을 감사하며 항상 부족함이 없는 삶을 사시기를 주님의 이름으로 축복합니다.

27
이웃 사랑은 최고의 법

야고보서 2장 8-9절

"너희가 만일 성경에 기록된 대로 네 이웃 사랑하기를 네 몸과 같이 하라 하신 최고의 법을 지키면 잘하는 것이거니와 만일 너희가 사람을 차별하여 대하면 죄를 짓는 것이니 율법이 너희를 범법자로 정죄하리라."

야고보서의 저자는 전통적으로 예수님의 아우이고 예루살렘의 지도자가 된 야고보입니다.

예수님의 형제들은 야고보, 요셉, 유다, 시몬, 그리고 누이들입니다(막 6:3). 그들은 예수님의 공생애 동안은 예수를 믿지 않았습니다(요 7:5). 오히려 예수를 "미쳤다"고 했습니다(막 3:21, 31-35). 십자가 위에서 예수님은 한 제자에게 자기가 죽은 후에 "어머니를 돌봐 달라"고 할 정도로 형제들은 거기에 없었습니다(요 19:25-27). 그러나 예수님은 부활 후에 야고보에게 나타나셨습니다(고전 15:7). 그리고 예수님의 형제들은 오순절 성령강림을 함께 체험하였습니다(행 1:14, 2:1-4). 얼마 후 야고보는 예루살렘 교회의 지도자가 되어(행 12:17, 21:18) 예루살렘 사도회의를 주관하였습니다(행 15:25-29).

야고보서는 공동서신(일반서신)으로 불리는 7서신(야고보서, 베드로전서, 후서, 요한 1서, 2서, 3서, 유다서) 중 맨 처음에 나오며, 어떤 개인이나 특정 교회에 보낸 서신이 아니라 "흩어져 있는 12지파" 즉 전체 교회, 그리스도인들에게 보내진 서신입니다. 요한은 '사랑'을, 바울은 '믿음'을, 베드로는 '소망'을 강조하나 야고보는 '행동'을 강조합니다.

한 날은 제자 사관이 묻습니다. "사관님은 이상주의자입니까? 실용주의자입니까?" 나는 대답합니다. "나는 이상을 꿈꾸고 실용적으로 살기를 원하지만 나는 이상주의자나 실용주의자는 아닙니다. 엄밀히 나는 실행주의자입니다. 나는 주 안에서 정직하게 '행동하는 자'입니다. 나의 신념은 '선기후행'(先祈後行) 즉 '먼저 기도하고 후에 행동하는 것'입니다." 그래서 믿음의 행동을 강조하는 '야고보서'를 좋아합니다. 뉴욕 사역 때에 나의 영어이름을 'James'(야고보)라고 짓고 뉴욕시에 '결혼주례'를 위해 등록하였습니다. 또한 내가 특징적으로 좋아하는(favorite) 성서는 하나님의 축복을 느끼게 한 시편, 하나님의 사랑을 깨닫게 한 요한복음, 믿음을 깨닫게 한 로마서, 그리고 그리스도 안에서 믿음으로 실행케 하는 '야고보서'입니다.

오늘은 야고보서에 있는 사랑의 말씀 "이웃 사랑은 최고의 법"으로 은혜를 나누고자 합니다.

1. 하나님은 자기를 사랑하는 자들에게 "생명의 면류관"과 "나라"를 약속하셨습니다.

> 야고보서 1:12절, "시험을 참는 자는 복이 있나니 시련을 견디어 낸 자가 주께서 자기를 사랑하는 자들에게 약속하신 생명의 면류관을 얻을 것이기 때문이라."

▦ "시험을 참는 자"는 "마카리오스"의 복, 즉 "행복, 행운"의 복을 받은 복된 사람이라고 합니다. 왜냐하면 시험을 시련으로 견디어낸 사람은 주님을 사랑하는 자신의 믿음이 증명됨으로 생명의 면류관 즉 영생을 약속하셨기 때문입니다.

우리가 아름다운 믿음을 갖고 있어도 시련이 없이는 성숙한 믿음이 이루어지지 않습니다. 하나님은 우리가 시험이라는 강한 시련을 통해서 성숙한 믿음의 행위가 실천되도록 하십니다.

야고보는 "믿음의 시련"을 통한 "믿음의 행함"을 강조합니다(약 2:14, 26).

▦ 헬라어에서 "시험"(페이라조)이란 말은 두 가지 뜻이 있습니다. "시험하다"(test)는 뜻과 "유혹하다"(tempt)는 뜻이 있습니다. "시험"은 시련을 통하여 어떤 사람의 인품이나 행동에 관하여 시험하는 것입니다. 그리고 유혹은 죄로 빠지도록 유인하는 것입니다. 여기서 하나님의 시험 동기는 사람들의 유익을 구하는 상황에서 시련을 통하여 살려내려는 것입니다. 그러나 사탄의 시험 동기는 사람들을 유혹하여 죄로 넘어뜨리려는 것입니다(마 4:1-11).

이런 의미에서 하나님은 우리를 시험하는 것이 아닙니다. 시련을 주십니다. 단련시키십니다.

> 욥기 23:10절, "그러나 내가 가는 길을 그가 아시나니 그가 나를 단련하신 후에는 내가 순금 같이 되어 나오리라."

야고보서 1:13절에, "사람이 시험을 받을 때에 내가 하나님께 시험을 받는다 하지 말지니 하나님은 악에게 시험을 받지도 아니하시고 친히 아무도 시험하지 아니하시느니라."고 말씀합니다. 중요한 것은 하나님은 우리가 주님을 사랑하는 사랑의 힘으로 "참아내고" 견딜만한 시험을 주십니다.

고린도전서 10:13절에 "사람이 감당할 시험 밖에는 너희가 당한 것이 없나니 오직 하나님은 미쁘사 너희가 감당하지 못할 시험 당함을 허락하지 아니하시고 시험 당할 즈음에 또한 피할 길을 내사 너희로 능히 감당하게 하시느니라."고 말씀합니다.

야고보서 1:2-4절에서 야고보는 그리스도인들에게 말씀합니다. "내 형제들아 너희가 여러 가지 시험을 당하거든 온전히 기쁘게 여기라 이는 너희의 믿음의 시련이 인내를 만들어 내는 줄 너희가 앎이라 인내를 온전히 이루라 이는 너희로 온전하고 구비하여 조금도 부족함이 없게 하려 함이라."라고 말씀합니다.

▮ 창세기 3:1-6절에 보면, 최초에 '속임'은 에덴동산에서 "가장 간교한 뱀" 곧 "옛 뱀"이라고 하는 사탄에게서 시작합니다(계 12: 9). 사탄의 속임수 4단계를 정리해봅니다.

1단계, '호기심'을 일으킵니다. 사탄은 질문을 통해서 알고 있는 것을 자극시키므로. 순순히 대답하게 합니다.

창세기 3:1-3절에 보면, 뱀이 여자에게 질문합니다. "하나님이 참으로 너희에게 동산 모든 나무의 열매를 먹지 말라 하시드냐" 여자가 대답합니다. "동산나무의 열매를 우리가 먹을 수 있으나 동산 중앙에 있는 나무의 열매는 하나님의 말씀에 너희는 먹지도 말고 만지지도 말라 너희가 죽을까 하노라 하셨느니라."

2단계, '호감을 가진 사건'을 전복시키도록 유도합니다. 사탄은 호감의 사건을 안정적인 전환으로 유도시킵니다.

창세기 3:4절에 뱀이 여자에게 말합니다, "너희가 결코 죽지 아니하리라."

3단계, '진리'를 말씀하신 하나님의 명령을 넘어뜨리도록 유도합니다. 사탄은 진리를 의심하게 하므로 하나님의 명령을 부정하게 만듭니다.

창세기 3:5절. "너희가 그것을 먹는 날에는 너희 눈이 밝아져 하나님과 같이 되어 선악을 알 줄 하나님이 아심이니라."

4단계, 창세기 3:6절에서, 내가 속게 된 거짓 진리를 친한 사람에게 들려줌으로 함께 거짓공동체가 되도록 유혹합니다. 결국 아내의 유혹은 남편에게 전달되어 함께 선악과를 먹음으로 영적인 사망에 이르게 되어 에덴동산에서 쫓겨났습니다(창 3:22-24).

▦ 그리스도인들은 성령의 능력과 지혜로 사탄의 유혹에서 이겨내야 합니다.

우리는 가능한 그리스도인들이 올바른 길을 따르기 위해 최선의 노력을 기우려야 합니다. "네가 주님의 모든 멍에를 질 수 있다면 완전한 삶일 것이다. 그러나 그렇게 할 수 없다면 네가 할 수 있는 만큼 최선을 다하라"고 합니다.(디다케 6:2)

야고보서 1:12절에 보면, 하나님은 사랑이십니다. 하나님은 자기를 사랑하는 자들에게 두 가지를 약속하셨습니다.

첫째, 하나님은 시험을 정면으로 맞서서 견디어내는 사람에게 "생명의 면류관"을 얻을 것을 약속하셨습니다.

이 "면류관"은 '왕관'(디아데마)이 아니라 "스테파노스"라는 '화관'(월계관)입니다. '왕관'은 노력 없이 '세습'으로 받는 것입니다(계 12:1-3). 그러나 "스테파노스"라는 '화관'(월계관)은 힘써 노력하므로 받는 것입니다. 시험을 이겨낸 자가 받는 "스테파노스" 면류관은 희생적인 땀과 눈물과 피를 흘리는 시련의 결과로 얻어지는 가치의 표상입니다.

둘째, 하나님은 세상의 가난한 자들을 택하여 믿음으로 부하게 하신 사람에게 "하나님의 나라"를 상속으로 받게 될 것을 약속하셨습니다.

하나님은 우리가 예수 그리스도를 믿음으로 하나님의 자녀가 되는 권세를 주셨습니다(요 1:12). 로마서 8:17절에서 사도 바울은 우리가 "자녀이면 또한 상속자 곧 하나님의 상속자요 그리스도와 함께한 상속자"라고 말씀합니다.

▒ 중요한 것은 "시험"을 견디어내고, "믿음"이 부요하게 된 것은 우리가 하나님을 사랑하고 있다는 믿음을 증명한 것입니다. 그리고 우리가 주님을 믿는 것은 바로 하나님의 사랑을 받아드렸다는 증거입니다. 그러므로 하나님은 우리가 하나님의 사랑을 믿음으로 받아드렸다는 것을 인정해주시는 증표로서 주께서 자기를 사랑하는 자들에게 약속하신 "생명의 면류관"을 얻게 됩니다. 그리고 자기를 사랑하는 자들에게 약속하신 "하나님 나라"를 상속으로 받게 됩니다. "생명의 면류관"은 시험의 "복"으로 얻게 되지만 하나님 나라는 믿음의 "침노"로 얻게 됩니다. "천국은 침노하는 자가 뺏는다."고 예수님은 말씀하십니다(마 11:12).

사람들은 우리의 시련의 고통을 알지 못합니다(약 5:11). 그리고 우리의 가난의 서러움도 알지 못합니다(약 2:1, 16). 그러나 오직 하나님은 우리를 사랑하시기 때문에 우리가 견디어내는 시련의 고통을 아시고 복이 되게 하십니다. 그리고 우리가 겪고 있는 가난을 아시고 믿음으로 부요하게 하십니다(약 2:5). 이것이 하나님의 사랑이요 은혜요 축복인줄 믿습니다.

놀라운 것은 믿음은 시련과 가난에서 더욱 강해지고 성숙해 집니다(마 17:20, 갈 5:6, 살전 1:3).

2. 야고보서는 "내 사랑하는 형제들"에게 주는 3가지 교훈을 말씀합니다.

▒ 야고보서에는 "내 형제들아"하는 호칭이 10회 나오고(약 1:2, 2:1,14,

3:1,12, 4:11, 5:7, 10, 12, 19), "내 사랑하는 형제들아"하는 호칭이 3회 나옵니다.(약 1:16, 19, 2:5), "형제들"은 예수 그리스도 안에서 십자가의 보혈로 한 형제 된 '그리스도인들'을 뜻합니다.

"내 형제들아"하는 호칭은 보통 의례적인 말이지만, "내 사랑하는 형제들아"하는 호칭은 마음에서 우러나오는 진정성을 갖고 하는 말입니다.

▨ "내 사랑하는 형제들아"라고 호칭하는 말씀에서 3가지 교훈을 배웁니다.

첫째, "속지 말라"고 말씀합니다.

야고보서 1:16절, "내 사랑하는 형제들아 속지 말라."

"속이다"(플라나오)는 말은 "빗나가게 하다, 진리 또는 행동의 기준에서 사람을 이끌어낸다"는 의미에서 기만하다, 길을 잃다, 실수하다"는 뜻입니다. 이것은 "남의 꾐에 빠져 해를 보는 것입니다. 야고보는 신자들이 속게 되는 이유는 "자기 욕심에 끌려 미혹됨"이라고 말씀합니다.

야고보서 1:14-15절, "오직 각 사람이 시험을 받는 것은 자기 욕심에 끌려 미혹됨이니 욕심이 잉태한즉 죄를 낳고 죄가 장성한즉 사망을 낳느니라."

우리가 누구를 용서하면 그리스도 안에서 한 것입니다. 우리가 누구를 전도하면 그리스도 안에서 한 것입니다. 우리가 힘써 봉사하면 그리스도 안에서 한 것입니다.

결코 '내가 한 것'이라고 한다면 그것은 스스로 속고 있는 것입니다. 스스로를 속이고 있는 것입니다. 그것이 바로 사탄에게 속는 것입니다. 사탄은 하나님의 사람들을 유혹하여 넘어뜨리려고 합니다. 속이는 것은 사탄의 일입니다. 속는 것은 사탄의 유혹에 넘어가는 것입니다. 사탄의 유혹에 넘어가면 파멸에 이르게 됩니다(창 3:1-6).

야고보서 1:22절에 "너희는 말씀을 행하는 자가 되고 듣기만 하여 자신을 속이는 자가 되지 말라"고 말씀합니다(고후 2:10-11).

야고보서 4:7절에 "그런즉 너희는 하나님께 복종할지어다 마귀를 대적하라 그리하면 너희를 피하리라 하나님을 가까이하라 그리하면 너희를 가까이 하시리라 죄인들아 손을 깨끗이 하라 두 마음을 품은 자들아 마음을 성결하게 하라"고 말씀합니다.

둘째, "듣기는 속히 하고 말함과 성냄은 더디 하라"고 말씀합니다.

야고보서 1:19절, "내 사랑하는 형제들아 너희가 알지니 사람마다 듣기는 속히 하고 말하기는 더디 하며 성내기도 더디 하라."

"듣는 것, 말하는 것, 성내는 것"은 개인의 인격을 말합니다. 인격은 사전적 의미로 개인의 지(知), 정(情), 의(意) 및 육체적 측면을 말합니다. 그러나 신앙인의 인격은 개인의 지성과 감성과 영성과 체력과 심성을 총괄하는 전체적인 통일체를 말합니다. 신자의 인격중심에는 영성이 있습니다.

로마서 8:9절에서 사도 바울은 "만일 너희 속에 하나님의 영이 거하시면 너희가 육신에 있지 아니하고 영에 있나니 누구든지 그리스도의 영이 없으면 그리스도의 사람이 아니라"고 말씀합니다.

"듣기는 속히 하라."는 말씀은 특히 말씀을 들을 때 말씀의 내용에 귀를 기울여서 주의 깊게 듣고 이해하라, 가르침을 받고 배우라는 의미입니다(잠 10:12, 23:19).

마가복음 4:23-24절, "들을 귀 있는 자는 들으라 또 이르시되 너희가 무엇을 듣는가 스스로 삼가라 너희의 헤아리는 그 헤아림으로 너희가 헤아림을 받을 것이며 더 받으리니."

성도는 듣기를 잘해야 합니다. 믿음은 들음에서 나옵니다.

로마서 10:17절, "그러므로 믿음은 들음에서 나며 들음은 그리스도의 말씀으로 말미암았느니라."

"말하기는 더디 하라"는 말씀은 반응을 보이는 시간에서 "느리다"는 의미로, 함부로 말하지 말고 생각하며 말하라, 말조심하라는 의미입니다(엡 4:25, 딛 2:1). 특히 말씀 메시지를 제시하는 방식에 관하여 정확히 발음하는 능력을 회복하라는 의미도 있습니다(마 6:7).

성도들은 마치 말의 입에 재갈 물리듯, 모든 말에 신중한 노력을 기울이도록 촉구해야합니다.

야고보서 1:26절에는 "누구든지 스스로 경건하다 생각하며 자기 혀를 재갈 물리지 아니하고 자기 마음을 속이면 이 사람의 경건은 헛것이라"고 말씀합니다.

"성내기도 더디 하라"는 말씀은 분노, 분개라는 의미로 모욕적인 행동에 대한 것이 아니라 내면이나 명백한 태도에 초점 맞추어 분노, 분개하는 것을 자제하라는 의미합니다(고전 13:5).

> 에베소서 4:26-27, 31절, "분을 내어도 죄를 짓지 말며 해가 지도록 분을 품지 말고 마귀에게 틈을 주지 말라. 너희는 모든 악독과 노함과 분 냄과 떠드는 것과 비방하는 것을 모든 악의와 함께 버리고."

셋째, 하나님은 가난한 자를 택하사 믿음에 부요하게 하십니다.

> 야고보서 2:5절, "내 사랑하는 형제들아 하나님이 세상에서 가난한 자를 택하사 믿음에 부요하게 하시고 또 자기를 사랑하는 자들에게 약속하신 나라를 상속으로 받게 하지 아니하셨느냐."

야고보는 가난한 사람에게 더 호의적입니다.

야고보 2:1절에는 "내 형제들아 영광의 주 곧 우리 주 예수 그리스도에 대한 믿음을 너희가 가졌으니 사람을 차별하여 대하지 말라"고 말씀합니다.

야고보서는 예수 그리스도를 믿는 그리스도인들의 평등을 말씀하므로 차별하여 사람을 대하지 말라고 권고합니다. 단지 부자라는 이유만으로 아무도 존경하지 않고, 단지 가난하다는 이유만으로 아무도 멸시해서는 안 된다는 것입니다.

야고보서 2:4절에는 "너희끼리 서로 차별하여" 빈부에 따라 존경해서는 안 된다고 합니다. 그 같은 처사는 "악한 생각으로 판단하는 자가 되는 것"입니다. 왜냐하면 좋은 의복이 그것을 입고 있는 사람의 가치를 증명하지 않기 때문입니다.

야고보서 2:5절에서 "내 사랑하는 형제들아 들을지어다"라는 말씀은 그렇게 판단하는 성도들이여 잘 생각하라"는 말씀입니다.

"가난한 자를 택하사"는 하나님께서 택한 사람이 이 세상에서 가난한 사람이라는 말은 아닙니다. 가난한 사람에게 호의적이어야 한다는 메시지를 주는 것입니다.

"믿음에 부요하게 하신다"(풀루시우스)는 말은 "부요"가 물질적으로는 '어떤 풍부한 소유'를 뜻하지만, 여기서는 비물질적인 자산에 관한 것으로 "믿음의 풍부한, 부요한"것을 의미합니다. 하나님은 세상에서 가난한 사람을 택하시어 믿음에 부요하게 하시므로 가장 존경할만한 사람으로 만드십니다. 하나님께서 그렇게 높게 인정하는 그들을 우리도 그처럼 존중해야 한다는 말씀입니다. "하나님은 사랑하는 아들에게 약속하신 그 나라의 상속자가 되게 하셨습니다"(신 15:9).

3. 이웃 사랑은 최고의 법입니다.

야고보서 2:8-9절, "너희가 만일 성경에 기록된 대로 네 이웃 사랑하기를 네 몸과 같이 하라 하신 최고의 법을 지키면 잘하는 것이거니와 만일 너희가 사람을 차별하여 대하면 죄를 짓는 것이니 율법이 너희를 범법자로 정죄하리라."

구약성경에서 이웃사랑은 레위기 19:18절에 말씀합니다. "원수를 갚지 말며 동포를 원망하지 말며 네 이웃 사랑하기를 네 자신과 같이 하라 나는 여호와이니라."

▓ 야고보는 율법과 사랑 사이의 긴장관계를 말합니다.

그는 "네 이웃 사랑하기를 네 몸과 같이 하라"는 명령을 "최고의 법" 곧 하나님 나라의 법이라고 부릅니다. 사실 율법과 사랑은 적대관계가 아니라 친구입니다. 율법과 사랑의 출처는 똑같이 하나님입니다. 하나님은 사랑이시기 때문에 하나님은 법을 지킬 시민들을 위해 법치세상을 지으셨습니다. 사랑 없는 법은 율법주의가 됩니다. 예수님은 인간들을 거기서 해방시키려고 오셨습니다. 반면에 법 없는 사랑은 물러져 감상적이 됩니다. 예수님은 거기서도 해방시키려고 오셨습니다. 그러나 그 정도가 아닙니다. 사랑 자체가 곧 법입니다.

요한복음 14:15절, "너희가 나를 사랑하면 나의 계명을 지키라."

요한복음 15:10절, "내가 아버지의 계명을 지켜 그의 사랑 안에 거하는 것같이 너희도 내 계명을 지키면 내 사랑 안에 거하리라."

요한복음 15:17절, "내가 이것을 너희에게 명함은 너희로 서로 사랑하게 하려 함이라."

▓ 구약에는 10계명을 말씀합니다(출 20:3-17). 유대인들은 613가지 계명을 지키려고 했습니다. 그러나 예수님은 딱 하나만의 "새 계명"을 주셨습니다.

요한복음 13:34-35절, "새 계명을 너희에게 주노니 서로 사랑하라 내가 너희를 사랑한 것같이 너희도 서로 사랑하라 너희가 서로 사랑하면 이로써 모든 사람이 너희가 내 제자인줄 알리라."

우리가 주님이 주신 이 소중한 사랑의 계명 하나만 지킨다면, 교회들이 내놓는 부수적 규칙과 규정들은 대부분 전혀 불필요할 것입니다.

마치면서 말씀합니다.

사랑은 하나님의 계명입니다. 따라서 그리스도인들이 예수를 '믿는다'는 것은 하나님을 사랑하는 것이고, 하나님을 사랑하는 것은 이웃을 사랑하는 것입니다. 이웃 사랑은 하나님 사랑의 반영입니다. 그래서 그리스도인들은 인간을 향하신 하나님의 사랑에 힘입어 하나님을 사랑하고 그 사랑의 명령에 따라 복음전도에 헌신하며 이웃을 향한 선행과 구제에 힘쓰는 것입니다.

우리는 가능한 그리스도인들이 올바른 길을 따르기 위해 할 수 있는 만큼 최선의 노력을 기우리므로 이웃 사랑 최고의 법을 이루시기를 축복합니다.

28
사랑은 허다한 죄를 덮는다

베드로전서 4장 7-8절

"만물의 마지막이 가까이 왔으니 그러므로 너희는 정신을 차리고 근신하여 기도하라 무엇보다도 뜨겁게 서로 사랑할지니 사랑은 허다한 죄를 덮느니라."

베드로전후서의 저자는 사도 베드로입니다(벧전 1:1, 벧후 1:1). 그는 소아시아 다섯 지역의 본도, 갈라디아, 갑바도기아, 아시아, 비두니아에 있는 교회 신자들에게 이 서신을 보냈습니다. 교회신자들은 일시적인 고난으로 훼손될 수 없는 믿음, 소망, 사랑으로 영광의 상속(유산)을 기다리는 자들이었습니다(벧전 1:10-12).

복음서에서 '베드로'는 갈릴리의 어부출신입니다(마 4:18). 그는 종종 실수를 거듭하고 충동적이고 경솔한 자신감을 내세우는 인물이었습니다. 한때 예수님으로부터 "사탄아 내 뒤로 물러가라!"는 책망을 받은 자이고(막 8:33), 예수님을 세 번이나 모른다고 부인한 인물이기도 합니다(막 14:66-72). 그러나 부활하신 주님은 베드로에게 "네가 나를 사랑하느냐?"는 세 번의 물으심으로 그의 잃어버린 사명을 회복시킴으로 새로운 선교사명을 주셨습니다(요 21:15-19).

사도행전에서 사도 베드로는 성령 충만함을 받고(행 2:4) 초기교회 사역에서 주도적 역할을 했습니다(행 1-5장, 8:14-25, 9:32-11:18, 12:1-19). 바울서신에는 그가 선교사요, 교회의 기둥으로 언급되었습니다(고전 9:5, 갈 2:9). 베드로후서 3:15절에서 베드로는 사도 바울을 "사랑하는 형제 바울"이라고 불렀습니다. 사도 베드로는 주후 64-68년경 네로 황제 치하 때 로마에서 '거꾸로 된 십자가' 형태로 순교 당했다고 전해지고 있습니다.

베드로서신의 핵심은 사랑입니다.

사도 베드로는 그리스도인 가정의 형제자매들에게 "사랑의 입맞춤으로 서로 문안하라"고 당부합니다(벧전 5:14). 그리고 그들에게 사랑은 허다한 죄를 덮으니 "뜨겁게 서로 사랑하라!"고 권합니다(벧전 4:8). 사랑은 모든 미덕(8개)의 면류관이라고 합니다(벧후 1:5-7).

이같이 사도 베드로가 말씀한 "형제 사랑"에는 엄청난 매력과 진실이 있습니다(벧전 1:22, 2:17). 이 모두는 우리가 믿는 예수, 우리를 사랑하신 예수를 사랑하는 것에서 비롯됩니다(벧전 1:8-9).

오늘은 베드로전후서에서 "사랑은 허다한 죄를 덮는다"는 말씀으로 은혜를 나누고자 합니다.

1. "형제를 사랑하라"고 말씀합니다.

> 베드로전서 1:21-22절, "너희는 그를 죽은 자 가운데서 살리시고 영광을 주신 하나님을 그리스도로 말미암아 믿는 자니 너희 믿음과 소망이 하나님께 있게 하셨느니라. 너희가 진리를 순종함으로 너희 영혼을 깨끗하게 하여 거짓이 없이 형제를 사랑하기에 이르렀으니 마음으로 뜨겁게 서로 사랑하라."

베드로전서 2:17절, "뭇 사람을 공경하며 형제를 사랑하며 하나님을 두려워하며 왕을 존대하라."

▓ 사도 베드로는 "형제"가 누구인 것을 말씀합니다(1:21).
"형제"는 부활하신 주님을 "믿는 자들"입니다. 믿음의 "형제"는 하나님이 예수를 죽은 자들 가운데서 살리시고 영광스럽게 하신 주 예수 그리스도를 믿습니다. 하나님은 예수님의 십자가 희생으로 우리가 "믿음과 소망"을 갖게 하셨습니다. 그래서 우리는 예수님 때문에 하나님을 믿는 "믿음"을 갖게 되었고, 하나님 안에 미래가 있음을 알게 된 "소망"을 갖게 되었습니다. 그러므로 그리스도인들은 예수님의 십자가의 고통의 산고로 태어난 하나님의 가족이요 그리스도인 가정의 형제자매들입니다. 이런 면에서 우리는 신앙의 형제자매로서 하나님의 뜻을 실천하는 천국백성으로서 자부심을 갖고 신앙생활에 열심을 다해야 합니다(요 1:12, 롬 8:15-17).

마가복음 3:35절에서 예수님은 "누구든지 하나님의 뜻대로 행하는 자가 내 형제요 자매요 어머니이니라"고 말씀하십니다(마 12:50, 눅 8:21).

▓ 그리스도인들이 "형제를 사랑하는 방법" 4가지를 말씀합니다(1:22).
첫째, "진리를 순종함으로" 사랑하라고 합니다.
"진리"는 성서입니다. 우리는 하나님의 영감으로 된 성서를 통하여(딤후 3:16-17) '하나님 사랑과 이웃 사랑' 그리고 '서로 사랑'의 가르침을 배우고, 성경말씀을 따라 사랑합니다.(마 22:37-40, 신 6:5, 레 19:18, 요 13:34-35,). "하나님의 말씀"은 "살아있고 항상 있습니다"(히 4;12, 벧전 1:23). "성경"은 "사람의 뜻으로 낸 것이 아니요 오직 성령의 감동하심을 받은 사람들이 하나님께 받아 말한 것입니다"(벧후 1:21).

둘째, "영혼을 깨끗하게 하여" 사랑하라고 합니다.

영혼의 깨끗함은 "거듭난 것"을 말합니다(벧전 1:23). 우리는 성령을 통하여 성결한 그리스도인이 될 때 깨끗한 사랑을 할 수 있습니다.

셋째, "거짓이 없이 형제를 사랑하라"고 합니다.

우리는 가식적으로, 의례적으로, 인사치례로 하는 사랑이 아니라 꾸밈없이, 차별 없이, 편애하지 않고 진정으로 사랑해야 합니다.

넷째, "마음으로 뜨겁게 서로 사랑하라"고 합니다.

"마음"은 깨끗한 마음입니다(마 5:8). 하나님의 사랑은 누구든지 예수 그리스도를 주님으로 믿는 신자의 깨끗한 마음에 성령으로 부어주십니다(롬 5:5). 그 사랑의 마음은 모아져서 형제를 사랑하는 사랑공동체가 이루어짐으로 하나님의 나라가 확장됩니다.

"뜨겁게 사랑하라"는 말은 '지속성을 강조하여' "성실히, 진심으로, 변함없이, 열심히" 사랑하라는 뜻입니다. 그러므로 그리스도인들은 인정에 끌리는 감정적인 애정을 넘어선 하나님을 만나볼 수 있는 순결한 마음으로 변함없이 성실하고 열심히 서로 사랑하라는 말씀입니다(엡 5:1-2).

우리는 진리의 말씀 성경에서 하나님 사랑과 이웃 사랑을 배우고, 내 영혼의 성결한 삶을 통하여, 거짓 없이 진실하게 "형제를 사랑"하되, 순결한 마음으로 변함없이 성실하게 "서로 사랑" 하시기를 축복합니다.

2. 사랑은 허다한 죄를 덮습니다.

베드로전서 4:7-8절, "만물의 마지막이 가까이 왔으니 그러므로 너희는 정신을 차리고 근신하여 기도하라 무엇보다도 뜨겁게 서로 사랑할지니 사랑은 허다한 죄를 덮느니라."

▩ 기도와 사랑은 그리스도인의 최상의 임무입니다.

사도 베드로가 기도와 사랑을 강조하는 이유가 있습니다. "만물의 마지막이 가까이 왔을 때"(단 12:1-2) 그리스도인들에게 두 가지 영적 빈곤이 있게 될 터인데, 그것은 기도하지 않는 기도빈곤과 사랑하지 않는 사랑빈곤이 일어나기 때문입니다. 지금 우리는 기도빈곤과 사랑빈곤시대에 살고 있습니다.

예수님은 세상 끝에는 "불법이 성하므로 많은 사람의 사랑이 식어지리라"고 말씀하십니다(마 24:12). 그래서 사도 베드로는 이 세상 만물의 마지막이 다가오고 있으니(단 12:1-2) "정신을 차리고 근신하여 기도하라." "무엇보다도 뜨겁게 서로 사랑하라"고 말씀합니다.

"기도하라! 사랑하라!"는 말씀은 기도와 사랑을 반듯이 수행해야만 하는 '임무'를 뜻합니다.

'기도와 사랑'은 하나님과 신자에 대한 첫째 임무입니다. 기도는 하나님께 대해서 첫째 임무이고, 사랑은 신자 상호간의 첫째 임무입니다(흑기).

우리는 하나님을 향하여 "정신을 차리고 근신하여 기도하라"는 임무(duty)를 수행해야 합니다. 그리고 신자들을 향하여 "뜨겁게 서로 사랑하라"는 임무를 수행해야 합니다. 기도가 쉬지 않는 교회, 사랑이 변함없는 교회는 생명력이 있어 활기차고 건강한 교회로 발전합니다.

"기도"는 하나님의 호흡이고, "사랑"은 하나님의 심장입니다.

우리의 '호흡'은 숨을 내 쉴 때 탄산가스를 내 뿜고 들이마실 때 산소를 받아드리는 것처럼, 내 영혼의 호흡은 "기도"를 통하여 하나님의 영과 호흡하므로 내 마음속의 더러운 죄를 회개하고 신성한 성령을 받아드림으로 하나님과 영적 교제를 갖습니다. 또한 '심장'은 정맥에서 혈액을 받아 동맥에 의하여 몸의 각 부분으로 보내는 것처럼, "사랑"은 영적 영양소 비타민이 되어 하나님의 영감 된 구약(정맥)과 신약(동맥)의 성서말씀을 통하여 모든 사람들에게 영혼을 사랑하는 사랑의 힘으로 영적 에너지를 공급합니다. 우리는 기도 없는 사랑, 사랑 없는 기도는 있을 수 없습니다. 우리가 기도하면 사랑하게 되고, 사랑하면 기도하게 됩니다. 그래서 기도와 사랑은 믿음 안에서 하나입니다.

▒ 사도 베드로는 "무엇보다도 뜨겁게 서로 사랑할지니 사랑은 허다한 죄를 덮느니라."고 말씀합니다.

사랑이 서로의 허물을 눈감아준다는 의미입니다. 허지만 일부학자는 사랑하는 사람은 심판 날에 하나님의 은혜를 받을 것이라는 의미라고 합니다(벧전 4:5-6). "사랑의 콩깍지"란 말이 있습니다. 애정에 콩깍지가 끼면 단점이나 허물이 보이지 않는다는 말입니다. 하물며 하나님의 "아가페" 사랑에 매이게 되면 믿음의 형제의 허다한 죄, 허물, 실수, 잘못을 덮어주고 용서해줍니다.

마태복음 18:21-22절에서 베드로는 예수님께 용서에 관한 질문을 합니다. "주여 형제가 내게 죄를 범하면 몇 번이나 용서하여 주리이까 일곱 번까지 하오리이까." 예수님은 대답하십니다. "일곱 번뿐만 아니라 일곱 번을 일흔 번까지라도 할지니라." 490번까지라도 용서하라는 말씀은 네 생애 끝까지 용서하라는 말씀입니다.

알란 패턴은 "우리가 깊은 상처를 입었을 때, 용서하지 않는 한은 치유도 없다"고 했습니다.

우리는 서로간의 단점을 사랑할 수 있어야 합니다. 허물을 들춰내서 헐뜯으려고 하지 말고 이해하고 용서하므로 허물을 덮어주어야 합니다(잠 10:12, 눅 23:34). 그때 우리 마음이 치유되어 기쁨이 회복됩니다.

3. "사랑을 더하라"고 말씀합니다.

> 베드로후서 1:5-7절, "그러므로 너희가 더욱 힘써 너희 믿음에 덕을, 덕에 지식을, 지식에 절제를, 절제에 인내를, 인내에 경건을, 경건에 형제 우애를, 형제 우애에 사랑을 더하라."

▨ 사랑은 모든 미덕의 면류관입니다.

사도 베드로는 그리스도인들이 "더욱 힘써야" 할 8가지 미덕(美德)으로 "믿음, 덕, 지식, 절제, 인내, 경건, 형제 우애, 사랑"을 말씀하면서, 이 모든 덕행들 위에 "사랑을 더하라"고 합니다. 그것은 믿음 위에 세워진 아름다운 신앙의 덕행들은 사랑으로 완성을 이루기 때문입니다. 사랑은 건물의 지붕과 같습니다. 아무리 집을 아름답게 지었어도 지붕이 없으면 그 집은 완성된 것이 아닙니다. 지붕이 덮였을 때 완성 된 건물입니다. 우리의 신앙생활은 결국 사랑으로 완성됩니다. 사랑은 율법의 완성인 동시에 모든 신앙생활의 완성입니다.

"사랑은 이웃에게 악을 행하지 아니하나니 그러므로 사랑은 율법의 완성이니라"고 말합니다(롬 13:10). 사도 바울은 사랑이 없으면 아무것도 아니라고 말씀합니다(고전 13:1-3).

▨ 사도 베드로가 그리스도인의 신앙생활 덕목 중에 최고의 미덕으로 "사랑을 더하라"고 말씀한 목적이 있습니다.

베드로후서 1:8-11절에서 말씀합니다. 첫째, 예수 그리스도를 알기에 게으르지 않고 열매 없는 자가 되지 않게 하려는 것입니다. 둘째, 맹인처럼 보지 못하고 옛 죄가 깨끗하게 된 것을 잊어버리지 않게 하려는 것입니다. 셋째, 형제들이 너욱 힘써 하나님이 부르시고 택하신 것을 굳게 하므로 언제든지 실족하지 않게 하려는 것입니다. 넷째, 주님은 구주 예수 그리스도의 영원한 나라에 들어감을 넉넉히 우리에게 주십니다.

마치면서 말씀합니다.

"하나님은 불가능한 일에 대한 열정이 넘치는 사람을 큰 사랑으로 사랑하십니다"(윌리엄 부스). 우리는 기도 없는 사랑, 사랑 없는 기도는 있을 수 없습니다. 기도와 사랑은 호흡과 심장과도 같습니다. 호흡은 숨을 통해서 생명을 유지하게 되고, 심장은 혈관을 통해서 몸의 지체들이 살아가게 됩니다. 호흡이 멈추면 생명이 위독하고, 심장이 멈추면 몸의 사지백체오장육보가 위독합니다. 이처럼 기도는 외부에서 공급받는 힘으로, 사랑은 내부에서 공급받는 힘으로 함께 창조적인 융합을 이루어 활동하므로 우리의 몸을 건강하게 유지시킵니다.

이렇듯 "기도"는 내 영혼의 호흡입니다. 우리가 숨을 내쉴 때 밖으로 탄산가스를 내뱉고 숨을 들이쉴 때 몸 안으로 신선한 산소를 받아드리는 것처럼, 기도는 하나님과 나와의 영적 호흡이기 때문에 우리는 기도할 때 내 속의 더러운 죄를 회개하고 내 마음 속에 신성한 성령의 바람을 받아들임으로 건강한 신앙생활을 유지하게 됩니다.

또한 "사랑"은 내 삶의 영양소 비타민입니다. 우리는 영양소를 골고루 섭취하므로 온 몸에 활력을 갖게 되는 것처럼, 사랑은 하나님의 말씀을 듣고 읽고 행하는 숙련(熟練)을 통하여 하나님 사랑과 이웃 사랑, 특히 형제 사랑, 서로 사랑을 실천하므로 행복한 신앙생활을 유지하게 됩니다. 우리가 기도하면 사랑하게 되고, 사랑하면 기도하게 됩니다. 그래서 기도와 사랑은 믿음 안에서 하나입니다.

기도하지 않고, 사랑하지 않는 것은 영적 생명력을 잃어가고 있는 것입니다. 이것은 마치 공기 없이 호흡하여 생명을 유지하려는 것이고, 음식의 영양분섭취 없이 건강을 유지하려는 것과 같습니다. 공기 없이, 음식 없이 생명을 유지할 수 없습니다.

에베소서 5:1-2절에는 "그러므로 사랑을 받는 자녀같이 너희는 하나님을 본받는 자가 되고 그리스도께서 너희를 사랑하신 것같이 너희도 사랑 가운데서 행하라"고 말씀합니다(마 5:8, 22:37-40, 요 13:34-35),

마가복음 1:14-15절에서 예수님은 "요한이 잡힌 후 예수께서 갈릴리에 오셔서 하나님의 복음을 전파하여 이르시되 때가 찼고 하나님의 나라가 가까이 왔으니 회개하고 복음을 믿으라"고 말씀하셨습니다.

베드로전서 4:7-8절에서 사도 베드로는 "만물의 마지막이 가까이 왔으니 너희는 정신을 차리고 근신하여 기도하라 무엇보다도 뜨겁게 서로 사랑하라"고 말씀하십니다(마 24:12).

예수님은 천국복음의 기초를 "회개와 믿음"에 두셨고, 그의 제자 사도 베드로는 천국복음의 기초를 "기도와 사랑"에 두었습니다. 그 이유는 예수 믿기 이전의 사람들은 예수 그리스도를 "주는 그리스도시고 하나님의 아들인 것"을 믿어야하는 긴박성에서 예수님은 "회개와 믿음"을 말씀하셨고, 사도 베드로는 이미 예수 그리스도를 믿음으로 하나님이 자녀가 된 그리스도인들은 신앙공동체 안에서 "기도와 사랑"으로 천국복음의 사명을 실천해야 할 것을 강조하고 있는 것입니다.

만물의 마지막이 가까이 왔음으로 우리는 믿지 않는 자들에게는 구원의 복음인 "회개와 믿음"을 전파해야 하며 하나님 선교의 사명을 다해야 하고, 그리스도 안에서 한 형제자매가 된 우리 그리스도인들은 "기도와 사랑"으로 성숙한 신앙생활을 유지해 나가야합니다.

영국의 성서학자 윌리엄 바클리는 "많은 사람들이 교회에 나오게 된 것은 신앙에 대한 이론에 설복되어서가 아니라 그리스도인의 사랑을 보았기 때문이고, 많은 사람이 교회를 떠나게 되는 이유는 성경내용을 믿을 수 없기 때문이 아니라 교인들의 불친절과 누추한 모습(ugliness)을 보았기 때문이다."라고 말합니다.

> 미국의 어느 도시를 여행하던 여행자가 주일이 되어 예배를 드리기 위해서 교통경찰에게 교회를 좀 추천해 달라고 했습니다. 그랬더니 그 경찰은 멀리 보이는 한 교회를 추천해 주었습니다. 이 여행자가 주위를 둘러보니 가까운 곳에도 교회가 많이 있었습니다. 그래서 그는 경찰에게 "왜 가까운 교회도 있는데, 저렇게 먼데 있는 교회를 추천해 주십니까?"하고 물었습니다. 그러자 그 경찰은 이렇게 말하였습니다. "예배를 드리고 나오는 사람들의 표정을 보면 이 근처에 있는 교회들 보다 저 교회에서 예배드리고 나오는 사람들의 얼굴이 훨씬 기쁘고 즐겁게 보였습니다. 나는 예수님을 믿지 않지만 그 교회가 은혜로운 교회이고 참된 교회인 것 같아서 소개합니다." 우리 그리스도인들의 표정은 예수님을 보여주는 거울과 같아서, 항상 사랑으로 채워진 마음은 기쁨과 평안 그리고 소망 있는 용기와 활기찬 표정으로 나타나 전도의 지름길이 됩니다(고전 10:33).

우리는 믿음의 형제를 서로 사랑하고, 형제의 허물을 덮어주고, 사랑을 더하므로 기쁨과 은혜가 넘치는 신앙생활을 하시기를 주님의 이름으로 축복합니다.

29

계명대로 서로 사랑하라

요한1서 3장 23-24절

"그의 계명은 이것이니 곧 그 아들 예수 그리스도의 이름을 믿고 그가 우리에게 주신 계명대로 서로 사랑할 것이니라 그의 계명을 지키는 자는 주 안에 거하고 주는 그의 안에 거하시나니 우리에게 주신 성령으로 말미암아 그가 우리 안에 거하시는 줄을 우리가 아느니라."

요한서신 1서, 2서, 3서의 저자는 예수님의 제자인 사도 요한입니다. 그는 예수님의 총애를 받은 제자이고, 십자가 밑에서 예수님의 어머니 마리아를 보호해 달라고 주님의 부탁을 받은 자입니다(요 19:26-27). 사도 요한은 에베소에서 100세를 향수(享壽)하면서 "하나님은 사랑이시다"고 외쳤습니다.

히에로니무스(Hyeronymus)에 따르면, 노년의 사도 요한에 대한 감동적인 이야기가 있습니다. 어느 그리스도인 집회에서 노년의 사도 요한을 모시고 '말씀'(메시지)을 부탁했습니다. 사도 요한은 "자녀들아, 서로 사랑하라"고 말씀했습니다. 그들이 좀 더 말씀해달라고 부탁합니다. 그러자 사도 요한은 "자녀들아, 서로 사랑하라"고 되풀이했습니다. 그들은 사도 요한에게 "주제를 바꾸지 않는 이유가 무엇입니까?"라고 물었습니다. 그때 사도 요한은 "서로 사랑하라는 말씀이 주님의 계명이기 때문입니다. 그것만 실천하면 충분합니다."라고 대답하였습니다.

우리는 하나님의 사랑이 속속들이 배어든 사도 요한의 메시지를 들으면서, "오죽 그랬으면 극히 연로한 나이에 그에게서 비췬 광채가 사랑뿐이었을까!"하고 감탄할 뿐입니다. 진정 사도 요한은 주님의 제자로서 사랑에 대한 주님의 가르침을 깊이 이해했던 분이십니다.

필자는 "사랑"에 관한 설교를 할 때면 두 가지 질문을 합니다. "성서의 사랑은 율법인가? 복음인가? 또는 사랑은 생각인가? 실천인가?" 나에게 있어서 성서의 사랑은 율법이고 복음이며 생각이고 실천입니다. 이것은 사랑의 복합성입니다.

많은 사람들에게 용기와 희망을 주고 있는 미국의 유명한 설교가인 노만 빈센트 필 박사는 거의 한평생동안 주머니에 쪽지 한 장을 지니고 다녔는데, 그 쪽지에는 이런 글이 적혀있었습니다. "하나님의 빛이 나를 둘러싸고 있다. 하나님의 사랑이 나를 품고 있다. 하나님의 능력이 나를 지키고 있다. 하나님이 나를 보고 계신다. 내가 어디에 가든 하나님께서 거기 계신다." 그는 이 쪽지를 하나님께 순종하는 신앙생활을 위하여 몸에 지니고 다녔다고 합니다. 우리는 무슨 쪽지를 주머니 속에, 아니 우리 마음 속에 일평생동안 담고 하나님께 순종하는 신앙생활을 하십니까?

제가 급성폐렴으로 세브란스병원 중환자실에 누워 사지에서 헤매고 있을 때 저는 이런 기도를 종이 족지에 적었습니다. "하나님은 사랑이십니다. 하나님은 나를 사랑하십니다. 나는 하나님을 사랑합니다."(God is love. God loves me. I love you).

생명의 하한선에서 내 영혼의 문을 열고 영의 마음을 토해내는 순간 터져 나오는 빛의 분광 속에서 나오는 외마디는 "아버지 사랑합니다!"라는 외침뿐입니다. 순간 내 인생 한 복판에서 '함께 계시는' 하나님의 사랑을 느끼게 됩니다!(마 28:20).

오늘은 요한서신 1,2,3서에서 "계명대로 서로 사랑하라"는 말씀으로 은혜를 나누고자합니다.

1. 사랑은 우리를 바로 하나님의 심장으로 데려갑니다.

▨ 아무리 부족하고 비뚤어졌어도 인간의 모든 사랑은 희미하게나마 하나님의 사랑이 반사된 것입니다. 하나님의 성품인 그 사랑이 있기에 세상은 지금도 돌아가고 있습니다. '요한1서'에 그것이 아주 분명히 나타납니다. 사랑은 인격적입니다(4:8). 사랑은 엄중합니다(5:3). 사랑은 후합니다(3:1). 사랑은 희생적입니다(4:10). 사랑은 심판 날이 지나도록 계속됩니다(4:17-18). 사랑은 다른 모든 헌신들에 대해 배타적입니다(2:15-17). 사랑은 하나님께 대한(4:19-20), 그리고 하나님의 사랑의 대상인 모든 사람 하나하나에 대한(3:16-24) 반응을 요구합니다. 말할 것도 없이 사랑은 단지 말의 문제가 아니라 대가를 치르고 희생적으로 자기를 내어주는 것입니다(3:16-18).

▨ 사도 요한은 "새 계명을 쓰는 것"이 아닙니다.

요한1서 2:7-8절에서 사도 요한은 말씀합니다. "사랑하는 자들아 내가 새 계명을 너희에게 쓰는 것이 아니라 너희가 처음부터 가진 옛 계명이니 이 옛 계명은 너희가 들은 말씀이거니와 다시 내가 너희에게 새 계명을 쓰노니."

이 말씀의 의미는 '어떤 새로운 것을 말하는 것이 아닙니다. 이미 너희 선조들로부터 주어진 말씀'입니다. 즉 '서로 사랑하는 것에 관해서, 오래 전에 주어졌지만, 그분 안에서 그리고 너희 안에서 참으로 새로운 계명입니다. 그 계명은 이전에 없었던 그와 같은 방법으로 그분 안에서 본보기가 되었으며 이제 너희에 의해서 완성됩니다. 왜냐하면 구약 시대 신자들의 상태와 현재 너희가 누리는 것, 그리고 자나간 그 경륜의 어두움과 지금 너희

마음을 비치는 참된 빛인 그리스도 사이는 비교되지 못하기 때문입니다.'

▒ 구약에서 '사랑의 계명'은 '하나님'에 대한 계명과 '이웃'에 대한 계명으로 두 가지입니다.

> 신명기 6:5절, "너는 마음을 다하고 뜻을 다하고 힘을 다하여 네 하나님 여호와를 사랑하라."
>
> 레위기 19:18절, "원수를 갚지 말며 동포를 원망하지 말며 네 이웃 사랑하기를 네 자신과 같이 사랑하라 나는 여호와니라."

예수님은 모든 계명의 핵심으로서 구약의 두 계명을 하나인 "큰 계명"으로 융합하셨습니다.

> 마태복음 22:36-40절, "선생님 율법 중에서 어느 계명이 크니이까 예수께서 이르시되 네 마음을 다하고 목숨을 다하고 뜻을 다하여 주 너의 하나님을 사랑하라 하셨으니 이것이 크고 첫째 되는 계명이요 둘째도 그와 같으니 네 이웃을 네 자신 같이 사랑하라 하셨으니 이 두 계명이 온 율법과 선지자의 강령이니라"(막 12:28-34).

▒ 예수님은 새 계명을 주셨습니다.

요한복음 13:34-35절에서 예수님은 제자들에게 "새 계명"을 가르치셨습니다. "새 계명을 너희에게 주노니 서로 사랑하라 내가 너희를 사랑한 것같이 너희도 서로 사랑하라 너희가 서로 사랑하면 이로써 모든 사람이 너희가 내 제자인줄 알리라"(요 15:12).

2. 요한서신에는 사랑에 관하여 3가지로 말씀합니다.

▒ "계명대로 서로 사랑하라"고 말씀합니다.

요한1서 3:23-24절에서, "그의 계명은 이것이니 곧 그 아들 예수 그리스도의 이름을 믿고 그가 우리에게 주신 계명대로 서로 사랑할 것이니라 그의 계명을 지키는 자는 주 안에 거하고 주는 그의 안에 거하시나니 우리에게 주신 성령으로 말미암아 그가 우리 안에 거하시는 줄을 우리가 아느니라."

신명기 6:5절과 레위기 19:18절에서 '하나님 사랑'과 '이웃 사랑'에 관하여 말씀했습니다. 예수님은 이 두 계명을 융합하여 "이 두 계명이 온 율법과 선지자의 강령"이라고 말씀하셨고, 요한복음 13:34절에서, 예수님은 서로 사랑하라"는 "새 계명"을 주셨습니다.

하나님의 계명은 곧 하나님께서 친히 이름 지어주신 아들 예수 그리스도를 믿고(마 1:21), 그리스도께서 우리에게 명하신대로 서로 사랑하라는 것입니다. 우리가 그리스도의 계명을 지키면, 우리는 예수 그리스도 안에서 충만히 살고, 그분도 우리 안에 사십니다. 이렇게 우리는 그분이 주신 성령을 힘입어 그리스도께서 우리 안에 깊이 머무르고 계심을 경험합니다.'

하나님의 모든 계명은 한마디로 요약한다면, "예수 그리스도를 믿고 서로 사랑할 것입니다." 이 계명은 영광의 왕좌로부터 주어진 가장 크고 중요한 계명입니다(마 22:38). 만약 이것이 무시된다면 다른 어떤 것도 지켜질 수 없습니다. 만약 이것이 준수 된다면 다른 모든 계명을 지키기는 쉽습니다. 그렇게 주님을 믿고 사랑하는 자는 성령께서 우리의 영과 함께 우리가 하나님의 자녀임을 증거하고(롬 8:16) 평안, 사랑, 성결의 열매들을 가져오십니다(갈 5:22-23). 이것은 즉시 뒤따르는 성령에 의한 은혜입니다(요일 3:24).

"서로 사랑하라"는 말씀은 요한서신의 '키 워드'입니다. 요한서신에서 "서로 사랑하라"는 권면이 모두 7번이나 반복해서 나옵니다(요일 3:11, 14, 23, 4:7, 11, 12, 요이 1:5),

요한서신에서 말씀한 "서로 사랑하라"는 계명은 세 가지 의미를 담고 있습니다.

첫째, '하나님의 계명들을 지키는 것'이 서로 사랑하는 것입니다.

요한1서 5:2-3절에, "우리가 하나님을 사랑하고 그의 계명들을 지킬 때에 이로써 우리가 하나님의 자녀를 사랑하는 줄을 아느니라 하나님을 사랑하는 것은 이것이니 우리가 그의 계명들을 지키는 것이라 그의 계명들은 무거운 것이 아니로다."라고 말씀합니다.

하나님을 사랑하는 사람은 하나님의 계명을 지킵니다. 하나님의 계명을 지킬 때 비로소 우리는 예수를 믿는 하나님의 자녀를 사랑하게 됩니다. 우리가 하나님을 사랑하고, 하나님의 계명을 지키는 것이 바로 우리가 하나님의 자녀를 사랑하는지 사랑하지 않는지를 구별해주는 참된 기준이 됩니다. 그러므로 우리가 하나님을 사랑하는 증거는 하나님의 계명을 지킬 때 나타납니다. 그리고 하나님의 계명은 결코 힘든 것이 아닙니다. 우리는 '사랑으로 역사하는 믿음'으로(갈 5:6) 계명을 실천할 수 있기 때문입니다(요일 5:4-5).

사랑은 "계명"이기 때문에 '위엄'이 있습니다. 우리가 사랑하는 사람이 되면 의젓하고 엄숙하고 품위가 있게 됩니다(요일 5:3). 이 위엄은 사역자들의 '섬기는 리더십' (servant leadership)의 품위를 갖게 합니다.

둘째, '하나님을 본받고 예수를 본받는 것'이 서로 사랑하는 것입니다.

요한1서 4:9-11절에, "하나님의 사랑이 우리에게 이렇게 나타난바 되었으니 하나님이 자기의 독생자를 세상에 보내심은 그로 말미암아 우리를 살리려하심이라 사랑은 여기 있으니 우리가 하나님을 사랑한 것이 아니요 하나님이 우리를 사랑하사 우리 죄를 구속하기 위하여 화목제물로 그 아들을 보내셨음이라 사랑하는 자들아 하나님이 이같이 우리를 사랑하였은즉 우리도 서로 사랑하는 것이 마땅하도다."라고 말씀합니다.

요한1서 3:16절에는, "그가 우리를 위하여 목숨을 버리셨으니 우리가 이로써 사랑을 알고 우리도 형제를 위하여 목숨을 버리는 것이 마땅하니라."고 말씀합니다.

예수님이 행하신대로 행하고(요일 2:6), 예수님이 다른 사람을 위하여 목숨을 버리신 것처럼 다른 사람을 위해 자기의 목숨을 내놓음으로서 예수님처럼 사는 사람이(요일 3:16) 하나님이 사랑하신 것처럼 사랑하는 것입니다(요일 4:11-12).

사랑은 자기의 목숨을 내놓기 때문에 '희생적'입니다(요일 4:10). 사랑은 '모두를 내어주는 것'입니다(요일 3:16-18). 헌신 봉사하는 것입니다. 사랑으로 하는 헌신 봉사는 "하나님이 공급해 주시는 힘"으로 하는 것이기 때문에(벧전 4:10-11) 그것은 고통이 아니라 기쁨이고 즐거움입니다. 이것이 바로 하나님의 사랑을 크게 받은 증거입니다.

셋째, '궁핍한 형제자매에게 재물을 나누어 주는 것'이 서로 사랑하는 것입니다.

요한1서 3:17절에, "누가 이 세상의 재물을 가지고 형제의 궁핍함을 보고도 도와줄 마음을 닫으면 하나님의 사랑이 어찌 그 속에 거하겠느냐."고 말씀합니다.

사랑이 있는 사람은 자기만을 위하게 되어 있지 않습니다. 사랑하는 상대를 위하여 최선을 다하고도 더 사랑하고 싶어지는 법입니다. 가난한 형제자매에게 재물을 나누어주는 '서로 사랑'의 행위는 함께 도우며 살아가는 '공생공존'(共生共存)입니다. 서로 사랑하며 공존하면 함께 번영하며(共存共榮) 잘 살게 됩니다. 그러므로 우리가 서로 사랑하면서 함께 도우며 살아가면 함께 번영하며 잘 살아가게 됩니다.

사랑은 나누어주는 것이기 때문에 '후 합니다'(요일 3:1). 우리가 사랑하는 사람이 되면 인색하거나 편협하지 않고 '후한'사람이 됩니다. 인심이 두텁고, 언행이 인색하지 않습니다. 주고 또 주고 퍼줍니다. 바로 그 사람이 넓은 마음을 가진 사랑의 사람입니다. 줄 수 있는 힘은 바로 사랑의 힘에서 나온 것입니다. 사랑의 선물을 나눌 수 있는 사람은 축복받은 사람입니다. 축복은 하나님의 사랑의 선물입니다. 축복은 하나님이 주신 것을 내 것 삼지 않고 나누어주는 것입니다. "어려울 때 친구가 참다운 친구입니다"(A friend in need is a friend indeed.).

여기서 우리는 교회의 신앙공동체가 가지고 있는 '사랑 실천의 윤리'가 어디에 근원을 두고 있는가에 주목해야합니다. 요한서신은 서로 사랑해야 할 필요성도, 서로 사랑할 수 있는 가능성도 모두 '하나님 안에' 그 기원을 두고 있다고 가르칩니다. 하나님은 사랑이십니다(요일 4:8, 16). 하나님은 먼저 우리를 사랑하십니다(요일 4:10, 19). 모든 사랑은 하나님으로부터 왔습니다(요일 4:7). 그러므로 "하나님을 아는 것"과 "서로 사랑하는 것"은 함께 갑니다. 어느 누구도 하나님을 알지 못하고는 사랑할 수 없습니다(요일 4:7). 어느 누구도 사랑하지 않고서는 하나님을 알 수 없습니다. 그래서 사랑은 하나님께 대한 사랑과(요일 4:19-20) 사람에 대한 사랑이 융합으로 실천되어야 합니다(요일 3:16-17). 이것은 곧 주님이 짊어지신 십자가의 사랑의 원리입니다. 십자가는 종적으로 하나님과 횡적으로 사람과의 만남에서 주님이신 예수님은 하나님의 구원하시는 사랑을 성취하셨습니다.

▪ "하나님은 사랑이시다"라고 말씀합니다.

> 요한서 4:7-8절, "사랑하는 자들아 우리가 서로 사랑하자 사랑은 하나님께 속한 것이니 사랑하는 자마다 하나님으로부터 나서 하나님을 알고 사랑하지 아니하는 자는 하나님을 알지 못하나니 이는 하나님은 사랑이심이라."

요한1서 4:16절, "하나님이 우리를 사랑하시는 사랑을 우리가 알고 믿었노니 하나님은 사랑이시라 사랑 안에 거하는 자는 하나님 안에 거하고 하나님도 그의 안에 거하시느니라."

하나님은 사랑이십니다. 하나님은 그 사랑을 나누도록 우리 인간을 창조하셨습니다(창 1:27).

"하나님은 사랑이시다."란 말은 거의 모든 그리스도인들은 이 말씀이 성경의 가르침이란 것을 잘 압니다. 어떤 사람들은 이 진리가 성경의 모든 책에 나온다고 생각할지 모릅니다. 그러나 "하나님은 사랑이시다."란 말씀은 성경에 단 두 번밖에 나오지 않습니다. 그것은 사도 요한이 기록한 요한1서 4:8절과 4:16절에만 나옵니다.

"하나님은 사랑이시다"란 말의 의미는 하나님과 사랑이 정확하게 동일하다는 뜻은 아닙니다. 그것은 마치 요한1서 1:5절에 "하나님은 빛이시다"라고 해서 하나님과 빛이 동일하지 않은 것과 같은 이치입니다. 만일 하나님과 사랑이 동일하다면 사랑이 하나님이 될 수 있고, 빛이 하나님이 될 수 있습니다. 그렇게 되면 사랑이 하나님이 되고, 빛이 하나님이 됨으로 사랑이나 빛이 우상화 되고 맙니다. 분명히 "하나님은 사랑이십니다." "하나님이 사랑이시라"는 말씀은 하나님은 절대적으로 완전하게 사랑이 채워있음을 의미합니다.

그럼에도 불구하고 "하나님은 사랑이시다"란 말은 "하나님이 사랑하신다" 또는 "하나님이 사랑하고 계시다"라는 말 이상의 의미를 갖습니다. 사랑은 단지 하나님의 행위나 특성 중 하나만이 아니라, 하나님의 본질적인 '속성'입니다. 그래서 하나님의 사랑은 하나님의 모든 말씀과 행위의 동기가 됩니다. 하나님의 인자한 말씀뿐만 아니라 가혹한 말씀도, 구원과 자비의 행위뿐만 아니라 심판과 형벌의 행위도 마찬가지로 하나님 사랑의 동기에서 비롯된 것입니다. 그러기에 하나님의 사랑의 속성은 자친(慈親)같이 어머니의 사랑처럼 따뜻한 면도 있지만 엄친(嚴親)같이 아버지의 사랑처럼 엄격한 면도 있습니다. 그래서 호세아 6:1절에서 호세아 선지자는 말씀합니다. "오라 우리가 여호와께로 돌아가자 여호와께서 우리를 찢으셨으나 도로 낫게 하실 것이요 우리를 치셨으나 싸매어 주실 것임이라."

▨ "형제를 사랑하라"고 말씀합니다.

> 요한서 2:9-11절, "빛 가운데 있다 하면서 그 형제를 미워하는 자는 지금까지 어둠에 있는 자요 그의 형제를 사랑하는 자는 빛 가운데 거하여 자기 속에 거리낌이 없으나 그의 형제를 미워하는 자는 어둠에 있고 또 어둠에 행하며 갈 곳을 알지 못하나니 이는 그 어둠이 그의 눈을 멀게 하였음이라."

> 요한서 4:20-21절, "누구든지 하나님을 사랑하노라 하고 그 형제를 미워하면 이는 거짓말하는 자니 보는바 그 형제를 사랑하지 아니하는 자는 보지 못하는바 하나님을 사랑할 수 없느니라 우리가 이 계명을 주께 받았나니 하나님을 사랑하는 자는 또한 그 형제를 사랑할지니라."

"형제사랑"에 관한 용어는 요한서신에 7번 나옵니다(요일 3:10, 18, 4:8, 19, 20-21, 5:2).

형제를 미워하면 나 자신의 마음이 아픕니다. 미움은 독입니다. 다른 사람의 마음에 상처를 줌으로 '한'이 맺히게 합니다.

"형제"는 매일 만나면 서로 존중하고 친절하며 연민을 갖는 사람들입니다. 이런 형제개념의 그리스도인들은 하나님의 자녀이고 하나님의 형상을 지니고 있기에 예수 그리스도의 보혈로서, 하나님을 "아버지"라고 부르는 하나님의 가족의 혈맥으로 이어진 하나님의 자녀가 된 형제요 자매들입니다(요일 3:2). 하나님의 자녀는 하늘에 속한 자들입니다. 우리는 빛 되신 주님을 소망하며 사는 하나님의 거룩한 백성들입니다. 그러므로 우리는 좋아하는 사람만 사랑하는 편협한 사랑이 아니라 주님 안에서 하나님의 자녀이기 때문에 형제를 사랑합니다.

우리가 빛 되신 예수님을 믿는다고 하면서 믿음의 형제들에게 미워하는 마음이 있다면 그것은 아직도 빛 되신 주님을 알지 못하는 것입니다. 진정으로 빛 되신 주님을 믿는 자는 주님이 내 안에 거하시기 때문에 믿는 자는 항상 서로 사랑합니다.

요일서 3:10절에 말씀합니다. "이러므로 하나님의 자녀들과 마귀의 자녀들이 드러나나니 무릇 의를 행하지 아니하는 자나 또는 그 형제를 사랑하지 아니하는 자는 하나님께 속하지 아니하니라."

요한1서 3:13-15절에는, "형제들아 세상이 너희를 미워하여도 이상히 여기지 말라 우리는 형제를 사랑하므로 사망에서 옮겨 생명으로 들어간 줄을 알거니와 사랑하지 아니하는 자는 사망에 머물러 있느니라 그 형제를 미워하는 자마다 살인하는 자니 살인하는 자마다 영생이 그 속에 거하지 아니하는 것을 너희가 아는 바라."고 말씀합니다.

때로 주님을 믿는 자들이 믿지 않는 부모나 일가친척이나, 동료나 어떤 사람들에게서 미움을 받을 수 있지만 그런 일에 두려워할 것은 하나도 없습니다.

요한1서 4:18절에 "사랑 안에 두려움이 없고 온전한 사랑이 두려움을 내쫓나니 두려움에는 형벌이 있음이라 두려워하는 자는 사랑 안에서 온전히 이루지 못하였느니라."고 말씀합니다.

중요한 것은 믿는 자가 먼저 형제자매를 사랑하면, 그것으로 우리가 죽음에서 생명으로, 지옥에서 천국으로 옮겨졌다는 것을 알 수 있습니다. 그러나 우리가 형제를 사랑하지 않는다면 그 사람은 죽은 사람과 같습니다. 신앙의 생명력을 잃은 것입니다(요일 3:13-14).

더욱이 우리가 형제나 자매를 미워하는 사람은 살인하는 자라고 말씀합니다(요일 3:15). 왜냐하면 믿지 않는 자를 그대로 방치해두면 그가 지옥에 떨어져 죽게 될 것을 뻔히 알면서도 그를 구원하지 않는 것은 그를 죽게 방치한 살인행위와 같은 것이기 때문입니다.

그러므로 믿는 자들이 외부로부터 오는 고통을 이겨내게 하고, 믿지 않는 자들을 구원하게 하는 힘이 있어야 합니다. 그 힘은 성령을 통하여 부어주신 사랑의 힘(롬 5:5) 곧 "형제 사랑"의 힘이 있을 때에 한 영혼을 구원시키는 사명을 실천할 수 있습니다.

3. 사랑은 두려움을 내어 쫓습니다.

요한1서 4:18절에 "사랑 안에 두려움이 없고 온전한 사랑이 두려움을 내쫓나니 두려움에는 형벌이 있음이라 두려워하는 자는 사랑 안에서 온전히 이루지 못하였느니라."고 말씀합니다.

▦ 사랑이 지배하는 곳에 노예의 두려움은 있을 수 없습니다. 완전하고 성숙한 사람은 종속되는 노예의 두려움을 쫓아냅니다. 사랑이 있으면 어두운 세상을 두려움 없이 힘차고 용기 있게 도전하며 살아갑니다. 희망찬 삶을 삽니다. 그리고 형벌은 사랑의 행복과 일치하지 않습니다. 자연적 인간은 두려워하지도, 사랑하지도 않습니다. 그러나 깨어있게 된 회개의 은총가운데 거하는 자에게는 두려움이 없는 사랑이 있습니다.

▦ 요한1서 4:19절에, "우리가 사랑함은 그가 먼저 우리를 사랑하셨음

이라."고 말씀합니다. 이것이 기독교의 진정한 모범이며 모든 종교의 종합입니다. 누구도 이것보다 더 할 수 없습니다. 덜 말하거나 덜 지적으로 말해야할 이유가 없습니다.

마치는 말씀입니다.

사랑하는 자는 축복합니다. 요한3서 1:2절에서 사도 요한은 간절히 간구합니다. "사랑하는 자여 네 영혼이 잘됨 같이 네가 범사에 잘되고 강건하기를 내가 간구하노라."

우리의 삶의 중심에 사랑이 있다면 우리는 건강한 영성, 건강한 생활, 건강한 신체로 하나님께 영광을 돌립니다. 우리는 서로 사랑하면서 '3중 축복'을 빌어줍니다. 영혼이 잘되고, 일상의 모든 일이 잘되고, 건강하기를 기도합니다. 우리의 삶의 중심에 사랑이 있다면 우리는 건강한 영성, 건강한 생활, 건강한 신체로 하나님께 영광을 돌려야 합니다.

철학자이고 신학자인 폴 틸리히는 "사랑이란 삶을 움직여 나가는 힘(the moving power of life)이라고 선언했습니다. 토마스 머튼은 이것을 "사랑의 전인성"(the wholeness of love)이라고 합니다. 사랑은 전인성의 힘이요, 수단이며, 의미이고, 목적입니다(하워드 클라인벨).

우리 서로 사랑하십시다. 하나님은 사랑이십니다. 형제 사랑하는 것은 하나님이 주신 축복을 나누는 것입니다. 우리가 서로 사랑하면서 '공생공존공영'하기를 주님 이름으로 축복합니다.

30
하나님의 사랑 안에서 자신을 지키라

유다서 1장 20-21절

"사랑하는 자들아 너희는 너희의 지극히 거룩한 믿음 위에 자신을 세우며 성령으로 기도하며 하나님의 사랑 안에서 자신을 지키며 영생에 이르도록 우리 주 예수 그리스도의 긍휼을 기다리라."

유다서의 저자는 예수님의 네 형제 중 하나인 유다입니다(마 13:55, 막 6:3, 유 1:1). 예수님의 형제들은 예수님이 지상에 사는 동안에는 예수님을 믿지 않았습니다(막 3:21, 요 7:1-5). 그러나 예수님의 부활 이후에 믿음을 갖게 되었습니다(행 1:14).

고린도전서 9:5절에는, "예수님의 형제 중 두 사람은 아내를 데리고" 선교여행을 다니는 선교사가 되었는데, 아마도 유다가 이들 중 한 사람이었던 것으로 보입니다. 형제 중 야고보는 예루살렘 교회의 지도자가 되었습니다(행 12:17, 15:13-21, 고전 15:7, 갈 1:19, 2:9). 그러나 유다는 그와 같은 명성은 없었지만 유다서의 존재자체로 중요한 의미를 지니고 있습니다. 유다는 유다서를 읽는 성도들을 격려하면서도 거짓 교사들을 대항하도록 경고하고 있습니다.

유다서에는 "사랑"이란 말 '아가페'가 두 번 나오고(1:2, 21), "사랑하는 자들아"라는 호칭 '아가페토이'란 말이 3번 나옵니다(1:3, 17, 20). 여기 "사랑니다(요일 3:2). 하나님의 자녀는 하늘에 속한 자들입니다. 우리는 빛 되신 주님을 소망하며 사는 하나님의 거룩한 백성들입니다. 그러므로 우리는 좋아하는 사람만 사랑하는 편협한 사랑이 아니라 주님 안에서 하나님의 자녀이기 때문에 형제를 사랑합니다.

우리가 빛 되신 예수님을 믿는다고 하면서 믿음의 형제들에게 미워하는 마음이 있다면 그것은 아직도 빛 되신 주님을 알지 못하는 것입니다. 진정으로 빛 되신 주님을 믿는 자는 주님이 내 안에 거하시기 때문에 믿는 자는 항상 서로 사랑합니다.

요일서 3:10절에 말씀합니다. "이러므로 하나님의 자녀들과 마귀의 자녀들이 드러나나니 무릇 의를 행하지 아니하는 자나 또는 그 형제를 사랑하지 아니하는 자는 하나님께 속하지 아니하니라."

요한1서 3:13-15절에는, "형제들아 세상이 너희를 미워하여도 이상히 여기지 말라 우리는 형제를 사랑하므로 사망에서 옮겨 생명으로 들어간 줄을 알거니와 사랑하지 아니하는 자는 사망에 머물러 있느니라 그 형제를 미워하는 자마다 살인하는 자니 살인하는 자마다 영생이 그 속에 거하지 아니하는 것을 너희가 아는 바라."고 말씀합니다.

때로 주님을 믿는 자들이 믿지 않는 부모나 일가친척이나, 동료나 어떤 사람들에게서 미움을 받을 수 있지만 그런 일에 두려워할 것은 하나도 없습니다.

요한1서 4:18절에 "사랑 안에 두려움이 없고 온전한 사랑이 두려움을 내쫓나니 두려움에는 형벌이 있음이라 두려워하는 자는 사랑 안에서 온전히 이루지 못하였느니라."고 말씀합니다.

중요한 것은 믿는 자가 먼저 형제자매를 사랑하면, 그것으로 우리가 죽음에서 생명으로, 지옥에서 천국으로 옮겨졌다는 것을 알 수 있습니다. 그러나 우리가 형제를 사랑하지 않는다면 그 사람은 죽은 사람과 같습니다. 신앙의 생명력을 잃은 것입니다(요일 3:13-14).

더욱이 우리가 형제나 자매를 미워하는 사람은 살인하는 자라고 말씀합니다(요일 3:15). 왜냐하면 믿지 않는 자를 그대로 방치해두면 그가 지옥에 떨어져 죽게 될 것을 뻔히 알면서도 그를 구원하지 않는 것은 그를 죽게 방치한 살인행위와 같은 것이기 때문입니다.

그러므로 믿는 자들이 외부로부터 오는 고통을 이겨내게 하고, 믿지 않는 자들을 구원하게 하는 힘이 있어야 합니다. 그 힘은 성령을 통하여 부어주신 사랑의 힘(롬 5:5) 곧 "형제 사랑"의 힘이 있을 때에 한 영혼을 구원시키는 사명을 실천할 수 있습니다.

3. 사랑은 두려움을 내어 쫓습니다.

요한1서 4:18절에 "사랑 안에 두려움이 없고 온전한 사랑이 두려움을 내쫓나니 두려움에는 형벌이 있음이라 두려워하는 자는 사랑 안에서 온전히 이루지 못하였느니라."고 말씀합니다.

▓ 사랑이 지배하는 곳에 노예의 두려움은 있을 수 없습니다. 완전하고 성숙한 사람은 종속되는 노예의 두려움을 쫓아냅니다. 사랑이 있으면 어두운 세상을 두려움 없이 힘차고 용기 있게 도전하며 살아갑니다. 희망찬 삶을 삽니다. 그리고 형벌은 사랑의 행복과 일치하지 않습니다. 자연적 인간은 두려워하지도, 사랑하지도 않습니다. 그러나 깨어있게 된 회개의 은총가운데 거하는 자에게는 두려움이 없는 사랑이 있습니다.

▓ 요한1서 4:19절에, "우리가 사랑함은 그가 먼저 우리를 사랑하셨음

이라."고 말씀합니다. 이것이 기독교의 진정한 모범이며 모든 종교의 종합입니다. 누구도 이것보다 더 할 수 없습니다. 덜 말하거나 덜 지적으로 말해야할 이유가 없습니다.

마치는 말씀입니다.

사랑하는 자는 축복합니다. 요한3서 1:2절에서 사도 요한은 간절히 간구합니다. "사랑하는 자여 네 영혼이 잘됨 같이 네가 범사에 잘되고 강건하기를 내가 간구하노라."

우리의 삶의 중심에 사랑이 있다면 우리는 건강한 영성, 건강한 생활, 건강한 신체로 하나님께 영광을 돌립니다. 우리는 서로 사랑하면서 '3중 축복'을 빌어줍니다. 영혼이 잘되고, 일상의 모든 일이 잘되고, 건강하기를 기도합니다. 우리의 삶의 중심에 사랑이 있다면 우리는 건강한 영성, 건강한 생활, 건강한 신체로 하나님께 영광을 돌려야 합니다.

철학자이고 신학자인 폴 틸리히는 "사랑이란 삶을 움직여 나가는 힘(the moving power of life)이라고 선언했습니다. 토마스 머튼은 이것을 "사랑의 전인성"(the wholeness of love)이라고 합니다. 사랑은 전인성의 힘이요, 수단이며, 의미이고, 목적입니다(하워드 클라인벨).

우리 서로 사랑하십시다. 하나님은 사랑이십니다. 형제 사랑하는 것은 하나님이 주신 축복을 나누는 것입니다. 우리가 서로 사랑하면서 '공생공존공영'하기를 주님 이름으로 축복합니다.

30
하나님의 사랑 안에서 자신을 지키라

유다서 1장 20-21절

"사랑하는 자들아 너희는 너희의 지극히 거룩한 믿음 위에 자신을 세우며 성령으로 기도하며 하나님의 사랑 안에서 자신을 지키며 영생에 이르도록 우리 주 예수 그리스도의 긍휼을 기다리라."

유다서의 저자는 예수님의 네 형제 중 하나인 유다입니다(마 13:55, 막 6:3, 유 1:1). 예수님의 형제들은 예수님이 지상에 사는 동안에는 예수님을 믿지 않았습니다(막 3:21, 요 7:1-5), 그러나 예수님의 부활 이후에 믿음을 갖게 되었습니다(행 1:14).

고린도전서 9:5절에는, "예수님의 형제 중 두 사람은 아내를 데리고" 선교여행을 다니는 선교사가 되었는데, 아마도 유다가 이들 중 한 사람이었던 것으로 보입니다. 형제 중 야고보는 예루살렘 교회의 지도자가 되었습니다(행 12:17, 15:13-21, 고전 15:7, 갈 1:19, 2:9). 그러나 유다는 그와 같은 명성은 없었지만 유다서의 존재자체로 중요한 의미를 지니고 있습니다. 유다는 유다서를 읽는 성도들을 격려하면서도 거짓 교사들을 대항하도록 경고하고 있습니다.

유다서에는 "사랑"이란 말 '아가페'가 두 번 나오고(1:2, 21), "사랑하는 자들아"라는 호칭 '아가페토이'란 말이 3번 나옵니다(1:3, 17, 20). 여기 "사랑하는 자들"은 "성도"를 말합니다. 성도는 구약에서는 주로 '하나님의 백성인 이스라엘'을 말하지만(대하 6:41, 시 30:4, 단 7:18), 신약에서는 '예수님을 구주로 고백하고 믿는 사람들'을 말합니다(행 9:13, 롬 1:7, 고전 1:2, 고후 1:1, 엡 1:1, 빌 1:1, 골 1:2). 그들은 '그리스도에게 속한 사람', '그리스도를 따르는 사람'이란 뜻을 가진 '그리스도인들'(크리스티아노스)입니다(행 11:26).

유다서 1:1-2절에는 그리스도인의 '정체성'을 말하고 있습니다. 그리스도인은 "부르심을 받은 자"이고, "하나님 아버지 안에서 사랑을 얻은 자"이고, "예수 그리스도를 위하여 지키심을 받은 자"이며, "긍휼과 평강과 사랑이 더욱 많은 자"입니다.

그러기에 우리는 영혼구원을 위해 하나님의 부르심을 받은 소명자(召命者)이며, 하나님의 사랑을 받은 자녀이고, 예수님을 사수하는 제자이고, 긍휼과 평강과 사랑이 충만한 사역자입니다.

오늘은 유다서에 있는 "하나님의 사랑 안에서 자신을 지키라"는 말씀으로 은혜를 나눕니다.

유다서는 "사랑하는 자들아" 부르면서 성도들에게 4가지를 권면합니다.

1. "믿음의 도를 위하여 힘써 싸우라"고 권면합니다.

> 유다서 1:3절, "사랑하는 자들아 우리가 일반으로 받은 구원에 관하여 내가 너희에게 편지하려는 생각이 간절하던 차에 성도에게 단번에 주신 믿음의 도를 위하여 힘써 싸우라는 편지로 너희를 권하여야 할 필요를 느꼈노니."

▓ 유다는 싸워야할 이유로서 "단번에 주신 믿음의 도를 위하여 힘써 싸우라"고 권면합니다.

유다는 모두를 위해 계획되고 모든 신자가 누리는 구원은 영원히 변하지 않도록 하나님에 의해 단번에 주신 믿음이기 때문에, 믿음의 근본적 진리를 위해서 힘써 싸우라고 합니다. 그러나 겸손하게, 온유하게, 그리고 사랑으로 싸워야합니다. 그렇지 않으면 성도의 주장이 성도의 목표를 훼손하기만 할뿐이며 만일 파괴하지 않는다 하더라도 성도의 영혼이 손상될 것입니다.

"믿음"은 죄 사함과 죄를 극복할 수 있는 힘입니다. "믿음이 없으면 하나님을 기쁘시게 하지 못하기" 때문에(히 11:6) 죄를 용서받지 못하고 또한 죄를 이겨낼 힘이 없습니다.

요한1서 5:4절에 "무릇 하나님께로부터 난자마다 세상을 이기느니라 세상을 이기는 승리는 이것이니 우리의 믿음이니라"고 말씀합니다.

▓ 또한 "믿음"은 "단번에 주신 믿음"입니다. 믿음은 예수님의 "단 한번"의 십자가를 통해서 하나님이 우리에게 은혜로 주신 구원의 선물입니다. 우리는 오직 십자가에 죽으신 예수님 한분만이 구원의 완성 자이심을 믿습니다. 우리는 예수 그리스도를 믿음으로 구원받은 "믿음의 도" 곧 구원의 진리를 항상 감사하며 감격합니다. 우리는 우리에게 선물로 맡겨진 이 믿음을 지키고 소중히 여기기 위해, 우리가 가진 모든 것을 총동원하여 힘써 싸워야 합니다. "공격은 최선의 방어입니다"(Offense is the best defense).

▓ 전반적으로 유다서에는 혁신(innovation)이 아니라 보존(preservation)에 있습니다.

기도 없는 신앙 싸움은 백해무익합니다. 신앙 싸움에는 반듯이 기도가 있을 때 회개하고 믿음이 생기고 사랑하게 되며 하나님의 지혜로 승리하게 됩니다. 특히 "힘써 싸우라"는 말은 신앙을 위한 영적 싸움을 의미합니다. 평화의 주님으로 이 땅에 오신(눅 2:14) 예수님은 가정에서 일어날 '신앙싸움'을 역설적으로 말씀하십니다.

> 마태복음 10:34-36절, "내가 세상에 화평을 주러 온 줄로 생각하지 말라 화평이 아니요 검을 주러 왔노라 내가 온 것은 사람이 그 아버지와, 딸이 어머니와, 며느리가 시어머니와 불화하게 하려 함이니 사람의 원수가 자기 집안 식구라."

사도 바울은 '영적 싸움'에 대하여 군사적 용어와 경기에서 사용하는 "싸우라"는 용어를 종종 사용하여 "믿음의 선한 싸움"을 말씀하였습니다.

디모데전서 6:12절에서, "믿음의 선한 싸움을 싸우라 영생을 취하라 이를 위하여 네가 부르심을 받았고 많은 증인 앞에서 선한 증언을 하였도다."라고 말씀합니다.

디모데후서 4:7-8절에서, 믿음의 선한 싸움의 축복을 말씀합니다. "나는 선한 싸움을 싸우고 나의 달려갈 길을 마치고 믿음을 지켰으니 이제 후로는 나를 위하여 의의 면류관이 예비되었으므로 주 곧 의로우신 재판장이 그 날에 내게 주실 것이며 내게만 아니라 주의 나타나심을 사모하는 모든 자에게도니라."

에베소 6:10-18절에서, 신앙 싸움의 '무기'를 말씀합니다. 그것은 "하나님의 전신갑주"로서 진리의 허리띠, 의의 호심경, 복음의 신, 믿음의 방패, 구원의 투구, 성령의 검 곧 하나님의 말씀, 성령 안에서 기도입니다.

신앙 싸움의 목적은 오직 영혼(사람)구원을 위한 것입니다. 그리스도인은 "내가 구원받았으니 다른 사람을 구원하기 위하여"(Saved to save others) 복음을 통하여 예수 그리스도를 믿음으로 구원받아 성도 곧 천국백성이 되게 하는 것입니다.

요한복음 3:17절, "하나님이 그 아들을 세상에 보내신 것은 세상을 심판하려 하심이 아니요 그로 말미암아 세상이 구원을 받게 하려 하심이라."

▩ 유다는 싸워야할 대상을 말씀합니다.

유다서 1:4절에서, "이는 가만히 들어온 사람 몇이 있음이라 그들은 옛 적부터 이 판결을 받기로 미리 기록된 자니 경건하지 아니하여 우리 하나님의 은혜를 도리어 방탕한 것으로 바꾸고 홀로 하나이신 주재 곧 우리 주 예수 그리스도를 부인하는 자니라"고 말씀합니다.

유다가 믿음을 방어하기 위하여 싸워야할 대상은 교회 안에 "가만히 들어온 침입자들"입니다. 그들은 "우리 주 예수 그리스도를 부인하는 자들"입니다. 거짓 그리스도인들입니다. 요즈음 식으로 말하면 교회 안에 침입한 이단자들입니다.

▩ 유다는 거짓 그리스도인들에 대하여 단호한 모욕적 표현으로 묘사합니다.

거짓 그리스도인들은 "이성 없는 짐승"(1:10), "애찬의 암초," "자기 몸만 기르는 목자," "바람에 불려가는 물 없는 구름," "죽고 또 죽어 뿌리까지 뽑힌 열매 없는 가을 나무"(12), "자기 수치의 거품을 뿜는 바다의 거친 물결," "영원히 예비된 캄캄한 흑암으로 돌아갈 유리하는 별들"(13), "경건하지 않은 죄인들"(15), "원망하는 자," "불만을 토하는 자," "정욕대로 행하는 자," "자랑하는 말을 하는 자," "이익을 위하여 아첨하는 자"(16), "조롱하는 자들"(18), "분열을 일으키는 자," "육에 속한 자," "성령이 없는 자"(19) 라고 말씀합니다.

▩ 유다는 이 사람들에게 "화있을진저 이 사람들이여"라고 저주를 선언합니다(11). 물론 교회는 모든 죄인에 대해 자비로운 태도를 취해야 하지

만, 이러한 거짓 이단에 대해서는 신중하고 단호한 조치를 취해야 합니다. 사람은 존중하지만 죄는 미워해야 합니다. 그러나 무엇보다도 큰 관심을 기우려야 할 것은 거짓 교사들의 영향을 받을 수 있는 사람들을 구원하는데 최선을 다해야 합니다.

유다서 1:22-23절에는 "어떤 의심하는 자들을 긍휼이 여기라 또 어떤 자를 불에서 끌어내어 구원하라 또 어떤 자를 그 육체로 더럽힌 옷까지도 미워하되 두려움으로 긍휼히 여기라"라고 말씀합니다.

2. "사도들의 말을 기억하라"고 권면합니다.

> 유다서 1:17-18절, "사랑하는 자들아 너희는 우리 주 예수 그리스도의 사도들이 미리 한 말을 기억하라 그들이 너희에게 말하기를 마지막 때에 자기의 경건치 않은 정욕대로 행하며 조롱하는 자들이 있으리라 하였나니."

▨ "사도들"(아포스톨로스)은 예수님이 부르시고 가르치시고 권능을 주셔서 천국 복음을 전파하기 위해 '공적임무를 부여받고 세상으로 보냄 받은' 예수님의 제자들입니다(마 10:1-2). 그들은 "주는 그리스도시오 살아계신 하나님의 아들이십니다"라고 고백한 자들입니다(마 16:16). 유다가 "사도들의 말을 기억하라"고 한 말씀은 사도 베드로의 서신을 말씀한 것입니다.

베드로후서 3:2-3절, "곧 거룩한 선지자들이 예언한 말씀과 주되신 구주께서 너희의 사도들로 말미암아 명하신 것을 기억하게 하려하노라 먼저 이것을 알지니 말세에 조롱하는 자들이 와서 자기의 정욕을 따라 행하며 조롱하여."

▨ 유다는 이미 사도들이 경고한 것처럼, 교회 안에 "가만히 들어 온"

거짓교사들을 경계하라고 경고하고 있습니다. 당시 거짓 교사들은 영지주의자들로서 자신들이 영적이라고 주장했습니다. 그들은 헬라철학의 영향을 받아서 선지자적 영감을 받았다고 주장했기 때문에(8) 성령을 받았다고 주장했습니다(20). 하지만 유다는 거짓교사들에게는 성령이 전혀 없다고 말씀합니다.

> 유다서 1:19절, "이 사람들은 분열을 일으키는 자며 육에 속한 자며 성령이 없는 자니라."

요즈음에는 한국에도 거짓 교사들이 많이 일어나고 있습니다. 우리는 올바른 믿음을 갖고 교회 안에서 진리의 말씀인 성경을 잘 '배우고 듣고 행하는' 일에 힘쓰므로 옳고 그름을 판별할 수 있는 지혜와 지식을 갖추어야 합니다(딤후 4:16-17).

3. "거룩한 믿음 위에 자신을 세우라"고 권면합니다.

> 유다서 1:20절, "사랑하는 자들아 너희는 너희의 지극히 거룩한 믿음 위에 자신을 세우며 성령으로 기도하며."

▨ 유다는 그리스도인들이 "가장 거룩한 믿음의 토대위에" 자신을 세우라고 간곡히 권면합니다. "지극히 거룩한 믿음"은 신성한 믿음입니다. 하나님께 바친 믿음입니다. 즉 성숙한 믿음을 의미합니다. "믿음위에 자신을 세우라"는 말은 '신앙의 인격자가 되라'는 의미입니다. 그러므로 우리는 성숙한 믿음을 가질 때 신앙의 인격자가 됨으로 하나님이 쓰시기에 합당한 그릇이 됩니다(딤후 2:21).

히브리서 11:1-2절에, "믿음은 바라는 것들의 실상이요 보이지 않는 것들의 증거니 선진들이 이로써 증거를 얻었느니라"고 말씀합니다. "믿음이 없이는 하나님을 기쁘시게 하지 못하나니 하나님께 나아가는 자는 반드시 그가 계신 것과 또한 그가 자기를 찾는 자들에게 상주시는 이심을 믿어야 합니다"(히 11:6).

▧ 유다는 그리스도인들이 "성령으로 기도하라"고 권면합니다.

그리스도인들의 신앙생활 중에 신성한 믿음위에 세워진 우리 자신의 삶이 생명력을 부여받고 활기찬 인생을 살아가려면 "성령으로 기도"해야 합니다. 이것은 영감 된 기도를 의미합니다. 여기에는 '방언'이 포함될 수 있습니다(행 2:4, 고전 14:1-40). 성령으로 하는 기도 없이는 거룩한 믿음을 유지할 수 없습니다. 기도는 내 힘으로 하는 것이 아니라 성령의 주시는 힘으로 기도하게 됩니다. 성령은 우리의 기도를 도와주십니다.

> 로마서 8:26절, "이와 같이 성령도 우리의 연약함을 도우시나니 우리는 마땅히 기도할 바를 알지 못하나 오직 성령이 말할 수 없는 탄식으로 우리를 위하여 간구하시느니라."

사도 요한은 도우시는 성령님을 "보혜사"(파라클레토스)라고 합니다. "보혜사"는 "곁에서 협조하는 자, 위로하는 자, 격려하는 자, 중재하는 자, 변호하는 자"란 의미입니다.

요한복음 14:26절에, "보혜사 곧 아버지께서 내 이름으로 보내실 성령 그가 너희에게 모든 것을 가르치고 내가 너희에게 말한 모든 것을 생각나게 하리라"고 말씀합니다.

"성령으로 기도하는 것"은 마치 하나님이 인간을 흙으로 빚으시고 생명을 부여하신 것과 같이, 성령님은 우리의 기도에 생기를 불어넣어 주심으로 주님께 상달되도록 도와주십니다.

창세기 2:7절에 "여호와 하나님이 땅의 흙으로 사람을 지으시고 생기를 그 코에 불어넣으시니 사람이 생령이 되니라"고 말씀하십니다.
　하나님의 사랑을 받는 우리는 거룩한 믿음의 토대위에 우리의 생애를 세우고 우리의 삶 속에 성령이 주시는 생명력으로 기도하면 생명력 있는 신앙생활을 하게 됩니다.

4. "하나님의 사랑 안에서 자신을 지키라"고 권면합니다.

> 유다서 1:21절, "하나님의 사랑 안에서 자신을 지키며 영생에 이르도록 우리 주 예수 그리스도의 긍휼을 기다리라."

　▓ "하나님의 사랑 안에서"란 말은 '하나님이 두 팔을 활짝 벌려 안아주신다'는 의미입니다. 그리고 "하나님의 사랑 안에서 자신을 지키라"는 말씀은 내가 나를 지킬 수 없지만 하나님이 두 팔을 활짝 벌려 안아주시는 사랑의 힘으로 나는 나를 지켜낼 수 있다는 의미입니다. 하나님의 사랑이 방호막이 되어 우리는 하나님의 사랑 안에서 자유 함을 얻을 수 있습니다.
　예수를 주님으로 믿는 성도가 하나님의 사랑에 거하는 것은 하나님의 자녀가 된 증거이기 때문에 성도들은 하나님의 사랑 안에서 자유롭게 살아갈 수 있습니다(요 8:32). 우리가 하나님의 사랑 안에서 느끼는 자유로움이 바로 주님 안에 사는 행복입니다. 그러기에 성도의 삶은 하나님의 사랑 안에서 행복한 삶을 살게 됩니다. ,
　성도가 "하나님의 사랑 안에서 자신을 지키심"의 은혜를 받는 것은 바로 예수 그리스도의 십자가의 자비(mercy)의 사랑으로 이루어진 것입니다. 그 사랑 때문에 영생에 이르는 자신의 믿음을 지킴으로 우리는 낙심하거나 절망하거나 포기하지 않고 주님의 긍휼을 기다리며 희망과 용기를 갖고 살아갈 수 있습니다.

▨ 유다서는 25절로 된 한 권의 짧은 성서에서 '지키는 것' 또는 '지키심을 받는 것'이란 말이 6번이나 언급되었습니다. 그중의 3번은 성도들에 대한 지키심을 말씀합니다.

성도들은 "그리스도를 위하여 하나님의 지키심을 받은 자들"입니다(1절). 성도들은 "하나님의 사랑 안에서 자신을 지켜야" 합니다(21절). "하나님은 성도들을 보호하시어 그 영광 앞에 흠이 없이 기쁨으로 서게 하실 것"입니다. 즉 넘어지지 않게 지켜주실 것"입니다(24절).

그러나 반역하는 천사들이나 거짓 선지자들은 지켜주지 않습니다. "하늘을 떠나 땅으로 간 천사들은 자기 지위를 지키지 않았습니다"(6절). "빈약한 천사들은 영원한 결박으로 흑암에 가두셨습니다"(6절). "캄캄한 흑암이 거짓 성도들에게 영원히 예비 되어 있습니다"(13절).

▨ 하나님은 사랑으로 성도들을 지키시고, 또한 넘어지지 않게 지켜주실 수 있습니다(1절, 24절). 중요한 것은 하나님은 사랑으로 그렇게 성도들을 지켜주시지만 성도들 또한 하나님의 사랑 안에서 자신을 지켜야만 한다는 것이 유다의 권면입니다.

하나님은 우리를 살피십니다. 그러나 하나님은 우리의 의지(뜻)를 막지 않으시고 우리에게 주신 나의 의지대로 살아가라고 하십니다. 하나님이 주신 것을 활용할 용기와 힘은 인간 자신이 해야 합니다. 하나님은 인간을 로버트같이 만들지 않고 자발적으로 살아갈 수 있는 삶의 의지와 힘과 터전과 물질을 주셨습니다. 노력은 내가 해야 합니다. 심지 않고 거둘 수 없습니다. 노력하지 않고 성공할 수 없습니다(고전 3:6-8). 노력하는 만큼 성과를 얻습니다.

문제는 우리가 '하나님을 향하여' 살고 있느냐 하는 것입니다. 하나님의 사랑 안에서 살아야 합니다. 자기만을 위한 자기중심으로 살고 있다면 그것은 하나님과 관계없는 삶입니다. 하나님과 관계가 없으면 믿음도, 소망도, 사랑도 단절된 상태입니다. 이것을 영적으로 '죽어있는 자'라고 표현합니다. 지구의 생명체는 태양의 빛이 없으면 죽는 것처럼 인간은 하나님의 사랑이 없으면 죽습니다.

마치면서 말씀합니다.

성공적 생활에 관한 여러 권의 베스트셀러를 낸 저술가 데일 카네기(Dale Carnegie)는 "나는 사실 저녁식사를 굶고 잠자리에 들어간 밤은 한 번도 없었는데, 내가 먹는 그 한 조각의 빵 속에는 어머니가 계셨고 하나님이 계셨습니다."라고 간증하였습니다. 그는 한 조각의 빵 속에서 항상 사랑하시는 어머니의 기도와 하나님의 숨결을 기억할 수 있었기에 성공하는 사람이 되었습니다. "누구든지 하나님을 사랑하면 그 사람은 하나님도 알아주십니다."(고전 8:3).

사랑은 너도 나도 우리 모두의 것입니다. 사랑은 믿는 자 누구에게나 주시는 하나님의 크신 선물입니다. 우리에게 필요한 것은 사랑의 힘이 희망이기에 우리는 아가페 사랑이 왜 필요한지 인식하도록 하는 것이 필요합니다. 사랑은 삶의 힘, 원동력이 되어 활력을 줍니다.

우리는 "거룩한 믿음 위에 자신을 세우고", "하나님의 사랑 안에서 자신을 지키시므로" 승리하는 삶을 살기를 주님의 이름으로 축복합니다.

31

처음 사랑을 회복하라

요한계시록 2장 4-5절

"그러나 너를 책망할 것이 있나니 너의 처음사랑을 버렸느니라 그러므로 어디서 떨어진 것을 생각하고 회개하여 처음 행위를 가지라 만일 그리하지 아니하고 회개하지 아니하면 내가 네게 가서 네 촛대를 그 자리에서 옮기리라."

요한계시록의 저자는 사도 요한입니다. 그는 로마 황제 도미티안의 통치시대 때(주후 81-96) 에베소에서 하나님의 말씀과 예수를 증언한 일 때문에 붙잡혀 에베소에서 추방되어 밧모 섬에 유배되었습니다. 그때 하나님의 계시를 받아 기록한 것이 요한계시록입니다(약 95년). 다니엘서는 그리스도의 초림까지의 기간에 대한 환난과 지상통치에 대해 간략하게 언급하고 있습니다(단 7:2-28). 그러나 요한계시록은 마지막 때에 있을 중대한 사건들과 더불어 세부적인 사건들까지 묘사하고 있으며(계 4:1-20:15), 그러한 모든 사건들은 하늘과 새 땅에서 결정을 이룹니다(계 21:1-8).

요한계시록의 수신자는 실제로 존재했던 소아시아(터키서쪽지방) 일곱 교회, 즉 에베소, 서머나, 버가모, 두아디라, 사데, 빌라델비아, 라오디게아 교회에 보내졌습니다(계 1:11). "요한은 아시아에 있는 일곱 교회에 편지하노니"(계 1:4)라고 썼는데, 이 교회들은 모든 교회의 대표로 봅니다.

요한계시록을 "해석하려고 하면" 그 내용을 오해할 수 있기 때문에 존

칼빈은 요한계시록의 주석 책을 쓰지 않았습니다. 요한계시록은 설명해야할 책이 아니라 믿음으로 경험해야할 책입니다. 우리는 요한계시록을 통해 그 경험이 무엇을 의미하는지는 정확하게 알지는 못하더라도 땅에서부터 하늘로, 현재에서부터 미래로 신앙여행을 하게 합니다. 요한계시록은 한마디로 소망의 약속이 포함된 심판의 메시지입니다. 성도들이 신앙의 순결성을 지켜 오실 주님을 사모하며 깨어서 하나님의 말씀대로 권면하며, 신앙의 경각심을 통하여 믿음에의 사랑을 더욱 강건하게 합니다(롬 13:11, 벧후 3:11-14). 요한계시록에는 "사랑"(아가페) 용어가 다섯 번 나오고, "사랑하는 자"(필레오-'사람에 대한 관심, 우정을 나타냄) 라는 용어가 한번 나옵니다.

요한계시록의 일곱 교회 중에 '칭찬받는 교회'는 서머나 교회와 빌라델비아 교회 둘뿐이고, '책망 받는 교회'는 에베소, 버가모, 두아디라, 사데, 라오디게아 등 다섯 교회입니다. "책망"받는 다섯 교회 중에서 '사랑'문제로 "책망"받는 교회는 세 교회로 에베소, 두아디라, 라오디게아 교회입니다. 7교회의 모습을 '퍼센티지'로 보면, 전체 7교회 중에 '칭찬받는 교회'는 2개로 28.5%이고, '책망 받는 교회'는 5개로 71.5%입니다. '책망 받는 교회' 5개 중에서 '신앙행위'문제로 책망 받는 교회는 2개로 28.5%인데 비하여, '사랑'문제로 책망 받는 교회는 3개로 42.9%로 더 높습니다. 우리 교회는 칭찬받는 교회입니까? 책망 받는 교회입니까?

마태복음 24:12절에서 예수님은 종말의 끝에는 "불법이 성하므로 많은 사람의 사랑이 식어지리라"고 말씀하셨는데, 사도 요한이 주님의 환상 중에 본 '사랑이 없어서 책망 받는 세 교회'는 '퍼센티지'로 보면, 전체 교회 (7) 중에 42.9%로 높습니다.

교회가 사랑이 없다면 심장이 멈추는 것과 같습니다. 교회는 유기체인

"그리스도의 몸"이기 때문에 몸이 멈추면 '지체'가 모두 마비되겠기에(엡 1:23, 5:30) 살았다하는 이름은 있으나 실상은 죽어있는 교회가 됩니다(계 3:1). 그래서 주님은 책망을 통해서 교회가 깨닫게 하십니다.

책망의 이유는 "하나님의 사람으로 온전하게 하며 모든 선한 일을 행할 능력을 갖추게 하려고 하는 것입니다"(딤후 3:17). 책망은 사랑을 회복시키므로 온전한 성도가 되게 하고, 하나님의 선한 일을 봉사하게 합니다. 주님의 책망 받는 교회가 "죄인"이라면 그 중에 사랑이 없는 교회는 "죄인 중에 괴수"라고 할 수 있습니다(딤전 1:15). 하나님의 본성인 사랑의 DNA가 없다면 교회는 주님과 상관이 없기 때문에 책망을 받아 마땅합니다. 그러나 회개하면 회복됩니다.

오늘은 요한계시록에서 '처음 사랑을 회복하라'는 말씀으로 은혜를 나누고자 합니다.

특히 소아시아 7교회 즉 에베소, 서머나, 버가모, 두아디라, 사데, 빌라델비아, 라오디게아 교회 중에서 사랑 때문에 책망 받는 세 교회 곧 에베소 교회, 두아디라 교회, 라오디게아 교회 의 모습을 살펴보면서 교훈을 삼고자 합니다.

1. '에베소 교회'는 "처음 사랑"을 잃어버렸습니다. '사랑의 회복'이 필요한 교회입니다.

요한계시록 2:4-5절, "그러나 너를 책망할 것이 있나니 너의 처음 사랑을 버렸느니라 그러므로 어디서 떨어진 것을 생각하고 회개하여 처음 행위를

가지라 만일 그리하지 아니하고 회개하지 아니하면 내가 네게 가서 네 촛대를 그 자리에서 옮기리라."

▓ 사도행전 19:1-7절에 보면, 에베소 교회는 성령으로 시작된 교회입니다. 사도 바울이 에베소에 와서 세례 요한의 제자 12명을 만납니다. 그들은 "성령이 있다는 말을 들어보지도 못했고", "세례 요한의 세례를 받았으나" 그 의미를 알지도 못했습니다. 사도 바울은 그들에게 예수의 이름으로 세례를 주고, 손을 얹어 기도할 때 성령이 그들에게 임하심으로 그들이 방언으로 말하고 예언을 했습니다. 이것이 에베소 교회의 시작입니다. 에베소 교회는 사도 바울이 3년 동안 목회하였고, 디모데, 아굴라, 부리스길라, 아볼로, 두기고가 목회했으며, 사도 요한이 밧모 섬 정배 후에 목회하였습니다.

▓ 요한계시록 2:2-3절에서 주님은 에베소 교회의 행위에 대해서 칭찬하십니다.

"내가 네 행위와 수고와 네 인내를 알고 또 악한 자들을 용납하지 아니한 것과 자칭 사도라 하되 아닌 자들을 시험하여 그의 거짓된 것을 네가 드러낸 것과 또 네가 참고 내 이름을 위하여 견디고 게으르지 아니한 것을 아노라." 에베소 교회가 주님을 위해 수고를 아끼지 않았고, 교리를 지켰고, 끈기와 인내와 용기를 갖고 태만하지 않고 사역한 것을 주님은 잘 알고 있습니다. 그러나 주님은 에베소 교회에게 책망할 것이 있다고 말씀하십니다.

▓ 요한계시록 2:4절에서, "그러나 너를 책망할 것이 있나니 너의 처음 사랑을 버렸느니라"고 경고하십니다.

여기서 "그러나"(알라)는 반의 접속사로 "그렇지 않다"는 중요한 의미가 있습니다. "버렸다"(아페카스는 단순과거)는 말은 '포기하다, 버리다'는 의미입니다. '과거 어느 시점에 처음 사랑을 버린 것이 지금도 계속해서 유지되고 있다'는 의미입니다.

주님은 에베소 교회 행위의 소중함은 알고 기억하고 있음에도 불구하고 "그러나 너는 처음 사랑을 버렸다"고 책망합니다. 선한 행위들은 칭찬하지만 문제는 그 행위들의 내면에는 사랑이 없었습니다. 사도 바울은 고린도전서 13:1-3절에서, "사랑이 없으면 아무것도 아니고, 아무유익이 없다"고 단호하게 말씀합니다. 이 같이 책망하는 것은 그 책망에는 사랑이 없는 내면의 죄는 그대로 방치하지 않는다는 의미가 담겨있습니다. 왜냐하면 내면이 병들면 외부의 행위가 죽음에 이르기 때문에, 주님은 교회는 사랑하시지만 죄는 미워하십니다. 사람은 사랑하시지만 병은 고쳐야 하겠기에 주님은 책망하십니다. 주님은 지금 여기서 우리의 "처음 사랑"에 대하여 묻습니다. "처음 믿음을 가질 때, 바로 그때 그 믿음을 지금 갖고 있느냐?"고 묻습니다. 우리가 주님을 처음 만날 때의 믿고 따르기로 결심한 그 열정, 사모, 애정, 결심, 감격의 눈물, 행복감, 기쁨, 평화를 간직하고 있느냐? 는 단순한 물으심에 무어라 대답하겠습니까?

우리는 '초심'(初心)을 버렸습니다. 우리가 '자비석'에 나와 무릎을 꿇고 감격의 눈물을 흘리며 주님을 영접하였던 처음에 결심한 그 마음의 자리가 우리 가슴속에서 사라져버렸습니다. 우리는 일에 매어 바쁘게 사느라고 세상살이에 그 '사랑'을 도적맞았습니다. 우리는 게으르고 나태하고 안일한 무관심 속에서 사랑실천의 신앙 관리를 잘못하였습니다. 그래서 우리의 믿음생활은 공허하고, 외롭고, 짜증스럽고, 화내고, 싸우고, 단점만 보이고, 허물을 들춰내었습니다.

▨ 주님은 처음 사랑을 회복할 수 있는 세 가지 방법을 말씀하십니다.

요한계시록 2:5절, "그러므로 어디서 떨어진 것을 생각하고 회개하여 처음행위를 가지라 만일 그러하지 아니하고 회개하지 아니하면 내가 네게 가서 네 촛대를 그 자리에서 옮기리라."

첫째, "어디서 떨어진 것을 생각하라"고 말씀하십니다.

'자주 깊이 생각해보라'는 의미입니다. 일에 몰두하다보면 자기 관리가 소홀이 여기게 되어 자기도 모르는 사이에 사랑을 잃어버리게 됩니다. 우리가 정신없이 몰두하여 일하는 사역의 장소가 바로 사랑을 잃어버린 출처가 될 수 있습니다. 주님을 위해 우리가 일하고 있는 그 현장이 사랑을 버린 무덤이 될 수 있습니다. 우리가 행한 일이 사랑 없이 하게 됩니다. 우리가 사랑 없이 일하면 주님의 사역은 기쁨보다는 고통이, 즐거움보다는 불평이, 인내보다는 짜증이 납니다. 그래서 사랑 없이 하는 것은 아무것도 아니고 아무유익이 없습니다.

둘째, "회개하여 처음행위를 가지라"고 말씀하십니다.

어머니는 병들어 죽어가는 자식을 그대로 방치할 수 없기에 자신의 품에 앉고 울부짖습니다. "어찌하다가 이 지경이 되었느냐! 주님, 내 새끼를 살려주십시오! 이 어미의 죄 때문입니다!" 안타깝고 애태우는 모성애의 심정입니다. 이것이 처음 사랑을 도적맞은 나를 안으시고 애타우시는 우리 주님의 심정입니다.

한문의 바를 '正'(정)자는 한 '一'(일)자 밑에 멈출 '止'(지)자를 써서 "일단 정지"하라는 뜻이 있습니다. 일에 얽매어 앞만 보고 달려가던 길을 한번 멈춰서 뒤를 살펴보라는 의미입니다. 그때 자기의 가는 길의 잘못된 것을 깨닫고 옳은 길로 가게 됩니다. 이것이 "회개"(메타노에오)입니다. 여기 "회개하라"는 말 "메타노에오"는 "뒤를 생각하라" 즉 '회상'(回想)하라는 말입니다. 이 말은 '전에 가지고 있었던 관점이나 행동양식에 대한 생각과 마음이 변하다.' 특별히 이례적으로 새로운 국면을 맞이하여 '회개하다, 뉘우치다(repent)'는 뜻입니다. "처음행위를 가지라"는 말씀은 "잃어버렸던 처음 사랑을 회복하라"는 말씀입니다. 우리는 뒤를 돌아보고 잘못을 깨달았을 때 "잃어버렸던 처음 사랑"을 회복할 수 있습니다.

셋째, "회개하지 아니하면 내가 네게 가서 네 촛대를 그 자리에서 옮기리라"고 말씀하십니다.

이 말씀은 우리가 회개하지 않는다면 생명이 위독하다는 통첩입니다.

지금 우리는 병원의 수술대에서 급격한 응급조치로 수술을 받아야 하는 중환자입니다. 어쩌면 생명의 위기를 감수해야 하는 위급한 급성환자입니다. 우리가 "용서해주세요, 살려주세요," 하는 말은 내가 세상에서 숨쉬면서 자기 할 짓대로 살아있을 때 할 수 있는 사치스런 말입니다. 우리가 죽음의 순간 주님 앞에 설 때는 영혼의 문을 열고 영의 마음을 토해내는 순간 터져 나오는 빛의 분광 속에서 나오는 외마디는 "아버지 사랑합니다!"란 외침 한마디면 족합니다. 그 사랑의 눈물 있는, 외마디 회개의 외침만이 주님의 마음을 움직입니다. '사랑'이 아니고는 하나님의 마음을 움직일 수 없고, 하나님의 심정을 알 수도 없고, 천국에 이르러서 하나님과 함께 살 수도 없습니다.

왜냐고요? "하나님은 사랑이십니다"(요일 4:8,16). 천국은 하나님이 사랑으로 통치하시는 나라입니다. 사랑 없이는 갈수 없는 나라입니다. 그래서 주님은 '아가페' 사랑으로 물으십니다. "베드로야, 네가 이 사람들보다 나를 더 사랑하느냐?" 묻고 또 묻고 되물어 세 번씩이나 물으시는 이유입니다(요 21;15-19). 이 같은 인격적인 사랑의 물으심으로 인격적인 사랑의 만남을 요청하십니다. 회복의 역사는 주님과 만남에서 사랑의 회복이 이루어집니다.

▦ 주님은 우리의 과거역사를 잘 알고 계십니다.

그러기에 주님은 과거의 잘한 것과 잘못한 것을 가지고 칭찬하거나 책망하지 않습니다. 주님은 현재 상태를 보십니다. "예수님은 오늘 구원이 이 집에 이르렀다"고 선포하십니다(눅 19:9). 주님은 오늘의 구원자이십니다. 요한복음 3:16절의 "영생을 얻는다"는 말씀은 헬라어 시제에서 현재인 동시에 현재진행형입니다. 미래에 구원이 아니라 현재의 구원입니다. 천국에 가서 만나는 예수님이 아니라 지금 여기서 만나는 예수님이십니다.

특히 에베소 교회가 "처음 사랑을 버렸느니라"는 말씀은 "단순과거"(아페카스-아피에미)를 사용한 것을 보면 '과거 어느 시점에 처음 사랑을 버린 것이 지금도 계속해서 유지되고 있다'는 말씀입니다. 그래서 에베소 교회가 처음 사랑을 버린 것으로 인해 사랑결핍증이란 위급한 만성질환을 앓고 있었음에도 그 사실을 알고 있지 못하였기 때문에 '쇼크요법'으로써 치료하기 위한 치료요법으로 책망을 받은 것입니다.

요한계시록 2:7절에서 주님은, "귀 있는 자는 성령이 교회들에게 하시는 말씀을 들을지어다 이기는 그에게는 내가 하나님의 낙원에 있는 생명나무의 열매를 주어먹게 하리라."고 말씀하십니다. 우리가 희망을 갖고 사랑을 회복하심으로 영생의 은혜를 누리십시다.

2. '두아디라 교회'는 사랑을 우상으로 전락시켰습니다. '사랑의 지혜'가 필요한 교회입니다.

요한계시록 2:19-20절, "내가 네 사업과 사랑과 믿음과 섬김과 인내를 아노니 네 나중 행위가 처음 것보다 많도다 그러나 네게 책망할 일이 있노라 자칭 선지자라 하는 여자 이세벨을 네가 용납함이니 그가 내 종들을 가르쳐

꾀어 행음하게 하고 우상의 제물을 먹게 하는도다."

▓ 두아디라 교회는 사도 바울에 의해 개종된 루디아가 설립하였습니다(행 16:14-15).

루디아는 사도 바울이 빌립보에서 만난 두아디라 출신으로 이곳에서 생산된 자주 옷감을 파는 상인이었습니다(행 16:14). 사도 요한이 두아디라 교회에 보낸 편지를 보면 이 교회는 행위와 사랑, 믿음, 섬김, 인내가 처음보다 많다는 칭찬을 받았습니다(계 2:19). 그러나 거짓 여선지자 이세벨을 받아들여 우상숭배와 음행의 죄를 지은 것에 대해 책망 받았습니다(계 2:20-23).

두아디라 교회의 "자칭 선지자라" 하는 거짓 여선지자 이세벨은 거짓된 가르침으로 두아디라 교인들을 "꾀어"내어 우상숭배에 빠지도록 했습니다. 거짓 진리를 듣도록 미혹했습니다. 이곳의 이세벨은 여선지자가 아니었지만 구약 이스라엘의 아합 왕비 이세벨과 관련된 함축을 지니고 있습니다. 왕비 이세벨은 전에 바알제사장의 딸로서 9백 명의 선지자를 두고 있었으며(왕상 18:19) 하나님의 백성을 바알우상숭배로 이끌었습니다(왕상 16:31, 계2:14).

열왕기하 9:22절에는 왕비 이세벨의 '우상숭배'를 "이세벨의 음행과 술수가 많았다"고 비난했습니다. 두아디라 교회의 자칭 여선지자 이사벨의 꾐에 빠지는 행위인 "행음, 음행, 간음하는 자들"이란 용어는 '이스라엘을 하나님에 대한 헌신으로부터 벗어나게 한 사람을 나타내는 영적인 의미'로 사용되었습니다(겔 23:27, 29, 48). 거짓 교사의 꾐에 미혹되어 다른 진리를 따르는 자를 하나님을 띠나 우상 숭배히는 음행, 행음, 간음이라고 했습니다.

▨ 두아디라 교회는 "사랑"이 처음보다 많은 교회입니다(계 2:19).

그러나 문제는 "하나님은 사랑이시다"는 본성을, "사랑이 하나님으로" 변태시킨 교회의 모습입니다. 마치 사랑이 하나님으로 우상시 된 교회입니다. 회개하지 않으면 각 사람의 행위대로 갚겠지만 이기는 자, 끝까지 믿음을 지키는 자는 만국을 다스리는 권세를 받을 것이라는 약속을 받았습니다(계 2:25-29).

▨ 특히 사랑의 은사를 받은 자는 하나님의 사랑에 지혜가 있어야합니다. 지식보다 중요한 지혜는 사랑의 실재입니다.

야고보서 3:17-18절에 말씀합니다. "오직 위로부터 난 지혜는 첫째 성결하고 다음에 화평하고 관용하고 양순하며 긍휼과 선한 열매가 가득하고 편견과 거짓이 없나니 화평하게 하는 자들은 화평으로 심어 의의 열매를 거두느니라."

3. '라오디게아 교회'는 신앙의 열심이 식어졌습니다. 신앙의 '열정'이 필요한 교회입니다.

요한계시록 3:19절, "무릇 내가 사랑하는 자를 책망하여 징계하노니 그러므로 네가 열심을 내라 회개하라."

▨ 라오디게아 교회는 부유한 도시에 위치한 교회였으나(계1:4, 11) 외적인 풍요로움과는 달리 주님께 책망만 받았던 가련한 교회였습니다(계 3:18-19).

사도 바울은 골로새 교회에 보내는 편지에 라오디게아 교회를 언급했으며(골 2:1, 4:12-16), 그곳에 보낸 편지와 골로새에 보낸 편지를 서로 바꾸어보도록 권면하였습니다(골 4:16). 라오디게아 교회가 책망 받은 것은 신자의 "행위"에 있어서 신앙상태가 차지도 않고 뜨겁지도 않은 것 때문입니다.

요한계시록 3:15-16절에, "내가 네 행위를 아노니 네가 차지도 아니하고 뜨겁지도 아니하도다 네가 차든지 뜨겁든지 하기를 원하노라 네가 이같이 미지근하여 뜨겁지도 아니하고 차지도 아니하니 내 입에서 너를 토하여 버리리라"고 말씀하십니다.

이 말씀은 단순히 물에 관한 말씀이 아니라 신앙행위에 관한 말씀입니다. "차지도 않다"는 말은 '하나님에 관한 관심도 없고 생각도 하지 않으면서 하나님의 일에 완전히 낯선 것'을 뜻하고, "뜨겁지도 않다"는 말은 '끓는 물처럼 뜨겁지 않아서 사랑의 불에 의해 관통되고 뜨거워져야만 한다.'는 의미입니다. 주님의 소원은 불이 물을 데우듯이 우리에게 강제로 역사하지 않는다는 것을 명백히 암시하고 있습니다. 한마디로 라오디게아 교회의 신앙의 냉도(지식)와 사랑의 열도(뜨거움)가 무용지물이라는 말입니다. 소아시아 성지순례에서 실제로 마시고 목욕해보니 미지근한 상태를 느낄 수 있었습니다.

▨ 더욱 안타까운 것은 라오디게아 교회가 자기 자신의 신앙 상태를 알지 못하고 아집(我執)에 빠져있었다는 것입니다.

요한계시록 3:17절에서, 주님은 "네가 말하기를 나는 부자라 부요하여 부족한 것이 없다 하나 네 곤고한 것과 가련한 것과 가난한 것과 눈먼 것과 벌거벗은 것을 알지 못하는도다"라고 책망하십니다.

요한계시록 3:19절에서, 주님은 "무릇 내가 사랑하는 자를 책망하여 징계하노니 그러므로 네가 열심을 내라 회개하라"고 촉구하십니다. 라오디게아 교회에게 필요한 것은 "열심"(젤로오)입니다. '열심'은 어떤 일에 대해

'열정적인 관심을 갖는 것'을 의미합니다. 열정적인 관심은 바로 '뜨거운 사랑'에서 나옵니다(벧전 4:7-8). 미온적인 신앙에서 열정적인 신앙인이 되라 그러면 뜨거운 사랑의 사람이 된다는 말입니다.

▨ 주님은 우리가 마음 문을 열고 주님을 영접하기를 기다리고 계시는 사랑의 주님이십니다.

요한계시록 3:20절에서 주님은 라오디게아 교회를 향하여 "볼지어다 내가 문밖에 서서 두드리노니 누구든지 내 음성을 듣고 문을 열면 내가 그에게로 들어가 그와 더불어 먹고 그는 나와 더불어 먹으리라"고 말씀하십니다.

주님은 안타까운 심정으로 문밖에서 서서 두드리면서, 자기의 뜻만 믿고 고집 부리지 말고 "나를 보아라. 지금 내가 문 앞에 서있다. 만일 내가 부르는 소리를 듣고 문을 열면, 나는 곧장 들어가 너와 더불어 앉아 만찬을 나눌 것이다"라고 간곡히 말씀하십니다.

주님은 우리가 자기중심의 고집을 이기고 "사랑으로 역사하는 믿음"을 회복하는 자에게 희망의 메시지를 들려주십니다.

요한계시록 3:21-22절에서 주님은 "이기는 그에게는 내가 내 보좌와 함께 앉게 하여 주기를 내가 이기고 아버지 보좌에 함께 앉은 것과 같이 하리라 귀 있는 자는 성령이 교회들에게 하시는 말씀을 들을지어다"라고 축복하십니다.

마치면서 말씀합니다.

사랑의 가치는 쟁취하는 것이 아니라 훈련으로 습득하는 것입니다. 몸으로 익혀 삶이 되게 하는 것입니다. 이것이 사랑실천입니다. 사랑은 희생입니다. 동시에 생명력입니다. 사랑은 긍정의 힘입니다. 안 되는 것도 되게 합니다. 사랑은 이겨내는 힘이 있습니다. 어려운 고통을 이겨냅니다. 그래서 구세군대장 윌리엄 부스는 "사랑은 모든 것"(Love is all.)이라고 하였습니다. 우리는 주님의 사랑 안에서 용기를 가지시기 바랍니다. 이제 사랑의 회복이 있어야 합니다.

예수님은 하나님의 사랑 때문에 세상에 오셨고, 그 사랑 때문에 십자가에 못 박혀 죽으셨습니다(요 3:16-17). 예수님은 사랑 없는 이 세상에 사랑을 회복시켜주시기 위해서 오셨습니다. 하나님의 사랑을 떠나 죄로 죽을 수밖에 없는 인간을 화목케 하시려고 예수님은 평화의 왕으로 오셨습니다(눅 2:14). 예수님은 "화평하게 하는 자는 복이 있다"고 말씀하십니다(마 5:9). "평화를 만드는 자"("Peace Maker")가 복이 있습니다. "사랑"을 회복하는 자가 복이 있는 사람입니다. 지금이 바로 "예수 사랑 전하세!" 외칠 때입니다.

우리는 신념과 꿈만으로는 현실을 바꿀 수 없습니다. 부와 명예로도 다할 수 없는 것을 사랑의 힘으로 일구어낼 수 있습니다. "뜨거운" 열정 있는 사랑의 힘이 필요합니다(벧전 4:7). 우리가 구원받은 것은 다른 영혼을 구원하기 위하여 구원받았습니다. 사랑이 머무는 곳이 나의 집이고 천국입니다. 영혼 사랑하는 전도의 무기는 사랑뿐입니다.

이제 우리는 '어떻게 사느냐? 무엇을 하느냐?'가 중요합니다. 우리는 사랑의 회복을 확신하고 회복된 사랑의 은혜로 사랑의 복음을 온 세상에 전하여야 할 사명을 갖고 영혼구원에 힘쓰시기를 축복합니다.

사도 바울은 사도행전 20:24절에서, 생애마지막까지 해야 할 자신의 사명을 말씀하였습니다. "내가 달려갈 길과 주 예수께 받은 사명 곧 하나님의 은혜의 복음(사랑의 복음)을 증언하는 일을 마치려 함에는 나의 생명조차 조금도 귀한 것으로 여기지 아니하노라."(행 20:24).

사랑은 빛이 되어 어두운 길을 소중한 사람을 위해 지켜줍니다. 이것이 영혼구원입니다.

우리 그리스도인들은 잃었던 사랑을 회복하므로 영혼을 사랑하는 불타는 마음으로 하나님의 형상대로 지음을 받은 영혼들을 구원하는 일에 사랑의 삶의 가치관을 가지고 신앙생활을 하면서 평생 하나님이 주시는 사랑과 기쁨의 은혜가 넘치시기를 주님의 이름으로 축복합니다.

책을 읽고서

사랑으로 엮은 삶,
삶으로 써 내려간 사랑

황미숙 목사
(한국기독교장로회 서울호서교회)

사랑에 대한 설명과 가르침이 넘쳐납니다. 사랑이 무엇인지, 어떻게 해야 하는지 설명하는 글들은 심심치 않게 접합니다만, 가끔 느끼는 아득한 거리감은, "안다고 살아내지지 않는" 그 앎과 삶의 간극일 것입니다.

파커 팔머는 "안다는 것은 사랑하는 것"이란 명제로 안다는 행위와 사랑하는 행위를 일치시킵니다. 나의 지배욕과 호기심을 충족하는 대상으로 존재하는 앎은 "소유"의 대상이 되어 나에 의해 조작되고, 누군가를 지배하는 방편으로 쓰입니다. 알기에 상대보다 우위에 있고, 알기에 상대를 조작할 수 있고, 알기에 나의 욕망을 실현할 수 있는 그야말로 상대는 "대상"이 되어 버리는 것입니다.

팔머가 제안하는 "앎이 곧 사랑"이려면 나의 앎의 대상에 대한 호기심과 지배욕을 넘어 그 대상과 관계를 맺고 마음을 열어 진심으로 만나는 과정을 동반하는 것으로 "앎"을 정의해야 하고 고백해야 합니다. 무엇을 안다는 것은 바로 그러한 능동적인 사랑의 행위이자 결과라는 것이지요.

여기 이 책의 구석구석에 담긴 하나님 사랑, 이웃 사랑, 자신에 대한 삼중 사랑의 성서의 통찰은 "안다"는 것을 곧 사랑하는 삶으로, 실천으로 연결하여 온전한 "앎"에 이르는 길을 안내하고 있습니다.

먼저 하나님 사랑은 "네 마음을 다하고 목숨을 다하고 뜻을 다하여 주너의 하나님을 사랑하라"고 명령하셨던 예수님의 말씀에 귀 기울이게 합니다. 그 하나님을 사랑하는 것이, 내 욕망의 수준에서 상대를 조작하는 단순한 감정이 아니라, 전 인격을 다해 하나님께 헌신하라는 의미를 담고 있음을 보여줍니다.

우리 죄에도 지치지 않고, 끝까지 우리를 품으시는 본질적인 그 하나님의 사랑은 감사와 순종으로 우리네 삶에서 실천되어야 함을, 하나님을 향한 사랑은 우리의 믿음, 예배, 헌신으로 드러나고, 그 사랑은 영원한 생명과 연결되어 하나님과 나를 잇고 있음을 드러냅니다.

하나님을 전 인격으로 사랑하는 사람은 그 사랑을 결코 자신 안에만 머물게 할 수 없이 다음의 사랑으로 나아갑니다. 예수님은 "네 이웃을 네 자신과 같이 사랑하라"는 계명을 하나님 사랑과 같은 무게로 말씀하셨습니다.

이웃을 사랑하는 것은 하나님으로부터 받은 사랑의 빚을 갚는 길이며, 그 대상은 가까운 이웃뿐 아니라 상처를 준 원수까지도 포함됩니다. 사랑은 말이 아닌 행동으로 실천될 때, 율법을 넘어 생명력이 있는 복음이 됩니다.

원수를 사랑하고, 그를 위해 기도하는 삶은 단지 도덕적인 선을 넘어서,

하나님을 사랑하는 자의 가장 깊은 헌신과 순종의 증거라는 통찰은 우리 그리스도인들이 매일의 삶에서 기억해야 할 앎이자 사랑입니다.

이웃을 내 몸같이 사랑하라는 말씀은, 결국 '자기 자신을 바르게 사랑할 줄 아는 사람만이 진정으로 이웃을 사랑할 수 있다'는 전제를 담고 있습니다.
자기에 대한 사랑이 넘쳐나는 시대의 왜곡된 형태의 자기 우상화와는 거리가 먼 사랑입니다. 자기중심적인 이기심이 아니라, 하나님의 형상대로 지음 받은 존재로서의 나를 소중히 여기는 태도임을 분명히 합니다.
자기 자신을 아가페의 사랑으로 바라볼 수 있어야 나의 몸과 마음, 영혼을 학대하지 않고 돌보며 성장시킬 수 있습니다. 이렇게 자신을 있는 그대로 받아들이고 사랑하는 것은, 하나님의 사랑을 받아들였다는 증거이며, 나를 통해 이웃에게까지 사랑이 흐르게 만드는 통로가 됩니다.

글들 사이사이 흐르는 그 사랑이 참 좋아 오래도록 머무르기도 하였습니다.

마침 오늘은 7일입니다. 아직 동이 터오지 않은 시간, 7장 서로 사랑하라(요13:34-35)를 펼쳐 읽습니다. 자기 자신을 낮추고 섬기며 행동으로 나타내신 예수님의 사랑을 제게 주시는 오늘치의 영의 양식으로 받습니다.
예수님의 사랑을 본받아 말이 아니라 행동으로 서로 사랑하라는 말씀이 깊이 다가옵니다. 목회한다고 제 뒷통수를 보는 일이 더 많았을 가까운 이들, 익숙하기에 소홀했던 이들을 가만히 떠올립니다. 고맙다고 사랑한다고, 말하고 싶어지고 표현하고 싶어집니다.

기꺼운 마음으로 아침을 준비하고 사랑스러운 언어와 몸짓으로 살살 흔들어 깨우며 그들의 아침을 응원하고 기도합니다. 오늘치의 말씀을 오늘 살아내는 나의 현재가 내가 누구인지를 드러냅니다. 그리스도의 사랑 안에 있는 내가 참 좋습니다. 이것이 이 책을 읽는 저의 독법입니다. 그 길에 함께 할 이들을 기다립니다.

여기 한 권의 책으로 엮여 모습을 갖추기 이전, 저는 이 내용을 미리 만났고 보았습니다.

일평생 신약학자로, 구세군 역사학자로, 목회자로, 아비로, 남편으로, 한 사람의 그리스도인으로 사랑하며 살기를 분투하며 살아오신 삶의 여정을 보았습니다. 나이가 어리든 많든 만나는 이들을 스승 삼아 배우기를 기뻐하며, 야구 모자와 폴로 셔츠가 멋지게 어울리는 청년의 기상은 젊은이들을 곧추 세우고 나의 노년을 기대하고 설레게 만들었습니다.

작은 책상에서의 성실하게 엮어진 사랑에 대한 묵상은 늘 책상을 넘어 부엌으로, 거실로, 마을로, 교회로, 길가로 흘러 넘쳤고 그 사랑의 삶은 다시 말씀 속으로 파고 들어가 하나님 사랑, 이웃 사랑, 자기 자신에 대한 사랑의 풍성한 거름이자 열매가 되었습니다.

그 삶의 여정을 함께 경험하고 살아낼 수 있었던 것이 제가 누린 커다란 선물이었습니다.

글 쓰시는 노고를 알아 종종걸음으로 평생을 동역하며, 깊은 기도와 사랑의 수고를 아끼지 않으신 이수영 사관님은 이 글의 공동 저자이십니다. 함께 걸어오신 두 분의 평생의 사랑의 길에 존경과 사랑을 담습니다.

그 사랑을 보았는가

성경의 사랑을 따라 **하루 15분, 31일 여정**

1판1쇄 펴내날 | 2025년 7월 23일

지은이 김준철
펴낸이 박희정

펴낸곳 에디아
등록 제1996-000115호(1996.7.30)
주소 04557 서울시 중구 퇴계로37길 14 기종빌딩 6층
전화 02-2263-6321 **팩스** | 02-2263-6322
홈페이지 www.edia.co.kr
이메일 | koreaedia@hanmail.net

ⓒ김준철, 2025

ISBN • 978-89-87977-72-0 03230
값 15,000원

이 책의 전부 또는 일부를 사용하려면 저작권자의 동의를 받아야 합니다.